· 欧 美 公 共 关 系 经 典 丛 书 ·

丛书主编 / 陈先红

公共关系与社会理论

关键人物、概念与发展

（第二版）

Public Relations and Social Theory
Key Figures, Concepts and Developments
（2nd Edition）

［挪威］欧文·伊伦（Øyvind Ihlen）
［瑞典］马格努斯·弗德雷里克松（Magnus Fredriksson）

编著

李贞芳

译

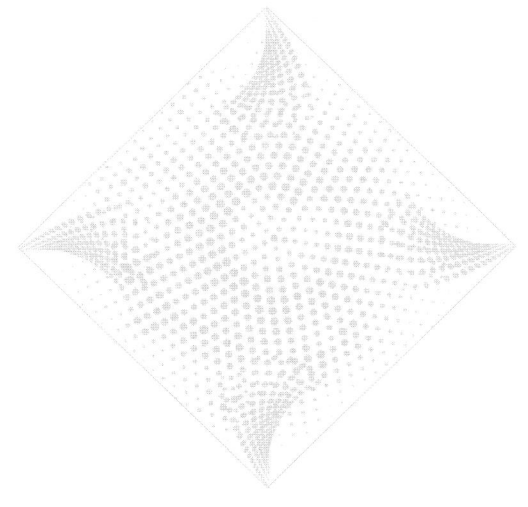

中国传媒大学 出版社
· 北京 ·

本成果受中共湖北省委宣传部与华中科技大学部校共建新闻学院项目（项目编号：2020D07）经费支持。

前　言

PREFACE

　　本书的历史可回溯到2003年，马格努斯·弗雷德里克松（Magnus Fredriksson）最先想到将社会理论家和公共关系的研究以一本书的形式放在一起。这本是斯堪的纳维亚学者对公共关系理论中的功能主义偏向的反抗，我们却很高兴地发现这个意见得到了所有学者的欢迎。以下就是学者所在国家的名单：奥地利、澳大利亚、丹麦、芬兰、德国、冰岛、新西兰、瑞典、英国和美国。

　　我们最初是2007年秋天出版的期刊《公共关系评论》的特刊。此时贝特克范·雷格（Bettekevan Ruler）加入了编辑团队。特刊《公共关系评论》第33卷第3期包括以下文章：

　　罗兰·伯卡特（Roland Burkart）（2007）《尤尔根·哈贝马斯与公共关系》

　　贾斯珀·福克海默（Jesper Falkheimer）（2007）《安东尼·吉登斯与公共关系：第三条道路的视角》

　　苏珊娜·霍姆斯特罗姆（Susanne Holmström）（2007）《尼古拉斯·卢曼：偶然性，风险，信任与反思》

　　欧文·伊伦（Øyvind Ihlen）（2007）《布尔迪厄：公共关系的一个社会学基础》

　　卡特林·约翰逊（Catrin Johansson）（2007）《戈夫曼的社会学：发展公共关系理论的一个灵感源泉》

　　朱迪·摩森和雪利·利奇（Judy Motion & Shirley Leitch）（2007）《公共关系的一个工具箱：米歇尔·福柯的作品》

　　阿里尔德·瓦拉斯（Alild Wæraas）（2007）《合法性与合法化：马克斯·韦伯与公共关系的关联》

　　对这些文章的扩展和修改构成2009年第一版《公共关系与社会理论》的骨架。我们又增加了一些新的文本，如乌尔里希·贝克（Ulrich Beck）（作者：马格努斯·弗德雷里克松）、彼得·L.伯格（Peter L. Berger）〔作者：迈茨·海德（Mats Heide）〕、布鲁诺·拉图尔（Bruno Latour）〔作者：皮埃特·范霍文（Piet Verhoeven）〕、列文·梅修（Leon Mayhew）〔作者：理查德·斯坦顿（Richard C. Stanton）〕、罗伯特·普特南（Robert Putnam）〔作者：威尔玛·罗马–阿霍（Vilma Luoma-aho）〕、多萝西·史密斯（Dorothy

E. Smith）[作者：拉娜·F.拉科夫（Lana F. Rakow）和狄安娜·露利亚·纳斯塔斯西亚（Diana Iulia Nastasia）] 和斯皮瓦克（Spivak）[作者：莫汉·J.杜塔（Mohan J. Dutta）]。

现在，2017年的第二版，我们更新了绝大部分章节，并增加了新的内容：齐格蒙特·鲍曼（Zygmunt Bauman）[作者：马格达·皮尔茨卡（Magda Pieczka）]、哈里森·怀特（Harrison White）[作者：彼得·温克勒（Peter Winkler）和斯蒂芬·韦迈尔（Stefan Wehmeier）]、约翰·W.迈耶（John W. Meyer）[作者：贾斯珀·帕拉斯（Josef Pallas）和艾米利亚·克瓦恩斯特伦（Emilia Kvarnström）]、吕克·博尔坦斯基（Luc Boltanski）[作者：李·爱德华（Lee Edwards）]、约翰·杜威（John Dewey）（作者：拉娜·F.拉科夫）、卡尔·马克思（Karl Marx）[作者：C.凯·韦弗（C. Kay Weaver）] 和尚塔尔·墨菲（Chantal Mouffe）[作者：斯科特·戴维森（Scott Davidson）和朱迪·摩森]。

接下来的绪论包括第一版的主要内容，感谢贝特克范·雷格同意我们使用这些材料。我们也非常感恩我们在第一版中的共同工作。

结论部分在第一版的基础上进行了更新，包含伊伦和范霍文（2012）的主要内容，以及伊伦和范霍文在2014年发表于《公共关系调查》的《20世纪10年代的公共关系身份》，以及霍尔兹豪森（Holtzhausen）和策法斯（A. Zerfass）主编的《战略传播手册》（纽约：Routledge 出版社）一书中的《战略传播中的社会理论》。

本书选择哪些社会理论家进行介绍，原则非常简单：如果公共关系学者曾经引用过某位社会理论家的观点，那就让我们来听听它！我们努力寻找合适的作者，发了好几次邀请信。令人高兴的是大部分学者都接受了邀请，几乎所有的受邀作品都通过了匿名评审。所以，本书包括不同领域理论家的作品：功能主义、后现代主义、建构主义、社会建构主义、后结构主义、女性主义、后殖民主义。有的理论家是古典社会学家，有的则属于广义的社会理论家；有的已去世，有的仍活跃在学术界；有的经常被公共关系研究所引用，有的公共关系学者则对其不甚了解。十分遗憾，本书没有引荐非西方和非男性的理论家。我们的一位评审认为本书应该纳入沃尔特·李普曼（Walter Lippmann）、埃米尔·迪尔凯姆（Emile Durkheim）、沃尔特·本雅明（Walter Benjamin）、路易·阿尔都塞（Louis Althusser）、安东尼奥·葛兰西（Antonio Gramsci）、吉尔·德勒兹（Giles Deleuze）、雅克·拉康（Jaques Lacan）和雅克·德里达（Jacques Derrida）。我们非常乐意介绍他们并鼓励公共关系学者借鉴这些或其他社会学家的观点。我们已计划出版本书的第三版。

作为主编，我们衷心感谢所有人的投入和耐心！感谢皮特·斯穆德（Pete Smudde）、卡尔·伯顿（Carl Botan）和克里希那穆提·斯里拉梅什（Krishnamurthy Sriramesh）的一路相助，还有詹姆斯·格鲁尼格（James E. Grunig），以及匿名项目评审的热情评论和宝贵意见。感谢研究助理索尔·西格琼斯多蒂尔（Sol Sigurjonsdottir）和埃里卡·里布（Erika Ribu）帮助调整格式，感谢资深编辑琳达·巴斯盖特（Linda Bathgate）如此信任这个项目，使之得以在 Routledge 出版，感谢 Kristina Ryan 和 Routledge 的员工对本书所付出的辛勤劳动。

　　运作这样一个大项目在许多时刻都是一种乐趣，眼见着聚沙成塔，攻坚克难，终成正果。我们沉痛悼念在 2018 年 2 月 13 日离开我们的斯蒂芬·韦迈尔。他对本书的两个版本均做出了贡献，他的思想活力、理论深度和批判性眼光，正是这个项目的终极目标。我们很多人都曾与这样一位值得爱戴的人共同工作，并始终乐在其中。我们将会永远怀念斯蒂芬。

欧文·伊伦和马格努斯·弗雷德里克松
2017 年 10 月于奥斯陆，哥本哈根

作者简介

AUTHORS

　　罗兰·伯卡特，奥地利维也纳大学副教授，1976年获得博士学位，1984年荣获博士后演讲资格，2003年在保加利亚索菲亚大学被授予荣誉博士学位。在众多德语学者中，他以《传播学：原理和问题领域》一书而著名。作为"以共识为导向的公共关系"概念的创始者，他的教学和研究领域是传播理论、大众传媒效应、公共关系和政治传播（竞选演讲）。

　　斯科特·戴维森，在英国莱斯特大学做公共关系和游说方面的研究和演讲。他最近的工作重点是将民主规范和游说之间的紧张关系理论化，以及公共关系如何在更大范围内影响公众对公民生活的参与。在成为学者之前，他在竞选、管理和游说方面工作了12年。

　　莫汉·J.杜塔，新加坡国立大学（NUS）传播与新媒体系主任兼教务长，新加坡国立大学互动数字媒体学院（IDMI）副教授，普渡大学传播学客座教授。在新加坡国立大学，他担任以文化为中心的研究评估中心（CARE）的创始主任，指导以文化为中心、以社区为基础的社会影响项目的研究。在过去的5年中，CARE开展了30多个传播活动和宣传项目，包括政策简报、白皮书、媒体宣传运动、纪录片、照片展览和360度媒体干预，涉及300多万人次，受众遍布17个国家，成果遍及社区医院基础设施、社区林业、灌溉、文化资源中心、粮食安全的解决方案、社区粮食菜园和本地种子银行等项目。

　　李·爱德华，伦敦政治经济学院媒体与传播系副教授。她从社会文化的角度教授和研究公共关系，尤其对公共关系、不平等、社会正义和政治之间的关系感兴趣。她发表了一系列关于公共关系作为文化中介、公共关系多样性和公共关系与民主等主题的理论和实证论文。她的著作包括《理解公共关系：理论、文化和社会》（SAGE出版社，2018）；《权力、多样性与公共关系》（Routledge出版社，2014年）；《公共关系，社会和文化：理论和经验探索》[Routledge出版社，2011年，与卡罗琳·霍奇斯（Caroline Hodges合著]。

　　贾斯珀·福克海默博士，瑞典隆德大学战略沟通教授，香港理工大学荣誉院士。近年来，他将研究与大学管理职位相结合。现在他是隆德大学研究、合作与创新中心执行主任，同时也是《传播管理杂志》主编，著有《战略传播》《社交媒体与民主》《战略沟通：导论》（2018年，Routledge出版社、Mats Heide出版社）等100多部著作。

马格努斯·弗德雷里克松，瑞典哥德堡大学新闻传播系副教授。其研究主要集中于战略沟通，特别是公共部门组织的战略沟通。他的研究成果发表在《欧洲传播》《国际战略传播组织研究杂志》《公共管理》《公共关系调查》《公共关系评论》等刊物上。

迈茨·海德博士，隆德大学赫尔辛堡校区战略传播系教授。他的研究兴趣是战略沟通，集中在危机沟通、变革沟通和组织学习。海德与贾斯珀·福克海默合著了12本书（瑞典语）和一本国际教科书（《战略沟通：导论》，Routledge出版社，2018年）。他在各种文集、手册和百科全书中撰写了若干章节，他的著作还发表在《企业传播：国际期刊》《国际战略传播》《突发事件与危机沟通、公共关系调查与公共关系评论》等期刊上。

苏珊娜·霍姆斯特罗姆博士，丹麦洛斯基尔德大学社会科学和商学系副教授。她发起了"反思范式"的研究项目，也是洛斯基尔德大学公共关系研究的共同发起者，同时她也在欧洲公共关系教育与研究协会（EUPIRERA）和丹麦公共关系协会的董事会任职。

欧文·伊伦，奥斯陆媒体与传播大学教授，政治传播研究中心主任之一。他出版了100多部著作，包括获奖的《沟通与企业社会责任手册》（2011年，与詹妮弗·巴特利特（Jennifer Bartlett）和史蒂夫·梅（Steve May合著）和《组织修辞手册》[2018年，与罗伯特·李·希思（Robert L. Heath）合著]。他曾任欧洲公共关系教育与研究协会（EUDRERA）主席。他的研究重点是战略沟通/公共关系、修辞和社会学理论的使用。

卡特林·约翰逊博士，瑞典中部大学组织传播学教授。她的研究领域是组织沟通和公共关系，主要研究管理者与员工之间的沟通，尤其是沟通型领导、组织变革传播、可持续组织传播，以及公共关系从业者的角色、地位和合法性。她的研究成果发表在《管理传播季刊》《应用传播研究》《北欧评论》《公共关系评论》和《企业传播：国际期刊》等期刊上。

雪利·利奇，澳大利亚国立大学教授和副校长（全球参与）。她的研究集中于公共话语和变化，包括与有争议的科学和技术相关的学科合作。最近出版的图书包括《社交媒体和公共关系：虚假的朋友和强大的公众》，该书与朱迪·摩森教授合著，获得了2016年美国国家传播协会（NCA）最佳图书奖。

艾米利亚·克瓦恩斯特伦，在瑞典乌普萨拉大学获得组织研究博士学位，目前在乌普萨拉大学担任讲师。她还获得了丹麦哥本哈根商学院组织学系的访问博士学位。她的研究考察了制度理论的微观基础和不同制度逻辑的相互作用。

威尔玛·罗马-阿霍教授，芬兰瓦斯基拉大学商业与经济学院企业传播系主任、芬兰通信专家，ProCom董事会主席。她在瓦斯基拉大学主导一个大型行业资助的内容营销研究项目，该研究聚焦组织的无形资产和股东关系。她曾经在《公共关系评论》《公共关系研究》《商业史》《服务理论和实践》《传播管理》以及《国际战略传播》等刊物上发表文章。目前，她正在为 Wiley 出版社撰写两本公共部门传播的书。

朱迪·摩森，澳大利亚悉尼新南威尔士大学环境人文小组的传播学教授。她最近的研究聚焦在公共话语、环境问题与争议相关的意义的形成与变化等方面。她以往的研究包括组织变革中的话语和认同、新技术施行中的权力和阻力、公共关系对政策制定的影响等。她与罗伯特·李·希思、雪利·利奇合著的新书《社交媒体和公共关系：虚假朋友和强势公众》被美国国家传播协会授予 2016 年最佳图书奖。她的的研究成果发表在《公共关系评论》《科学的公共理解》《政治传播》《话语研究》《组织研究》《媒体、文化与社会》《高等教育研究与发展》《管理传播季刊》《商业研究》和《欧洲市场期刊》等期刊上。

狄安娜·露利亚·纳斯塔斯西亚（Diana Iulia Nastasia），爱德华斯维尔市南伊利诺伊州立大学的教员和项目管理助理。她曾在祖国罗马尼亚的罗马尼亚-美国大学、布加勒斯特大学、政治研究和公共行政国家大学教授传播与媒体学。在美国，她先后在北达科他州立大学（University of North Dakota）和南伊利诺伊州立大学（Southern Illinois University）攻读传播学和公共话语学博士学位和教育领导力研究生项目。纳斯塔西亚博士的研究重点是女性、儿童和移民等边缘群体的声音和形象。

贾斯珀·帕拉斯，瑞典乌普萨拉大学商学系教授。他的研究集中在一般公共部门组织管理范围内的媒介化的扩大、动态和后果，特别是大学和政府机构内。他最近的著作包括与人共同编辑的书《公司治理在行动》（Routledge 出版社，2018），《组织与媒体：媒体世界的组织》（Routledge 出版社，2014）和《当大学受到控制时》（*Detstyrda universitet*？）（Makadam 出版社，2017），以及发表在《欧洲传播》《国际战略传播》《媒介、文化和社会》《组织研究》《公共管理》和其他期刊上的文章。

马格达·皮尔茨卡，玛格丽特女王大学公共关系学准教授（reader），她是该校公共参与和对话中心的负责人，也是传播、文化和媒体研究中心的重要成员。她也是《公共关系调查》杂志编辑，曾任《传播管理》联合编辑，并在《公共关系研究杂志》和国际性在线杂志《棱镜》的编委会任职。她被认为是一位批判性学者，写过关于公共关系专业和专业人士、专业知识和能力、科学政策对话、健康干预和公众参与的相关文章。

拉娜·F.拉科夫（Lana F. Rakow），北达科他州立大学传播学荣誉教授，她曾担任该大学的教授、社区参与中心的创始人和主任。她获得了伊利诺伊大学香槟分校的博士学位。她编写了四本书，目前正在写一本关于杜威与传播的书。她的研究领域包括女性主义理论、技术和通讯哲学。她目前是《新闻公报》和《大众传播季刊》的副编辑。

皮埃特·范霍文，荷兰阿姆斯特丹传播研究学院（ASCoR）和阿姆斯特丹大学传播科学学院、研究生院企业传播副教授。他的研究领域包括企业传播和公共关系，特别是企业和新闻媒体、商业新闻动态和危机传播。自 2008 年以来，他一直是欧洲传播监测（ECM）研究小组的成员。ECM 是对欧洲传播专业人士进行的年度调查，旨在了解该行业的趋势和问题。他在阿姆斯特丹史基浦机场从事公共关系实践之后，开始了传播学科学家的工作。

C.凯·韦弗，新西兰怀卡托大学研究生院教授、院长。她发表了许多期刊文章和图书章节，倡导对公共关系和战略传播理论和实践进行批判性的研究。她还研究并撰写了有关活动家沟通、性别、新技术和暴力表现的文章。她是《全球文化语境下的公共关系》（2011）和《批判读物：暴力与媒体》（2006）的联合编辑，也是《暴力与媒体》（2003）、《女性观看暴力》（1992）和《公共场所的摄像机》（1990）的合著者。在英国和新西兰，她研究的领域涉及公共关系、传播、媒体、文化和电影。

斯蒂芬·韦迈尔，格赖夫斯瓦尔德大学组织传播学教授。他的研究兴趣包括组织传播和公共关系的理论和历史，以及企业社会责任、透明度和在线传播。他在《公共关系调查》《公共关系研究期刊》和《管理传播季刊》等期刊上发表过论文。

彼得·温克勒，维也纳应用科学大学管理与传播学院教授，奥地利萨尔茨堡大学组织传播客座教授。他的研究兴趣在社会学方法的战略和组织传播研究。曾在《管理传播季刊》《国际战略传播》《科学与科学社会研究》《科技》等国际期刊上发表专著和论文。

阿里尔德·瓦拉斯，挪威生命科学大学经济与商业学院组织研究教授。他的研究主要集中在组织声誉、组织认同、企业社会责任以及组织理念和实践的转化等方面。他的最新研究成果发表在《管理与社会》《英国管理杂志》《国际管理评论杂志》和《国际战略传播》上。

目 录
CONTENTS

第四部分　权力

第一章
绪论：公共关系与社会理论[1]

马格努斯·弗德雷里克松　欧文·伊伦

　　本书第二版旨在扩展对公共关系的理解。我们认为社会理论的广泛运用有助于提供　　
分析框架，以强调公共关系的制度、组织和职业状态，以及这些不同的设置和其他环境
如何影响实践。对公共关系的理解也应包括公共关系对其他社会主体以及社会整体造成
的影响。这挑战了对公共关系实践和研究的既有理解。有人可能会说这不是公共关系学
者的任务，总有一些事情是属于社会学和其他学科理论家的。我们并不同意这种看法，
一个理由就是社会学理论家很少关注公共关系。

　　但也有一些例外，如丹尼尔·J.布尔斯廷（Daniel J. Boorstin）（[1962]/1992），他提
出了"虚假事件"的概念，他用这个概念描述那些只是为了宣传而存在的事件。他在研
究中提到公共关系先驱爱德华·L.博奈斯（Edward L. Bernays）所策划的一个旅馆周年
庆典。根据布尔斯廷的观点，这种实践将焦点从社会行动者及其行为向现实的、物质的
和根本的变迁转移，从而威胁这个社会。

　　尤尔根·哈贝马斯（Jürgen Habermas）提出了与布尔斯廷类似的推理路线。哈贝马
斯（1989）用公共空间（the public sphere）这个概念来描述社会领域的兴起，在这个领
域里，公民聚集在一起并基于开放、理性和批判性的论证和辩论来讨论社会问题以达成
共识。哈贝马斯认为公共关系破坏了这个过程，公共关系是组织培养的一个工具，它并非
基于理性的或良好的理由，而是基于将自己的行为描述为从公共利益出发，实则隐藏其　　
真实的商业意图。

　　第三个例子是列文·梅修（1997），他认为公共关系和其他专业传播者占据了公共空
间（这个概念源自哈贝马斯）。他认为市场营销研究的发展将"舆论"降至可轻易操控的
民意调查，即他的同名著作所称的"新公众"（1997）。

　　这些例子的相同之处在于他们对"公共关系是什么"有一个非常有限的和根本的批

判性理解。所以，如果我们将公共关系的研究转向社会理论家，我们对公共关系的理解将会有局限而且被扭曲。本书提供了丰富的案例，说明公共关系如何在社会中扮演更加正面的角色，并有可能成为推动社会发生积极变迁的一个潜在力量。

自本书的第一版（e.g., Bardhan & Weaver, 2011; Edwards & Hodges, 2011）出版之后，研究的发展稳定地转向社会理论，该领域的学者运用了一系列的理论视角，包括后现代主义（Holtzhausen, 2012）、女性主义（e.g., Daymon & Demetrious, 2013）、社区主义（e.g., Leeper, 2001）、后殖民理论（e.g., Munshi & Kurian, 2005）、批判理论（Heath & Xifra, 2015）、新制度理论（Fredriksson, Pallas, & Wehmeier, 2013）以及一系列文化理论（Bardhan & Weaver, 2011）。早期这类研究被认为是"边缘的想象"（McKie & Munshi, 2005）或"边缘的视角"（Moffitt, 2005）。随着世界上最大的人文社科学术出版商出版了期刊《公共关系调查》（*Public Relations Inquiry*, 2012）、公共关系与传播研究新方向系列丛书（Routledge New Directions in Public Relations & Communication Research），以及一本手册（L'Etang, McKie, Snow, & Xifra, 2015），就很难再说公共关系是一个外来者的角色了（Ihlen, 2017）。

尽管如此，这里提到的学术研究还是或多或少地在仍然盛行的功能主义范式上发生了根本性转变。随着公共关系是什么的理想主义概念的传统被打破，公共关系应被当作一个社会行为本身来研究，被置于社会背景中来理解（Ihlen & Verhoeven, 2012, p.159）。这意味着有必要研究公共关系的负面后果——"一个直面问题的全视角（p.161）"。尽管关于公共关系伦理的讨论已有数十年，但不合伦理的实践并未根除，而且也不可能完全被扫除。

本书的主题

本书包括讲述20位社会理论家的章节，从中可以看出他们的理论怎样被用于改善公共关系研究。理论家们有各不相同的认识论和本体论、方法论取向和知识兴趣点。这意味着有的主题更受关注，所以本书的结构分为四个部分，每个部分聚焦于某个特定的主题，以揭示如何运用特定的社会理论来帮助我们理解公共关系及其在社会中的作用。这些主题是：

- 社会变迁——以及公共关系如何受社会变革的影响。
- 社会力量——以及行动者与结构的二元主义如何影响公共关系从业者的工作。
- 社会互动——以及公共关系在创造、维持和断裂社会互动中的作用。
- 权力——以及公共关系如何维持或者说有解决资源分配、社会不平等和歧视的潜力。

这个结构并不意味着理论家的全部作品对某一特定主题都是有用的。相反，像哈贝马斯的作品，对公共关系的负面影响有着批判性的论证。同时，像第十五章中所做的那样，我们可以利用他的话语理论来推动某个公共关系活动以创造和维持社会的互动和理解。同理，卡尔·马克思的作品可以用来分析公共关系如何帮助支撑某个经济体系，因此被放在书中涉及的公共关系负面影响的部分。有关马克思的章节，也适合被放置在讨论行动者和结构的部分。安东尼·吉登斯（Anthony Giddens）的晚期现代反身性理论与社会变迁有关，而他的结构化理论则与结构和行动者相关。作为编者，我们决定根据我们对作者理论的理解来安排他们的主要理论关注点所在的章节。

社会变迁

作为一个概念，"社会变迁"提供了对社会及其如何转变的广泛理解，它不同于对"革命""进步"或"发展"等相关概念的理解。历史上将社会理解为长期稳定的和有秩序的，变化被当作例外的和具有威胁性的。世界秩序与社会满意度紧密相连，财富和资源分配不平等，统治精英依赖于维持现状，并且其保持现状的观点被广泛接受（Randall & Strasser, 1981）。在法国哲学家和思想家引起的知识革命（后来被称为"启蒙运动"）中，教条主义、君主专制和神父受到质疑。结果，传统的思维模式，如稳定与变化的观点受到挑战。由于英国工业革命促进了新的生产和组织形式，以及法国推崇平等和人类尊严的政治，随后的时期是社会极其活跃的阶段。"变化"成为常态，思想家和社会学家将"变化"作为他们对组织、制度和社会进行理论化的一个实质性内容（Haferkamp & Smelser, 1992）。

在第二章中，阿里尔德·瓦拉斯描述了马克斯·韦伯（Max Weber）如何用规则和目标导向的理性取代传统、价值观和情感。韦伯认为，人性被置于理性的"铁笼"中，它将人类行为进行了规范化、标准化和简化。如何产生和维持这个现象是韦伯分析的中心，他提供的一个答案是任何系统的维持都由它得到和保持民众支持的能力所决定的。合法化和传播是我们理解什么给了组织一个"营业执照"的关键。在当代社会，组织倾向于与它们的利益相关者保持高于正常运转所必需的情感联结。结果是，在组织与其利益相关者的关系中，魅力成为一个重要元素。

德国社会学家尼克拉斯·卢曼（Niklas Luhmann）阐释了日益增强的社会功能与结构的差异，后者被视为在复杂的传播网络中创建和维持的社会系统。为了处理这种复杂性，社会与基于其自我理性的亚系统的功能区别开来。系统，如市场、警察、宗教、科学，提供其对自己及所处环境的理解，也提供传播的规则和措施。

在第三章中，苏珊娜·霍尔斯特罗姆将这种自我指涉状态作为出发点。根据她的观点，作为边界扳手的角色使得公共关系的名声不佳，因为它在遇到其他系统的组织（如从事政治活动的环境组织）时，往往不受一个组织（如以市场为行动导向的公司）的保护。与日俱增的社会动荡和新秩序强化了这些机制，导致组织反复地发生合法化危机。组织失去了与既有的秩序相整合的能力，而必须反复参加新的合法化范式的建设。这是一个传播过程，公共关系帮助组织听取利益相关者的意见并影响其组织决策。

韦伯所经历和分析的阶段后来被概念化为现代性，作为其区别于之前的传统阶段。

5 即便关于它的特点以及何种程度上它是划时代的方面仍有分歧（Wittrock, 2000），但这个划时代的观点仍获得社会理论家的广泛认可。对于现代性之前的时代也有类似的争议。卢曼指出，功能与结构的差异化只是现代性动员起来的过程的延伸（Rasch, 2000）。其他人则认为，我们生活在一个根本不同的时代。有些学者提出我们生活在后现代性中，这意味着与现代性的状态的一个断裂（Lyotard, 1979）。其他学者（如 cf. Beck, Giddens, & Lash, 1994）认为，我们生活在另一个现代性中，这不是一种断裂，而是一个由现代性所塑造并作为其功能延伸的时代。

齐格蒙特·鲍曼（2000）提倡后现代的观点，即使他更愿意使用"流动的现代性"这个概念。根据鲍曼的观点，我们的社会已经失去作为现代性的标志和想象的踪迹，但我们仍未放弃它所提供的方法。这意味着我们为消费继续开发产品、组织和系统，但不再有此前提供的一个良性社会共享项目的想象。

在第四章中，马格达·皮尔茨卡借鉴鲍曼的观点，指出公共关系在某种意义上是一个现代实践，它由理性和效率所塑造并成为组织的指路明灯，理想最终变成理所当然并被制度化。这意味着公共关系在许多背景下被分解为一系列的标准化动作，最终拉开组织与利益相关者在决策和互动中的距离。结果，公共关系总是以一种伦理上备受争议的方式被使用。

德国社会学家乌尔其·贝克提出了第二种或反思现代性的概念。我们现在所面临的不是被误解为现代性的断裂；而是被理解为对现代性及其主要形式的挑战，如理性、繁荣、经济发展。贝克认为变化是连续的，有新意的是现代性开始自我现代化。反思现代性被认为是现代性的激进化，是其结构、行动和制度的激进化，而不是一种替代。

在第五章中，马格努斯·弗德雷里克松运用贝克的作品发展了一个理论框架，该框架被用来理解为什么企业采用公共关系以及为什么公共关系成为企业的社会责任（CSR）的一部分。弗德雷里克松揭示贝克的作品是如何帮助我们理解政治、商业和日常生活中的风险意识而导致抗争、冲突和要求变化的。这个分析的核心是两个品质——风险制造和可见性——弗德雷里克松建议将其作为离心力量，企业变成承担社会责任政治行动者。他还揭示了这些品质是如何互相作用并驱使组织以不同的方式运用公共关系的。

6 拉图尔的大部分作品都是关于科学的条件和结果的。他的出发点是自然和社会在科学过程中被赋予意义时，它们的重要性并非其"实际"意义的结果而是其所嵌入的网络的强度和长度所导致的结果。那就是说，科学并不是一个自动的行为，而是高度依赖于行动者、技术和研究工具的。在第六章中，皮埃特·范霍文利用拉图尔的理论论证：公共关系与科学一样，与其他行动者和行动互相联结，并依赖于这些网络以获得并保持其重要性。就像科学一样，如果我们想理解事实在组织中是如何建构的，这些网络就非常重要。事情被嵌入那些被建构的网络中从而变为事实。比如，必须整合网络上的所有节点，不仅仅是行动者，也包括机器、技术和其他非人类实体，所以我们将公共关系理解为远远大于组织实体的一个部分，网络上一个部分的运动对公共关系有着广泛的影响却不至于影响其他部分。

社会力量

这部分章节主要关注了一个经典的哲学和社会学问题，即个体与社会的关系、行动者与结构的关系。个体有如愿行动的自由吗？或者他们受限于社会结构吗？经典的争议在于反对强调人或强调社会权力的极端化作用，但也有一些中间地带的尝试。如安东尼·吉登斯和查尔斯·莱默特（Charles Lemert）在他们的介绍性文本中所言：

> 对于认为个体的能动性创造了模式化的社会生活的观点来说，系统研究人类行动的理由、动机、信仰、情感和欲望是发展批判社会研究的最恰当的方式（Elliott & Lemert, 2014, pp.11-12）。

这会带来公共关系从业者如何展开工作、如何推理，以及他们将什么作为良好实践的相关研究。比如，探索伦理或理想化的实践，就属此类。

不过，几位社会理论家指出，聚焦于行动者或多或少会忽视行动者嵌于其中的制度和社会结构的力量，他们呼吁重视文化、规范和社会秩序。这类视角将组织视为被嵌于其社会背景之中并被结构秩序所统治的部分，在组织—环境关系的背景下，公共关系被创建、改造、维持和质疑（Fredriksson et al., 2013）。这提出了行动者自由行动的可能性及何者可期的问题。企业有可能如对话理论中所设定的理想方式那样展开对话吗？企业有可能为了对话而对话，而不是为了利润将对话作为一个工具吗？企业能逃脱其工具理性吗（Ihlen & Levenshus, 2017）？

上述介绍性文本指出，如今大部分学者都不会只强调社会结构或者个体能动性的重要性了（Elliott & Lemert, 2014）。个体不是系统的傀儡，但被嵌于影响其能动性的社会结构之中。许多社会学家都试图解决主观主义和客观主义的对立。这两种立场的混合出现在皮埃尔·布尔迪厄（Pierre Bourdieu）和安东尼·吉登斯的社会学中。

在第七章中，欧文·伊伦指出皮埃尔·布尔迪厄的理论对于研究组织在公共关系助力下的权力争夺是很有用的。在布尔迪厄的社会学中，惯习理论的结构机制作为内化心智或认知结构的一种形式有意无意地约束人们应该或不应该做什么。惯习理论通过反射被塑造或被抗拒。"当实践者能理解一个对话究竟是什么或如何起作用时，他就能够调整这个视角及对话策略。"（Ihlen & Levenshus, 2017, p.226）在第七章中，伊伦继续探索场域和资本在公共关系中的重要性。

7

继讨论布尔迪厄和他对公共关系的相关性理论之后，本书继续对美国社会学家哈里森·怀特和他的观点进行叙述。在第八章中，彼得·温克勒和斯蒂芬·韦迈尔介绍了怀特关于社会身份认同的前沿作品，是为解决结构和文化不确定性而出现的关系控制的结果。怀特的社会学理论被用于克服公共关系研究中所谓的本质主义、工具主义、肯定性和二元性的偏误。关系不应被视为一个结果，而应该被视为身份形成的一个动态过程。怀特主张一种结构和文化二元平衡的观点，传播控制作为基本的社会生活原则，依赖于彼此双向的期待和努力。对话和控制导向的取向必须彼此交织。

8　　约翰·W.迈耶的社会学理论是第九章的焦点，由贾斯珀·帕拉斯和艾米利亚·克瓦恩斯特伦撰写。迈耶提出"世界社会"的概念，将社会行动者置于全球文化中予以观照。组织的工作方式典型的反映是环境决定何为重要、何为紧迫。企业的行为与其说是被策略意向和理性的措施—结果所驾驭和组织，不如说是被其文化背景所赋能并受其制约的。

在第十章中，贾斯珀·福克海默介绍了安东尼·吉登斯的作品。福克海默认为运用吉登斯的视角或可构成一个"第三种公共关系视角"：它介于管理、功能和规范传统取向之间、介于批判和解释取向之间。吉登斯社会学的一个关键方面是他的结构化理论，它勾画出空间和时间维度。社会结构是人为的并可被替代和改变的。对于吉登斯来说，关于社会结构有两面性：结构类似于一种媒介和实践再生产的产物（Giddens, 1984/1995）。

社会互动

组织被构想成社会行动者，即便"组织"的绝大部分定义都是指个体的集合。可以将组织当作有主观意向、意志和达成目标的有行为能力的主体。有自我身份和某种程度自主性的行动者可以自主决策。所以，如果我们想理解组织，互动一定是重要的。一部分原因是互动发生在组织成员之间，另一部分原因是组织与其环境的互动。当组织开始互动，它们对自身与他者就产生了理解，这与其他组织塑造和重塑它们的身份有关（Brunsson & Sahlin-Andersson, 2000）。因此，如果我们想理解组织行为和特定的公共关系，那么理解互动的条件、它们怎样产生、如何结束、有何后果以及如何被治理的，这些都至关重要。

美国政治学家罗伯特·普特南的作品将社会互动当作出发点，将个体的网络作为社会秩序的基础设施。普特南（2000, p.19）认为，这些"社会网络以及由此产生的互惠和信任规范"是非常重要的，因为它们创造和维持社会资本——这是繁荣社会的基石。在普特南的理论中，社会资本等同于信任，是个体合作的源泉。因而这种关系的发展对个体、组织和社会整体都意义非凡。

9　　在第十一章中，威尔玛·罗马–阿霍指出公共关系可以成为一个均衡社会的行动者，它提供信息，建立群体之间的关系，创造对立利益群体的互动平台。她认为如能理解利益相关者互动的规律，组织和社会之间的联结显然是有利的，组织的利益相关者经验是互相信任的起点。她建立了一个模型，揭示传播和公共关系与社会资本是怎样互相联系的。

对于普特南来说，互动首先是关于传播的模式，而不是意义。相反，和托马斯·卢克曼（Thomas Luckmann, 1967）合著《真实的社会建构》的彼得·L.伯格，将意义作为基石。他的作品是对本质主义、客观主义认识论、独立于人类经验的社会秩序的批判。伯格认为建构主义是一种主观主义认识论，当人们互动并分享意义时建构起社会秩序。这种观点将语言置于社会秩序和能动性之间，也是辩证的。

在第十二章中，迈茨·海德运用伯格的作品来讨论公共关系，具体来说是危机传播。这些概念在主流文献中被视为顺理成章，所以容易被本质化。"危机"都被当作组织之外的事情，从头到尾呈现出一个线性的过程。海德指出，在危机时刻的许多作为是成员进行意义建构和解释情境的结果。他们经常将"组织"具像化，并将组织作为成员依据某种模式进行工作和行使职能的容器。相反，伯格的观点放大了正在进行的过程和所使用的语言的重要性。海德对危机传播研究持批判态度，并指出学者和从业者由于本体论和方法论的局限，无法充分理解危机的理由、机制或后果，因而约束了传播者选择措施和应对危机情境的能力。

当伯格将互动理解为建构性的时候，法国社会学家吕克·博尔坦斯基和劳伦·提维诺（Laurent Thévenot, 2006）也在研究社会互动。当互动开始时，我们就获得了经验。博尔坦斯基最重要的贡献在于他强调当我们发生分歧时如何在情境下达成协议。根据博尔坦斯基的观点，所有的协议都是基于"更高的共同原则"，超越特定情境，行动者准备维护他们的意见，这些更普遍的共同原则必须被参与者认可。博尔坦斯基认为这些原则就是"世界"，每个世界都根据某种"价值秩序"演化而来，并成为社会行动者在社会互动中的框架。在一个特定情境中，一个行动者必须能从两个不同的方面为他的立场进行辩护。第一，这是什么情境、指的是哪一个世界。第二，在给定背景中，在何种程度上，一个讨论所指代的主体、客体或理由是有效的。

在第十三章中，李·爱德华指出博尔坦斯基的理论可被用于分析公共关系中互动的作用。如承认寻求正当性是公共关系的基本面，学者们将分析动员力量、行动者和理由，因为该框架最终确定这一事实：组织是在社会背景之中存在的。爱德华认为此类分析将关注到组织的合法性声明、公共关系在何种程度上令价值秩序得以调整和存活、公共关系在何种情形下是富有政治建设意义的。

与博尔坦斯基一样，欧文·戈夫曼（Erving Goffman, 1959）致力于个体协商意义，他的野心之一就是建构一种理论以解释社会生活的特定情境如何决定语言、语言又如何在社会秩序中添加意义和结构。欧文·戈夫曼（1974/1986）将这些秩序称作"框架"（frames）。

10

戈夫曼的一个核心理念就是个体。当面对他人时，个体运用传播来扮演角色和采取行动以创建某种印象。在第十四章中，C.琼斯（Catrin Johansson）坚持认为，即便组织与利益相关者互相影响，这些组织也并非同质化的集体，而是有各自利益诉求的个体组成的群体与相互影响的组织。

博尔坦斯基和戈夫曼都强调特定情境、行动者对情境解读的重要性，以及这种解读对传播的重要性。因此，他们都指出一个论证有多理性是取决于情境的，互相理解很难达成，因为这意味着行动者不仅需要认同传播是什么，也需要认同情境是什么。德国哲学家尤尔根·哈贝马斯质疑这个观点，他认为理性的内容各不相同，但有效性却是一样的。如果一个行动者想达成理解并获得为共同目标而行动的动力，就必须始终坚持一个普遍的有效性主张。这不是说所有的传播都是关于共同行动或集体行动的，传播是关于策略并得偿所愿的。但达成理解是核心要素，哈贝马斯提出，一个陈述必须满足三个主张才能被认为是有效的。它必须是：a）真实的（双方均认同的事实），b）诚实的（说话者达其意），c）合法的（符合社会规范）。

11

在第十五章中，罗兰·伯卡特介绍了他的共识导向的公共关系模型。伯卡特勾画出四个连续步骤，每个步骤均参照哈贝马斯的有效性主张。第一步是给利益相关者群体提供信息，第二步是展开讨论并回应质疑，第三步是通过技术和伦理议题的阐释性话语来回应争议，第四步是提供反馈。伯卡特认为如果一个组织采取这些步骤并满足有效性主张，它就会增加操控的空间，即使结果并不符合初衷。

权力

在试图理解社会世界的过程中，许多社会理论家也对他们所认为的社会问题提出了异议。与权力、不平等、社会不公正有关的议题多源自阶层、性别或种族。不平等可能是社会的、经济的、政治的、心理的、文化的，或与风险接触有关的。正如另一篇引言性文本所写的，"社会学思想家政治参与有一定程度的连续性，通常是直接的"（Stones, 2008, p.21）。本书这个部分从马克思理论、批判话语理论、女性主义理论和新古典理论的视角聚焦经济、知识、性别、种族和民主。虽然许多公共关系的描述倾向于关注公共关系对社会的积极贡献，但这一章主要关注它潜在的消极影响。

批判理论提供了一种理论框架，法兰克福学派是当代社会理论的起点（Elliott & Lemert, 2014）。法兰克福学派强调学者应通过批判意识形态和工具性思维揭示社会压迫（see e.g., Hohendahl & Fisher, 2001）。批判理论的目标是增加反思从而推动解放。分析表明，"自由市场"的观点如何被用来反对烟草税和健康问题（Cheney, Christensen, Conrad, & Lair, 2004）。查尔斯·康拉德（Charles Conrad, 2011）认为，公共关系和组织传播制造了关于自由市场对社会中的每个人都有益处的关键思想或迷思。这种迷思如何建构并通过传播推广，是利用批判理论和批判视角的激进公共关系的一项关键目标。这个观点在

第十六章得以阐释，C.凯·韦弗介绍了卡尔·马克思的理论。韦弗指出公共关系使资本 **12**
主义合法化并得以持久。公共关系充当某种社会文化和经济功能，所以可以运用经济基
础和上层建筑、商品恋物癖和意识形态等概念予以分析。

约翰·杜威是本书里公开讨论公共关系的少数社会理论家之一。他认为当时的宣传
代理将宣传工具误用于服务企业利益，而不是帮助社会形成有智识的公共舆论。在第
十七章中，拉娜·L.拉科夫探讨杜威的原创性作品，以及批判公共关系理论对杜威理论的
颠覆性误用，将企业置于中心。与杜威的原创作品一致，拉科夫呼吁将公众置于中心点。

C.赖特·米尔斯（C. Wright Mills, 2000）认为，结构的知识可以是权力的一种形
式。所以，话语起着重要的作用。在第十八章中，朱迪·摩森和雪利·利奇探讨福柯
（Foucault）的理论如何帮助公共关系理论将公共关系理解为一种对权力有效果的话语实
践。例如，建立对话论坛并预先确定结果，以抑制差异和冲突。

压迫不仅以缺少生产资料所有者的形式出现。公共关系学者也认为有必要挑战有关
性别和种族的霸权假设（Cheneyetal., 2004; Daymon & Demetrious, 2013; Waymer & Heath,
2015）。在第十九章中，拉科夫和纳斯塔斯西亚将多萝西·E.史密斯的研究作为一个女性
主义理论的案例。史密斯被认为是一位重要的当代社会理论家，是其中23位被确定的女
性之一，也是最近被选入文集的三名女性之一（Ritzer & Stepnisky, 2011）。拉科夫和纳斯
培斯西亚提出，公共关系的女性主义研究应多关注公共关系中的女性生活，而不是女性
生活中的公共关系。与史密斯一样，他们呼吁知识的不同形式，不仅有"客观"知识，
也有日常理解。呼吁研究"制度如何生产和推行关于社会秩序和群体在其中的地位"
（Ritzer & Stepnisky, 2011, p.368）。

尽管西方男性理论家在这本书中占主导地位，但在第二十章中，莫汉·J.杜塔介绍
了加亚特里·查克拉沃蒂·斯皮瓦克，这位探讨公共关系的重要的后殖民主义理论家。
将斯皮瓦克作为跳板，杜塔提出公共关系的知识结构必须与呈现、权力和物质性有关。
他指出通过对连接跨国公司、国有企业和全球结构的传播实践的追问，公共关系应致力
于解放目标。 **13**

一些公共关系学者则提出一个相反的公共关系取向（Mouffe, 2000/2005, 2005）。这
种取向的提出，实际上包含了处理冲突和拥抱冲突的道德方式。斯科特·戴维森和朱
迪·摩森在第二十一章中介绍了法国学者尚塔尔·墨菲的作品，批评其将对话作为伦理
标准，导致公共关系会为霸权服务。像本书的大部分作者一样，本章作者认为这蕴含着
变动的可能性。换句话说，他们认识到了公共关系对社会权力不平等的负面后果，同时
也设想了解决这个问题的其他学术和实践方式。

最后：笔记

这本书以欧文·伊伦、P.范霍文和马格努斯·弗德雷里克松对本书的全部内容的概

述结束。他们提出五个结论，可以被视为公共关系研究的核心知识领域，或公共关系应该研究的背景、概念、议题和经验研究方向。

不过，这类介绍可能会给人一种扭曲的印象或给读者造成困惑。如果对此前的研究或社会理论不甚熟悉的人，很难发现这20位理论家的共同之处，尤其是在这样简短的文本中。但读完此书，读者可能仍然很难理解他们的贡献，这些理论家作为一个集体如何为公共关系学者的诸多问题提供答案。这些理论有的是互相补充的，有的是独立的，有些甚至是互相矛盾的。作为读者，我们很难得到整合的视野以俯瞰整个理论领域，人们甚至会问：学者们讨论的真的是同一个世界吗？似乎真的很难提出一个问题，让所有的理论家都能提供相同方向的答案。

14　　对有些读者来说，这可能是个问题，甚至可以激发思考。曾有许多整合公共关系定义的尝试（Daymon & Demetrious, 2013; Waymer & Heath, 2015），本书涉及的理论并不旨在回答这个问题。社会理论家永远不会帮助我们找到一个所有人共同认可的定义；他们也不会帮助我们找到一个框架，在这个框架中，学者们费力但勤奋地为更大的公共关系做出贡献。他们做的是帮助我们更好地了解公共关系以及在不同背景下的公共关系。社会理论帮助我们找到一套可以研究公共关系的理论立场，正是多样性帮助我们进一步发展我们的研究。如本书所展示的那样，社会理论非常丰富多元，它可提供拓展领域内已有立场的概念和理论。公共关系因此可在理论和方法上均获得成长。所以，我们作为本领域的学者可扩展实践的工具箱，重新思考相关概念、模型，和我们用于概念化公共关系及其在个体、组织、制度之间互相影响的理论。希望一些最初的困惑可被理解。

注解

1. 作者感谢柏泰克·冯·儒勒（Betteke van Ruler）同意我们改写和重新印刷第一版中第一章的部分内容。

15　## 参考文献

[1] Bardhan, N., & Weaver, C. K. (Eds.). (2011). *Public relations in global cultural contexts: Multi-paradigmatic perspectives*. London: Routledge.

[2] Bauman, Z. (2000). *Liquid modernity*. Cambridge, U.K.: Polity.

[3] Beck, U., Bonss, W., & Christoph, L. (2003). The theory of reflexive modernization: Prolematic, hypotheses and research programme. *Theory, Culture & Society*, 20(2), 1–33.

[4] Beck, U., Giddens, A., & Lash, S. (1994). *Reflexive modernization: Politics tradition and aesthetics in the modern social order*. Cambridge, U.K.: Polity Press.

[5] Berger, P., & Luckmann, T. (1967). *The social construction of reality: A treatise on the sociology of knowledge*. London: Penguin Press.

[6] Boltanski, L., & Thévenot, L. (2006). *On justification: Economies of worth*. Princeton, NJ: Princeton University Press.

[7] Boorstin, D. J. ([1962]/1992). *The image: A guide to pseudo-events in America*. New York: Vintage

Books.

[8] Brunsson, N., & Sahlin-Andersson, K. (2000). Constructing organizations: The example of public sector reform. *Organization Studies*, 21(4), 721–746.

[9] Cheney, G., Christensen, L. T., Conrad, C., & Lair, D. J. (2004). Corporate rhetoric as organizational discourse. In D. Grant, C. Hardy, C. Oswick, & L. L. Putnam (Eds.), *The SAGE handbook of organizational discourse* (pp. 79–103). London: SAGE.

[10] Conrad, C. (2011). *Organizational rhetoric: Strategies of resistance and domination.* Cambridge, U.K.: Polity.

[11] Davidson, S. (2016). Public relations theory: An agonistic critique of the turns to dialogue and symmetry. *Public Relations Inquiry*, 5(2), 145–167. doi:10.1177/2046147x16649007   **16**

[12] Daymon, C., & Demetrious, K. (Eds.). (2013). *Gender and public relations: Critical perspectives on voice, image and identity.* London: Routledge.

[13] Edwards, L., & Hodges, C. E. M. (Eds.). (2011). *Public relations, society and culture: Theoretical and empirical explorations.* London: Routledge.

[14] Elliott, A., & Lemert, C. (2014). *Introduction to contemporary social theory.* London: Routledge.

[15] Fredriksson, M., Pallas, J., & Wehmeier, S. (2013). Institutional perspectives on public relations. *Public Relations Inquiry*, 2(3), 183–203.

[16] Giddens, A. (1984/1995). *The constitution of society: Outline of the Theory of Structuration.* Cambridge, U.K.: Polity Press.

[17] Goffman, E. (1959). *The presentation of self in everyday life.* New York: Doubleday.

[18] Goffman, E. (1974/1986). *Frame analysis: An essay on the organization of experience.* Boston, MA: Northeastern University Press.

[19] Habermas, J. (1989). *The structural transformation of the public sphere: An inquiry into a category of bourgeois society* (T. Burger, Trans.). Cambridge, MA: MIT Press.

[20] Haferkamp, H., & Smelser, N. J. (1992). Introduction. In H. Haferkamp & N. J. Smelser (Eds.), *Social change and modernity* (pp. 1–33). Berkeley: University of Cali- fornia Press.

[21] Heath, R. L., & Xifra, J. (2015). What is critical about critical public relations theory? In J. L'Etang, D. McKie, N. Snow, & J. Xifra (Eds.), *Routledge handbook of critical public rela-tions* (pp. 200–210). London: Routledge.

[22] Hohendahl, P.-U., & Fisher, J. (Eds.). (2001). *Critical theory: Current state and future prospects.* New York: Berghahn.

[23] Holtzhausen, D. R. (2012). *Public relations as activism: Postmodern approaches to theory and practice.* New York: Routledge.

[24] Ihlen, Ø. (2017). Fanning the flames of discontent: Public relations as a radical activity. In E. Bridgen & D. Verc̆ic̆ (Eds.), *Experiencing public relations: International perspectives* (pp. 165–173). London: Routledge.

[25] Ihlen, Ø., & Levenshus, A. (2017). Panacea, placebo or prudence: Perspectives and constraints for corporate dialogue. *Public Relations Inquiry*, 6(3), 219–232. doi:10.1177/ 2046147X17708815

[26] Ihlen, Ø., & Verhoeven, P. (2012). A public relations identity for the 2010s. *Public Rela-tions Inquiry*,   **17**
1(2), 159–176.

[27] L'Etang, J., McKie, D., Snow, N., & Xifra, J. (Eds.). (2015). *Routledge handbook of critical public relations.* London: Routledge.

[28] Latour, B. (2003). Is re-modernization occurring – and if so, how to prove it? A commentary on

Ulrich Beck. *Theory, Culture & Society*, 20(2), 35–48.

[29] Leeper, R. V. (2001). In search of a metatheory for public relations: An argument for communitarianism. In R. L. Heath (Ed.), *Handbook of public relations* (pp. 93–104). Thousand Oaks, CA: SAGE.

[30] Lyotard, J. F. (1979). *The postmodern condition: A report on knowledge*. Minnesota, MI: University of Minnesota Press.

[31] Mayhew, L. H. (1997). *The new public: Professional communication and the means of social influence*. Cambridge, U.K.: Cambridge University Press.

[32] McKie, D., & Munshi, D. (2005). Tracking trends: Peripheral visions and public relations. *Public Relations Review*, 31(4), 453–457. doi:10.1016/j.pubrev.2005. 08. 001

[33] Mills, C. W. (2000). *The power elite: New edition*. New York: Oxford University Press.

[34] Moffitt, M. A. (2005). Comments on special issue: Public relations from the margins. *Journal of Public Relations Research*, 17(1), 3–4. doi:10.1207/s1532754xjprr1701_2

[35] Motion, J., & Leitch, S. (2015). Critical discourse analysis: A search for meaning and power. In J. L'Etang, D. McKie, N. Snow, & J. Xifra (Eds.), *Routledge handbook of critical public relations* (pp. 142–150). London: Routledge.

[36] Mouffe, C. (2000/2005). *The democratic paradox*. London: Verso.

[37] Mouffe, C. (2005). *On the political*. London: Routledge.

[38] Munshi, D., & Kurian, P. (2005). Imperializing spin cycles: A postcolonial look at public relations, greenwashing and the separation of publics. *Public Relations Review*, 31(4), 513–520.

[39] Putnam, R. D. (2000). *Bowling alone: The collapse and revival of American community*. New York: Simon & Schuster.

[40] Ramsey, P. (2015). The public sphere and PR: Deliberative democracy and agonistic pluralism. In J. L'Etang, D. McKie, N. Snow, & J. Xifra (Eds.), *Routledge handbook of critical public relations* (pp. 65–75). London: Routledge.

[41] Randall, S. C., & Strasser, H. (1981). *Conceptualising social change: Problems of definition, empirical reference and explanation* (pp. 9–35). London: Routledge and Kegan Paul.

[42] Rasch, W. (2000). *Niklas Luhmann's modernity: The paradoxes of differentiation*. Stanford, CA: Stanford University Press.

[43] Ritzer, G., & Stepnisky, J. (Eds.). (2011). *The Wiley-Blackwell companion to major social theorists*. Malden, MA: John Wiley & Sons.

[44] Stones, R. (Ed.). (2008). *Key sociological thinkers* (2 ed.). London: Palgrave Macmillan.

[45] Waymer, D., & Heath, R. L. (2015). Critical race and public relations: The case of environmental racism and risk bearer agency. In J. L'Etang, D. McKie, N. Snow, & J. Xifra (Eds.), *Routledge handbook of critical public relations* (pp. 289–302). London: Routledge.

[46] Wittrock, B. (2000). Modernity: One, none, or many? European origins and modernity as a global condition. *Daedalus*, 129(1), 31–60.

18

第一部分
社会变迁

第二章

韦伯：公共关系中的合法性和合法化

阿里尔德·瓦拉斯

马克斯·韦伯关于合法性（legitimacy）与合法化（legitimation）的理论涉及公共 19
关系学科的核心内容：获取并维持来自普通公众的支持。通过将合法性定义为合理的
生存权，韦伯发现任何正式的组织或统治体系都需要合法性。他也指出，所有这些系
统必须将自己的存在置于合法化的原则之上，要么是法理型（legal-rational）、传统型
（traditional），要么是魅力型（charismatic）。韦伯的思想为理解公共关系的作用和目的提
供了理论基础——获取并维持组织的合法性。

本章首先回顾了韦伯的社会学，概述了支配（domination）、权威（authority）和合
法性的概念。然后讨论了合法化的概念，强调了魅力型合法化的概念。虽然韦伯预言合
法化的法律理性原则将构成未来组织合法性的基础，但本章认为他的魅力型合法化概念
与理解公共关系实践最为相关。本章的最后，为进一步研究提供了一些建议。

马克斯·韦伯

马克斯·韦伯的研究涵盖大部分社会理论，并激发了部分领域的大量研究与争
论，如政治学、科学哲学、社会学和历史学。他的经典著作之一——《经济与社会》
（*Economic and Society*, 1922/1968）在他去世之后出版，该书通过阐明一些核心概念，如
权力（power）、合法性、权威和理性（rationality），成为社会科学的一个标志。组织理论
中的教材（Hall, 1991; Scott, 1998）通常使用韦伯的理论作为背景来描述生产和组织的理
性形式，以及作为正式组织存在的合法性基础。 20

马克斯·韦伯的一个主要志向在于从整体角度来理解当代西方社会。他将人类动机
的转移视为区分过去社会的一个重要特征，这使人类由目标导向的理性所引导，而不是
基于传统、价值或者情感基础而行动。他认为这种转变的结果将会被一种日益理性化

的、以规则为导向的、最终不那么人性化的制度所主导。在这种语境下，他的观点与卡尔·马克思的异化（alienation）概念（见第十六章）存在相似之处，因为他们都赞同理性组织威胁个人自由，并剥夺人类决定自己生活的能力。然而，韦伯并不赞同马克思关于异化只发生在资本主义制度内的主张。他相信异化是社会理性化的一个结果，而且是任何理性协调生产系统所不可避免的结果（Coser, 1977）。由此可见，相较于资本主义制度，社会主义制度更以规则为导向。

然而，韦伯并不倡导资本主义。他将资本主义视为与日益规范化、标准化、理性化的社会趋势相匹敌的主要力量。在《新教伦理与资本主义精神》（*The Protestant Ethic and the Spirit of Capitalism*, 1904/1991）中，他讨论了新教与资本主义精神之间的联系，并认为这些关联将导致理性的铁笼（iron cage），而这反过来会逐渐削弱情感的重要性与个体差异化的行为。除非政府和组织表现出足够的理性和以目标为导向的行为，否则它们就是不合法的。这引出了韦伯最重要的概念：权力、支配和权威，以及合法性与合法化，这些概念将在本章中进行更深入的讨论（另见关于哈贝马斯的第十五章）。

权力、支配、权威与合法性

在《经济与社会》一书中，韦伯（1922/1968）阐述了权力、支配和权威的概念。韦伯对权力没有太大兴趣，他专注于统治权以及统治权得以实践的原则，他将权力视为行动者"即使遇到阻力也要履行自己意志的立场"（Weber, 1968, p.53）。与此相反，他聚焦于支配，它"构成一种特殊的权力"（Weber, 1968, p.941），且与英文术语统治（domination）相似：

> 更准确地说，支配将意味着一种情境，在这种情境中，统治者显而易见的意志（命令）或态度意在影响、事实上也确实影响着其他人（被统治者）的行为……仿佛被统治者把命令的内容作为他们行为的准则。
>
> （Weber, 1968, p.946）

21 因此，对于韦伯而言，支配的每一种形式意味着某种自愿的服从。由于服从会得到利益，或者至少是由统治者认可的因统治权而来的一种服从的责任感，统治者的意志得到了服从。韦伯将这种现象称为"源于权威"（1Weber, 1968, p.943）的支配，这与基于权力的统治有着根本性差异。案例可以包括亲子关系、宗教领袖与其追随者、国王与臣民，以及正式组织及其环境之间的关系。后者通常不是基于给予和接受命令，但仍然具有一些重要的支配因素。组织通常通过旨在为产品、服务或组织本身提供支持和利益的市场活动与公共关系活动来"影响一个或多个人的行为"（Weber, 1968, p.946）。然而，为了影响潜在客户和其他利益相关者所做的尝试，只有在被影响者接受这些尝试时起作用。这意味着组织依赖于其更广泛环境的自愿服从。韦伯将这种服从称为合法性。一旦组织具有合法性，它将享有足够的、来自外部的自愿支持，以此继续存在并开展业务。

合法化的原则

根据韦伯的观点，任何系统的生存都取决于其主体的持续支持，更具体地说，他们认为该系统"值得"自愿遵守（另见关于博尔坦斯基的第十三章）。作为系统或任何组织存在和运行，都是一种必须要证明其合理性的特权。任何享有更多特权的人感受到"永不停止的需求"，以将他或她的地位视为合法和应得的（Weber, 1968, p.953）。为了生存，每个系统都产生了一些"培养对自身合法性的信念"的神话，以证明系统的存在是合法的（Weber, 1968, p.213）。这个神话可以是通过市场素材传递的信息，也可以是公共关系从业者精心编排的故事，神话是能够证明系统存在和行为特权合理性的故事。

韦伯不仅表明合法性是社会建构的，也表明获得合法性的潜力取决于公民对该制度的感知，也就是他们的信念。被创造和发展的神话未必是事实，除非人们相信，否则神话不能产生合法效应。同样，只有人们相信合理的生存权，制度才是合法的。因此，获得合法性是一个通过认可特定"神话"来影响信念的问题，这使合法化成为一种战略过程，即影响公众意见的正当理由和尝试。

韦伯并没有更深入地阐明制度的神话，以及它们如何发展并被运用于创造和培养良好信念的实践中。相反，韦伯将焦点放在制度合法性所基于的理想—典型原则，他认为制度合法性的基础根据支持它的信念种类而变化。具体而言，合法性声明的效度可能基于：

1. 理性基础——依赖于对制定规则的合法性，以及对这些规则和命令之下的权威、权力的信念。

2. 传统基础——依赖于对传统神圣性中的已有信念，以及在传统之下正在实施的权威的合法性。

3. 魅力型基础——依赖于对个体的优异品质、英雄主义或模范特质的热爱（Weber, 1968, p.215）。

由此可见，韦伯对"合法性原则"的理解更加抽象化和理论化。他没有明确地说明这种原则与之后的信念之间的关联；而我们必须从他的理想—典型原则描述中推断出合法化是有效支配的内在元素。更进一步地说，合法化的类型根据声明合法性的基础而有本质的不同。

法理型合法化是基于确保制度在各个方面和层次上都贯彻理性的法律与规则。假设社会对理性的信念是强大的——韦伯也是如此——人们将按照他们接受的原则运行制度。组织的官僚主义形式遵循这种原则——它是一种"纯净的"法理型支配。由于制度能够"实现最高的效力"，所以它是"人类历史上已知的最理性的行使权威的方式"

22

（Weber, 1968, p.223）。任何依据官僚主义结构运行的组织都将从它的环境中获得合法性。

传统型合法化依赖于对传统和习惯的神圣信念的不断培养。制度由一系列传统规则和准则来调整，这些传统规则和准则赋予统治者权威，并赋予统治者及其政府行使统治的权力。一旦传统被广泛认可，统治者根据传统行事，制度内的成员将认为制度是合理且合法的。只有通过声明它们"一直"存在，新的规则才会得到合法化。

23　　魅力型合法化依赖对领导人卓越品质的热爱。该系统的合法性源于领导人的以下品质：

> 被认为是卓越的，并具有超自然、超人类或者至少是极其特殊的力量或品质。普通人并不具有这些特质，但是这些特质被认为是神圣的起源或典范。基于这些，个体才会被当作"领导"。
>
> （Weber, 1968, p.241）

魅力只有受到信任才能存在，魅力的出现取决于追随者如何看待个体。如果这个人在社会上被认为是具有非凡魅力的，那么他或她就是一个有魅力的领导人，而不论他或她实际是否真的具有优秀特质。这意味着魅力型合法化是一种在某种程度上可以被操控的社会建构。韦伯并未完全阐明这种现象，但是他将"自然禀赋的品德"（如纯洁的魅力）继承的魅力与"通过一些特殊的方式而人工产生"的魅力进行了对比（Weber, 1968, p.400）。这种差异启发了新魅力（neocharismatic）理论家，他们认为魅力通常是一种属性（Conger & Kanungo, 1994），只要在正确的环境下，任何领导都能够被认为是有魅力的。在这种视角下，魅力型领导的合法性是追随者信仰的一种属性，而不是领导者的品质（Bensman & Givant, 1975）。因此，魅力型合法化成为使用最佳说服技巧的问题。

机构的魅力型合法化

在对魅力"去个人化"方式的描述中，韦伯意识到魅力的建构主义本质。在《经济与社会》（Weber, 1968, p.1135）一书中，他认为魅力是可转变的，由一种独特的恩赐变为一种品质。这种品质可以转移，个人也可以获得，或者与涉及人数无关的制度结构相关联。它能通过仪式从一个人转移到另一个人，例如通过牧师的圣职授任或国王的加冕礼。此外，魅力还能够通过魅力教育来学习（Weber, 1968, p.1143），甚至一些机构也能被赋予个人魅力：

> 我们发现魅力变为制度这一特殊转变：由于永久的结构和传统取代了对魅力型人格特质的启示与英雄主义的信仰，魅力成为既定社会结构的一部分。
>
> （Weber, 1968, p.1139）

虽然韦伯主要将魅力定义为与个体有关的特征，但他提及组织中魅力的制度化，并用"机构的魅力型合法化"（Weber, 1968, p.1141）或"机构的魅力"（p.1140）来描述它。从这层意义上来说，魅力可以被视为组织的一种属性。它是去个人化的，并且依赖于"对社会组织特质的特定状态的信仰"（p.1140），换句话说，依赖于所感知的组织的非凡品质。因此，根据韦伯的说法，组织的存在基于这样一种信念，即它具有作为一个实体的特殊品质。通过考虑这种可能性，韦伯不仅将个体魅力视为组织合法性的一种来源，他还认为组织魅力可能成为获取合法性的一个来源（Hatch & Schultz, 2013）。从理论上看，任何组织只要能够传递自己优秀和非凡的印象，并培养一种自己确实是如此的信念，都能获得合法地位。

理性的铁笼

韦伯预言，未来由于理性秩序（rationalist order）的流行，魅力将变得没那么重要。韦伯声称，西方社会已受到一种新伦理的深刻影响，这种新伦理提升了纪律和理性的价值，新教产生了一种鼓励理性地从事经济活动的特殊思维框架。它已构成资本主义的精神，这反过来不仅转变了支配和权威的形式，还转变了管理（administration）的形式。韦伯对这一发展持怀疑态度，他担心理性秩序会成为束缚人性的铁笼，"也许直到最后一吨化石被燃烧完"（Weber, 1991, p.181）。他的结论是，"我们这个时代的命运特点是合理化（rationalization）和理智化（intellectualization）"（Weber, 1948, p.155）。逃离铁笼的唯一方式是协同魅力型领导建立民主社会制度，并强调情感和价值导向的行为。

社会中新兴的合理化和官僚化趋势使韦伯对未来产生了一定程度的确定性观点。目标—理性行为无疑在社会结构的发展中，特别是在正式组织及其管理系统的发展中发挥了重要作用，正如目前基于管理系统和控制导向的人力资源管理、会计以及正式报告程序的扩散所证明的那样（Meyer & Bromley, 2013）。然而，正如本章后面将要讨论的那样，理性秩序已经成为比韦伯预测的更不重要的现象。在合法性中，法律理性的价值观和特征起着不那么突出的作用。例如，依靠公共关系和企业传播来促进组织的独特和特殊特征的倾向，表明情感秩序已经发挥作用并被部分取代，部分补充了韦伯所描述的理性秩序。

对韦伯的批判

由于韦伯的研究非常广泛，且以理论为主（theory-heavy），具有争议，因此，大量学者对其做出了批判。一个非常具有争议的理论是他的断言，新教伦理构成了资本主义精神，他认为这是理性秩序的原因（Green, 1959; Tawney, 1926）。另一个常见的批评在于他对理性秩序的说明过于简单。由于使用理想型（ideal-typical）的模型，且只强调某些选定的方面，有人认为韦伯高估了理性的重要性，低估了社会的许多方面，尤其是非理性方面。

韦伯也因曲解合法性的本质意义而受到指责（Habermas, 1976）。他的合法性概念并不是指通常用于评估系统有效性的标准：系统的正确性及其决策的理由（Grafstein, 1981）。对于韦伯而言，合法性指的是公民的信仰特征，而不是直接的系统特征。事实上，韦伯并未提供对合法性的一致定义，而且他使用这个术语的方式是循环论证和同义反复：合法性是公民认为系统是合法的（Grafstein, 1981）。这就是为什么韦伯的合法性是培养信念的问题，而哈贝马斯的合法性可能是"与真理没有内在的关系"（Habermas, 1976, p.97）。如果对合法性的信念与真实性并没有关联，那么他认为"明确基于合法性的理由就只有心理学意义"（Habermas, 1976, p.97）。

一方面，韦伯使用这个概念的问题限制了其作为一种分析视角来研究合法化的可能性。另一方面，这种模棱两可也考虑到各种解释和用途。例如，哈贝马斯所提及的心理学意义，换句话说，韦伯强调培养信念的重要性，这将成为讨论合法性和合法化对公共关系实践的相关性的起点。

与公共关系的关联

本章节的这个部分将讨论三点。首先，韦伯的合法性概念与理解公共关系实践相关。其次，更具体地说，韦伯关于合法性如何依赖于理由和信念培养的概念，可能有助于解释合法性如何以及为什么成为公共关系的最终目的。最后，魅力型合法化值得更多关注，因为它提供了对公共关系中涉及的合法化类型的理解。

公共关系与合法性

正如早期公共关系先驱亚瑟·佩奇（Arthur Page）于1939年所发现的那样，"民主国家的商业活动始于公众许可，并得到公众的认可"（Griswold, Jr., 1967, p.13）。公众对组织的接受也可以概念化为"经营许可"，这是一种隐含的社会契约，使组织对社会期待和需求负责。（Howard-Grenville, Nash, & Coglianese, 2008; Zinkin, 2004）。

26 部分公共关系学者已经探讨过合法性的概念（e.g., Bartlett, 2007; Holmström, 2005; Jensen, 1997; Merkelsen, 2011; Metzler, 2001a, 2001b; Motion, 2005; Sandhu, 2012; Wæraas, 2007）。合法性也是研究制度理论的关键概念（e.g., Frandsen & Johansen, 2013; Fredriksson, 2014; Fredriksson & Pallas, 2014; Fredriksson et al, 2013; Kjeldsen, 2013, Sandhu, 2009）。此外，合法性的概念被用于危机情况、危机沟通（e.g., Christen, 2005; Elsbach, 1994; Metzler, 2001a; Veil et al., 2012）和问题管理的研究（e.g., Coombs, 1992; Zyglidopoulus, 2003）。

尽管如此，仍有很多公共关系文献更倾向于关注实践和技术，而不是活动的最终目标。其目的通常被视为与公众建立"良好关系"。这个目标并不总是专门转化为一个明确的、能够总结组织与其环境之间所期望的关系的本质概念。在此范围内，它通常包括获得和维护信誉、良好的名声或特定的公众形象。合法性的概念也有一定的理论性和抽象性。与形象或声誉这种直观地赋予意义和行动方向的概念不同，合法性的概念更难以把握。通常，合法性只有在受到质疑时才成为一个议题（Habermas，1976），正如梅茨勒（Metzler, 2001b）所说，这些情况是公共关系学者和从业者需要考察的。

通过详细阐述韦伯的观点，我们可以认为公共关系不仅涉及获得合法性以及确保组织获得其利益相关者的自愿支持，而且还涉及在受到质疑时组织合法性的保护。如果人们接受公共关系涉及与公众建立良好关系，以及这种关系能够保护组织生存的观点，那么我们可以简单地认为公共关系就是关于获得和维持合法性的。正如梅茨勒（Metzler, 2001b）发现的一样，"建立并维持组织的合法性，即使不是公共关系活动的全部，也是公共关系活动最核心的部分"，以及默克尔森（Merkelsen, 2011, p.138）所说"公共关系是组织获得合法性的工具"。

信念的正当理由与培养

韦伯式的论点是公共关系具有这种功能的原因之一，他认为作为一个组织存在并开展业务是一种需要被证明其合理性的特权。正如之前讨论的一样，组织及其环境之间的关系通常不是基于下达和服从命令。然而，它仍然具有一些重要的支配因素，这是因为组织经常试图影响他人的行为，以获得更大份额的社会资源。影响力的特权创造了"永不停止的需要"来证明组织的活动是合理的。此外，由于成功的统治取决于持续的自愿支持和公众的认可，继续经营的权利许可是必需的。回应这些需求是公共关系的一项主要职能。当有效的正当理由得以呈现时，一般公众自愿遵从组织的目标和存在理由（raison-d'être）。没有正当理由，组织可能会失去其特权和支配权。用韦伯式的术语来阐述，这也是为什么组织围绕其存在权和业务的开展创造与培育神话。

公共关系活动无疑在提供理由和培养信仰方面发挥了重要作用，在许多情况下也创造了神话。正当理由适用于解释组织的一般存在和特殊行动。例如，战略公共关系领域包含制定关于目标和目的（objective）的决策（Broom & Sha, 2012）。大多数企业都有书面的目标与目的、企业愿景或者宗旨陈述，其主要目的是简明地传达企业存在的原因。这样的陈述也可以作为培养对这一权利的信念的一种手段。如果没有这些陈述，那么公共关系部门的核心任务就是建议提出这样一份陈述（Cutlip et al., 1999）。除此之外，公共关系人员监测公众舆论、文化与社会变革及政治运动，帮助组织调整它的目标和目的以适应外部环境。随后，他们与管理者一起制订反馈的战略规划，确保公众理解并接受组织的使命和价值观。

当组织受到批判时，换句话说，当它受到重要利益相关组织或者普通公众的攻击时，证明组织存在的合理性变得尤其明显。这类例子通常发生在组织未按照一般社会规范和价值观所期望的那样行事或发言的情况中。在这种情况下，公共关系人员有责任通过提供一个正当理由或为受到批判的行为或声明道歉，战略性地回应这些群体。这些行为通常被称为危机传播策略（Coombs, 1999）或形象修复策略（Benoit, 1995）。

当提及创造和培养信念时，韦伯使用了"神话"（myth）一词。根据韦伯的观点，神话中有趣之处不在于神话是否真实，而在于它们是否被相信。只要公众信任该组织的权利，那么组织就是合法的。这种强调信仰、解释以及对事实和事件的看法——而不是事实和事件本身——在公共关系领域十分突出。从传统意义上来说，公共关系学科一直关注对事件或事实的解释，旨在使公众舆论支持（或反对）一个组织，有时也涉及使用"SPIN销售法则"。因此，用韦伯的话来说，公共关系的一个核心职能是在需要传播关于组织的积极信念时提供有效的、战略性的正当理由。

28　　然而，韦伯将合法化理解为对信念和神话的培养，确实使伦理问题受到质疑。在公共关系中依赖信念和神话的后果可能是哈贝马斯（Habermas, 1976, p.97）提到的"与真实没有内在的关联"；也就是说，更多地呈现组织的积极形象而不是真实形象。事实上，一些公共关系从业者依赖于使用神话，以至于自己被贴上了"销售专家"的标签。公共关系学科的"黑暗"面包括政治宣传、掩盖活动（cover-up campaign）、传播错误神话、操纵公共舆论的历史（Ewen, 1996）。

虽然说SPIN销售法则既符合韦伯信念培养的观点，也符合支配——即影响他人行为的某种特定意志的概念（Weber, 1968），但要在他的研究中找到合法化能够或应该包含SPIN销售法则的依据却非常困难。对于韦伯来说，合法性的定义在很大程度上是功能性的，SPIN销售法则太过于简单以至于不能揭示它，因此不能提供足够的稳定性。韦伯对合法性的兴趣与伦理本身无关；从功能的角度来看，他对合法性更感兴趣。因此，SPIN销售法则是错误的，不是从伦理的角度来看，只是简单地因为它不起作用。韦伯认为，如果一个实体未能遵守自身所支配的界限，那么它将失去它的"特权地位"。如果它的运作方式不符合这种特定类型的支配所期望的那样，就会出现反抗。一些非常不合法的、令人不齿的、受到社会反对的组织（例如，脱衣舞俱乐部、赌博和烟草公司等）能够借助专业的、隐蔽的或挑战性的策略生存（Hudson, 2008）。公共关系无疑在后一种策略中发挥着核心作用。

然而，在魅力型合法化中，某种特定程度的观念操纵必然扮演着重要的角色。如果允许揭露真相，组织不会有纯粹的魅力，除非通过行动证明自身的"神圣使命"。因此，如果魅力型合法化想要成功，组织必须依赖于语言沟通来建构并维持自身具有人类魅力特征的形象（或"神话"）。理解这个角色的本质是一个值得更多关注的问题。它引导我们检验公共关系与马克斯·韦伯的魅力型合法化概念之间的核心相似点。

公共关系作为组织的魅力型合法化

组织的魅力型合法化预示着组织有可能被视为一个"超人"（Sevón, 1996），其品质和个性可以与一个有魅力的人进行比较。因为组织的魅力取决于对组织的感知特性的深情投入，所以它是一种社会建构，可以被操纵并完全存在于"旁观者的眼中"。同时，它可能是一般公众支持和认可的重要基础。问题在于：公共关系学科是否有助于创造和提升魅力型组织，从而建构合法性的基础，如果是这样，在什么条件下呢？本章的其余部分通过扩展马克斯·韦伯的理论来讨论这个问题。首先要注意的是，组织的魅力型合法化现已成为一个重要现象的背景。

魅力型合法化的背景。马克斯·韦伯认为，新教伦理塑造了资本主义精神，是西方社会工业化的主要推动力量。资本主义鼓励理性的经济行为和在市场上运作的组织之间的竞争。为了在这场竞争中生存下来，组织的合法性是一项基本要求。这一要求需要合法化，从而需要公共关系。因此，公共关系是资本主义精神和西方世界新教伦理扩散的间接结果。

在工业社会中，法理型合法化是合法化的主要形式。然而，在我们当前的后工业社会中，法理型合法化似乎并不是韦伯所设想的那种强大的合法性来源。例如，人们普遍认为我们有太多的规则和法律，官僚主义已成为一种辱骂用语。科学事实被个人和宗教信仰抹黑（例如，关于全球变暖的辩论），民粹主义正在崛起（Moffit, 2016）。我们生活在"后真相"社会（Hannan, 2016）、"梦想社会"（Jensen, 1999）、"体验经济"（Pine & Gilmore, 1999）之中，政治家、官员和组织必须迎合环境的梦想和期待，并在情感层面上与它们联系起来。消费者需要从企业中获得情感满足，他们在采取行动和做出购买决策时越来越依赖于他们的感官和情绪（Hill, 2003），这些组织只有满足消费者的功能需求以外的需求后才能被赋予组织合法性。

因此可以说，人格魅力是组织与其利益相关者关系中的重要组成部分。品牌具有"精神力量"，因为它们"成为宗教信仰的某种替代或补充"（Olins, 2000, p.63），好像该品牌具有"神圣"地位（Smothers, 1993）。这种推理路径与韦伯将魅力理解为物体属性的观念有明显的相似之处。现代组织不希望被视为理性的官僚机器，而更希望被视为具备特殊的、有魅力的企业人格的实体。一个组织最初既没有魅力也没有特定的个性，但随着它的成长，与利益相关者建立关系，并努力建立情感诉求，它最终可能会被钦佩甚至被崇拜。基于公众的认知，组织就具备了魅力。如果该组织是奢侈品牌类别，那么情况更是如此（Dion & Amould, 2011）。然而，其他组织也有类似的地位。例如，一些骑哈雷摩托车的人对该品牌过于忠诚以至于在手臂上文上了品牌的名字，一些苹果用户有时称呼自己为"苹果传道师"或者"苹果狂热者"。足球迷也是这样，他们与俱乐部有着情感联系，并几乎在宗教层面上认同它（Xifra, 2008）。

通过公共关系表达魅力型组织的特征。人们似乎普遍认为，基于信任，忠诚与魅力型人格特征的关系对组织的成功和生存至关重要（Davies et al., 2003）。虽然公共关系实践有助于发展这种战略关系，但更深入地讨论魅力型合法化的形成条件更为可取。问题是，我们如何将涉及魅力型合法化的公共关系活动与不涉及魅力型合法化的公共关系活动区分开来？更准确地说，基于对组织传播和行为内容的观察，是否有可能发现魅力型合法化的尝试？马克斯·韦伯关于魅力的描述（Weber, 1968）对回答这些问题有所帮助。魅力与英雄主义、演讲术、远见卓识、精神天赋和进行启示的能力有关。拥有这种品质的领导者就会被视为一个有魅力的领导者。因此，当行为和传播中表现出这些品质时，组织就开始了魅力型合法化。

应该注意的是，韦伯关于组织的魅力型合法化的观念有些笼统。因此，在接下来的讨论中，由康格尔和凯南格（Conger & Kanungo, 1987, 1994, 1998）提出的更具体的理论将韦伯的思想扩展到组织层面。他们采用了一种功能性模型（instrumental approach）来研究个人魅力，认为领导力应被视为一种可观测的行为过程，并且"能依据规范模型（formal model）进行描述和分析"（Conger & Kanungo, 1987, p.639）。本质上将魅力视为一种属性，作者假定特定品质与魅力的属性之间存在因果关系，其他品质却不是如此。在他们的细化模型中，他们认为有远见、善于表达、对环境敏感、对成员需求敏感、不因循守旧、承担个人风险是形成这些属性的重要品质（Conger & Kanungo, 1998, pp.114–115）。

使用这种属性理论，我们可以认为将任何品格或者人格特质提升为富有远见、善于表达、对环境和成员需求敏感、不因循守旧、冒险精神的战略性自我呈现（self-presentation）都是魅力型合法化的尝试。如果当个人表现出这种特征时，就可能会产生个人魅力属性。那么当企业"角色"具有这些特征时，也会产生同样的属性。然而，不是所有定义个人层面魅力的品质都能应用到组织层面。例如，当一个个体承担个人风险时被视为英雄，但危及组织的存在或员工的安全并不是英雄行为。承担个人风险似乎对增进组织合法化的理解没有意义，因此将被排除在以下讨论之外。

远见（visions）。如前所述，公共关系战略常基于远见。远见具有象征性外部效应，这种外部效应超越了与目标达成相关的功能性内部效应，这样的组织即被视为有远见的。由于现在大多数组织在自己的网页上以及在利益相关者和公众可见的文件（包括年度报告和给利益相关者的信件）中展现自己的远见，因此，有远见似乎是目前能与企业相联系的最具有吸引力的企业特质之一。那些被认为具有远见的组织将成为其他组织的典范（Collins & Porras, 1994）。

善于表达（articulate）。同样，可以认为公共关系有助于帮助组织表达。远见、宗旨、新闻稿和新闻简报，以及关于组织的各种信息，都是由公共关系从业者以不同风格和不失优雅的方式，为不同的利益相关者群体量身定制的。聘请外部公共关系顾问来培训高层管理人员的信息传达，协助他们在私人和公共场合做出更加雄辩和有说服力的陈述。战略性的故事通常离不开公共关系人员和顾问的贡献，他们在组织周围创造了一种神奇的光环，从而在韦伯式的意义上强化了组织关于自身的神话。

敏锐度（sensitivity）。组织通过多种方式表明了对环境和利益相关者需求的敏锐度。公共关系的一个基本任务在于监测公共舆论，以便组织可以更有效地调整自己的行为和传播来适应偏好的变化。就像魅力型领导者通过增加追随者的福利来赢得他们的支持一样，组织可能展现相同的敏感性以赢得类似的支持。在这种语境下，公共关系战略可能涉及让公众知晓组织的敏锐度。例如，虽然企业社会责任（Corporate Social Responsibility，CSR）倡议主要是关于对环境的敏锐度的定义，但不是所有组织都相信行动是足够的，即传递足够的敏锐度。此外，他们希望口头传达企业社会责任倡议，这项任务通常由公共关系从业者处理。一个著名（但极端）的例子是菲利普·莫里斯，1999年，他花了 1.08 亿美元来宣传 6,000 万美元的企业社会责任活动。

不因循守旧（unconventional）。 最后，如今的公共关系领域在将组织展现为不因循守旧的样子中发挥着重要作用。技术的迅速普及导致产品越来越相似，因此消费者在做出购买决策时遇到了问题，这使得在产品层面创造差异的能力受到挑战。结果是，在组织层面的策略差异化就变得关键了（Ind, 1997; Olins, 2000）。在这个方面，有两大类相关策略（Antorini & Schultz, 2005）：一类是基于本质的取向，这可以界定和传播组织独特的价值和特点；另一类是基于关系的取向，强调在与消费者及其他利益相关者合作时创造出独特的品牌。这两种策略在公共关系活动中都很有用，都可创造一个不因循守旧的组织形象。

感知到的特征是互相关联的，并形成一个要素体系（Conger & Kanungo, 1987）。一个魅力型组织被认为是富有远见的、表达清晰的、对环境和利益相关者的需求变化敏感的、不因循守旧的。魅力型合法化涉及培育这样的信念：一个组织拥有所有这些特征。这可以通过文字传播、视觉传播，以及服务于公众福祉的企业社会责任活动而达成。即使像苹果和哈雷·戴维森这种魅力型组织也是发挥影响力的结果，而并非因为公共关系的努力，当然公共关系在制造和强化其影响力时仍然功不可没。如果说建立和维持合法化是公共关系的核心，组织合法性就靠呈现这种魅力特征，那么魅力合法化就是公共关系的重要部分。通过提升情感依恋，公共关系对持续的组织魅力做出贡献，这样，就抵消了韦伯关于理性的牢笼的预言，他担心这将主宰我们的未来。

对公共关系人员的意义

尽管韦伯的观点专注于理论兴趣，但仍然有一些实践意义。他有关概念化、合法化的方法证实：合法性的基础在于普通公众的信念，成功的合法化在于形成这些信念。公共关系从业者的作用是开发并传播一个成功的策略（或"迷思"），来确保组织的合法性。韦伯也强调了组织的成功和存续取决于来自环境的自愿支持，合法性关乎组织的长期生存。"培育信念"从这个角度来说，要求公共关系活动和传播尊重公众可接受的界线。因此，通过权威或自愿支持形成的主导，如韦伯所言，不仅取决于"讲故事"，而且也取决于与公众期望相一致的合法化努力。创造迷思和培育信念不应被视为对公众舆论的操纵，如艾文（Ewen, 1996）所描述的那种负面意义。而是组织通过合法化原则来合法化其存在的途径。不合伦理的公共关系，或合法化努力未能坚持这一原则，将不会产生合法性。

而且，韦伯强调组织的合法性原则提醒公共关系从业者有责任传播组织的"存在的理由"并保护其合法性。他的合法化原则揭示：合法化可能有不同的基础。魅力型合法化对公共关系来说是强调组织的吸引力品质和培育情感依恋。组织作为富有远见的、表述清晰的、对环境和利益相关者需求敏感的、不因循守旧的形象，也有助于培养情感依恋。这样，公共关系实践可能在我们当下的品牌和声誉导向的社会里挑战理性秩序、逐渐形成情感秩序。

33   结论

本章讨论韦伯的合法性和合法化概念对理解公共关系实践的意义。韦伯关于任何成功的统治体系都需要合法性的理论与公共关系创造和维持外在支持的内在逻辑一致。从事公共关系活动的目的是获得支持，用韦伯的术语说，是通过培育合法性的信念将体系的存在合法化。所以，公共关系的目的是获得并且保持组织的合法性。致力于这个目的的活动都被视为合法化的努力。

本章也讨论了韦伯的魅力型合法化的概念，扩展了我们对公共关系实践的理解。与韦伯的预测相反，但与他的希望相一致的是，合法化目前是一个情感和价值观的问题，而不是理性的目标导向行为。组织不想被认为是官僚机器，公共关系在将组织魅力合法化方面有特殊作用（Wæraas, 2007）。

未来的公共关系研究将受益于更清晰地聚焦于作为公共关系终极目标的合法性和作为达成目标的手段的合法化。考察组织通过情感依恋和魅力型合法化形成信念而存续的更详细的经验证据，将有益于公共关系的实践和理论发展。探讨"后真相"时代对合法化的冲击，哈贝马斯对韦伯的关于合法化和真相的关系的批判，这些研究都将越来越有价值。强调培育特定的信念和迷思甚至"编故事"，"后真相"时代将使公共关系更不合伦理。这类研究要解决的问题是：在"后真相"时代中，公共关系在魅力型合法化中将身处何方？

另外，应该注意到魅力型合法化的长期影响及其对公共关系的影响。虽然韦伯对魅力型统治持积极态度，但他警告道，这种统治可能比其他形式的统治更脆弱，生命周期更短。根据这一论点，未来的研究应该探索魅力型合法化的持续时间，以及它在某些情况下是否比其他类型更加合适。例如，当组织面临合法性威胁或者试图获得合法性时，它是否更具相关性？韦伯概念化的魅力型合法化是一个持续的合理性过程，但魅力型合法化是否应该是唯一的合法化策略，以及韦伯是否将其视为通用的有效策略这一点尚不清楚。因此，公共关系从业者有必要在不同的情境和背景下更多地了解魅力型合法化的局限性。

　　同样，未来的公共关系研究可以考察魅力型合法化在某些组织中的是否比在其他类型的组织中更合适或更有效。我们对私营部门、公共部门和非营利组织的魅力合法性的 **34** 差异程度知之甚少，也不知道其公共关系活动是否在不同程度和不同形式上依赖于这一战略。从小型到大型组织，从动荡到稳定的环境，从组织生命周期开始到结束，不同情况下的魅力合法化是否有所不同，我们也知之甚少。

　　最后，现代组织更加强调理性报告系统、"硬"人力资源管理政策和"驾驶舱"管理实践，了解更多关于这些组织中魅力型合法化的内在方面是非常有趣的。随着这些实践变得越来越重要，哈奇和舒尔茨（Hatch & Schultz, 2013）发现的内在魅力品牌战略可能会受到严重挑战。公共关系研究需要解决的难题是，如果员工感到越来越多地陷入理性的铁笼中，那么要如何将魅力型合法化——作为一种外部的、外向型的活动——与内在魅力品牌相结合。这个难题将未来公共关系研究的注意力转向了对于员工魅力型合法化的后果上，传统上这不是公共关系的典型研究领域，但这样的关注将会让我们对魅力型合法化的实践和内涵获得更加完整的理解。

马克斯·韦伯生平及其著作　　　　　　　　　　　**38**[1]

　　马克斯·韦伯（1864—1920）出生于德国图林根州的埃尔富特。1882年，他成为海德堡大学法学院的一名学生，1889年，他凭借一篇关于法律历史的论文获得博士学位，论文题为《中世纪商业组织的历史》（ *Zur Geschichte der Handelsgeseiischaft im Mittelalter* ）。之后，马克斯·韦伯担任柏林大学讲师，从事历史研究。1894年，他被任命为弗莱堡大学经济学教授。三年后，韦伯搬到海德堡继续担任讲师一职。1897年，韦伯因父亲的去世而遭受严重的精神打击，无法继续工作。1903年，他辞去教授职务，并开始担任《社会科学和社会福利档案》的副主编。在此期间，韦伯的主要作品包括《新教伦理与资本主义精神》（1904）[*The Protestant Ethic and the Spirit of Capitalism* (1930)]。1918年，韦伯决定重返教学岗位，并在慕尼黑大学创办了德国第一个社会学系。两年后，韦伯因肺炎去世。

　　韦伯大部分重要作品都由其学生和其他社会学家在他去世后整理并出版。英语翻译作品包括《马克斯·韦伯：社会学文集》（1948）、《社会科学方法论》（1949）、《宗教社会学》（1964）、《经济与社会：社会学概论解读》[(1922)1968]以及《古代文明的土地社会学》（1976）。解读韦伯思想的主要著作包括兰德尔·柯林斯的《韦伯的社会学理论》（1986）和斯蒂芬·卡尔伯格的《马克斯·韦伯的比较历史社会学》（1994）。《马克斯·韦伯研究》是一本致力于应用及解读韦伯思想的期刊。

1　原书中作者简介在参考文献之后，但在翻译过程中为保持阅读的连贯性，特将作者简介放到正文后、参考文献之前。因此，每章此处的边页码顺序也作相应调整，特此说明，之后章节不一一标注。——译者注

参考文献

[1] Antorini, Y. M., & Schultz, M. (2005). Principles for the second wave of corporate branding. In M. Schultz, Y. M. Antorini & F. F. Csaba (Eds.), *Corporate branding: Purpose/Pcople/Process*. Kobenhavn, Denmark: Copenhagen Business School Press.

[2] Bartlett, J. L. (2007). *Web of institutionalised legitimacy: Building a model of legitimacy as a mi on d'etre for public relations practice*. (PhD), Brisbane, Australia: Queensland University of Technology.

[3] Benoit, W. L. (2015). Image repair theory in the context of strategic communication. In D. Holtzhausen & A. Zerfass (Eds.), *The Routledge handbook of strategic communication* (pp. 303-311). New York: Routledge/Taylor & Francis.

[4] Bensman, J., & Givant, M. (1975). Charisma and modernity: The use and abuse of a concept. *Social Research*, 42(4), 570—614.

[5] Broom, G. M., & Sha, B»L, (2012). *Cutlip & Center's effective public relations* (11th ed.). Harlow, England: Pearson.

[6] Christen, C. (2005). The restructuring and reengineering of AT&T: Analysis of a public relations crisis using organizational theory. *Public Relations Review*, 31(2), 239-251.

[7] Collins, J. C., & Porras, J. I. (1994). *Built to last: Successful habits of mionary companies*. New York, NY: HarperBusiness.

[8] Conger, J. A., & Kanungo, R. N. (1987). Toward a behavioral theory of charismatic leadership in organizational settings. *Academy of Management Review*, 12(4), 637—647.

[9] Conger, J. A., & Kanungo, R. N. (1994). Charismatic leadership in organizations: Per¬ceived behavioral attributes and their measurement. *Journal of Organizational Behavior*, 15(5), 439-452.

[10] Conger, J. A., & Kanungo, R. N. (1998). *Charismatic leadership in organizations*. Thousand Oaks, CA: Sage.

[11] Coombs, T. (1992). The failure of the task force on food assistance: A case study of the role of legitimacy in issue management. *Journal of Public Relations Research*, 4(2), 101-122.

[12] Coombs, T. (2014). *Ongoing crisis communication: Planning, managing, and responding*. Thousand Oaks, CA: Sage.

[13] Corvellec, H, (2007). Arguing for a license to operate: The case of the Swedish wind power industry. *Corporate Communicatiotis: An International Journal*, 12(2), 129—144.

[14] Coser, L. A. (1977). *Masters of sociological thought: Ideas in historical and social context* (2nd ed.). New York, NY: Harcourt Brace Jovanovich.

[15] Davies, G., Chun, R" Roper, S., Sc Silva, R. M, V. D, (2003). *Corporate reputation and competitiveness*. London: Routledge.

[16] Dion, D., & Amould, E. (2011). Retail luxury strategy: Assembling charisma through art and magic. *Journal of Retailing*, 87(4), 502-520.

[17] Elsbach, K. D. (1994). Managing organizational legitimacy in the California cattle industry: The construction and effectiveness of verbal accounts. *Administrative Science Quarterly*, 39(1), 57-88.

[18] Ewen, S. (1996). *PR! A social history of spin*. New York, NY: Basic Books.

[19] Frandsen, F., & Johansen, W. (2013). Public relations and the new institutionalism: In search of a theoretical framework. *Public Relations Inquiry*, 2(2), 205-221.

[20] Fredriksson, M. (2014). Crisis communication as institutional maintenance. *Public Relations Inquiry*, 3(3), 319-340.

[21] Fredriksson, M., & Pallas, J. (2014). Strategic communication as institutional work. In D. Holtzhausen & A. Zerfass (Eds.), *Handbook of strategic communication* (pp. 143-156). London: Routledge.

[22] Fredriksson, M., Pallas, j., & Wehmeier, S. (2013). Public relations and neo-institutional theory. *Public Relations Inquiry*, 2(2), 183-203.

[23] Grafstein, R. (1981). The failure of Weber's conception of legitimacy: Its causes and implications. *Journal of Politics*, 43(2), 456-472.

[24] Green, R. W. (Ed.). (1959). *Protestantism and capitalism: The Weber thesis and its critics*. Boston, MA: D. C. Heath & Co.

[25] Griswold, Jr.., G. (1967). How AT&T public relations policies developed. *Public Relations Quarterly*, 12(3), 7-16.

[26] Habermas, J. (1976), *Legitimation crisis*. London: Heinemann.

[27] Hall, R. H. (1991). *Organizations: Structures, processes, and outcomes* (5th ed.). Englewood Cliffs, NJ: Prentice Hall.

[28] Hannan, J. (2016). *Truth in the public sphere*. Lanham, MD: Lexington Books.

[29] Hatch, M. J., & Schultz, M. (2013). The dynamics of corporate brand charisma: Routinization and activation at Carlsberg IT. *Scandinavian Journal of Management*, 2(29), 147-162.

[30] Hill, D. (2003). *Body of truth: Leveraging what consumers ain't or won't say*. Hoboken, NJ: Wiley. **36**

[31] Holmström, S. (2005). Reframing public relations: The evolution of a reflective paradigm for organizational legitimization. *Public Relations Review*, 31(4), 498-504.

[32] Howard-Grenville, J., Nash, J,, & Coglianese, C. (2008). Constructing the license to operate: Internal factors and their influence on corporate environmental decisions. *Law & Policy*, 30(1), 73-107.

[33] Hudson, B. A. (2008). Against all odds: A consideration of core-stigmatized organizations. *Academy of Management Review*, 33(1), 252-266.

[34] Ind, N. (1997). *The corporate brand*. Basingstoke, England: Macmillan.

[35] Jensen, I. (1997). Legitimacy and strategy of different companies: A perspective of external and internal public relations. In D. Moss, D. Vercic & T. MacManus (Eds.), *Public relations research: An international perspective* (pp. 225-246). London: International Thomson Business Press.

[36] Jensen, R. (1999). *The dream society: How the coming shift from information to imagination will transform your business*. New York, NY: McGraw-Hill.

[37] Kjeldsen, A. K. (2013). Strategic communication institutionalized: A Scandinavian perspective. *Public Relations Inquiry*, 2(2), 223—242. doi:10.1177/2046147x13485329

[38] McGowan, R. (2011). *Privatize this? Assessing the opportunities and costs of privatization*. Santa Barbara, CA: Praeger.

[39] Merkelsen, H. (2011). The double-edged sword of legitimacy in public relations. *Jowwal of Communication Management*, 15(2), 125-143.

[40] Metzler, M. S. (2001a). Responding to the legitimacy problems of Big Tobacco: An ana¬lysis of the "People of Philip Morris" image advertising campaign. Communication Quarterly, 49(4), 366-382.

[41] Metzler, M. S. (2001b). The centrality of organizational legitimacy to public relations practice. In R. L. Heath Sc G. Vasquez (Eds.), *Handbook of public relatmis* (pp. 321-333). Thousand Oaks, CA: SAGE.

[42] Meyer, J. W., & Bromley, P. (2013). The worldwide expansion of "Organization". *Sociological Theory*, 31(4), 366-389.

[43] Moffit, B. (2016). *The global rise of populism: Performance, political styk, and representation*.

Stanford, CA: Stanford Univeraty Press.

[44] Motion, J. (2005). Participative public relations: Power to the people or legitimacy for government discourse? *Public Relations Review*, 31, 505-512.

[45] Olins, W. (2000). How brands are taking over the corporation. In M. Schultz, M. j. Hatch 8c M. H. Larsen (Eds.), *The expressive organization: Unking identity, reputation and the corporate brand* (pp. 51—65). Oxford: Oxford University Press,

[46] pine, B. J., & Gilmore, J. H. (1999). *Ihe experience economy: Work is theatre and every business a stage*. Boston, MA: Harvard Business School Press.

[47] Sandhu, S. (2009). Strategic communication: An institutional perspective. *International Journal of Strategic Communication*, 3(2), 72-92.

[48] Sandhu, S. (2012). *Public relations und kgitimitdt. Der beitrag des organisationalen neo-iristitutionalismus fiir die PR-forschung.* Stuttgart, Germany: Springer Verlag.

[49] Scott, W. R, (1998). *Organizations: Rational, natural, and open systems* (4th ed.). Upper Saddle River, NJ: Prentice Hall.

[50] Sevón, G. (1996). Organizational imitation in identity transformation. In B. Czamiawska & G. Sevón (Eds.), *Translating organizational change* (pp. 49-67). New York, NY: Walter de Gruyter.

[51] Smothers, N, (1993). Can products and brands have charisma? In D. A. Aaker & A. Biel (Eds.), *Brand equity and advertising: Advertising's role in building strong brands* (pp. 97-113). Mahwah, NJ: Laurence Erlbaum.

[52] Tawney, R. H. (1926). *Religion and the rise of capitalism: A historical study*. New York, NY: Penguin.

[53] Veil, S. R., Sellnow, T. L., & Petrun, E. L. (2012). Hoaxes and the paradoxical challenges of restoring legitimacy Dominos' response to its YouTube crisis. *Management Communication Quarterly*, 26(2), 322-345.

[54] Weber, M. (1948). *From Max Weber: Essays in sociology*. London: Routledge & Kegan Paul.

[55] Weber, M. ([1922] 1968). *Economy and society*. New York, NY: Bedminster.

[56] Weber, M. ([1904] 1991). *Hie protestant ethic and the spirit of capitalism*. London: Harper Collins. Wasraas, A. (2007). The re-enchantment of social institutions: Max Weber and public relations. Public Relations Review, 33(3), 281-286.

[57] Xifra, J. (2008). Soccer, civil religion, and public relations: Devotional-promotional communication and Barcelona Football Club. *Public Relations Review*, 34(2), 192-198.

[58] Zyglidopoulos, S. (2003). The issue life-cycle: Implications for reputation for social performance and oi^anizational legitimacy. *Corporate Reputation Review*, 6(1), 70-81.

第三章

卢曼：将公共关系重构为社会演化学习过程的一部分

苏珊娜·霍姆斯特罗姆

尼克拉斯·卢曼认为，社会学需要对社会进行理论化描述，以完成分析实证问题的任务。这需要一种足够复杂的理论来理解当代社会。从 1964 年直到 1998 年卢曼去世，他通过发展一个全面的、具有普遍性的、灵活的、相互关联的概念网络来重新定义社会学。他的理论可以用来描述最多样化的社会现象，并将社会进化层面的观察与组织和日常实践中的事件联系起来。

卢曼理论的基本前提是将自己从以个人为最终参照的对社会人本位的理解中分离出来。这种方法颠覆了传统的系统概念——与机器隐喻、目的论思维或保守、合法化或与功能主义的意识形态有关。社会是由社会过程构成的，而不是其他——不是人、领域、建筑或机器。社会被视为一个复杂的通信系统，它已经分化成一个由相互关联的社会子系统组成的网络。随着时间的推移，我们建立了相互的期望以及或多或少解释世界的方式——也就是说，将自己的生活作为感知的过滤器系统，通过这些系统，我们了解世界并协调我们之间的相互关系。社会现实在社会系统的通信流中不断地被处理，"每个社会的联系都被理解为一个系统，包括社会所有可能的联系"（Luhmann, 1995a, p.15）。没有这些社会识别的过滤器，我们就没有办法相互理解，世界将变成无法理解的混沌一片。例如，与哈贝马斯（Habermas, 1981）相反，一方面，卢曼所谓的"生活世界"都是由社会系统调节的；另一方面，社会系统并不具有天生的"战略"理性。相反，它具有一种循环理性，这意味着其义务是继续复制它们的沟通过程。系统理性是指在一个无限的、 巨大的世界中建立的稳定的期望结构，从而实现可能的交流。因此，社会进程趋向于使某些合法范式制度化，而社会制度则强制性地捍卫其意义的边界。

以下部分将阐述卢曼理论的核心内容，然后在这些理论的基础上提出分析和并进行拓展，着重探讨调解一般组织与企业，尤其是企业与其环境之间相互关系的合法化范式，以及公共关系在其中的作用。

沟通、观察和区分

为了理解当代社会，卢曼质疑了许多最直观的概念，并彻底重构了诸如社会、沟通、观察、反思、信任和系统等概念。他对所有的理论基础的介绍总是极其简化的。关键概念是基于区分（distinction）的沟通（communication）和观察（observation）。它们是高度复杂的社会机制系统的复制，正如贝克尔观察到的，"尽管这是一个非常简单且'数学化'的沟通的描述，但是这导致了对它最微妙的复杂性的构想，因为我们现在开始研究社会情境中如何制造一系列可能性"（Baecker, 2001, p.66）。

沟通：循环动力

卢曼的沟通概念使人们更加关注社会过程中自我指涉的循环动力学，这既是手段，也是目的。沟通是构成任何社会事物的社会过程——社会、组织、互动，而且这个概念并不局限于语言过程。例如，付款过程可被视为沟通。卢曼把沟通定义为三个选择的综合：信息（从特定的参照范围中进行选择）、表达（从各种表达形式中进行选择）和理解（对信息和表达之间的区别进行观察），"沟通从它自身所构成的实际参照中掌握了一些东西，并把其他东西放在一边。沟通是对选择的处理"（Luhmann, 1995b, p.140）。理解不是沟通的目的。理解只是意味着第三种选择触发了进一步的沟通，并因此继续进行系统的自创生（自我再生）。

沟通是封闭的，自我指涉的沟通循环——社会系统——完全由它自己的意义视域所引导，而不被沟通主题的意图和阐释能力所引导。于是，意义被定义为沟通永恒递归地自我构建连接的可能性视域，即"潜力的持续实现"（Luhmann, 1995b, p.65），它通过沟通而不断改变。意义是"所有精神和社会的普遍媒介，是有意识的、互动的操作系统"（Luhmann, 1997a, p.51; Staheli, 2012）。两种系统自我指涉时是封闭的，同时运行时在各自的自我再生上互不干涉，因为它们在结构上紧密耦合。没有社会系统能脱离精神系统而存在，相应地，正如克诺特观察到的，"剥夺社会意识将不能超越基本的认知水平"（Knodt, 1995, p.xxvii）。思想沟通相互触发了复杂的共同进化，但它不是线性的。由精神系统引起的沟通共鸣总是受到社会系统的自我指涉的制约，反之亦然。

观察和区分：分析的经验对象

卢曼用观察和区分的概念表达了认识论的立场，并阐明了区分的理论方法。自从卢曼认为沟通不能被直接地观察而只能被推断后，系统理论分析的对象就成了观察。观察被发出的信息成为沟通过程的一部分。

观察指的既不是人，也不是情景，而是社会活动。观察总是辨别出独特的事物。观察的方法基于斯宾塞·布罗思（Spencer Brown）的逻辑演算："没有区别，我们就无法做出标示。"（Brown, 1969/1979, p.1）例如，"系统/环境"的区分，其中系统被标示为不同于没有标示的反环境概念。同一现象总可以用不同的区分方式进行观察，区分方式决定了观察者观察到了什么。因此，这种区分对任何观察都具有决定性。与基于"系统/生命世界"与"特殊利益/共同利益"的区分相比，使用"社会/心理"和"系统/环境"的区分方式分析公共关系过程会得到另外的观察。不同的区分对表面上相同的标示有不同的意义。例如，"沟通"的标示有着不同的含义，这取决于没有标示的反概念是：（1）社会的中断；（2）意识；（3）"策略性行动"（Habermas, 1981）。换句话说，经验分析必须看到区分的两面：做出的选择和做出哪种选择的可能性。

一个系统——无论是社会还是组织——只能根据其所支配的区别来观察和实现。例如，20世纪70年代的经济体制对早期环境和社会运动的批判视而不见。然而，当批判通过公共传播进行，扩散到企业界所依赖的利益相关者身上，并且经济差异最终被实际观察到时，经济系统就能够看到这种批评。

系统所看到的东西是由系统特定的操作来重建的。当信息被引入系统的沟通过程中时，信息被重新编码并改变其含义，成为系统外部世界的内部构建。人类的痛苦、动物的福利和全球变暖都不能被社会直接观察到，因为它们不是社会的，而是有机的和心理的过程。然而，只要社会对观察这类事情形成区分，沟通就可以以贫穷、痛苦和污染为主题。相应地，在社会范围内，社会系统从自己的视角观察和重构彼此。例如，政治系统看到操纵对象，大众传媒将环境重构为信息，商业则看到市场。

与任何其他社会系统一样，组织只能观察世界的一部分，这取决于组织的复杂性而不是世界的复杂性。公众辩论或利益相关者的敏感性和共鸣性受到系统性限制。在系统论中，我们永远不能谈论线性因果关系和对环境的直接调整，而只能谈论社会系统对自身的调整，因为"当处于选择的压力下时，系统主要是与自身同步，但它可以以或多或少对环境敏感的形式进行同步"（Luhmann, 2000b, p.162）。为了不断降低世界的复杂性，组织必须发展自身的复杂性，并在观察中接纳环境。组织为了开放而封闭，为了封闭而开放。如果开放观察不是建立在一个特定的社会过滤器中，而这个社会过滤器是通过封闭边界建立起来的，那么就没有任何东西可以指导观察；这个组织就会被淹没在不确定的复杂性中。它不能将自身从环境中分离出来。它不能为其决策过程决定任何前提——例如，它是一家商业公司还是一个人道主义组织。它们会陷入停滞，最终组织解散。

因此，无论是经济、大众传媒、政治或科学等社会子系统，还是商业公司、报纸或国家等组织系统，系统都将始终捍卫其自身的意义边界，在此范围内，公共关系实践将发挥着主要作用。

42

社会分化

基于1984年第一部著作《社会系统》中阐明的社会系统理论，卢曼于1997年在《社会的理论》（2012）一书中发展了他的社会理论。在欧洲，自17世纪以来，一种新的初级社会分化形式逐渐取代了分层，从而将社会分为等级层次。在功能分化的社 **43** 会（functionally differentiated society）中，多种功能系统的沟通过程被明确的符号媒介（symbolic media）和二进制代码（binary codes）制约。功能分化对群体归属的不敏感性创造了多样性处理的替代形式，如多元主义、现代主义和个人主义。这导致了自由决策、个人选择、政治民主、自由经济市场、现代主义教育和积极权利框架内的责任归属。

卢曼的理论更关注过程而不是结构，并且不要求对某些功能进行彻底分化。正如帕森斯（Parsons, 1951）所认为的那样，功能并不意味着任何合法性，而是一种分析的焦点：系统的功能通过明确减少世界的复杂性而有了意义。功能系统随着时间的推移而发展，我们是否可以将某个东西定义为功能系统取决于代码和符号化的通用媒介能否被识别。卢曼描述了一个原理，该原理在对一些更突出的功能系统的若干分析中得到证明，例如政治（2000b）、法律（2008c）、科学（1990b）、经济学（1999）、艺术（2000a）、大众传媒（2000c）、教育（2002）和宗教（2000a）。经济的功能是减少稀缺性，媒体是货币，二进制代码是"+/÷支付，拥有"，沟通过程就是支付。政治的功能是对权力和治理准则具有集体约束力。大众传播媒介的功能是通过信息媒介传播信息，形成集体的现实。媒介和代码是恒定的，而功能系统的演变存在于程序中，"一方面，经济系统永远不会怀疑支付和不支付之间的区分。另一方面，程式可以有所变化"（Luhmann, 1997b, pp.52-53）。例如，以往经济之外的考虑，如对自然和人权的关心，如今似乎被包含在经济的范式中。

社会和组织

44 通过加速复杂性的显著增长，功能分化推进了工业化和如今的知识社会。这种复杂性还意味着，过去社会中发生的事情，随着时间的推移，"需要以决策的形式进行明确的结合，以确保过去和未来之间的联系"（Luhmann, 2003, p.53）。因此，随着功能分化的发展，它需要一个系统形成的补充原则：组织。组织建立了社会认同（例如，对时间的稳定预期），这是过去和未来之间的桥梁。

在卢曼看来，组织不是由员工、工厂、产品或服务构成的，而是"由决策的沟通组成"（Luhmann, 1997a, p.833）。这意味着如果沟通过程减慢，社会就会恶化，组织依赖于强大且动态的决策过程，"因此，决策能力（而不是理性）的维护和提升成为有效组织的实际标准"（Luhamnn, 2000a）。此外，在卢曼看来，推动的动力是沟通的延续——不是理性，也不是特定的目标（尽管这是被组织议题化的东西）。

即使所有组织都涉及几个功能系统（几乎都以某种方式涉及经济），但也主要通过一个社会功能系统的首要指向来识别自己——科学之于研究机构，法律之于法院，等等。每个功能指向构成特定的期望：当你知道自己是与医院（卫生系统作为功能优先）、商业公司（经济系统）、人道主义组织（监护系统）、法院（法律系统）、报纸（大众传媒系统）还是政党（政治系统）打交道时，它有助于决策并增强期望。

公众视角

卢曼只在有限范围内研究了"公众"的概念，但强调了公众作为整个社会的内部环境与功能系统的特定环境之间的分类区别，如经济系统中的市场：

> 对于"公众"，我们处理的是与"市场"完全类似的问题，即广泛系统的环境：就市场而言，它关系到经济。就公众而言，社会也是如此。
>
> （Luhmann, 1999, p.107）

由此也可以看出公共关系的具体性质，不是市场关系和市场营销。

以下公众视角的重建主要基于贝克尔（Baecker, 1996）以及卢曼（Luhmann, 1995b, 1997a, 2000a, 2000c）。在这种理解中，公众视角通过暗示一个特定的观察，对理所当然的社会过滤器提出质疑，而这个社会观察指出了社会边界，不是越过它们。公众视角的质疑没有做出决策，不加以评判，也不必干预。它并不是基于特定的兴趣或特定的社会过滤器——利益相关者也是如此——它会自动地试图去支配它所观察到的内容。因此，在社会系统重构中，公众视角成为社会自我描述的一种反思性原则，它质疑社会边界的自然性，从而不断地使社会进行自我调整。然而，当社会过滤器被质疑为偶然时，就会引起社会的愤怒，类似公共关系结构这样的国防和救济机制被激活。

由于社会结构和统一视角的缺乏，公众视角不能作为通俗论证的推动器。当然，通过偶然事件，公众视角增加了主题的复杂性，并引入了变化的可能性。公共传播的媒介是根据意见来运作的。从经验上讲，我们可以观察到公共传播的高度复杂性如何被还原成公众舆论——传统上是对政治制度逻辑主导的组织形式的合法引用。随着社会基于共同监管的新治理形式的出现，公众舆论对企业等不同类型组织的参考性越来越高。

然而，卢曼警告不要将任何学术潜力寄希望于公众舆论（Luhmann, 1995b）。因为公众舆论是一种脚本框架，用来组织晦涩模糊的认知。它将复杂的事物转化为简单的因果反应，并在"提炼思想"上进行简化。这样，即使事情非常复杂，人们也可以在公共传播中定位自己和他人的位置。正如卢曼所说：

> 通过这种方式，任何想参与公共传播过程的人都可以选择一个职位，试图

45

在不了解世界或真相的情况下推广或阻止某些事情，而他只需要知道他的剧本。

（Luhmann, 1995b, p.27）

倘若卢曼能在社交媒体平台上见证公众舆论的全面爆发，他会进一步警告说，不要将任何学术潜力寄希望于公众舆论。

反直觉性、复杂性和批判

正如亚历山大和布鲁姆（Alexander & Blum, 2016, p.242）所说，卢曼的"宿命论方法似乎不稳定，甚至更糟，但它准确地描述了我们社会的趋势"。这种如此变性、反直觉的理论，由于它与传统分离而立即受到挑衅，并且"在其范围内雄心勃勃，在其抽象性上坚持不懈"（Knodt, 1995, p.xvi），这必然会引发异议。对其的批判主要有三个立场：（1）基于教化、政治化或传统批判取向的规范性立场；（2）缺乏广博而复杂的理论知识；（3）对理论的错误认识，这基于对更多传统立场的阅读（e.g., King & Thornhill, 2003）。

后者可以通过对卢曼的保守主义、功能主义、反人本主义和系统合法化的特殊攻击中得到说明。正如克诺特所观察到的：

卢曼思考并接受现代化带来的后果——不是因为我们生活的社会是最好的世界，而是因为接受没有任何怀旧的现代化的结构局限性——这是找到创造性解决方案的先决条件，也可能是唯一途径。

（Knodt, 1995, p.xxxvi）

至于系统，"尼克拉斯·卢曼不相信系统。他认为系统是方法论的工具"（Baecker, 2001, p.71）。至于"反人本主义"，里斯·斯卡弗（Reese-Schäfer）指出，"卢曼是方法论的，而不是规范的反人本主义"（Schäfer, 1999, p.78）。贝克尔（Baecker, 2006）评论道，这并不意味着当你阅读卢曼时，不涉及心灵，只涉及社会；但这意味着你在任何必须做决定的情况下可以兼顾两者。这大大丰富了分析的可能性，并让你意识到矛盾性是个体和社会生活的基本状态。

卢曼理论中抽象性、复杂性和矫揉造作的语言使许多学者震惊。然而，这些特质似乎正"与现实本体论呈现的认识论相关性相冲突"（Luhmann, 1990c, p.37），从而消解了语言的紧密性，并迫使对其再度审视。传统语义学反映的是一个以行为个体为主体的社会，而卢曼的语义学则致力于呈现社会的自我组织，正如克沃特鲁普（Qvortrup）指出的，我们"不得不建立一个匹配社会结构的社会语义学——否则我们就不再有能力降低复杂性"（Qvortrup, 1998, p.12）。

公共关系作为社会学习过程的一部分

卢曼从来没有提出关于公共关系的理论，然而，特别是在德语国家和斯堪的纳维亚国家，卢曼的理论已被应用于公共传播过程以及社会、国家和组织之间的相互关系的研究中。罗内贝格（Ronneberger）和里尔（Rühl）于1992年在德国提出了一个基于卢曼的公共关系理论的尝试。本章作者基于卢曼的组织合法化理论做了最丰富的分析和拓展。本研究计划的相关部分（Holmstrdm, 1997、1998、2003、2004、2008、2010a、2010b、2013a、2018）重点关注：

1. 从18世纪早期的现代性到如今社会协调和组织合法化的共同演变，主要集中在北欧的旧民主国家，其特征是完全的功能分化，以及自20世纪60年代以来在合法化概念和合法化实践中的转变，这些概念和合法化实践调解了相互关联的组织与社会之间的关系，在此背景下公共关系结构产生了演变。

2. 作为组织合法性理想的反思范式的具体演变，首先是20世纪末从完全现代性稳定秩序向超现代性变迁的转变，其次是全球化的跨国治理形式和转型过程中公共关系实践的交替挑战。

3. 如今不同形式的社会监管与组织合法化之间的相互关系以及全球化引发的冲突，对于从国内公众舆论跨越到国外社会不同价值观和制度框架里的本地公共关系实践提出了挑战。

本研究计划将应用于本章的剩余部分，以说明卢曼理论的潜力。

从反身性到反思性

几个世纪以来，随着功能的完全分化，基本的规范已经被自然化、人类化和整合化，成为社会的隐性假设和自我描述中的先验结构（Luhmann, 1998）。随着现代性在反身性和自我参照的社会过程中僵化，功能系统的自主动态会相互挤压，也会对社会环境造成压力，在从限制性法律到污染和压力的广泛表现中可以看到各种各样的表现形式。在20世纪后半叶，诸如抗议（Luhmann, 1996）和恐惧（Luhmann, 1993）等令人恼火的立场被激活了。越来越多的动荡似乎以激烈的抗议和反复的合法性危机威胁着已建立的社会结构。迄今为止，人们或多或少地认为功能系统的合法性是理所当然的，因此，组织的合法性受到质疑，因为它们在决策制定中参考了这些系统。

当合法化概念不再支持构成社会的传播过程的延续时，它们就会受到质疑，并逐渐引发新的合法化范式。分析表明了社会是如何通过逐步激活协调的反思形式来解决由全功能分化的盲目反身性引发的问题。这些学习过程的一部分是对主流商业范式的转变：一种以反思为合法性基本公式的范式逐渐出现，体现在合法化的理想和实践中，如"对话""利益相关者参与""三重底线""对等沟通"和"可持续性管理"等。

对于卢曼，反思（reflection，形容词：reflective）表示一种精确的社会机制，它意味着与反身性（reflexivity，形容词：reflective）的基本一阶自我参照相反，提升到二阶自我参照（Baraldi，Corsi et al., 1999 p, 128）。在反思的层面上，"社会系统将自己定位于自己——定位于与环境不同的自己"（Luhmann, 1995a, p.455）。当一个组织自发地运用自己的区别，并将其观察世界的方式视为理所当然的、将它所看到的视为现实时，其结果就是视野的狭隘，结果是盲目地与不同的观察世界的方式发生冲突。然而，通过提升视角，该组织可以变得更加敏感。在反思中，组织系统把自己看作是从外部观察到的，把它的观察准确地看作是观察到的，并注意到它观察的前提，进一步看到它的观察与其他视角不同。因此，反思是与环境相关的自我理解的产物。所以，当反身性组织忽视更广泛的环境，并因此不注意其决策中的非预期的、但往往影响深远的副作用时，反思便使组织能够在一个更大的相互依赖的社会环境中了解自己，并在考虑其环境的情况下进行自我约束，最终为了确保自身的独立性和自我参照的长期延续。

一个组织是由反身性还是反思性主导，对三个方面具有重要意义：（1）组织看待自身的方式［自我理解（self-understanding）］；（2）重建其环境［敏感性（sensitivity）］；（3）呈现自身以供环境观察［自我呈现（self-presentation）］。反身性组织和反思性组织都是理想的类型。经验表明，在实际情况中组织总是处于两种类型之间的灰色地带。

自我理解涉及组织对自身的看法和其决策过程的前提，也就是组织是如何封闭的。反身性主导的组织认为自己的世界观是理所当然的。决策的前提被视为自然社会规范的基础，并自动承担社会责任。相反，在反思性组织中，决策前提的偶然性（contingency）得到了承认。组织不断质疑其角色、身份和责任，并做出灵活改变。"为什么（whys）"被不断地争论——而不是反身性组织中争论的"是什么（whats）"。因此，反身性的公共关系过程将倾向于盲目地捍卫其所在组织的世界观和已经做出的决定，反思性的公共关系则积极参与公共辩论，并将利益相关者的观点带入组织，从而影响决策。

敏感性涉及组织如何看待其环境，也就是组织是如何开放的？"因为环境只考虑到组织内部可以构建的部分（Luhmann, 2000a, p.162）。"在反身性组织中，视角是从内部以自我为中心，它只看到其固有的环境——对企业来说就是消费、投资和就业的市场。公共关系实践将符合哈贝马斯的经典批评，"信息发送者把她的商业意图伪装成一个对公共利益感兴趣的人"（Habermas, 1991, pp.289-290），也就是说，它假装其目标与社会利益相关，尽管它在意的只是市场。然而在反思性中，组织在社会多样性中看待自身，并将更大、更复杂的环境视为相关环境。公共关系实践公开参与市场之外的公共传播过程。线性利益相关者模型被越来越动态化的模型所取代：该公司不再将自己视为中心，而是认为自己只是作为多中心互动的社会视角之一。反身性组织倾向于看到一个需要被管理的环境，而反思性组织则看到一个需要被尊重的环境。

通过自我呈现，组织用环境推动了观察，并影响了期望的模式。反身性组织的特点是从内部进行盲目的自我呈现。它没有看到冲突，或试图压制它们，或相信它们可以被信息所消除。相反，反思性组织则看到冲突的潜在性，揭露冲突的背景，并促进意见的交流。与反身性公共关系的表面措施相比，反思性公共关系实践系统化地识别冲突，以提高组织在公共辩论以及多方利益相关者对话中的话语质量，从而提高解决问题的可持续性。

阿尔乐食品公司的案例

反思性的一个实证案例就是阿尔乐食品公司，它如今是一个全球乳制品集团，但它却植根于丹麦的合作运动。在合并了斯堪的纳维亚乳品集团后，该公司于2003年陷入了一场重大的合法性危机——因为它没有考虑丹麦社会，而是只关注国际市场扩张。最初阿尔乐完全不知情。从其反身性的视角来看，这个组织还没意识到合法性不再自动从经济上成功获得。该公司不再能随心所欲，因为市场和牛奶所有者奶农对牛奶的好价钱更敏感。然而，随着合法性危机的不断持续，该组织逐渐被激励着将批判的视角转向内部，并采取反思的视角。当沟通一次又一次地失败时，社会系统就会被激励到这种二阶自我观察，去做沟通上的沟通、决策上的决策。经过几年紧张的学习过程，如今的阿尔乐食品公司已成为世界上最大的生态乳制品公司，在其决策过程中综合考虑了气候、自然、动物福利、社会、公共卫生以及发展中国家奶农的前景等方面。

可以说阿尔乐食品公司似乎学会了从外部看待自己。说"似乎"是因为没有一个社会系统可以从自身之外的位置来观察。对于一个组织来说，要观察所有诸如它的起源，必须把自己当作一个特定的社会过滤器。在反思的视角中，阿尔乐食品公司不会将自己与政治组织、人道主义组织或公共组织混淆，即使乳制品集团承担社会责任，并从公众的角度反思自己。阿尔乐食品公司仍然将市场视为其主要环境，即使该组织将社会界限纳入其决策前提之中。然而，在反思模式中，阿尔乐食品公司将其决策前提视为偶然，认为自身具有更大的相互依存的社会多样性，从而在与环境的不断互动中调整其决策过程。这产生了"良好增长"的战略，"我们要发展我们的业务。但我们知道，只有当我们能够为你的生活增加价值，同时对我们所属的环境和社区负责时，才能取得长期的成功"（Aria Foods, 2017）。

实践的演变阶段

从大局来看，类似的学习过程可以被认为是自20世纪60年代末以来以现代性为特征的社会的一种普遍趋势，而自20世纪90年代以来，全球化又为其注入了动力。社会系统在进化过程中不断变化，尽管受到高度惰性的影响。卢曼的进化建立在四个连续的机制上：（1）提出了稳定结构的变化；（2）变化的选择；（3）保留，在选择的基础上；（4）稳定性，让被选择的变化可以整合到系统的结构特征中。相应地，从反身性到反思性的学习过程发生在进化阶段，每一种形式的合法化实践，每一种形式的组织与环境之间的特定关系，以及每一种形式的角色和对公共关系的挑战，首先是在反身性地捍卫旧范式（作为一种职业，公共关系通常的坏名声可能会追溯到这一时期）中进行的，然后再反思性地参与有关变革的谈判，最后帮助组织满足新的合法性的先决条件。

51 　　特别值得注意的是，在日益复杂的社会环境中，组织通过遵守法律使其决策合法化——从其固有环境，到商业公司：市场，再到国家。正如克沃特鲁普（Qvortrup, 2003, p.4）所观察到的，新的组织结构不断演变，以应对新的"基于沟通的协调过程……由社会各子中心相互观察的去中心化过程和协调的需求形成，其中稳定因素不是一个中心指导机构或社会意识形态"。其中包括公共关系结构。确切地说，哪些地方和哪种方式在理论和经验上仍然有些不清楚，因为公共关系的概念似乎意味着不同的学者和实践者不同的关系，你是将"公共"定义为（1）一个特定的观点，不断质疑决策的前提，通常与大众媒体新闻以及社会作为公共交流的平台，还是定义为（2）对组织具有特定兴趣的利益相关者。

五大社会趋势激活公共关系

　　进化学习过程可以追溯到五个不同维度的社会大趋势（Holmström, 2005b, 2008, 2010a, 2013a）：（1）社会与生命和自然的关系；（2）社会组织决策的方式；（3）社会在功能系统上的分化；（4）社会的政治监管；（5）社会安全战略。即使它们是相互关联并趋向于强化彼此，即使它们都以各自的方式需要反思能力来换取合法性，但每一个大趋势都构成了一个特定的问题场，并对公共关系实践提出了具体的挑战：问题、主要观察者以及问题场中的相互关系将有所不同。

社会与环境：三重底线

　　第一个大趋势是基于一个理论前提，即社会必须通过功能性过滤器——经济、政治、家庭、科学、教育等，将其环境重构为社会过程。为了观察、理解和传播有机的、化学的、生物的、精神的和心理的过程，如"肥胖""生活品质""气候变化"或"动物保护"（Luhmann, 1989, 1996）。这意味着对自然和人类的福祉具有高度选择性的共鸣。经济过滤会无意识地激发一些问题，如：这值得吗？这能提高我们的竞争力吗？除非经济规则被影响，否则经济理性就不能看到它对自然和人类的影响。然后我们所看到的会无意识地被经济前提重构。相应的敏感（迟钝）适用于所有功能性逻辑。政治：我们能获得选票和权力吗？科学：它会产生新知识吗？新媒体：这是新信息吗？

　　20世纪后半叶，社会功能过滤器的盲目反身性产生的大量意想不到的副作用压迫着社会环境，如滥伐森林和压迫人权。几十年来大量的合法性冲突似乎将功能系统触发成反思，这增加了社会对其环境的敏感性。然而，社会转型受到一定程度的惰性影响：52 一个系统只能以一种与其自身自体生成的延续相兼容的方式对环境中的干扰做出反应。

新的区分只有在刺激沟通过程时才会被选择。在经济系统中，卢曼认为这意味着支付过程。因此，当考虑到以前的额外经济问题时，它们就被纳入了经济系统的程序中。区别从"对人和地球/利润的考虑"变为"对人和地球/无利润的考虑"。以前的对立关系逐渐被视为相互作用的先决条件。正如丹麦医疗保健公司的诺（Novo）和诺德（Nordisk）所说："我们通过促进可持续发展和平衡增长来实现利润最大化。反之亦然（Hoinistrom & Stormer, 2007）。"

公共关系变得越来越重要，首先是作为维持现状的一部分，然后是作为对自然和生活新敏感度的谈判的一部分，最后是在平衡和证明的过程中考虑利益、地球和人民。

风险与恐惧：责任、透明度、义务和可持续性

第二大趋势是决策者与那些可能受到决策影响而没有发言权的人之间日益增大的不对称性等。两种截然相反的观点发生冲突并引发持续的焦虑：一方面是决策者根据逻辑计算出的风险评估，另一方面是受害者立场引发恐惧情绪爆发。正如卢曼（Luhmann, 1993）所指出的，我们不能解释我们"真正"面临的危险（事实维度）的恐惧——但是从时间维度上能解释部分关于未知的未来和部分社会维度上关于谁做出危及他人的决策。卢曼改变了风险/安全的区分，这被应用在多数"风险社会"对风险/危险问题的观察中。风险不能被转化为安全，风险是一种归属问题。

从潜在受害者高度敏感的立场来看，组织风险决策的合法性不断受到质疑。当决策被视为选择的产品时，组织必须从更广阔的视角明确地承担其后果——咒语：责任。组织必须能够解释它的决策——线索：义务。组织必须是开放的：具有透明度、有利益相关者的参与。对可持续性的要求使组织对未来负责（Holmström, 2005a）。

从全球变暖到难民危机和肥胖流行，一切都是由决策决定的，任何理性的推理都无法与恐惧的道德相抗衡。只有将危险感转化为风险感，给那些可能受到某项决定影响的人一些影响，组织才能将破坏性受害者转化为建设性的伙伴。问题场已经形成，一方面，公共关系实践的主要任务是让那些可能受到影响的人（或非政府组织或利益集团的形式）对决策过程进行洞察，另一方面，通过将可能受影响者的声音和立场带入会议来促成负责任的决策。

独立与相互依赖：新的利益相关者敏感性

第三大趋势是随着功能分化的稳定，独立性与相互依赖之间的冲突日益增加（Luhmann, 1997a）。它表现出明显的冲突表现形式：一方面，在合法性危机中，当对违反社会基本结构的怀疑被唤起时，并被标记为腐败、贿赂、裙带关系等。另一方面，在代表不同职能逻辑的组织之间或多或少正式的伙伴关系中，相互参与和个人诚信不可分割，以促进跨部门协作和增加专业知识。多语境敏感性在决策过程中被反思性组织整合，而在反身

性主导的组织中，决策过程往往是由一种原始功能调解的。

在这个问题场中，公共关系往往意味着利益相关者所理解的与公众的关系，作为不同的和经常冲突的功能逻辑之间的调解者。

法律与合法性：多语境指涉的自我约束

第四大趋势是随着功能的全面分化，新的政治共同监管形式出现，这对组织合法性构成了新的挑战。公共关系或公共事务——在一个问题领域中处于中心地位，该问题领域是由公共视角、新闻媒体、非政府组织和越来越多的利益相关者之间的多语境相互作用的监管力量构成的，这涉及一个共同的社会界限的概念。

主要基于卢曼（Luhmann）的理论（Luhmann 1990a, 2000b），新出现的共同监管形式（Buhmann, 2018）被概念化为监管状态（Willke, 1997）、多语境（Sand, 2004）、治理社会（Holmström, 2008、2010a、2013b、Willke, 2006）和元治理（la Cour & Hqjlund, 2017）。国家和跨国层面的政治举措不仅通过传统法律从外部介入，而且通过促进各种形式的企业社会责任作为信任和竞争力的前提，越来越多地影响组织内部对自身在社会中的作用和责任的考虑，承认"任何系统只能通过自我调节来控制自己，其他系统对其进行修正而不是违反"（Luhmann, 1997b, p.53）。

组织在这个范围内是政治化的，这意味着决策是以社会和共同利益为界限的。通过为社会的愿景、想法、计划、优先次序和协调做出贡献，公司被鼓励政治化。传统的政治制度合法化参考，即舆论，越来越与政治制度之外的组织相关，并促进了公共关系结构的显著增加。然而，组织必须了解如何平衡其定义的功能逻辑与政治。因此，共同监管需要一个反思性的视角。此外，政治化组织的合法性并不取决于正式的民主立法程序，而是在社会的不同立场与国家作为主管、作为监管者的公众视角和公众舆论作为经常通过社交媒体的听众之间的不断协商中。"现代性的一个决定性组成部分是道德的私有化，将道德降至私人关注的地位，并用民主立法程序的巧妙理念取代公共道德（Willke & Willke, 2007, p.29）"，因此，组织将以"明显的"道德真理来指导行动并提供合法性，这是对前现代性的风险撤退。

不确定性和流动性：信任和敏捷性

第五大趋势是整个社会秩序是基于期望结构的（Luhmann, 1982; Jalava, 2003）。如果不知道会发生什么，就没有人会冒着社会交往的风险。在以往的"固体"社会中，社会比较熟悉和统一。对一个组织的信任是基于它被视为受到外部、法律和正式规则的限制，或从内部限制自己，受到由传统或惯例决定的共享的、被视为理所当然的规范的约束。今天，社会是流动的、超复杂的、多元的、动态的、不确定的、混乱的。组织与环境之间的关系是由积极的信任所调解的，这种信任是通过不断平衡期望而产生的。需要一个一致但敏感、敏捷并因此不断变化的自我呈现来表明对组织的期望。它的目的是产生信任，因为当一个人"缺乏学习和考验信任的机会时，他更有可能诉诸不信任而不是信任"（Luhmann, 1995a, p.129）。

公共关系过程是一个反思性组织慢慢产生信任的一部分，其任务是调整对一个永远悬而未决的问题领域的期望，该领域的特征是利益相关者动态和经常冲突的期望，并通过社会媒体和新闻媒体的持续监督控制公众舆论。其随机抽取的测试样本是信任检查，而不是可靠的现代性真相检查：公司是否达到了预期（Tekke, 2017）？

全球化中的合法性冲突

在不同程度上，上述分析的趋势在大多数具有功能分化特征的区域都是可识别的。然而，根据卢曼对不同社会形式的分析（Luhmann, 1997a），可以确定组织合法性和合法 55 化实践的决定性差异（Holmström, Falkheimer & Gade Nielsen, 2010）。随着全球化加剧了不同社会形式之间的相互依赖的关系，以前潜在的合法性冲突被激活（Baraldi, 2006）。正如2006年斯堪的纳维亚乳制品合作公司阿尔乐食品公司所经历的那样，最终的冲突集中在功能完全分化的社会和分层社会之间，其中功能分化仅起次要作用。因为一家丹麦报纸刊登的穆斯林先知默罕默德的漫画被宣传为"对言论自由的考验"（Rose, 2005, p.3），该公司在以分层结构为主的阿拉伯国家受到抵制。后来，在试图通过公开表达对当地价值观的尊重来使自己在阿拉伯国家合法化之后，阿尔乐食品公司在斯堪的纳维亚国内因背叛现代主义价值观而受到抵制活动的威胁。

全球化对过去潜在冲突的激活导致了局部／全球的对立，这对组织的合法化提出了严峻的挑战。公共关系实践要求洞察不同的社会形态、价值观和制度模式，不仅要在各种内在的合法性冲突中航行，而且要在全球化的公共空间中同时与不同甚至相互冲突的合法性观念联系起来。

结论

通过卢曼，我们不得不看到一个反直觉的视角。社会变革的来源局限于构成社会及其组织的不断变化的自我参照的（self-referential）社会过程中。以卢曼的理论发展而来的解释框架分析可知：在超现代性中，社会不再把正当理由视为基于自然规范或惯例，而是基于偶然的选择。因此，组织必须不断地使其决策合法化。在这种背景下，我们可以解释20世纪公共关系结构的出现，并将新的合法化理念的核心确定为基于反思能力的合法化，并作为社会自我延续的一部分。

在最近的分析中，反思似乎是一剂灵丹妙药。然而，卢曼理论的一个突出特点是对以前问题的解决所产生的新问题的敏感性。反思社会的背景是过度刺激的社会状态，它显然不能被更多的知识或信息所中止。一方面，组织被迫做出决定，另一方面，这些决定也不能参考最终的原因。公众的注意力不断得到提醒。危险的位置被反复刺激。对未来的偏见和忧虑占了上风。达成共识是不可能的：一部分是因为社会在不可调和的视角下存在差异；另一部分是因为未来的后果无法提前知道，因此没有明确的、正确的解决方案。

56　　　　此外，反思也是一种具有风险的、需要资源的自我参照形式（self-reference）。具有风险，是因为它可能会使组织内部对自己的边界和存在的理由产生怀疑；需要资源，因为反思会使沟通过程加倍，使决策过程更加模棱两可。随着反思过程的扩散，它们逐渐被常规和仪式接替，这些常规和仪式以可持续性认证和社会报告准则等形式适应现有的基本结构（Krohn, 1999, Alexander & Blum, 2016）。虽然基于反思理想的对合法性的新认知已经稳定下来，但这种现代性的调整将逐渐回归到被认为是理所当然的常规和反身性——在这种基础上，新的进化又可以开始了。

　　　　卢曼理论的范围和性质对公共关系研究——更普遍地说，在组织合法化方面的一些好处是：第一，我们可以确定社会学习过程中的特定功能。第二，我们可以在所有社会层面上进行分析，并进一步分析这些层面之间的相互关系——即更大的社会动态和组织，甚至特定的群体互动。第三，我们关注的是不断改变事实维度的社会和时间维度，包括对合法性的认知，对被视为真实的、相关的、正确的认知，如何改变不同社会视角之间的各种相互作用。卢曼的理论有助于深入分析一个组织涉及的多语境的相互作用。第四，通过卢曼对组织作为社会系统的分析，我们对组织敏感性和复杂性以及公共关系过程获得了敏感的认识。第五，卢曼的理论可以帮助我们对不同形式的社会协调和组织合法化进行分类和关联，并鉴别由全球化引发的冲突。

　　　　基于卢曼的理论，公共关系实践可以在当今社会找到一种统一，是理解其合法性依赖的前提。卢曼的理论无意给任何实践提供指导。然而，卢曼的反直觉抽象和对我们周围的社会过程的深入分析所获得的洞察力可能有助于促进感知实践。

60　卢曼的生平和工作

　　　　尼克拉斯·卢曼（1928—1998）出生并居住在德国。1949年，他成为一名法律博士，并担任了几年政府官员。1968—1993年，他在比勒费尔德大学担任社会学教授。卢曼的理论改变了许多知识分子的语言和看待世界的方式（包括所有德国和斯堪的纳维亚的知识分子在内）。

　　　　卢曼出版了50多本书，发表了400多篇文章。到目前为止，只有一小部分作品被翻译成了英语。以下翻译作品的标题均为英文，英文出版年份与德文原版出版年份相同。他的主要著作有《社会系统》（1984/1995a）、《社会理论》（1997a/2012）。其他专著包括《社会制度》（1999）、《大众传播知识》（1990b）、《大众传媒的现实》（1996/2000c）、《社会的政治》（2000b）、《社会教育体系》（2002）、《法社会学》（1995/2008C）、《宗教的系统理论》（2000a/2012）。他在组织理论方面的主要著作有《组织与决定》（2000e）；在社会结构和语义方面的著作有《社会结构与语义学》（第四卷，1980—1995）、《爱即激情》（1982/1998）；关于启蒙/现代性的著作有《社会学解释》（第六卷，1970—1995）、《现代性观察》（1998）、《思想进化》（2008b）。其他与公共关系研究的相关著作有：《信任与权力》（1968—1975/1982）、《生态共同体》（1986/1989）、《风险》（1993）、《抗议》（1996）、《道德之死》（2008a）。《系统理论导论》（2012）是卢曼在20世纪90年代根据自己的一系列讲座改编而成的一部优秀作品。

对卢曼的一个长篇系列介绍主要用的是德语和斯堪底纳维亚语，有少量是英语，如博尔赫（Borch, 2011）。诺特（Knodt）在她的《社会系统》（Knodt, 1995）一书的前言中提供了一个感性的介绍。巴肯（Bakken）和赫内斯（Hernes）（2003）编撰的人类学著作《自体再生组织理论》（*Autopoietic Organization Theory*）和贝克（Becker）和赛德尔（Seidl）（2005）对卢曼的组织理论进行研究。期刊《社会制度》（*Soziale Systeme*）的德语版和英语版主要聚焦于卢曼的研究。

参考文献

[1] Alexander, D., & Blum, V. (2016). A Luhmannian analysis of integrated reporting. *Ecological Economics*, 129, 241-251.

[2] Aria Foods (2017). www.arla.com/company/responsibility/. Accessed 12 June 2017.

[3] Baecker, D. (1996). Oszillierende Öffentlichkeit. In R. Maresch (Ed.), *Medien und Öffentlichkeit* (pp. 96-107), Miinchen, Germany: Klaus Boer Verlag.

[4] Baecker, D. (2001). Why systems? *Theory, Culture & Society*, 59-74.

[5] Baecker, D. (2006). *Dirk Baecker iiber Niklas Luhmann* (Dirk Baecker on Niklas Luhmann): Systemagazin. Retrieved from http://www.systemagazin.de/beitxaege/luhmann/baecker_ luhmann.php. Accessed 5 January 2006.

[6] Bakken, T., & Hernes, T. (Eds.). (2003). *Auopoietic organization theory*. Oslo/Copenhagen: Abstrakt Liber/Copenhagen Business School Press.

[7] Baraldi, D. (2006). New forms of intercultural communication in a globalized world. *The International Communication Gazette*, 68(1), 53-69.

[8] BaraJdi, C., G. Corsi, et al. (1999). *GLU—Glosscir zu Nikks Luhmanns Theorie sozialer Systeme*. Frankfurt, Germany: Suhrkamp.

[9] Becker, K. H., Sc Seidl, D. (Eds.). (2005). *Niklas Luhmann and organization studies*. Copenhagen, Denmark: CBS Press and Liber.

[10] Borch, C. (2011). *Niklas Luhmann*. London: Routledge.

[11] Buhmann, K. (2018). *Changing sustainability norms through communicative processes*. Cheltenham, England: Edward Elgar.

[12] Habermas, J. (1981). *The theory of communicative action*. London: Heinemann.

[13] Habermas, J. (1991). *Strukturumidel der Öffentlichkeit*. Frankfurt, Germany: Suhrkamp. Holmström, S. (1997). An intersubjective and a social systemic public relations paradigm. *Journal of Communications Management*, 2(1), 24-39.

[14] Holmström, S. (1998). *An intersubjective and a social systemic public relations paradigm*. Denmark:

Roskilde University Publishers. Available at www.susanne-holmstrom.dk/ SH1996UK.pd£

[15] Holmström, S. (2003). Gr^nser for ansvar [Limits of responsibility]. (PhD thesis 41/2003 ISNN 909-9174). Roskilde, Denmark: Roskilde University.

[16] Holmström, S. (2004). The reflective paradigm. In B. Van Ruler Sc D. Verčič (Eds.), *Public relations in Europe* (pp. 121-131). New York, NY: de Grnyter.

[17] Holmström, S. (2005a). Fear, risk, and reflection. *Contatti (Udine University: FORUM)*, 1(1), 21-45.

[18] Holmström, S. (2005b). Reframing public relations: The evolution of a reflective paradigm for organizational legitimization. *Public Relations Review*, 31(4), 497-504.

[19] Holmström, S. (2007). Niklas Luhmann: Contingency, risk, trust and reflection. *Public Relations Review*, 33(2), 255-262.

[20] Holmström, S. (2008). Reflection: Legitimising late modernity. In A. Zerfass, B. Van Ruler & K. Shriramesh (Eds.), *Public relations research: European and international perspectives and innovations* (pp. 235-249). Wiesbaden, Germany: Westdeutscher Verlag.

[21] Holmström, S. (2010a). Society's constitution and corporate legitimacy. In J. ID. RendtorfF (£d.), *Power and principle in the market place; On ethics and economics* (pp. 133-160). Famham, England: Ashgate.

[22] Holmström, S. (2010b). Reflective management: Seeing the organization as if from out¬side. In R. Heath (Ed.), *The SAGE handbook of public relations* (pp. 261-276). Thousand Oaks, CA: SAGE.

[23] Holmström, S. (2013a). Balancing former opposites as mutual preconditions? Taking the imbalance between organization and environment to a new level. In L Jensen, J. D. Scheuer &J. D. RendtorfF (Eds.), *The balanced company* (pp. 9-32). Famham, UK: Gower.

[24] Holmström, S, (2013b). Legitimerende praksisformer [Legitimizing forms of practice]. In S. Holmström & S. Kjæerbeck (Eds.), *Legitimitet under forandring* (pp. 273-312). Copenhagen: Samfundslitteratur.

[25] Holmström, S. (in press). A reflective paradigm. In R. Heath & V. Johansen (Eds.), *Intematiomlencyclopedia of strategic communication. Hoboken*, NJ: Wiley.

[26] Holmström, S., Falkheimer, J., & Gade Nielsen, A. (2010). Legitimacy and strategic com-munication in globalization: The cartoon crisis and other legitimacy conflicts. *International Journal of Strategic Communication*, 4(1), 1-18.

[27] Holmström, S. & Stormer, S. (2007). Novo Nordisk and the reflective paradigm. Paper at EUPRERA conference, Roskilde University, Denmark.

[28] Jalava, J. (2003), From norms to trust: The Luhniannian connections between trust and system. *European Journal of Social Theory*, 6(2), 173-190.

[29] King, M., & Thornhill, C. (2003). Will the real Niklas Luhmann stand up, please. *The Sociological Review*, 51(2), 276-285.

[30] Knodt, E. M. (1995). Foreword. In N. Luhmann (Ed.), *Social systems* (pp. ix-xxxvi). Stanford, CA: Stanford University Press.

[31] Krohn, W. (1999). Funktionen der Moralkommunikation. *Soziale Systeme*, 5(2), 313-338.

[32] la Cour, A., & Hojlund, H. (2017). Polyphonic supervision: Meta-govemance in Denmark. *Systems Research and Behavioral Science*, 34(2), 148-162.

[33] Luhmann, N. (1982). *Trust and power*. Hoboken, NJ: Wiley.

[34] Luhmann, N. (1982/1998). *Love as passion*. Stanford, CA: Stanford University Press.

[35] Luhmann, N. (1989). *Ecological communication*. Cambridge, England: Polity Press.

[36] Luhmann, N. (1990a). *Political theory in the welfare state* (J. B., Jr., Trans.). Berlin, Germany: de Gruyter.

58

[37] Luhmann, N. (1990b). *Die Wissenschaft der Gesellschaft*. Frankfurt, Germany: Suhrkamp.

[38] Luhmann, N. (1990c). *Soziologische Aufklcirung 5; Konstruktimtische Perspektiven* (Socological clarification 5: Constructivist perspectives). Opladen: Wesedeutscher Verlag.

[39] Luhmann, N. (1993). *Risk: A sociological theory*. New York, NY: de Gruyter.

[40] Luhmann, N. (1995a). *Social systems*. Stanford, CA: Stanford University Press.

[41] Luhmann, N. (1995b, July 19). Brent Spar oder Konnen Untemehmen von der Offentlichkeit lemen? *Frankfurter AUgemeine Zeitung*, p. 27.

[42] Luhmann, N. (1996). *Protest: Systemtheorie und soziale bewegungen*. Frankfurt, Germany: Suhrkamp.

[43] Luhmann, N. (1997a). *Die Gesellschaji der Gesellschaft*. Frankfurt/M, Germany: Suhrkamp. English translation 2012: *Theory of society*. Stanford, CA: Stanford University Press.

[44] Luhmann, N. (1997b). Limits of steering. *Theory, Culture & Society*, 14(1), 41-57,

[45] Luhmann, N. (1998). *Observations on modernity*. Stanford, CA: Stanford University Press.

[46] Luhmann, N. (1999). *Die Wirtschafi der Gesellschaft* (3rd Ed.). Frankfurt, Germany: Suhrkamp.

[47] Luhmann, N. (2000a). *A systems theory of religion*. Stanford, CA: Stanford University Press.

[48] Luhmann, N. (2000b). *Die Politik der Gesellschaft*. Frankfurt, Germany: Suhrkamp.

[49] Luhmann, N. (2000c). *The reality of the mass media*. Cambridge, England: Polity Press.

[50] Luhmann, N. (2000d). *Art as social system*. Stanford, CA: Stanford University Press.

[51] Luhmann, N. (2000e). *Organization und Entscheidung*. Opladen/Wiesbaden, Germany: Westdeutscher Verlag.

[52] Luhmann, N. (2002). *Das Eziehungssysstem der Gesellschaft*. Frankfurt, Germany: Suhrkamp.

[53] Luhmann, N. (2003). Beslutningens paradoks. In H. H0jlund & M. Knudsen (Eds.), *Organiseret kommunikation* (pp. 35-61). Copenhagen, Denmark: Samfundslitteratur.

[54] Luhmann, N. (2008a). *Die moral der Gesellschaft*. Frankfurt, Germany: Suhrkamp.

[55] Luhmann, N, (2008b). *Ideenevolution*. Frankfurt, Germany: Suhrkamp.

[56] Luhmann, N. (2008c). *Law as a social system*. Oxford, England: Oxford University Press.

[57] Luhmann, N. (2012). *Introduction to systems theory*. Cambridge, England: Polity Press.

[58] Parsons, T. (1951). *The social system*. New York, NY: Free Press.

[59] Qvortrup, L. (1998). *Det hyperkomplekse samfund*. Copenhagen, Denmark: Gyldendal.

[60] Qvortrup, L. (2003). *The hypercomplex society*. New York, NY: Peter Lang.

[61] Reese-Schafer, W. (1999). *Niklas Luhmann zur Einjuhnmg*. Hamburg, Germany: Junius Verlag.

[62] Ronneberger, F., & Rühl, M. (1992). *Theorie der public relations*. Opladen, Germany: Westdeutscher Verlag.

[63] Rose, F. (2005, September 30). Freedom of expression: The face of Mohammed. *Jyllands-Fasten*, p. 3.

[64] Sand, I. -J. (2004). Polycontexturality as an alternative to constitutionalism. In C. Joerges, I.-J. Sand & G. Teubner (Eds.), *Transnational governance and constitutionalism* (pp. 41-67). Oxford, England: Hart.

[65] Spencer-Brown, G. (1979). *Laws of form*. New York, NY: E.P. Dutton.

[66] Stäheli, U, (2012). The hegemony of meaning. *Revue Internationale de Philosophie*, 259(1), 105-124.

[67] Thyssen, O. (1995). Interview with professor Niklas Luhmann. *Cybernetics & Human Knowing*, 3(2), 24-26.

[68] Tække, J. (2017). Crisis communication and social media: A systems and medium theoretical perspective. *Systems Research and Behavioral Science*, 34(2), 182-194.

[69] Willke, H. (1997), *Supervision des Staates*. Frankfurt, Germany: Suhrkamp. Willke, H, (2006). *Global Governance*. Bielefeld, Germany: Transcript Verlag.

[70] Willke, H., & Willke, G. (2007). Corporate moral legitimacy and the legitimacy of morals. *Journal of Business Ethics*, 81(1), 27-38.

第四章

鲍曼：权力，伦理与社会解释学

马格达·皮尔茨卡

齐格蒙特·鲍曼因其作为后现代主义理论家所做出的贡献而被广泛认可（Rattansi, 2017; Smith, 1999）。他被视为一个公共知识分子，一个传统的公共社会学家（Aidnik, 2015），一个社会学家和普通公众都能接近的、以批判社会学为媒介服务于社会和人类福祉的思考者。从《流动的现代性》（2000）到他去世后才出版的《怀旧的乌托邦》（2017），鲍曼的贡献在他后期的著作中表现更多。那些体现他的社会学想象力和社会学道德要旨的作品（Dalglish, 2014），是对全球性的消费社会尤其是后现代伦理学问题的批判（Campbell & Till, 2010）。尽管鲍曼不是没有批评者（Best, 2013; Rattansi, 2017），但他对于"全球人类社会在21世纪初所面临的多重挑战"（Davis & Tester, 2010, p.xi）的阐释及其所做出的贡献和所处的地位是被广泛承认的。

尽管公共关系领域的理论借鉴了后现代全球化世界的当代社会学（Demetrious, 2013; Dutta & Pal, 2011; Edwards, 2012; Holtzhausen, 2012; McKie & McKie, 2007），公共关系学术界在很大程度上仍忽略了鲍曼，除了他的后现代伦理（Fawkes, 2015; Holtzhauzen, 2012; Xifra & McKie, 2011）。本章旨在介绍他晚期作品中的一些关键主题，以及通过学习鲍曼的社会学来讨论如何充实公共关系这一领域。本章通过将鲍曼置于一个特定的社会学传统中而展开，接着介绍他最著名的作品（和理念）——《流动的现代性》——以便讨论鲍曼晚期作品的一些重要主题和特征。本章随后讨论了针对鲍曼作品的批评，最后是公共关系学术和实践如何从鲍曼富有想象力写作的自我反思中受益。

后现代社会和社会学的作用

鲍曼的作品涵盖了从马克思主义、阶级、教育和社会主义社会的规划，到大屠杀、消费主义、文化、全球化和后现代社会等内容，跨度60年。将它们全部串联起来的线索是他的人文主义社会学立场（Jacobsen, 2017; Tester, 2004; Bryant, 1972）。他的作品以承认人类生命的价值和尊严为最终理由，其特点是无情的批判性尝试和对实践的关注，将人类生活和经验与理论知识联系起来，作为变革和人类解放的源泉。正如杰克森所说，

> 首先，鲍曼的社会学是一种无情的批判和反传统的抗争，对我们来说——作为社会学家和人类——它是唯一可能或唯一可用的现实版本而被视为理所当然……其次……是鲍曼的人文视角，它将世界的人类经验置于分析关注的中心，不同于那些强制进入人们生活的固化结构或无生命系统的社会学。
>
> （Jacobsen, 2017, p.3）

鲍曼在社会学中的地位可被视为受惠于一系列持久的影响。格奥尔格·齐美尔（Georg Simmel）对"陌生人"这一社会类型进行界定的研究工作和辩证方法是鲍曼早期的灵感来源。此外，查尔斯·赖特·米尔斯的作品和他为富有进取心和批判性的学者提出的论点，以及他将人类经验与社会学理论和问题联系起来的观点都在鲍曼的作品中得到了呼应。另一个早期的灵感来源是安东尼奥·葛兰西，他重视人类实践的重要性，以及通过积极塑造世界和改变思想来实现变革的可能性（Tester, 2004）。晚期时，他还借鉴其他人的作品，如伊曼纽尔·莱维纳斯（Emmanuel Levinas）等人道德至上的观点和对他人责任感的相关研究。鲍曼因将莱维纳斯的哲学思想引入社会学而受到赞誉（Critchley, 2002）。

特斯特（Tester, 2004）认为鲍曼的社会学研究方法是受到他的两位波兰教授朱利安·霍奇菲尔德（Julian Hochfeld）和斯丹尼斯·奥索夫斯基（Stanisiaw Ossowski）持久和根本的影响，他本人也公开承认对他们的感激之情。霍奇菲尔德被认为激发了鲍曼的社会学想象力，而奥索夫斯基为鲍曼赋予了他的伦理观（Tester, 2004, pp.36—40）。鲍曼的社会学想象力和霍奇菲尔德一样，专注于人类的苦难，他认为社会学因为"拒绝接受男人和女人只不过是自然的、类似动物的物体的精神"（p.37），以及重新想象人类生活以超越已知界限寻求未知可能性的责任而生机勃勃。奥索夫斯基被公认是波兰社会学的巨人（Chaiubinski, 2006），因为他反对新教徒（postuszenstwo, i.e.）在思想领域服从或适应权力的禁令，而被其他社会学家所追崇，他曾有名言（1956年，当时在波兰的铁幕后面）：

> 不服从的思维是研究人员的职责之一。研究人员致力于社会事业，这意味着他在工作时不能顺从地思考……研究人员的活动转向了价值观，这些价值观不会随着政治策略的变化而消亡。
>
> （Ossowski, 1998, p.93, as cited in Tester, 2004, p.34）

63

大约50年后鲍曼重申了这一观点，我们可以补充一下，更新它以反映当代学术界的现实。

> 考虑到背后聚集着可怕的力量，反对现状总是需要勇气，而勇气是知识分子曾经以其顽固的激进主义而闻名的一种品质。他们失去了作为专家、学术人员和媒体名人的新角色和"利基（niches）"。
>
> （Bauman, 2001a, p.125, as cited in Tester, 2004, p.4）

虽然鲍曼社会学的一些重要元素，例如他对（知识分子）不服从的称赞以及人类经验是社会进步的核心的观点在他研究的早期就已经出现，但他受莱维纳斯（Levinas）哲学影响的关于后现代伦理的研究工作可以追溯到他流放后期的作品，特别是《现代性与大屠杀》（1989）、《后现代伦理学》（1993）和《生活在碎片中：论后现代道德》（1995）。这些书被视为鲍曼作为国际公认的社会学主要人物的突破性时刻（Rattansi, 2017）。此后，我们将简短讨论鲍曼在《流动的现代性》（2012）中阐述的后现代理论，并论证它与公共关系的相关性。

鲍曼在他这一系列图书中探索他的价值观：《现代性与大屠杀》（1989），如上所示，属于探索伦理学的图书；也有属于现代主义的图书（例如，《现代性与矛盾性》，1991年）。简而言之，这些书反驳了现有的解释大屠杀的方法，即或是邪恶的（由邪恶的人犯下的），或是文明的失败，这是对启蒙运动理性文明的不充分控制（Marshman, 2008; Tester, 2004）。鲍曼提出，大屠杀是现代性的逻辑结果而不是它的失败。该论点基于一系列的相关前提：首先，以韦伯的观点来看待现代性，即以工具理性为主导的社会生活，以效能、可控性和分类作为导向；其次，"犹太人"（allosemitism）的"他者化"相关现象，即对可导致灾难性后果的人群不考虑人道主义；再次，参考著名的米尔格拉姆实验，将邪恶或不人道视为社会关系的问题，因此我们可以说，这是一种社会实践；最后，科技和工业制造等现代化的产物在大屠杀中发挥工具性作用。

通常情况下，鲍曼设法将这种解释分解成一个隐喻——园艺——他用它来解释大屠杀和现代状态，展示它们如何依靠规划、分类和控制进行实践：

> 我建议……官僚主义文化促使我们把社会视为行政管理的对象，是许多有待解决的问题的集合……一般来说，一个设计中的花园，通过力量保持着计划的形状（以园艺的立场将植被分成需要照料的"栽培植物"，而且杂草将被消灭），正是在这种氛围中我们可以设想大屠杀。
>
> （Bauman, 1989, p.18）

虽然他对大屠杀的分析也遭到了一些批评，并且在下面的"批判性评价"一节中对此有更多的讨论，但他对现代性是理性的、效率的、专业的和控制的看法是他后现代思想发展的基础。在这方面，正如他所处理的其他社会学问题一样，他的作品并没有明确的范式：他的探索和发现正如他的批评者所说，并不总是以一致的方式探索和发展。为了简单起见，本章介绍了鲍曼对后现代性的看法，或者使用他喜欢的"流动的现代性"这一专业术语，因为它出现在同名书中。

《流动的现代性》

《流动的现代性》在2000年至2016年期间被重印了21次，使我们能够很好地理解鲍曼后期的作品（例如，《社区》，2001a；《流动的爱》，2003；《流动的时代》，2007；《附带损害》，2011）：关于怎样定义流动的现代性；作为个体所经受的由流动的现代性带来的痛苦后果；他的道德立场，以及他的某种诗意或文学风格的社会学研究。这本书的开头是一个长篇大论的、近两页长的隐喻，他用化学语言来谈论现代性。通过比较不同的物质状态来阐释现代性和后/晚期现代性：固体和液体之间的对比。因此，现代性（历史上位于19世纪和20世纪头几十年）与物质的固态相比，其特点是社会/物质在压力条件下保持其形状和结构的能力。以当代社会为表征的后现代性（从20世纪末开始）被比作物质的液态，其主要特征是流动性，即"在剪切应力下连续且不可恢复的变化"（Bauman，2012，p.1）。随着隐喻的展开，解释指出了"成键"的本质，它创造了固体和液体的分子结构，引起了人们注意固体的有序模式，以及液体的随机性、变化和碎片化特征。鲍曼将隐喻进一步扩展，他通过对液体/流体运行状况进行比较，指出了当代社会变革的本质：

> 液体轻易地流动着……不像固体，它们的流动难以阻挡——对前面的障碍物，它们或绕过，或溶解；对静止的物体，它们打开一个缺口，渗透着前进……液体非凡的流动性使人把它们和"轻盈"联系在一起。……"现在"是现代性历史中的一个阶段，我们希望能领会和把握它在许多方面体现出的"新奇"的本质特征。上面这些，就是用流动性来对它进行恰当类比的充分理由。
>
> （Bauman，2012，pp.1-2）

本书接下来的五章将这一隐喻转化为社会学，因为鲍曼专注于解放、个性、时间/空间、工作和社区。通过观察其原子（个体）存在的方式，他们联系的性质（社区，家庭）以及现代生活的固态，诸如国家的融合或分流，鲍曼将这些要素聚集起来形成对流动性社会的分析。虽然鲍曼的解释似乎依赖于固体与液体、重与轻的对比，但他并不认为现代与后现代生活/社会有本质的不同，而是指它们是同一时期的不同阶段，即它们两者都依赖于现代化的逻辑，即不断变化的需要（Bauman，2012）。它们之间的关键区别在于，虽然现代性是由一个可以通过理性控制来实现更美好社会的愿景所驱动的，但后现代社会却没有这样的幻想：它坚持手段（现代化），但却失去了目标（改善生活/社会的愿景）。后现代社会的第二个显著特征是"放松管制和私有化使任务和职责现代化"（Bauman, 2013, p.29）。在这里，鲍曼指出"将道德/政治话语从'公正社会'的框架中转移到'人权'的框架"中（p.29），作为这种"个体化"进程的例证（pp.30-35）。

个体化是他分析的核心所在（Bauman, 2012, p.34）。本书观点从他有关解放的讨论中引申出来。本章从参考霍布斯和迪尔凯姆的观点开始，指出了自由是一把双刃剑：社会的存在取决于对某些限制和规则的接受程度。因此，矛盾性是自由中固有的，它是鲍曼分析中反复出现的特征，也是他用隐喻思考社会学问题的一个特点。鲍曼在这里使用房车宿营地的隐喻来说明与持续过程相关的一个关键社会变化，即社会的"热情接受批评"的本质（Bauman, 2001b, pp.99-108）。而在现代性计划的早期阶段，批评家质疑约束个体自由的制度的本质；在后现代社会中，批评并不是以全面和根本的方式推进，而是像消费者对房车宿营地管理方面的投诉一样，它从消费者个人的角度解决了效用和价值问题。因此，该场地不是作为一个共同居住和协作创造的空间而共享的，而是作为一个临时租用的空间，人们不是生活在一起，而是待在一起直到另行通知（使用鲍曼的一个标志性短语来说）。因此，问题变成了"公民身份的腐蚀和缓慢解体"（p.36），"正在消失的公共领域"（p.39）以及集市的清空。

鲍曼认为，个性化是由消费逻辑驱动的，而消费逻辑本身已经在流动的现代性中被改变了——从被欲望驱使，到害怕错误的消费（Bauman, 2001b, p.76-77）。因此，生活已经变成了对新事物的追逐；追逐、放手、继续前进、紧跟潮流会得到奖赏。本书余下的章节探讨了这种充满活力的变化在公共生活、文化、工作、经济和权力关系中发挥作用的方式。为了概述这个论点，我现在将谈谈书中出现的少量生动的形象和短语，有些来自鲍曼自己，有些是为达到他的目的而借用的。

在缺乏对社会更美好的持久愿景的情况下，公共领域现在充斥着私有化：随着良好社会的共享项目崩溃，责任和解决方案已经转移到个体身份——生活政治，这是来自吉登斯的观点（Bauman, 2001b, p.23）。在流行文化中，个体化产生了对名人的痴迷，以及展示私人生活供公众消费（如脱口秀节目）（p.68-69）。在劳动世界和更广泛的经济活动中，流动的现代性参照的是福特主义，福特主义是坚固/沉重的"工业化，适应和管制模式"的典型（p.56）。这种沉重的经济活动模式是围绕工厂所有者/资本和工人的共同存在、参与和领土意识（对一个地方和社区）而建立的。在轻资本主义阶段，劳动力与资本的脱节以及短期的管理理念已经侵蚀了这种模式。在这方面，鲍曼反复引用理查德·塞尔梅特的观点，例如，他指出由于组织的持续改造而导致工人的心理疏离。

鲍曼对流动的现代性的分析将轻盈、权力和不平等的现象联系在一起。

> "流动"的现代性是一个疏离的、难以捉摸的、便于逃离的和无望追逐的时
> 代。在"流动"的现代性中，它是最难以捉摸的，可以自由移动而无须通知统
> 治者。
>
> （Bauman, 2011b, p.120）

这段话定义了流动社会中社会分层的轴心，鲍曼通过游牧民族的隐喻进一步发展了
它，即那些"在轻资本主义权力金字塔的顶端"（p.153）。游牧民族没有持久的联系，他
们的权力最终取决于他们是否拥有超越任何企图束缚他们的能力。鲍曼谈到了游牧精英
与"被围困的久坐不动的人群"之间的冲突（p.153）；在其他地方（1998），他使用游
客和流浪汉的隐喻来说明流动现代性的赢家和输家：前者可以选择去哪里和什么时候离
开，后者因为别无选择而流动。

鲍曼认为流动的现代性问题严峻，如他所说，我们甚至可能没有对问题进行全面诊
断。因此，对他而言，出现的问题是：我们是否会走向一个我们无法想象的未来，或
者我们现在可能会绕道而行，并将回归到对我们来说比较熟悉的"共同生活的形式"
（Bauman, 2012, p.xix）？鲍曼的方式是回到他的人道主义思想和坚持对命运的主动追求
（选择），而不是接受命运（必然），即对生活"完全睁开眼睛"，对不听话的思考以及进
行艰难的对话艺术需要拼凑出对支离破碎的世界和生活的永恒理解：

> 我想说的是，我们社会学家在这种对话中需要扮演的两个角色是陌生的熟
> 悉和熟悉（驯服，驯化）陌生的人。
>
> （Bauman, 2011, p.171）

总结本节所讨论的关键思想，现代性和后现代性在许多方面表现出不同，但更重要
的是被视为基于相同的、共同的现代化逻辑，认识到两种现代化之间的基本连续性是很
重要的。与此同时，共同和持久的社会愿景的现代可能性已经消失了，对个体所经历的
一个支离破碎、令人困惑、荒凉的世界的系统性解释的可能性也已消失了。理性和理性
本身并不能确保一个更美好的人类世界和社会的出现，部分原因是理性的运作已经失去
了从共同的社会生活意义中提出批判的能力。如果在鲍曼的晚期作品中出现了任何补救
或希望的感觉，那么它应该处于不断的、批判性的、具有社会意识的警惕中，旨在促
进列维安人（Leviansian）意义上的（Bauman, 2011）"个体的自我意识，理解和责任"
（Bauman, 2012, p.213）。鲍曼认为这是一种典型的自相矛盾的方式，"达到真正的个人自
由需要强化而非削弱人际团结的纽带"（Bauman, 2011, p.93）。以下部分将这些想法置于
社会学的批判性评价背景下。

批判性评价

齐格蒙特·鲍曼的推崇者声称他是一位非传统社会学家，他拓展了社会学的边界。（Blackshaw, 2010; Davis, 2013; Jacobsen & Poder, 2008; Kellner, 1998; Tester, 2007）；他本人也承认自己对在社会学期刊上发表的传统专业社会学"感到非常无聊"（Bauman & Dawes, 2011, pp.147-148）。他的书并没有建立一种理论体系，但这种理论体系能在他那一代其他受人尊敬的社会学家和思想家的作品中找到，例如尼克拉斯·卢曼、皮埃尔·布尔迪厄、安东尼·吉登斯或尤尔根·哈贝马斯（见第三章、第七章、第十章、第十五章）；相反，他采用了一种"与传统社会学语汇的持续对话"的方式（Jacobsen & Poder, 2008, p.2）。鲍曼的写作风格"通过文学手段和诗歌手法模糊了理论和方法之间的界限"（Jacobsen & Marshman, 2008, p.19）。这种写作和研究社会学的风格既是他的强项，也是他被批评的原因。

也许对鲍曼最严重的指责是他过度概括化。例如，拉坦西（Rattansi, 2017）认为鲍曼没有认识到启蒙运动的完整历史和政治复杂性，特别是他在《立法者和阐释者》（1987）中使用这个思想的方式，马斯特罗维说，"我不同意鲍曼的观点，启蒙运动总是秩序化或没有情感的。"（Mastrovie, 2010, p.40），因为鲍曼对现代性的处理继续保持过度简化，这是他大部分作品的基本概念。这个问题可以与他作品的另外两个相互关联的特征联系起来：他的文学风格/方法以及他对经验细节的处理，即戴维斯所说的"经验把握"（Davis, 2013, p.5）。鲍曼的方法是用隐喻来思考，通过一种富有想象力而非基于经验研究的洞察力来解决问题。他有选择性，他的隐喻近乎到了讽刺的地步（Elliott, 2007; Ray, 2007; Rattansi, 2017）；但他也进行了一种对话，经常从其他人进行的经验性工作中汲取灵感（例如，前面提到的布尔迪厄或森内特）。似乎可以公平地说，他因其洞察力和想象力而受到钦佩，但他的社会学技术却受到了指责，如果没有前人，他个人的理论现在是否存在仍然是一个悬而未决的问题。

69 对鲍曼作品的第二个重要批评涉及他对种族或性别现象缺乏严肃关注。拉坦西认为鲍曼的作品，尽管致力于对他者的研究，但主要是以欧洲为中心，即倾向于将世界视为"西方现代性内部"的外延（Rattansi, 2017, p.272）。他将这部分归为于福柯的影响（p.93）。在其他地方，评论家指出鲍曼对性别和女权主义议题缺乏洞察（Bramanman, 2007）。正是在这里，我们还可以提出有关鲍曼对待大屠杀的具体批评，指责他淡化种族的重要性，特别是反犹太主义的历史。作为这一批评的延伸，拉坦西指出，鲍曼尽管有人文主义理念，但他的作品并没有给那些为流动的现代性付出代价的边缘人群发声；相反，他用抽象或含糊的术语来描述它们——"附带损害"和"流浪汉"。

在这个简短的概述中要提到的最后一点是具有不同的性质：不是作品的技术性或社会学的优点问题，而是从批判角度提出的期望的问题。虽然鲍曼对流动的现代性弊病的无情解剖令人难以抗拒，但他的"批判性悲观主义"（Jacobsen, 2008, p.227）对读者来说非常沉重。在他的晚期作品中，鲍曼使用了"TINA（There Is No Alternative）（没有其他选择）"这一术语来强调他对接受既定事物的坚定态度（思维方式、生活方式、世界愿景）的挑战。因此，他的悲观主义可被看作关于是否需要替代方案的批判性的讨论。鲍曼的作品因其缺乏一个清晰的、积极的愿景而被削弱（Rattansi, 2017）。然而，戴维斯为鲍曼的批评进行辩护，他指出它不仅限于解构，因为它是从一个特定的位置开始的，"保持乌托邦主义的精神和'可能'的概念至关重要"（Davis, 2011, p.184）。戴维斯赞扬鲍曼"坚决地拒绝提出'奇迹般的治愈之道'"（p.191），并认为他作品的价值堪比提供了"方向感"的"指南针"（p.183）。批评的价值在于指出问题，而不是设计解决问题的方案。

公共关系与流动的现代性：来自鲍曼的经验教训

鉴于对鲍曼作品的批评，并且考虑到公共关系学术在某种程度上已经吸收了后现代性和后现代主义的观念，是否有理由进一步讨论他的作品与这个领域的相关性？首先，将简要解释鲍曼对社会学方面的贡献价值；其次，公共关系可以从鲍曼身上吸取的教训将在以下更广泛的讨论中提出。

对鲍曼作品的批判往往把他的缺点放在他持续的原创以及独特的社会学分析的背景下。这一点在拉坦西的《鲍曼和当代社会学》中有详述。尽管对鲍曼作品有详尽的批判，但他认为鲍曼对消费主义的批判、对富有想象力的使用的隐喻、对那些受苦者的持续关注、对社会学不应仅限于分析的坚持，这些贡献远远大于其缺点。他继续说道，"他的大部分作品中所固有的道德追求可能是他最伟大的遗产"（Rattansi, 2017, p.15）。

因此，可以从道德开始分析。在公共关系学中，这是一个在学界和业界持续激烈争论的话题，特别是在国内和国际的各类专业机构中。道德规范是职业认同的一部分，从李·艾维（Ivy Lee）1906年的宣言，即"我们所有的工作都是公开完成的"发表开始，这是一种专业的自我觉醒（Russell & Bishop, 2009）；通过引入专业行为准则，例如1965年在雅典发表的IPRA准则（Watson, 2014），以及最近对《公共关系、道德和专业精神》（Fawkes, 2015）中的详尽学术处理。这本书在公共关系学中非同寻常，因其选择荣格心理学作为其主要概念框架并借鉴鲍曼对道德的研究（Holtzhausen, 2012, pp.31-66）。福克斯（Fawkes）在她的诠释学方法中也对鲍曼的研究方法表示大体合意（她确实表达了个人的经验）。对福克斯的论点进行详细讨论超出了本章的范围。相反，让我们关注一个特定点——公共关系中不道德行为的持续问题。媒体报道中常见的丑闻表明这是一个长期存在的问题。［最新的丑闻是2017年9月国际报道，一家有名的公关公司贝尔·波廷格（Bell Pottinger）倒闭，该公司被指控在为与南非有争议的总统雅各布·祖马关系密切的古普塔家族工作时利用种族分裂谋利。］

福克斯还指出，公共关系中伦理学的理论和实践持续脱节，也许最重要的是，公共关系的批评者及其理论家和从业者提出的解释不充分（Fawkes, 2015）。虽然有些人（Ewen, 1996; Miller & Dinan, 2007）认为这是一种恶意实践，但从业者经常使用"坏苹果"的论点，并将问题归因于个人未能区别于其他从业者；其他人用专业知识的不足来解释，因此，无法以真正专业合伦理的方式来实践（Grunig & Hunt, 1984；另见 McKie & Munshi, 2007, pp.122-126）。最后，福克斯（Fawkes, 2015, p.189）自己将责任归咎于行业无法承认的"阴影"，即无法充分面对专业实践现实的复杂本质。当然，每种方法都有一些可解释的优点，但是从鲍曼对现代性和大屠杀的研究中可以激发另一种更有力的问题解决思路。

71 鲍曼将大屠杀视为固体现代性的阴影。鲍曼的作品也探讨了道德冷漠和道德消失（他称之为非滞育化）的社会生产机制，以及现代科技带来的人的灭绝。虽然不希望以任何方式提出直接的比较，但如鲍曼所做的那样，他所学到的经验和对这种现象的社会学研究更广泛地适用于理解我们所处的社会世界。鲍曼的解释尤其集中在（心理或身体上）"行为与其后果之间"：

> 消除了该行为的道德意义，从而避免了个人道德标准与社会道德标准之间的一切冲突。由于大部分社会行为是由复杂因果和功能附属的长链条引起的，道德困境也就从眼前消失了。
>
> （Bauman, 1991, p.25）

按鲍曼这种方式会导致体制化，如果不是完全诽谤的行为，公共关系的专业化如何与道德上模棱两可的行为产生有关的调查。这种研究的重点在于如何通过引入专业行动环节（标准化实践）来削弱公关工作的伦理性。因此，公共关系可重新聚焦于公关战役，作为一项战略界定的工作，分解为较小的工作单位和发生在碎片化层面理解什么是道德上的正确，以及如何在高度制度化的背景下实施。还可以探讨从业人员发展和（或）使用的知识如何产生效率（专业性），同时又如何实现道德差异。例如，公共关系规划的标准模型使用目标受众的概念来引入清晰度、效率和效力，可以探讨在多大程度上这些分类方式影响人们的伦理行为，人们因这些伦理行为而被贴标签。总而言之，在这里引入鲍曼的思想意味着，公共关系可以获得一种更微妙的基于社会学的方法来研究其实践的伦理，而非偶尔的对个体或组织的排斥。

现在，为了转向后现代性本身，霍尔兹豪森在她的书中提出了全面、持续、直接将其与公共关系领域相连的想法。她小心翼翼地将她的目标描述为对后现代理论与公共关系相关性的探索研究（Holtzhausen, 2012, p.2）。她直接而广泛地描绘了鲍曼的后现代性伦理，她对后现代性的描述在很多方面与鲍曼产生了共鸣〔例如，她遵循了列维安人对道德的理解；从利奥塔（Lyotard）那里得知，她也将现代性和后现代性理解为一种连续的、非断裂的关系]。因为鲍曼对流动的现代性的描述是在与霍尔兹豪森的书中提到的许多作者（特别是福柯和利奥塔）的对话中建构起来的，所以鲍曼和霍尔兹豪森之间的相似性是可以料到的。他们研究中广泛的相似性是他们某些分歧的背景，即对待"游牧（nomadism）"一词的观点不同。霍尔兹豪森仅偶尔提到；当"游牧"一词出现时，它的意思是源自德吕兹（Deluze）和古特德（Guttari）的"游牧运动"，这是一种从所有社会结构中实现自由的个别途径，即根、纽带、身份以抵抗任何正常化的力量（Holtzhausen, 2012, p.123）这个词被用来表示"自由"和"不受约束"，并且如德吕兹和古特德所解释的，是积极的意义。鲍曼以不同的方式看待游牧运动——视其为光明的和流动的，是失去了国家坚实力量的自由，以及从所有纽带和责任中挣脱。这种游牧运动在鲍曼看来构成了流动现代性中权力的最终形式。因此，除了特定的差异之外，在后现代世界，学术观点存在于关于自由、矛盾和复杂性的更广阔的研究视野中。

本章前面已介绍了自由的矛盾本质和在这个意义上的不确定性，在此再次提醒自由的矛盾本质是后现代社会矛盾本质及其复杂性的来源之一。鲍曼认为自由是妥协的，同时也是可救赎的：在流动的社会中，自由就像露营者在房车宿营地的态度一样是个性化的；然而，与此同时，另一种不同的自由仍然是可以实现的，即自由选择的个体通过自我呈现和自我主张可以成为自主的个体（Bauman, 2012）。在撰写关于阿布格莱布军事（Abu Ghraib）监狱的文章时，马斯特罗维奇描述它"既有序又混乱"（Mastrovic, 2010, p.44）。在公共关系中，我们不仅在关于后现代性的学术写作中看到了这样的矛盾性，而且它也体现在从业者的经历中。例如，在全球公共关系网站上提供的"思想"中，全球化及其影响在约瑟·曼纽尔·维拉斯科（Jose Manuel Velasco）题为"一个没有围墙的部落"的反思中得到了充分展示（Velasco, 2017）。他对全球化的回应是："地球所面临的巨大挑战无法通过地区解决方案来解决——它们需要整合充满慷慨的愿景。"这是全球联盟的目标。这句话可以理解为公共关系学中固有的后现代复杂性的例证。维拉斯科的人文主义立场（对他人的慷慨态度）与游牧性质的公共关系（在漫游的自由中）和寻找最高阶的系统解决方案（即全球），实际上表明全球化只能通过更深入的全球化来治愈。为实现其目标，全球联盟的工作范围扩展到道德规范和教育课程；在对公共关系研究的理解中，面对实践背景下的分裂过程它没有放弃保持统一身份的战略冲动（Truncale, 2017）。

试图理解这种矛盾，以及在这样一个矛盾的世界里生活是很困难的，但在这里，鲍曼也可以提供一些帮助。

关于鲍曼的分析能否成功表达一种替代流动世界的痛苦，并提供一种希望感，这是一个有争议的问题（Davis, 2011; Rattansi, 2017）。霍尔兹豪森（Holtzhausen, 2012）勇敢地试图在后现代性世界中为公共关系学做到这一点。她将公共关系重新定位为激进行动主义，但这样做也给他们带来了沉重的负担。激进行动主义要求从业者：在地区和民族范围内争取自由，但也要有自己的定位、务实和责任；他们应是奋战的、不墨守成规的、透明的，以平等民主参与的方式进行斗争；并且他们也很乐意接受没有提供方向和意义的元叙事（Holtzhausen, 2015）。公共关系活动类型仍有空间，例如，学术研究对激进行动主义的全面理解；然而，对控制的策略和动力是组织化世界的基础，它在很大程度上不适合固有的批评和抵制（Radford, 2012）。正如在霍尔兹豪森的书中探讨而不是在最后几页中总结的那样，为激进行动主义的观点提供了一个强有力的论据。然而，完全的"不服从"，用鲍曼社会学术语来说，可能首先取决于行动者对与他们生活有关的后现代性知识的认识，其次，不服从的方式实际上是在从业者的掌握之中。职业教育和培训的核心是围绕制定公共关系战略、编写可衡量的目标、在虚拟世界中创造和传播有说服力的信息——这可能还不够。激进行动主义要求的自我反思、自我断言和对话不是天生的能力，而是通过知识引导的实践而发展的复杂技能。如果公共关系对后现代状况的反应取决于这些技能或新技能，那么它们必须在整个领域内以新的方式得到认真和广泛的处理（Ciszek, 2016; Kennedy & Sommerfeldt, 2015）。

在思想、理论和批判的范围内，矛盾的是不同解释的可能性是并存的；然而实际行动的世界运行着一种不同的逻辑，在doxa隐藏的轮子上滑行，即不能容忍其他叙事的"场域预设"（Bourdieu, 1992, p.68）。如果它以不懈地自我审查为第一个特征，那么另一个特征则是它习惯性地认为自己是理所应当的。这就导致了将关于后现代社会的思想和系统化的抽象知识与后现代性社会背景下公关实践活动联系起来的问题。这不是一个新问题（Pieczka, 2002），并且福克斯通过指出"道德观念与实践分离"的破坏性影响（Fawkes, 2016, p.42）将其与伦理学相关联。

为了继续前行，我们转向鲍曼的社会诠释学，他的社会学想象力被认为是"将史传和结构发展联系起来"（Jacobsen & Poder, 2008, p.4）产生的一种理解社会学的方式。生活在"现在"作为生活和实践的后现代性取向，由戴维斯（2011）拒绝现代性的游行走向未来的愿景和霍尔兹豪森（2012）作为一种逃离过去的怀旧图景这是通过对于个人经历和社会历史的反思来调节的。鲍曼对这一隐喻的运用唤醒了这种想象力。虽然这一隐喻在广义社会学层面存在问题，但它作为一种公共社会学很有效，从科学传播中借用一个术语，即在复杂的科学知识与对外行受众的展示之间达成一致。例如，鲍曼对本章介绍的隐喻（游牧民族、游客和流浪汉、流动的现代性、房车宿营地）的处理，尽管有正当的批评，它们直接引申出了关于后现代性社会理论的广泛而丰富的文献，仅举几个核心概念为例：全球化和碎片化；个性化和消费主义；权力、自由和社会公平；意义、元叙事和话语；风险和不确定性。与此同时，鲍曼的隐喻也可以用人类经验来理解：我有多少自由来选择我想要居住的方式/地点？我的雇主是否有可能明天开始业务，并且给我留下整个传播学领域中都找不到其他可替代的方案？

鲍曼的社会学在这一点上的相关性是双重的。鲍曼的作品可以提供一种更好的方式来介绍和嵌入对后现代社会的一种相对直接但也具有社会学发散式的理解。虽然公共关系是传播学的一个子领域，但若非清楚地把握界定其实践和知识领域的社会背景，它便不能实施。在学术实践的更专业的部分中，诸如这里讨论的接触后现代理论和社会对或多或少强制性的、有时模糊的哲学、文学和社会学的处理方案是必须的（Kennedy & Sommerfeldt, 2015）。该领域的所有人都不能期待有类似接触，但对后现代性的适当处理必须是公开的和合乎道德的。在这方面，鲍曼更受欢迎的书可以很好地支持从业者，这些书涉及流动现代性的各个方面（例如，人类纽带、不确定性、正义）。在研究层面响应鲍曼，使我们花费时间去研究诠释学现象，它是一种通过探索从业者个体意识体验中的紧张和结构来阐明公共关系实践的方法。这类作品可以在性别、种族和道德的关系中找到（Edwards, 2013; Fawkes, 2015: Kider & Ross, 1997），但在该领域很少见。福克斯关于道德研究的陈述可以作为一种关于公共关系研究的公正及一般性陈述："解决问题是一个专注的问题，道德是做而不是存在，是行为问题而不是行动者。"（Fawkes, 2016, p.41）继续深入这种对公共关系的研究不会解决组织有效传播的问题，但它将有助于对工作和复杂社会的需求是如何实践和协商提供一种更深的理解。

75

结论

本章介绍了《流动的现代性》，齐格蒙特·鲍曼对后现代社会的描述论证了他的作品是如何在公共关系学术领域丰富了后现代社会理论的。虽然后现代主义思想在公共关系学术界已获关注，但其主要理论家在这一讨论中基本缺席。

本章重点关注在这方面脱颖而出的少数公共关系学科的出版物，展示了鲍曼思想被接受的程度以及他如何塑造了这些观点，特别是公共关系学中的后现代伦理观。该讨论介绍了鲍曼的作品，重点是他对现代性及流动现代性的晚期阶段的观点；特别关注他在现代性和大屠杀方面做的研究工作。本章的后半部分将这些想法与一些关于它们有助于公共关系研究、教育和实践的潜力的具体观点联系起来。这些可以概括为从鲍曼的思想中提取的术语，如：游牧、不服从、社会诠释学、对知识解放目标的承诺和对人类作为行动的基础。首先，讨论指出了鲍曼的adiaphorization概念可以激发人们对公共关系实践中道德规范的社会学解释的追求。其次，本章认为有必要以务实的方式将关于后现代社会的明确的社会学知识嵌入公共关系实践的背景中。结论是，通过个人在流动组织中的职业生活经验的棱镜，从现象学的角度来看待公共关系现象的重要性。

鲍曼的生平和工作

齐格蒙特·鲍曼（1925—2017）出生于波兰的波兹南的一个犹太家庭，1939年，因纳粹入侵波兰，他从波兰逃到苏联，从而逃离了大屠杀。在那里，他完成了正规教育，并于1944年加入了波兰军队。鲍曼参加了Kotobrzeg/Kolberg（他受伤的地点）和柏林战役，晋升为少校，1953年被解雇，是"共产主义政权反以色列立场的受害者"（Associated

Press, 2017)。

79 　　1954年，鲍曼刚获得学位便成为华沙大学社会科学学院的讲师。他于1955年获得博士学位，并于1964年成为社会学教授，但在1968年被国家支持的反犹太主义浪潮中失去工作，并被驱逐。在以色列短暂地授课了一段时间后，他于1971年成为利兹大学的社会学教授，直到1990年退休。

　　鲍曼在退休后仍不停出版著作，而他因在后现代全球化社会中的工作获得了广泛的认可。他最著名的作品是《现代性与大屠杀》（1989）和《流动的现代性》（2000），但还有许多其他著作对鲍曼社会学的发展很重要，如《立法者和阐释者》（1987），《后现代性的暗示》（1992），《作为实践的文化》（1999）。

　　2010年，利兹大学成立了鲍曼研究所，以表彰他的批判社会学。该研究所还对他62岁的妻子贾尼娜（Janina, 1926—2010）予以敬意，她以自己对大屠杀文学《早晨的冬天，归属梦》的贡献以及齐格蒙特的"不可分割的伴侣和无可争议的缪斯"而闻名。（Bauman, 2010）。

参考文献

[1] Aidnk, M. (2015). A sociology for the 21st century? An inquiry into public sociology reading Zygmunt Bauman. *Studies of Transition States and Societies*, 7(2), 7-18.

[2] Associated Press (2017, January 9). PoMsh-Bom Sociologist Zygmunt Bauman Dies in UK at Age 91. *New York Times*. Retrieved from http://www.nytimes.com/aponline/2017/ 01/09/world/europe/ap-eu-poland-obit-bauman.html?_r=l. Accessed 28 January 2017.

[3] Bauman, L. (2010, January 26). janina Bauman Obituary. *The Guardian*. Retrieved from https://www.theguardian.com/theguardian/2010/jan/26/janina-bauman-obituary. Accessed 28 January 2017.

[4] Bauman, Z. (1987). *Legislators and interpreters: On modernity, postmodernity and intellectuals*. Cambridge, UK: Polity Press.

[5] Bauman, Z. (1989). *Modernity and the Holocaust*. Cambridge, UK: Polity.

[6] Bauman, Z. (1991). *Modernity and ambivalence*. Cambridge, UK: Polity.

[7] Bauman, Z. (1992). *Intimations of postmodernity*. London: Routledge.

[8] Bauman, Z. (1993). *Postmodern ethics*. Oxford: Blackwell.

[9] Bauman, Z. (1995). *Life in fragments*. Oxford: Blackwell.

[10] Bauman, Z. (1998). *Globalization: The human consequences*. Cambridge, UK: Polity.

[11] Bauman, Z. (1999). *Culture as praxis* (2nd ed). London: SAGE.

[12] Bauman, Z. (2001a). *Community; Seeking safety in an insecure world*. Cambridge, UK: Polity.

[13] Bauman, Z. (2001b). *Uie individualized society*. Cambridge, UK: Polity.

[14] Bauman, Z. (2003). *Liquid love: On the family of human bonds*. Cambridge, UK: Polity.

[15] Bauman, Z. (2007). *Liquid times: Living in an age of uncertainty*. Cambridge, UK: Polity.

[16] Bauman, Z. (2011). *Collateral damage: Social inequalities in a global age*. Cambridge, UK: Polity.

[17] Bauman, Z. (2012). *Liquid modernity*. Cambridge, UK: Polity.

[18] Bauman, Z. (2017). *Retropia*. Cambridge, UK: Polity.

[19] Bauman, Z. & Dawes, S. (2011). The role of the intellectual in liquid modernity. *Theory, Culture and*

Society, 28(3), 130-148.

[20] Best, S. (2013). *Zygmunt Bauman: Why good people do bad things?* Famham: Ashgate.

[21] Blackshaw, T. (2010). Bauman's challenge to sociology. In M. Davis & K. Tester (Eds.), *Bmman's challenge: Sociological issues for the 21st century* (pp. 70-91). Basingstoke, UK: Palgrave MacMillan.

[22] Bourdieu, P. (1992). *The logic of practice.* Cambridge, UK: Polity Press.

[23] Branaman, A. (2007). Gender and sexualities in liquid modernity. In A. Elliott (Ed.), *The contemporary Bauman* (pp. 117-135). London: Routledge.

[24] Bryant, C. (1972). Sociology and socialism in Poland: A view from the West. *Sociological Research*, 39, 102-133.

[25] Campbell, J. & Till, C. (2010). Resistance towards ethics. In M. Davis Sc K. Tester (Eds.), *Bauman's challenge: Sociobgical issues for the 21st century* (pp. 172-188). Basingstoke, UK: Palgrave Macmillan.

[26] Chalubiński, M. (2006). The sociological ideas of Stanislaw Ossowski: His life, funda¬mental ideas and sociology in Polish and world science. *Journal of Classical Sociology*, 6(3), 283-309.

[27] Ciszek, E. (2016). Digital activism: How social media and dissensus inform theory and practice. *Public Relations Review*, 42(2), 314—321.

[28] Critchley, S. (2002). Introduction. In S. Critchley (Ed.), *The Cambridge companion to Levinas* (pp. 1-32). Cambridge: Cambridge University Press.

[29] Crone, M. (2008). Bauman on ethics: Intimate ethics for a global world? In M. Jacobsen & P. Poder (Eds.), *The Sociology of Zygmunt Bauman* (pp. 59-74). Aldershot, Hampshire: Ashgate.

[30] Dalglish, B. (2014). Zygmunt Bauman and the consumption of ethics by the ethics of consumerism. *Theory, Culture & Society*, 31(4), 97-118.

[31] Davis, M. (2011). Bauman's compass: Navigating the current interregnum. *Acta Sociologica*, 54(2), 183-194.

[32] Davis, M. (Hd.) (2013). *Liquid sociology: Metaphor in Zygmunt Bauman's analysis of modernity.* London: Routledge.

[33] Davis, M., & Tester, K. (2010). *Bauman's challenge: Sodological issues for the 21st century*, Basingstoke: Palgrave Macmillan.

[34] Demetrious, K. (2013). *Public relations, activism and social change.* New York: Routledge.

[35] Dutta, M, J. Sc Pal, M. (2011). Public relations and marginalization in a global context: A postcolonial critique. In N. Bardhan & K. Weaver (Eds.), *Public relations in global cultural contexts* (pp. 195—225). New York: Routledge.

[36] Edwards, L. (2012). Defining the "object" of public relations research: A new starting point. *Public Relations Inquiry*, 1(1), 7-30.

[37] Edwards, L. (2013). Institutional racism in cultural production: The case of public relations. *Popular Communication*, 11, 242-256.

[38] Elliott, A. (2007). The theory of liquid modernity: A critique of Bauman's recent sociology. In A. Elliott (Ed.), *The contempormy Bauman* (pp. 46-62). London: Routledge.

[39] Ewen, S. (1996). *PR! A social history of spin.* New York: Basic Books.

[40] Fawkes, J. (2015). *Public relations ethics and professionalism: The shadow of excellence.* London: Routledge.

[41] Fawkes, J. (2016). Professional ethics and the polis: A transcendent function of our times? *Atlantic*

Journal of Communication, 24(1), 40-49.

[42] Grunig, J. & Hunt, T. (1984). *Managing public relations*. Forth Worth, TX: Harcourt Brace Jovanovich.

[43] Holtzhausen, D. (2012). *Public relations as activism: Postmodern approaches to theory and practice*. New York: Routledge.

[44] Holtzhausen, D. (2015). The unethical consequences of professional communication codes of ethics: A postmodern analysis of ethical decision-making in communication practice. *Public Relations Review*, 41 (5), 769-776.

[45] Jacobsen, M. (2008). Bauman on Utopia: Welcome to the hunting zone. In M. Jacobsen 3c P. Poder (Eds.), *The sociology of Zygmunt Bauman* (pp. 209-230). Aldershot, Hampshire, UK: Ashgate.

[46] Jacobsen, M. (2017). Introduction: Critical engagement and creative excursions with a contemporary sociological icon(oclast). In M. Jacobsen (Ed.), *Beyond Bauman: Critical engagement and creative excursions* (pp. 1-28). London: Routledge.

[47] Jacobsen, M., & Marshman, S. (2008). Bauman on metaphors: A harbinger of humanistic hybrid sociology. In M. Jacobsen & P. Poder. (Eds.), *The sociology of Zygmunt Bauman* (pp. 19-39). Aldenhot, UK: Ashgate.

[48] Jacobsen, M., & Poder, P. (2008). The sociology of Zygmunt Bauman: Challenges and critique. In M. Jacobsen & P. Poder (Eds.), *The sociology of Zygmunt Bauman* (pp. 1-15). Aldershot, UK: Ashgate.

[49] Kellner, D. (1998). Zygmunt Bauman's postmodern turn. *Theory, Culture & Society*, 15(1), 73-86.

[50] Kennedy, A. & Sommerfeldt, E. (2015). A postmodern turn for social media research: Theory and research directions for public relations scholarship. *Atlantic Journal of Communication*, 23(1), 31-45.

[51] Kider, ID. & Ross, P. (1997). The experiences of women in a public relations firm: A phenomenological explication. *Journal of Business Communication*, 43(4), 437-454.

[52] Marshman, S. (2008). Bauman on genocide. In M. Jacobsen & P. Poder (Eds.), *The sociology of Zygmunt Bauman* (pp. 75-96). Aldershot, UK: Ashgate.

[53] Mastrovic, S. G. (2010). Bauman and the drama of Abu Ghraib. In M. Davis & K. Tester (Eds.), *Bauman's challenge; Sociological issues for the 21st century* (pp. 37-61). Basingstoke, UK: Palgrave Macmillan.

[54] McKie, D. Sc Munshi, D. (2007). *Reconfiguring public relations: Ecology, equity and enterprise*. London: Routledge.

[55] Miller, D. & Dinan, W. (2007). *A century of spin*. London: Pluto Press.

[56] Ossowski, S. (1998). The researcher's duty: Obedience in thinking and social duty of a scientist. *Polish Sociological Review*, 2(122), 93-94 [originally published as part of a longer work in 1956].

[57] Pieczka, M. (2002). Public relations expertise deconstructed. *Media, Culture & Society*, 24(3), 301-323.

[58] Radford, G. (2012). Public relations in a postmodern world. *Public Relations Inquiry*, 1(1), 49-67.

[59] Rattansi, A. (2017). *Bauman and contemporary sociology: A critical analysis*. Manchester, UK: Manchester University Press.

[60] Ray, L. (2007). From postmodern to liquid modernity: What's in a metaphor. In A. Elliott (Ed.), *The contemporary Bauman* (pp. 63-80). London: Routledge.

[61] Russell, K. & Bishop, C. (2009). Understanding Ivy Lee's declaration of principles: US newspaper and magazine coverage of publicity and press agentry, 1865-1904. *Public Relations Review*, 35(2),

77

91-101.

[62] Smith, D. (1999). *Zygmunt Bauman: Prophet of postmodernity*. Cambridge, UK: Polity.

[63] Tester, K. (2004). The social thought of Zygmunt Bauman. London: Palgrave.

[64] Tester, K. (2007). Bauman's irony. In A. Elliott (Ed.), *The contemporary Bauman* (pp. 81-97). London: Routledge.

[65] Truncale, J.P. (2017, July). Does strategy drive culture or is it the other way round? Retrieved from http://www.globala31iancepr.org/thoughts/2017/777/does-strategy~ drive-culture-or~is-it-the-other-way-around. Accessed 25 September 2017.

[66] Velasco, J. M. (2017, June). A tribe without walls. Retrieved from http://www.globalallia ncepr.org/ thoughts/2017/7/5/a~tribe-without-wa!ls. Accessed 25 September 2017.

[67] Watson, T. (2014). IPRA Code of Athens - The first international code of public relations ethics: Its development and implementation since 1965. *Public Relations Review*, 40, 707-714,

[68] Xifra, J. & McKie, D. (2011). Desolidifying culture: Bauman, liquid theory, and race concerns in public rehtions. *Journal of Public Relations Research*, 23(4), 397-411.

78

第五章

贝克：公共关系与责任追问

马格努斯·弗德雷里克松

80　　公共关系日益成为企业承担社会责任战略的一部分。许多企业卷入了公共争议，这些公共争议既有偶然事故引发的，也有一些更根本性的分歧，如谁应该对气候变迁、人权、社会福利负责，以及负责究竟意味着什么。在很大程度上，这是一个近期出现的现象，因为关于责任的话语在历史上一直被场域、参与者、法则所划分。在过去的近40年的时间里，这些话语越来越变得以多元化、不确定性、矛盾性为标志。公共关系的广泛使用是对这些特征的回应（Fredriksson, 2008）。这既是一种顺应社会期待的方式，也是一种企业希望如何被外界所感知的操控形式（Wseraas & Ihlen, 2009）。

　　企业塑造关于责任的公共话语可以被理解为一种政治参与活动。或者用德国社会学家乌尔里希·贝克的话来说，就是亚政治。亚政治是一种不涉及意识形态的政治参与形式，在这里，政治与经济既定的分割得到调和。因此，亚政治被视为对社会更大转型的几种反应之一，即现代化已经成为自反性现代化。根据贝克的观点，现代性的特征是为了技术发展和经济繁荣而奋斗，但是这些野心往往忽略了它们所带来的副作用。贝克最著名的观点是，自反性现代化必然导致风险社会。贝克的这一观点旨在解释风险威胁及风险管理如何成为个人、组织和机构的焦点，以及这种风险意识如何引起争论、冲突和变革的呼声（Beck, 1998a）。

81　　本章的目的是呈现乌尔里希·贝克的作品，并概述他的一些核心观点，包括自反性现代化、风险社会和亚政治。本章将展示现代性如何转型，高风险生产和可视化功能在社会景观中的协调作用，以及不同立场对于企业如何利用公共关系的影响。

自反性现代化

自反性现代化是贝克（Beck, 1995）试图捕捉转型社会特征的一种尝试。在他的研究中，贝克将现代性（modernity）和自反性现代化（reflexive modernization），或者说第一现代性与第二现代性进行了对比。首先，现代性基于启蒙运动和工业革命。这是一个民族国家组成社会的时代，领土边界决定社会互动的条件。国家将个人、组织和机构相互联系起来。这意味着，商业、政治和其他形式的社会生活主要在国家边界内展开，从而在参与者之间形成了相当强大和稳定的相互联系。工作是核心，在许多国家，充分就业是一项政治目标。通过成为经济的一部分，个人获得了地位、消费的可能性和社会保障，这意味着就业机会必须被分配到社会的每一个成员。尽管在大多数国家这只适用于男性。男女之间存在着很强的性别分工，而女性并不在这种目标之中。就业和获得政治发言权的可能性（许多西方国家在20世纪初成为民主国家）意味着个体在理论上是自由的，但由于稳固的社会地位和循环互动模式，一个人的社会地位在很大程度上是由社会制度决定和维持的，如性别、婚姻、家庭和阶级（Beck, 1995; Beck, Bonss, & Christoph, 2003）。第一现代性是一个具有高度功能分化的社会，包括强大的劳动分工和行动者、活动和角色分离为明显分化的子系统。这种专业化被假定为增强功能性，并且符合对科学和工具控制能力的一般信念。鉴于此，现代性普遍认为，进一步的技术进步、更多的专业化和更高的理性水平将带来发展和繁荣（Beck, 1995; Beck et al, 2003）。

在第二现代性或自反性现代化中，当技术发展使世界缩小时，第一现代性的边界开始消融。由于全球化开始破坏民族国家的经济基础，民族国家的边界已经过时，并带来政治、社会和文化方面的后果。除此之外它还提出了许多关于归属感以及谁应该利用民族国家提供的社会服务和其他保障的问题。新的生产和分配形式使场所（place）不再是一种组织原则，在几个不同的地方建立和安排活动的能力和技能成为做生意的一个关键。企业在很大程度上已转变为品牌，物流在生产中取代了核心活动，从而改变了消费者市场和劳动力市场的基本功能。在这种情况下，灵活性不仅是生产和分配的关键，也是工作的关键。自反性现代化在很大程度上是一个灵活的就业实践的时代，这意味着"充分就业社会"的崩溃。除了其经济后果之外，这还改变了人们对工作的看法和就业的社会意义（Beck, 1995; Beck et al., 2003）。就业和扩大的福利国家所提供的保障使许多个人有可能创造和保持个人自主权。妇女解放是比较明显的例子之一。在自反性现代化中，这一过程因广泛的个体化而延长，从而导致最初现代性核心的几种集体生活形式的解体，包括性别角色、核心家庭和阶级（Beck, 1995; Beck & Beck-Gernsheim, 2002）。

自反性现代化涉及由社会变革动员起来的一系列制度变革。但是，自反性现代化是这样一个时代：生态问题最为重要，工业生产的意外后果回身反击，成为商业、政治和日常生活的重点。气候变化、海洋酸化、生物多样性丧失和其他环境威胁使生命变得不确定和不安。所有这些都清楚地表明，现代化的原则和过程如何产生了大量的风险，这些风险可能会对人类和其他生物造成灾难性的后果。因此，这些威胁和其他威胁不仅仅是威胁，它们也提醒我们，我们生活方式的副作用正在回到我们身上。然而，我们所遇

82

到的情况是，我们必须在没有集体制度支持的情况下应对涉及基本生存的威胁。因此，全球生态危机给生活带来了一种新的政治动态，在这种生活下，意识形态退居次位，政治参与在很大程度上把制度政治的质疑作为出发点（Beck, 1995）。

"自反性（reflexivity）"的含义

在贝克的作品中，自反性现代化被描述为个体、组织和机构如何与社会的邂逅，以及如何为广义上的社会互动创造新的条件和形式的根本转变。这是一个社会结构之间的界限开始消失的时期，也是最常见的情况，边界"与其说是边界，不如说是各种各样的划界尝试"（Beck et al., 2003, p19）。因此，"自反性"的概念不仅试图捕捉我们亲历的社会运作方式的根本变化，而且还试图捕捉变革本身的坐标、类别和概念是如何发生革命性变化的。然而，这是非常重要的，自反性并不是被理解为自我反省而是自我对质，它的意义至少可以从两个相互关联的过程中获得（其他对这个概念的理解，请参见第三章关于卢曼的章节，第七章关于布尔迪厄的章节，第十章关于吉登斯的章节）。第一点是，现代性所产生的风险是人为的，是我们自己寻求发展、进步而不考虑其副作用的结果，是我们自作自受。另一个原因是，风险和威胁引发了利益群体之间的辩论、冲突和争论，并且现代性的秩序和权力结构受到了挑战。因此，自反性意味着在责任分配的问题上存在冲突，以及我们应该如何在何种程度上处理、避免和控制冲突（Beck, 1995; Beck, Giddens, & Lash, 1994）。

第二点需要指出的是，对自反性现代化与后现代化进行区分的必要性（Beck et al., 2003）。因为即使自反性现代化继承了现代性，但正如利奥塔（Lyotard, 1979）、鲍德里亚（Baudrillard, 1994）等人所提出的那样，贝克将自己与后现代化的概念分离开来。与卡斯特尔（Castells, 1998b）、吉登斯（Giddens, 1996）等人相反，贝克认为现代性的转变不是开始而是结束。他将其定义为一种变革，在这种变革中，一个时代的性质由它自己的进程所合理化，这是一种"现代性的现代化"。自反性现代化是对现代性及其主要构成的一种挑战，它是对自身结构、行为和自我概念化的一种激进化，但它不是一种替代。这是现代性实践的一种次要效果（Beck et al., 1994）。

风险社会

现代性更明显的后果之一是繁荣的生产和分配如何与风险的生产和分配联系在一起，贝克（1986）最著名的可能是他的开创性作品《风险评估：转入另一种现代方式》（*Risikoge-scllschaft: Auf dem Weg in einen andere Moderne*）。该书在德国出版后成为畅销书，贝克（1987）本人认为，这应该被视为对那段时期许多人所经历的人类学冲击的肯定。首要原因是同年切尔诺贝利（Chernobyl）核电站爆炸事件的发生。他所说的"人类学"是指一种包罗万象的冲击，它超越了时间、空间和社会差异。

风险社会是即将到来而还未到来的社会，但风险的管理和风险的威胁，是个体、组织和机构的核心主题。有人可能会提到气候变化、全球金融危机和恐怖主义——贝克（2009）在《风险社会》（*Risk Society*）出版20年后的回顾性文本中使用了三个例子——风险在商业、政治和日常生活中的重要性显而易见。在风险社会中，风险已经成为社会的一个结构性因素，组织着社会生活、科学、经济和政治。但与阶级不同的是，工业社会风险意识的主导结构原则之一创造了存在，而阶级意识则产生于存在。这并不是说贝克否认了早期风险的存在。风险在任何时代都存在，但它们在时间和空间上的比例、范围和程度已经被极大地扩展了。之前风险往往来自工作（工伤，过劳死）；这些风险是本地化的、个人化的，往往是直接的、可见的，是由缺陷所导致的（例如，缺乏卫生）。在风险社会中，风险是人类生命的本质，来源于日常生活（食物、空气、水），它们是全球性的，包罗万象，轮廓模糊，无形，是由狂热引起的。当代风险转化为灾难的后果是无限的，正如1986年切尔诺贝利核反应堆爆炸——或最近的福岛（Fukushima）爆炸——所发生的那样。它们超越了地理和政治边界，也超越了空间维度，因为辐射具有长期存在的影响（Beck, 1998a）。

当前的风险，如切尔诺贝利和福岛的情况，在很大程度上是人类活动的结果。它们是工业化的副作用，是技术、科学和经济发展的后果，是我们满足物质需要和创造利益的强烈愿望导致的。贝克认为，人们早已对这些活动的副作用心知肚明，但它们被忽视了，因为工业社会的讨论创造了一种优先秩序，在这种秩序中，风险服从于扩张，也服从于福利的创造。产业发展与财富创造是两个相互交织的过程。风险和可能性是一枚硬币的两面。如果你追求努力发展，你就会自动面临风险。

亚政治（Sub-Politics）

随着风险社会的出现，全球化和不断升级的个人化领域，对以前非政治领域的政治化可被视为对正式政治缺点的反映。亚政治是贝克用来描述政治在自反性现代化中的转型与扩张的概念（Beck, 1995; Beck et al., 1994）。在现代性意义上，政治集中于政治制度、正式结构和公民身份。这是"公民"的实践，与"资产阶级"的非政治实践形成对比。这两个角色涉及两个不同的领域（政治行政领域和技术经济领域），这种转移是基于社会发展（例如，建立福利国家）的区别和经济、技术进步之间的转移。作为公民，我们应该讨论和批评，并通过这些手段在对所有人都有利的基础上做出合法的政治决定；作为资产阶级的一员，我们要把自己的利益最大化。后者不需要合法性，因为个人（技术和经济）发展也意味着集体（社会）发展，"进步取代了鼓掌赞同"（Beck, 1998a, p.307）。

在自反性现代化中，随着现代性的副作用变得越来越明显，政治合法性的基础受到了质疑。这个项目在很大程度上是由正式的政治制度来赞助的。在制度化政治体制和福利国家无法提供所需的安全保障的情况下，这在很大程度上是一个责任问题。但这不仅仅是领域的变化；亚政治也是与其他领域和行为者有关的政治。制度化的政治往往集中于行政事务、法律和规章，而亚政治则是关于生活条件的结构，其中公司、学者和客户成了政治主体。非政治性变成了政治性，政治性变成非政治性，因为亚政治取代了制度政治，成为辩论和政策形成的舞台。在许多方面，它是一种质疑社会责任划分的实践，它突出了企业、国家和其他正式和非正式的集体之间的关系，以及个人立场。

贝克的亚政治观点的出发点是他对西方民主国家政治参与度下降假设的批判——这是一篇由帕特曼（Putnam）等人所发表的论文（2001年，也见本书第十一章）。贝克（Beck, 1995, p.139）认为，这些学者"在错误的地方、错误的概念、错误的楼层、错误的报纸版面上"寻找政治。贝克对政治参与的传统定义提出了质疑，他主张对这个概念有更广泛的理解。在他看来，政治不能局限于正式的行为主体（国家、议会和政党）、正式的活动（选举投票、政治组织成员和鼓掌活动）或正式的结构（正式组织、等级制度和行政长官）。有必要对有关问题（消费、遗传）、组织形式（基于网络的结构、其他偶然现象）和传统上被定义为非政治性的行为者（消费者、职业、基于竞选的社会运动、公司）的政治有广泛的理解。

在许多方面，亚政治可以说是对意识形态结构消亡的一种政治参与形式。与吉登斯（Giddens, 1996）、卡斯特尔（Castells, 1998 A）等人相一致，亚政治可以被看作个人生活方式政治形式的一种，这个概念是由班尼特（Bennett, 1998）提出的，用以描述个人如何在更大程度上将政治考量与个人考量而非意识形态联系起来。正如贝克所言，现代性的结构（阶级、家庭、性别）在自反性现代化中变得不那么重要。当没有资本主义的替代物时，个人根据自己的生活经历、生活方式、价值观和再现它们的叙事，来创造自己的政治世界观。这可以是肥皂剧、新闻和其他文化形式，也可以是广告品牌和其他形式的企业表达。每个人都在寻找新的形式来表达自己的政治承诺，而这往往是一种争取更少的时间、更少的官僚作风、有更多的个人想法和可塑结构的空间。因此，这是一种具有强烈利己主义的政治活动。在这种活动中，政治是寻求意义和物质的代理人。拯救世界成为充实生活的一个方面。

对贝克理论的批判

贝克的工作是广泛的，有创造性的，并与我们对于日常生活的理解，以及政治和经济制度的功能有关。他产量颇高，阐述了包括个人、组织和机构的许多概念。尽管如此，也有批评的声音指出了他研究中的弱点，许多人指出他的结论缺乏经验性的证据（Dingwall, 1999; Latour, 2003; Lupton & Tulloch, 2001, 2002; Mythen, 2004; Wilkinson, 2001）。贝克并没有使用大量的实证数据来支持他的结论，而且参考文献通常仅限于德国的研究（Mythen, 2004）。人们似乎仍然受到现代性结构（阶级、家庭、工作）的影响，而风险社会的风险似乎没有预期的那么大（Atkinson, 2007; Lupton & Tulloch, 2001, 2002）。

另一个批评是贝克对风险作为社会发展的一种独立力量的批判。例如，迈伦（Mythen, 2004）认为风险社会理论忽视了社会的多样性和复杂性，使得风险的后果不像理论所暗示的那样突出和可预见。其他人则认为，风险的性质并没有像贝克所说的那样发生巨大的变化。以前我们有鼠疫和梅毒，如今是疯牛病和禽流感（Elliott, 2002; Latour, 2003; Turner, 2002）。这种批评是根据贝克使用的几个概念（风险、个性化等）提出的，一些人认为，他对普遍化理论的追求使他对相反的证据、冲突的发展以及他所描述的发展中的矛盾视而不见（Latour, 2003; Mythen, 2004）。

这些批评是有意义的，它对贝克的工作提出了几个重要问题。然而，有一些研究表明，这些理论的某些核心方面已经得到证实。例如，增加个性化（Bjur, 2009），日益重视新形式的政治参与（Micheletti, Follesdal, & Stolle, 2004），以及风险在商业和政治中的重要性越来越大（Taylor-Gooby, 2004）。因此，在某种程度上，它更多的是讨论人们可以期待什么样的层次和类型的变化，而不是对理论的绝对排斥。但是，缺乏经验证据的结果也可以看作贝克所阐述的转变的一种表现。在贝克看来，在自反性现代化中发生的变革并非是直接的由一种单一的"无目的理性"所支配的过程，而是一个高度复杂和矛盾的过程。然后，我认为我们不能期待直接和绝对的实证结果。

此外，我也认为这是一个阅读风格的问题。与其把贝克的著作作为一种实证分析来阅读，不如把他的著作作为一种元分析来阅读（Reimer, 1994）。这种解读强调了结构性而非个体性，多样性而非特殊性，以及社会性而非经济性的重要性。从这篇文章中，我们可以得到其他理论家没有提供的相关见解，包括对个人的日常生活、制度的运作以及这些方面对不同活动的意义，包括公共关系。

公共关系对现代性条件和自反性现代化的掌握

与本书中的大多数理论家一样，贝克的理论在公共关系和其他组织传播形式的研究中的应用是有限的。然而，也有一些例子，最常见的应用是参考风险社会的概念，并将其作为危机传播日益重要的论证（Falkheimer & Heide, 2006; Frandsen & Johansen, 2007; Heath, Lee, & Ni, 2009; Nohrstedt, 1993），如风险传播（Palenchar, 2010; Regester & Larkin, 2008; Roper, 2012），品牌化（Bennett, 2004; Komberger, 2010），新形式的公众（Demetrious, 2006; Jones, 2002），或者是一般的公共关系（Asunta, 2016; L'Etang, Falkheimer, & Lugo, 2007）。在大多数情况下，贝克的工作是为了进一步理解社会变革如何影响个人、组织和机构，以及这些变革对不同形式的传播产生了什么影响。人们经常认为，对风险的认识的提高要求各组织，特别是公司做出反应，因为人们期望它们在越来越大的程度上处理各种日益增加的复杂风险并使其活动合法化。

同样，我在自己的研究中也使用了贝克理论来理解企业如何应对责任需求的增加，以及不同立场对于企业如何运用公共关系意味着什么（Fredriksson, 2008）。我将企业环境与由物质和象征特征构成的社会景观进行了比较（Ahrne, Roman, & Franzen, 2008）。在这种环境中，你会发现一系列的立场和许多期望、要求和规范都与这些联系在一起。构成公司活动条件的特征，包括公共关系。在这种背景下，贝克的研究提供了两方面的条件，可以帮助我们理解企业的运作方式以及面对越来越多的责任要求和使用公共关系的原因。一个是风险生产，另一个是可见性。

风险生产

自反性现代化在很大程度上是一个围绕风险组织起来的社会。贝克认为，风险已经成为我们组织社会和社会行为者相互联系的主要原则之一。对于企业来说，这意味着它们的活动经常会根据它们所产生的风险程度来进行感知和判断。它可以是根据其生产给员工或社区带来的风险，可以是其产品的消费对客户或其他人带来的风险，也可以是有关产品如何分配的风险。石油工业是一个明显的例子，它的生产、消费和分配给人类以及动物和自然带来了一些风险。

与石油有关的风险是众所周知的，但在许多情况下，这些风险并不明显，或者说它们的地位与风险存在争议。因此，根据贝克（Beck, 1998a）的观点，我们必须将风险理解为需要解释的论据，然后才能看到或感知并定义它们。公共关系是企业和其他参与者用来影响公众对其活动如何以及在何种程度上产生风险的理解的一种策略（Frandsen & Johansen, 2007）。在许多情况下，其动机是被定义为风险的对象，除了其最终的物理后果，还具有广泛的社会、政治和经济后果。接受一种现象作为一种风险，必然会重新安排许多社会基础设施。对某些行动者来说，它可能提供机会和优势，但在许多情况下，必须将风险理解为成本、货币以及社会和政治风险。对某一公司来说，接受一种现象作为一种风险可能意味着破产；对政治机构来说，这可能意味着要求进行根本性的变革，从而可能造成经济、政治和社会动荡。一个明显的例子是，如果把核能定义为一种不可克服的风险，而不是一种可控的风险，那么它对企业、政治机构和我们的日常生活将意味着什么。

可见性

可见性是一种理解企业主体在自反性现代化中获得存在和地位的方式。在某种程度上，它是关于不断增加的新闻、广告、社交媒体更新和其他形式的公共传播，在这些形式中，企业似乎比其他类型的组织更有存在感。它也是企业活动在越来越多的社会领域（包括家庭生活、体育、文化、爱情和工作）中更明显的表现。在这些领域中进行的许多活动已经与提供产品和服务以及财政支持和基础设施的公司相互联系并交织在一起

（Mackay, 1997）。

　　成为这些活动的一部分并获得这些职位是公司所追求的。这不仅因为它提供了商业成功的可能性，还因为它可以在陷入争论和危机时期调动公众和政治支持。在许多情况下，可见性为企业提供了优势，但与此同时，这也是一种限制性的立场，因为它增加了对责任的要求，因此支持很容易转化为质疑。要理解这一点，人们必须明白，可见性还反映了机构和社会角色的转变，以及全球化如何破坏了民族国家的经济、政治和文化基础（Beck, 1998b）。这消除了企业与公众之间的阴影缓冲，企业生活因此变得赤裸裸。企业已经失去了隐藏在由福利国家提供和支持的充分就业、繁荣和技术发展理念背后的能力。也就是说，当国家明显不能对个人或社会提供安全保障和支持时，企业就被卷入有关其责任的讨论中。因此，企业与社会的相互联系就更加明显。从某种程度上说，这是一种普遍现象，但很明显，具有全球影响力的公司财力雄厚，大量雇员为消费者市场生产产品或服务，其风险更大。特别是他们的立场意味着他们往往被视为整个行业的代表。

四种立场—四种公共关系形式

　　可见性和风险生产之间有着明显的联系，因为两者都与亚政治高度相关。可见性和风险生产都是对企业成为政治产物起到离心力作用的因素。尽管如此，维持两者之间的区别是可行的和富有成效的。每一种都代表着不同的品质，这些品质有助于我们理解企业在何种环境下运作以及它们在多大程度上调动了不同形式的公共关系（Fredriksson, 2008）。理解这种相互关系的一种方法是将它们看作两个从低到高的连续体，构成社会景观中的一组位置（见图5.1）。下面，我将展示为什么不同立场的企业会使用不同形式

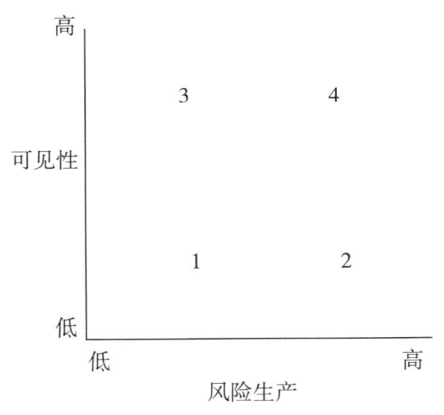

图5.1　社会景观中的四种立场

的公共关系。本章接下来的部分是对所有在斯德哥尔摩证券交易所上市的公司的研究（Fredriksson, 2008），我们将聚焦于与贝克联系更明显的模式化的呈现。

　　从第一种立场出发的公司是指在产品或服务的生产、分销和消费方面不产生任何广泛风险的公司。它也不需要考虑任何广泛的关注，因为它在很大程度上是不受公众关注的。因此，它是在市场原则的治理下运作的，一般这种类型的公司除了与财务状况有关的责任外，可以忽略其他形式的责任。投资回报，意味着产品开发、生产、营销和其他旨在改善结果的活动中被充分关注。强大的市场导向也限制了这类公司必须考虑的利益相关者的数量。除雇员外，其主要利益相关者是在其活动中具有金钱利益的人，即雇

员、客户和投资者。在很多方面，这降低了复杂性，即使存在利益分歧（相对于较低的价格和较高的股票红利，工资相对较高）。然而，如果公司能够以有竞争力的价格生产出所需要的产品（或服务），那么这些紧张关系就可以放在一边。一个盈利的公司可以考虑到所有的利益。

对于从这一立场行事的公司来说，公共关系首先是支持其他形式传播的一种手段。它可以在促销和宣传方面支持产品和服务的销售，还可以从投资者关系的角度，向股东和其他在公司有财务利益的人通报结果、财政状况和未来战略。这样，传播才能创造和维持股东的信心，同时也能吸引个人投资者、金融分析师和机构投资者。这一立场的传播主要植根于市场的逻辑。人们对关于环境问题、腐败、人权、社会福利或其他可能被视为风险的问题的详细信息的期望有限。再加上低知名度和公共性，公共关系对这类企业来说是一种相当简单的活动。

与第一种立场相反，第二种立场要求公司考虑与产品和服务有关的生产、分销和/或消费的风险。它所体现的立场和期望增加了管理工作在手段和目标方面的复杂性，因为决策、活动和传播不能与单一手段的目的合理性（即市场逻辑）联系起来。除了员工、客户和股东，扮演这一角色的公司必须考虑各种各样的利益和利益相关者。这包括越来

91 越多的（通常是详细的）法规、法律和其他由机构行动者代表和保护的法律框架。此外，风险生产往往会吸引环境组织、社区团体和其他利益团体的兴趣。在另一边，缺乏可见性和普遍的关注是一种新的环境。从第二个立场采取行动的公司很少在一般性问题或主要问题的讨论中结束。相反，它自身业务的特殊性才是焦点所在。

为了应对这种情况，从这一立场采取行动的公司将在其传播活动中给予社会责任更突出的地位。这反过来又调动了更广泛的公共关系处理方法。这是为了应对由于复杂性的增加所带来的不安全感。一群更多样化的利益相关者调动了广泛的期望。为了能够接受它们，公司需要创建和维护论坛互动。这些论坛为企业提供了一个平台，通过这个平台，企业可以管理与利益相关者的互动，并提供有关企业运营的信息。一部分是为了给它们的活动让路，一部分是为了响应外部需求。公司的运作可能会影响个人的日常生活，这样的论坛就提供了互动的机会。在动荡时期，它们也可能被用于谈判和解决冲突。

在这种背景下，公共关系与社区关系非常接近（Starck & Kruckeberg, 2001）。由于缺乏知名度，该公司的运营成为当地居民、当地政客和其他当地团体关注的问题。因此，这些相互作用往往是直接的，而且往往与具体情况有关。你可以想象一个纸浆厂使用大量的化学物质，产生巨大的噪音和大量的运输。这些问题不一定是地方性的，因为它们都具有可能引起主要辩论的性质。然而，它们与当地社区的相关性在很大程度上取决于工厂的实际存在，而正是在这一背景下，问题被调动起来。因此，即使问题本身具有更广泛的影响范围，它们的重要性和相关性也是与特定语境相关的担忧、不安和不适的结果。

在这些情况下产生的风险很少能被解释清楚。工厂就在那里，气味很明显，噪音也是如此——风险也很明显。因此，利益相关者通常会表达他们希望接收信息并与公司进行互动的愿望。处于这种地位的公司往往会适应这些要求，以确保它们的业务不与一般原则相互关联。这将对公司构成严重威胁，因为它可能会引起当地社区以外的利益关注者的关注。这反过来又为贝克所说的"风险冲突"打开——关于风险的起源、后果和责任的斗争（Beck & Johannes, 2004）。这种冲突倾向于动员和形成具有政治目的社会运动，然后冲突也有失去其地方连接点的危险。风险冲突使公司有理由被拖入（亚）政治环境中，产生一定后果，而这些后果它们是有理由避免的。

第三个立场与高能见度相关联。在某种程度上，它是为了出名，但更重要的是被重视。因此，与这一立场相关的责任的期望与其说是风险的产生，不如说是福利国家解体和全球化的后果。采取这一立场意味着公司在其对集体利益的贡献方面产生了期望，包括社会服务和以前由国家提供的其他保障。这引发了关于可持续性和长期承诺的问题，这些问题与企业在布局、生产和分配方面追求灵活性的努力相冲突。再加上高度的可见性，这就把主要问题摆到桌面上来了，企业必须能够处理局部和具体问题，以及它们的全局和主要的等价性。这可以理解为，企业已经失去了道德上的纯真，并受到来自消费者、非政府组织、政府和其他人的政治和意识形态要求的挑战（Beck, 1995）。

与这一立场相关的期望在社群主义的社会理念中有自己的基础，在这种理念中，集体和社会责任被置于突出地位，而不是经济上的自我利益。企业必须创造利润，但它们的努力必须为社会提供货币基础，并在物质和社会方面提供就业、安全和保障。从这一立场出发，企业就具体问题进行辩论，同时也就其在社会中的作用和职能进行辩论。不仅是在它们周围的环境中，而且是在全球问题上。然后，企业有义务在交流中平衡各种各样的问题和利益，以便在再现当地（或至少是国家）存在的同时，表现出对全球的认识。随后，在公共关系方面的许多努力得以实现，以保持甚至增加回旋的余地。不仅在公司的市场地位方面，而且在社会和政治支持方面。为了做到这一点，公司采取行动，与意见领袖和其他组织建立和维持职能关系，包括地方、区域、国家和国际各级的政府机构、工会和其他影响政策进程的组织。一种方法是向部长、特别顾问、高级公务员和其他公共决策人员施加和维持压力，因为他们有可能进行干预并影响国际、国家、区域和地方各级的立法或监管决定。当企业可能受到新政策的负面或正面影响时，它们就会使用它。公共关系在很大程度上是建立一个案例，然后大部分工作都接近于问题管理和环境监测、信息收集、统计解释和展示数据，以及其他类型的信息支持组织案例（Heath & palenchar, 2008）。但是，尽管这些活动与制度政治有关，但它们也包括制度政治领域和亚政治之外的行动者和活动。这些战略可包括鼓励和积极支持政治行动主义、对（政治）运动提供财政支持或实施自己的运动。后者往往发生在具有广泛行为体的临时网络结构中，以获得全球影响力。班尼特（Bennett, 2004）举的一个例子是"反对微软运动"（campaign against Microsoft），该运动收集了来自许多国家的参与者（该运动是全球性的）、政治倾向明显不同的参与者（既有进步的，也有保守的），以及任务明显不同的参与者（企业、黑客、非政府组织、欧盟委员会等）。即使在其他领域存在对立，但为新的联络人和单一问题而开放的非正式结构也可以成为政治参与的动员力量和组织结构。

由于其二元性以及全球和地方之间的相互联系，在这方面的公共关系也往往包括社区项目的执行（Hall, 2006）。一种策略是支持慈善组织和其他被视为社区重要参与者的组织，包括体育俱乐部、环保团体、教会等。一种用来将公司与福利和社会保障问题联系起来的方法。但它也涉及企业与许多不同的参与者建立和维持职能关系，以确保他们在可能需要的时候得到支持。在某种程度上，它可以被视为获得资源的一种方式，从而对决策者造成间接压力，以支持其他更直接的影响政策的尝试。

基于第四种立场行动的公司必须处理广泛的可见性，它们往往在几种不同情况下产生高水平的风险。这是跨国公司采取行动的立场，众所周知，对如何在全球秩序中理解资本主义具有广泛的重要性。通常情况下，它们是大型的，人们会在大多数行业中找到它们，它们通过利用通信、生产和分销方面的技术发展获得自己的地位。它们的全球影响力是其扩大市场、获取原材料以及降低人力成本的结果。这是一种将全球扩张内化到组织结构，以避免交易成本和不对称的市场信息的战略，这在企业间的贸易中是广泛存在的（Beck, 1998b）。

它们在社会景观中的立场缺乏为处于其他立场上的企业提供的固定的定义、边界和角色分配。越来越多基于这一立场的企业发现，在这种情况下它们必须处理或多或少存在主义维度的问题、观点、价值观和想法。在许多情况下，这已成为生存权和责任的问题。这反过来又意味着，企业面临着各种各样的合理性，这些合理性为未来可能出现的更多情况打开了大门，在这些情况下，技术发展、市场或制度政治无法提供答案。坚持指导企业活动的一般原则是一种多元化的立场，这反过来又弥补了企业使其存在、结构、产品和服务以及生产资料合法化的需要。在这种情况下，自反性现代化的性质最为显著，并且以非常详尽的形式调动公共关系，从而建立和重新谈判与企业活动相互关联的目标、手段和责任。这是一个挑战，企业有野心去创造和保持统一的身份，以维护公司的自我理解和在不断变化的能力（Cheney, Christensen, Zorn, & Ganesh, 2010）。

这是一种由管理层（通常在顾问的支持下）构建的身份，表现为使用公共关系。它基于过去、现在和未来的故事之上，它为决策和立场提供了合理性，并使企业在特定情况下的考虑具有相关性和重要性。当等级制度、官僚机构和计件工作失去其作为控制手段的重要性时，所构建的身份就被用来实现决策的连续性。当社会具有不安全性和复杂性的特征时，构建的身份被用来在公共话语中体现和代表企业，从而构成一种稳定感。一种让人们了解企业实际在做什么，在哪里做，以及在什么条件下提供支持的方法不一定容易理解。利益相关者的无知可以用来避免对公司活动的详细说明，从而提出作为一个负责任的公司的一般声明。

在这种情况下，身份的建构在很大程度上是一个责任问题，也是一种处理公共话语的尝试，而公共话语在很大程度上是自反性的。当变革的坐标、范畴和观念发生革命性变化，社会面临自身的副作用时，就会在利益之间产生争论、冲突。这为公司的责任以及谁有合法的可能性提出它们的主张并打开了谈判的大门。为了应对这种情况，企业必须改变它们对自己的看法，以及如何接受公共关系活动的理解。在这种情况下建立的身份必须符合利益相关者的利益，并对其他人描述公司及其活动开放。也就是说，企业活动在传播中被去中心化，企业只是这个传播网络的成员之一。因此，利益相关者被包括在公司的叙述中，并在某种程度上提供了塑造他们如何被呈现的可能性。尽管传播的形式是分散的，但企业并没有放弃塑造和维护评判它们的框架的努力。处于这一立场的企业不断受到关注，它们的活动也经常受到他人的评判。利用公共关系是影响人们如何看待这些活动的一种方式。因此，演讲往往被简化，以适应外行人参与的语境。用阿尔维森（Alvesson, 2013）的话来说，它们可以被定义为虚张声势和空洞，因为它们常常对复杂的、戏剧化、庸俗化的事物进行简单的描述，而不是对事物的状态进行详尽的澄清。

95

结语

在社会格局中有许多力量在发挥作用，但历史上的变化是缓之又缓的。从这一观点来看，现代性向自反性现代化的转变可以理解为一种更为激进的景观坐标协调变化，旧的位置被赋予了新的含义，一些行动者由此获得了新的位置。但这不仅是景观轮廓的转变，也是其动力的转变。因此，它不是从一个固定结构到另一个固定结构的转换，而是从一个相对固定和给定的配置到更有活力和可分解的设置的变化。在企业活动和公共关系方面，这产生了几个不同的立场。因此，我们必须记住，这种转变最明显的后果是多元化和矛盾性。所以，即使这听起来很奇怪，我们也可以预期，即使环境发生了巨大变化，许多行为者还会继续按照现代性的原则行事。这就是贝克的工作可以帮助我们理解为什么许多企业在很大程度上继续"照常营业"，而其他企业不得不努力应对不断增加的争议，并受到质疑。

正是在这众多的立场中，我们可以看到贝克的工作是如何从为什么和如何实践的角度来进一步理解公共关系的。在这一章中，我主要关注了两个方面（风险和可见性），一种类型的组织（企业）和一种维度（责任），但是从他的大量工作中的收获远不止于此。例如，我们可以假设，越来越多的个性化、自我主张和政治参与形式会在组织和利益相关者之间创造新的互动形式。我们还可以假设，这些互动并不局限于公司，还涉及不同类型的组织，包括政府机构、公共服务机构和非政府组织。我们也可以期待其他类型的组织形式作为个性化和全球化的结果出现（Bennett, 2004; de Moor, 2017）。

考虑到这些和争议中的其他方面，将会引起有关公共关系的一些新问题。无论人们

96 选择关注什么，贝克理论的运用迫使我们认识到，公共关系不是所有类型的组织或公司所实践的一套既定的活动。公共关系是一套活动，它取决于特定组织所处的社会环境而有所不同。与以前相比，研究者们需要更大程度上把注意力集中在这些问题上。以贝克的工作为出发点，迫使我们采取整体分析的方法对不同的行动者如何在不同的语境中运用公共关系进行研究。

98 ## 乌尔里希·贝克的生平和工作

乌尔里希·贝克（1941—2015年），德国慕尼黑路德维希大学社会学教授。继社会学、哲学、心理学和政治学的研究之后，他于1972年完成了哲学博士论文的答辩。在1992年成为慕尼黑大学教授之前，他曾在明斯特大学（1979—1981年）和班贝格大学（1981—1992年）任教授。他还是《英国社会学杂志》的客座教授，在伦敦政治经济学院任教，同时也是巴黎人类科学基金会（Fondation Maison des Sciences de i'Homme, Paris）的教授。

十年间（1999—2009年），贝克担任自反性现代化研究中心536（the Reflexive Modernization Research Centre 536）的发言人，这是一个由德国研究基金会（GRF）资助的跨学科联合会。2013年起，他担任欧洲研究理事会（ERC）资助的"气候变化实验室"项目的首席研究员。贝克曾任《世界报》的主编，也是德国政府未来委员会（the Future Commission of the German Government）的成员。

贝克写了超过25本书，并被翻译成超过25种语言。他还撰写或与他人合作撰写了100多篇科学论文，他的著作被广泛发表在非学术出版物中。他与法兰克福歌德大学社会学高级教授伊丽莎白·贝克–根斯海姆（Elisabeth Beck-Gernsheim）结婚，两人合著了《正常混乱的爱情》（*The Normal Chaos of Love*, 1995）和《个性化》（*Individualization*, 2002）等著作。

参考文献

[1] Alime, G., Roman, C., & Franzén, M. (2008). *Det sociala landskapet: en sociologisk beskrmiing av Sverige fmn 1950-talet till borjan av 2000-talet [The social landscape: A sociological description of Sweden from the 1950s to the beginning of the 2000s]*, Göteborg, Sweden: Korpen,

[2] Alvesson, M. (2013). *The triumph of emptiness: Consumption, higher education, and iwrk organization*. New York, NY: Oxford University Press.

[3] Asunta, L. (2016). The role, the goal and the soul of professional public relations: Developing a holistic model of PR professionalism. *Jyväskylä studies in humanities 216*. Jyväskylä, Finland: Jyväskylä University.

译者注：文中对reflexive modernization译法"自反性现代化"，主要参考乌尔里希·贝克与东尼·吉登斯及斯科特·拉什共同讨论撰写，在国内已翻译出版的《自反性现代化：现代社会秩序中的政治、传统与美学》一书。

[4] Atkinson, W. (2007). Beck, individualization and the death of class: A critique. *British Journal of Sociology*, 58(3), 349-366.

[5] Baudrillard, J. (1994). *Simulacra and simulation*. Ann Arbor: University of Michigan Press,

[6] Beck, U. (1986). *Risikogesellschaft, Aufdem Weg in eine andere Moderne*. Frankfurt am Main, Germany: Suhrkamp.

[7] Beck, U. (1987). The anthropological shock: Chernobyl and the contours of the risk society. Berkeley Journal of Sociology, 32, 153-165.

[8] Beck, U. (1995). *Att uppfinna det politiska: Bidrag till en teori om reflexip modernisering. [Eng, tram. 1991. The reinvention of politics: Rethinking modernity in the global social order]*. Göteborg, Sweden: Daidalos.

[9] Beck, U. (1998a), *Risksamhcillet. På väg mot en annan modernitet [Eng, trans. 1992, Risk society: Towards a new modernity]*. Göteborg, Sweden: Daidalos.

[10] Beck, U. (1998b). *Vad innebär globaiseringen? Missuppfattningar och möjliga politiska svar [Eng. trans. 2000, Wliat is globalization?]*. Göteborg, Sweden: Daidalos.

[11] Beck, U. (2009). *World at risk*. London: Polity Press.

[12] Beck, U., & Beck-Gemsheim, E. (2002). *Individualization*. London: SAGE.

[13] Beck, U., Bonss, W., & Christoph, L. (2003). The theory of reflexive modernization: Problematic, hypotheses and research programme. *Theory, Culture & Society*, 20(2), 1-33.

[14] Beck, U., Giddens, A., & Lash, S. (1994). *Reflexive modernization: Politics, tradition, and aesthetics in the modem social order*. Cambridge, UK: Polity Press.

[15] Beck, U., & Johannes, W. (2004). *Conversations with Ulrich Beck*. London: Polity Press.

[16] Bennett, W. L, (1998). The uncivic culture: Communication, identity, and the rise of lifestyle politics. *PS: Political Science & Politics*, 31(4), 741-761.

[17] Bennett, W. L. (2004). Branded political communication: Lifestyle politics, logo campaigns, and the rise of global citizenship. In M. Micheletti, A. F0llesdal, & D. Stolle (Eds.), *Politics, products and markets* (pp. 101-126). London: Transaction Books.

[18] Bjur, J. (2009). *Transforming audiences. Patterns of indipidualization in television viewing*. Institutionen for journalistik och masskommunikation. Goteborg, Sweden: Göteborgs universitet.

[19] Castells, M. (1998a). *Identitetens makt [Eng. trans, 1997, The power of identity]*. Göteborg, Sweden: Daidalos.

[20] Castells, M. (1998b). *NätperkssamhciUets framväxt [Eng. trans. 1997, 77/e rise of the network society]*. Göteborg, Sweden: Daidalos.

[21] Cheney, G., Christensen, L. T., Zom, T. E., 6c Ganesh, S. (2010). *Organizational communication in an age of globalization: Issues, reflections, practices*. Long Grove, IL: Waveland Press.

[22] de Moor, J. (2017). Lifestyle politics and the concept of political participation. *Acta Politica*, 52(2), 179-197.

[23] Demetrious, K. (2006). Active voices. In J. L'Etang &: M. Pieczka (Eds.), *Public relations: Critical debates and contemporary practice* (pp. 93-110). Mahwah, NJ: Lawrence Erlbaum.

[24] Dingwall, R. (1999). "Risk society": The cult of theory and the millennium? *Social Policy & Administration*, 33(4), 474—491.

[25] Elliott, A. (2002). Beck's sociology of risk: A critical assessment. *Sociology*, 36(2), 293-315.

[26] Falkheimer, J., & Heide, M. (2006). Multicultural crisis communication: Towards a social constructionist perspective. *Journal of Contingencies and Crisis Management*, 14(4), 180-189.

97

[27] Frandsen, F., & Johansen, W. (2007). *Krisekommunikation. Nar virksomhedens image og omdemme er truet [Crisis communication. When organizations1 image and reputation are in question).* Frederiksberg, Denmark: Forlaget Samfundslitteratur.

[28] Fredriksson, M. (2008). *Företags ansvar marknadens retorik: En analys au foretags strategiska kommunikationsarbete [Corporate responsibility marketplace rhetoric: An analysis of corporations strategic communication].* Göteborg, Sweden: Goteborgs Universitet.

[29] Giddens, A. (1996). *Modemitetens följder, [Eng. trans. 1990, The consequences of modernity].* Lund, Sweden: Studentlitteratur.

[30] Hall, M. R. (2006). Corporate philanthropy and corporate community relations: Measuring relationship-building results. *Journal of Public relations Research,* 18(1), 1-21.

[31] Heath, R. L., Sc Palenchar, M. J. (2008). *Strategic issues management: Organizations and public policy challenges.* Los Angeles, CA: SAGE.

[32] Heath, R. L., Lee, j., & Ni, L. (2009). Crisis and risk approaches to emergency manage¬ment planning and communication: The role of similarity and sensitivity. *Journal of Public Relations Research,* 21(2), 123-141.

[33] Jones, R. (2002). Challenges to the notion of publics in public relations: Implications of the risk society for the discipline. *Public Relations Review,* 28(1), 49-62.

[34] Komberger, M. (2010). *Brand society: How brands transform management and lifestyle.* New York, NY: Cambridge University Press.

[35] L'Etang, J., Falkheimer, J., & Lugo, j. (2007). Public relations and tourism: Critical reflections and a research agenda. *Public Relations Review,* 33(1), 68-76.

[36] Latour, B. (2003). Is re-modemization occurring - and if so, how to prove it? A commentary on Ulrich Beck. *Theory, Culture & Society,* 20(2), 35-48.

[37] Lupton, D., & Tulloch, J. (2001). Border crossings: Narratives of movement, "home" and risk. *Sociological Research Online,* 5(4).

[38] Lupton, D., & Tulloch, J, (2002). Risk is part of your life: Risk epistemologies among a group of Australians. *Sociology,* 36(2), 317-334.

[39] Lyotard, J. F. (1979). *The postmodern condition: A report on knowledge.* Minnesota, ME: Univenity of Minnesota Press.

[40] Mackay, H, (1997). *Consumption and everyday life* (Vol. 5). Los Angeles, CA: SAGE.

[41] Micheletti, M., Føllesdal, A., Sc Stolle, D, (Eds.). (2004). *Politics, products, and markets: Exploring political consumerism past and present.* London: Transaction Publishers.

[42] Mythen, G. (2004). *Ulrich Beck: A critical introduction to the risk society.* London: Pluto Books.

[43] Nohrstedt, S-A. (1993). Communicative action in the risk-society: Public relations strategies, the media and nuclear power. In A. Hansen (Ed.), *The mass media and environmental issues* (pp. 81-104). Leicester, UK: Leicester University Press.

[44] Palenchar, M. J. (2010). Risk communication. In R. L. Heath (Ed.), *The SAGE handbook of public relations* (pp. 447-460). Thousand Oaks, CA: SAGE.

[45] Putnam, R. D. (2001). *Bowling alone: The collapse and revival of American community.* New York, NY: Simon and Schuster.

[46] Regester, M., & Larkin, J. (2008). *Risk issues and crisis management in public relations: A casebook of best practice.* London: Kogan Page.

[47] Reimer, B. (1994). *The most common of practices on mass media use in late modernity*. Stockholm: Almqvist & Wiksell International.

[48] Roper, J. (2012). Environmental risk, sustainability discounes, and public relations. *Public Relations Inquiry*, 1(1), 69-87.

[49] Starck, K., & Kmckeberg, D. (2001). Public relations and community: A reconstructed theory revisited. In R. L. Heath (Ed.), *Handbook of public relations* (pp. 51-59). Thousand Oaks: SAGE.

[50] Taylor-Gooby, P. (2004). *New risks, new welfare: Hie transformation of the European welfare state*. New York, NY: Oxford University Press.

[51] Turner, B. S. (2002). *Orientalism, postmodernism and globalism*. New York, NY: Routledge,

[52] Wilkinson, I. (2001). Social theories of risk perception: At once indispensable and insufficient. *Current Sociology*, 49(1), 1-22,

[53] Wseraas, A., 8c Ihlen, 0, (2009). Green legitimation: The construction of an environmental ethos. *International Journal of Organizational Analysis*, 17(2), 8-102.

第六章

拉图尔：行动者网络，存在模式与公共关系

皮埃特·范霍文

公共关系在建立联盟及加强该组织的社会地位的沟通过程中发挥着关键的作用，根据法国社会学家、人类学家、哲学家布鲁诺·拉图尔的理论，公共关系从业者可以被视为构建行动者网络的重要参与者。拉图尔的行动者网络理论（Actor-Network-Theory，ANT）是一种理论视角，现已发展成为更广泛的联合社会学。行动者在"行动"中被研究，同时他们将自己与其他的人、事物（物质世界）联系起来，试图形成一个对同一世界有共同定义的集体，以追溯已形成联合的历史和描述目前的情况，但这往往会产生争议。拉图尔（Latour, 2005b）认为，追踪联合是社会科学家的主要任务。

对当代世界存在模式研究的研究，进一步扩展了联合社会学的范畴。拉图尔和他的团队开展了广泛的研究，以调查和追踪他所谓的存在模式研究（Latour, 2013a）。"现代"一词在这里具有哲学和社会学含义，如在16世纪的科学革命、19世纪的工业革命和20世纪下半叶的文化革命之后形成的现代社会。持续的现代化和合理化是现代世界的核心。现代化和合理化意味着从农村传统社会向世俗城市工业社会的转变（Inglehart, 2001），这不仅是拉图尔的理论，也是贝克（见第五章）和吉登斯（见第十章）的理论。根据现代社会的说法，现代世界及其居民是理性的、合理的、公正的、世俗的，并且他们在自

然（事实）和文化（价值）之间以及人类与非人类之间做出明确的区分。拉图尔想知道这个现代世界是否像现代人所呈现的那样清晰。它是理性的吗？事实和价值观是分开的吗？人类和非人类之间的划分是否合理？在存在模式研究（an inquiry into the modes of existence）项目的框架下，现代人的人类学用于研究当今世界的多种真实情况（Latour, 2013a 和 www.modesofexistence.org）。

作为经济、行政或社会文化组织的一部分，公共关系从业人员在现代化和合理化的斗争中扮演着重要的角色。他们习惯了双方之间的边界位置，面对现代世界的细微差

别、真理的多元性以及所有不同的行动者所使用的策略。虽然诸如"网络、行动者和争议"等类似的概念被用于公共关系研究中，但拉图尔有着不同的哲学基础。他的人类学可以被视为一种建构主义，但不能与社会建构主义相混淆（见下文）（Latour, 2005b）。建构主义涉及事实的建构，特别是科学和技术事实的建构。在科学和技术的社会研究领域，建构主义意味着科学知识被认为是建构出来的而不是描述出来的，社会结构"充其量只是人们做事的后果，而不是原因"（Hagendijk, 1990, p.44）。

在讨论公共关系的相关性之前，我们将在下一节中，介绍和解释行动者网络理论的相关内容以及联合社会学及其发展历史。

拉图尔的社会学

拉图尔作为人类学家参与科学家的工作，并开始在科学技术研究（STS）领域的工作（Latour &Woolgar, 1979）。逐渐地，他的工作建立在对社会或现代宪章的更普遍的分析上，如《我们从未现代过：呼吁对称人类学》一书所说（Latour, 1993），这一呼吁涉及对世界中多种异质物的承认。这些异质物包括自然和社会方面的物质、人类思想的混合物，例如，环境和技术问题以及各种疾病。拉图尔在《自然的政治：如何把科学带入民主》（Latour, 2004b）一书中提出了自然的政治哲学或政治认识论，以丰富而全面的研究方案形式发表了《存在模式研究：现代人的人类学》（Latour, 2013a）。

"给我一个实验室，我将提升世界"（Latour, 1983）

行动者网络理论的前提是自然和社会是在一个被人不断赋予其意义的过程中建构的。现象由它们产生的过程和所涉及的网络的强度和长度来解释，而不是由"自然"或"社会"来解释。自然的再现和社会的稳定是解决科学事实和类似机器等技术制品的争议的结果，而不是其原因。例如，科学事实和非科学事实（如气候变化的原因）之间的差异可以通过范围来解释：科学事实是大规模建构物，非科学事实是小规模建构物（Latour, 1987）。科学事实可以在强大的人类和非人类网络中找到，这些网络足以抵抗批评和时间。非人类（如病毒和机器）的作用经常被忽视或被视为理所当然，好像这些非人类是中立的实体，不影响网络中的社会进程。拉图尔认为，尽管（科学事实的建构）总是与人类有关，但必须考虑非人类或施动者（actants）的作用。强大的网络是一种大型网络，包括许多参与者对某种现象的具体定义达成一致的行为，但是一些像病毒、气体、计算机或建筑物等施动者应该被认为是网络中的活跃部分（有时行动者网络理论也被称为施动者网络理论）。

科学事实的建构是一个集体过程：它发生在一个行动者网络中，例如，将自然现象引入网络中，随着网络的不断扩大，自然现象就可以变成施动者（Latour, 1987）。科学家试图将自己的位置变成一个被视为真理的黑箱。这个过程刚开始可能会出现争议，异议者（其他科学家或科学家以外的人）可能会质疑这一立场。为了建构一个确凿的科学事实，科学家会使用许多手段来孤立异议者。孤立这些异议者的关键因素是修辞：科学媒体中的文本将逐渐变得更具技术性，包含不同的层次和大量的可视化，以防止争议并以引用的形式获得支持（Latour, 1987）。

异议者要么放弃，要么接受这一主张，要么尝试打开黑箱，要么用字面上或隐喻上的"反实验室"（Latour, 1987）建立一个新的黑箱。因此，最重要的问题之一是：实验室内部发生了什么。实验室实践应该从人类学的角度进行研究，跟踪科学家和工程师的行动（Latour, 1987），他们在建构科学事实、人工制品的过程中，也因此建构了现实。这个过程始于吸引那些实验室外部人员对实验室内工作的兴趣（Latour, 1983）。这些兴趣不是给定的，因此转译是有必要的。其他人将会参与到科学家的建构过程中；他们的兴趣必须被转译，以便结成联盟并确立事实。科学家必须成为大群体在解决问题过程中一个强制性的合乎"逻辑性"的步骤执行者（Latour, 1987）。缩小规模和扩大规模是一个必要的动员进程的重要组成部分。像疾病这样的问题被重新构造，并被缩小到实验室水平。在那里，由于规模小，问题可以变化、研究和解决（或部分解决）。为了理解和解决问题，实验室变得不可或缺。但是对于解决方案而言，实验室中构建的解决方案必须扩展到外部世界的水平。因此，实验室破坏或消除了社会中微观和宏观层面之间以及实验室内外之间的规模差异（Latour, 1983）。在这种情况下，社会中没有微观或宏观之分，也没有实验室内外之分。不仅是科学家和工程师，还有首席执行官、政治家和记者（Latour, 1983; Latour, 1987），都可以参与建构，只有行动者才能产生转译、位移和规模差异。虽然不是所有的科学家都使用实验室，但是建构过程是一般意义上的科学的典型案例。例如，拉图尔说，在社会学中，文本可以被视为"实验室的功能等同物"（Latour, 2005b, p.149）。

转译的概念在行动者网络理论中起着重要作用。它与扩散的概念相矛盾（Latour, 1987; Latour, 2005b）。用扩散的语言来说，事实和机器在没有人的情况下可以自行移动。这里，技术决定论和科学决定论与发现（discovery）的概念相结合。一些行动者被称为事实或技术发现的伟大发明者，他们的想法或发明只需要扩散到社会。抵制这些想法或发现的团体成立，是为了说服他们接受这些想法、发明或发现。很明显，这种扩散模型并没有考虑到许多参与事实和机器建构的人的行为，它也没有解释所有这些人之间的协商以及由此建立起来的人类和非人类之间的联合和联盟。

相信社会存在和与科学技术分离的自然，相信"自然"或"社会"是解决行动者之间争议的原因，是扩散模型的产物。然而，转译模型给出了一幅截然不同的图景（Latour, 1987）。

非现代宪章

通过转译，这些网络创造了各种形式的新混合物，即所谓的自然和文化的混合物。这些混合物（例如，二氧化碳在气候变化中与其他物质的结合）首先是网络的结果，然后它们变成网络本身的一部分。在关于世界的争论中，使用了三种技巧：一种关于事实（自然的科学知识），一种关于权力（社会中的政治），一种关于语言（从自然和社会中获得独立的话语）。通过隐藏这些事实、权力和语言之间的联系，以及通过分裂、转译和净化的过程，创建了现代宪章，这个宪章分为自然和社会两个方面，在这里客体和主体变得一分为二（Latour, 1993）。现代宪章否认混合物的生产和扩散，同时允许它们的扩张。拉图尔说，一旦我们详细研究了这些混合物的生产以及它们的使用方式，我们就会注意到我们从来没有现代化（Latour, 1993）。

与贝克这样的理论家相反，拉图尔提出将全球社会概念化为非现代社会，贝克则将社会发展概念化为一个新的现代化阶段（Latour, 2003）。拉图尔提出了一个根本性的转变：我们必须从一个对称的角度来研究世界，以陈述现代主义者一直否认的东西。我们必须提供表示不可分割的准客体和准主体、自然和社会的混合。我们必须为诸如二氧化碳、病毒和技术工艺等现象的事实、力量和故事的混合留出空间。自然和社会显然是一个不断进行调解和转译的集体进程的结果。这也开启了一种可能性，"通过受到管制和普遍同意的生产来取代混合物的秘密扩散"（Latour, 1993, p.142）。然后，混合物就可以成为民主辩论和民主决策的问题（Latour, 2004b）。

在非现代宪章中，也被称为新的或生态宪章，人类和非人类的集体（网络的新名称，旧自然的继承人和被分割的旧社会的继承人）得到空间并构成一个共同的世界（Latour, 2004b）。在这部新宪章中，从旧宪章中提出的无可争辩的事实问题，首先是有争议的问题。因为人们承认，所有生物都是制造出来的，并且是人类与非人类联系在一起的公共生活的一部分。在新宪章中，科学可以与民主相容（Latour, 2004b; Latour, 2005a），通过承认科学事实、权力和语言的混合，以进行民主辩论。

联合社会学

我们需要一种社会学来追踪在集体中集合的事物与异质元素之间的联合。因此，拉图尔提出了联合社会学作为社会学的恢复。后者试图通过"社交"或"社会"解释各种活动，根据拉图尔的说法，这种解释与应该解释的内容相混淆（Latour, 2005b）。联合社会学作为行动者网络理论的同义词，在行动者联合和行动过程中跟随行动者。

这种社会学引发了关于"宇宙是由什么构成的"的争议（Latour, 2005b, p.21）。联合社会学是建构主义理论，因此不要与拉图尔（2005b）所说的"社会建构主义"相混淆。尤其是在"科学事实的社会建构"这一概念被使用之后，社会建构主义在批判中所得到的意义就变得不那么重要了。这个表达被误解为科学事实不是真实的，可能是编造的。

"不知不觉中，建构主义已经成为其相反的同义词：解构"（Latour, 2005b, p.92）。因为在行动者网络理论中，拉图尔从来没有打算将其与"现实主义的增加"联系起来（Latour, 2005b, p.92）：

> 一方面，当我们说一个事实是被建构起来的时候，我们只是说，我们通过动员各种实体来说明这个客观现实；另一方面，"社会建构主义"意味着，我们用一些其他的东西来代替构成这个现实的东西，也就是它"真正"建构的社会……为了让建构主义重新立足，只需认识到：一旦社会意味着再次联合，社会由物质构成的概念就消失了。

> （Latour, 2005b, pp.91-92）

其他当代哲学家也致力于恢复建构主义和现实主义之间的联系（Ferraris, 2014, 2016）。拉图尔在他探究存在模式的研究中进一步拓展了他对存在主义的研究。

存在模式

在 AIME（存在模式研究）中，拉图尔将现代与现实重新连接起来，并为价值观提供了空间。与许多当代社会学家和哲学家一样，他试图找到一个问题的答案：现代世界如何能与科学以外的其他形式的知识、价值观和经验相结合。这一探索可以与博尔坦斯基和提维诺的相异的"世界"（见第13章）以及卢曼的"自动生成系统"（见第三章）相提并论。拉图尔在 2013 年出版的《存在模式研究》一书中提到这一探索。在这本书中，我们跟随一位虚构的人类学家，对现代人的状态和地位进行了实证研究。《我们从未现代过》（Latour, 1993）一书中提出了关于（非）现代宪章的问题，也可以被解读为《科学在行动》（Latour, 1987）一书的扩展版，该书引入了行动者网络理论。这本书是对今天的人及其所建设的世界非常丰富且全面的民族志描述和分析。这本书遵循实证研究的原则，并在此基础上讨论了哲学的相关论题。它"旨在为我们的价值观、我们是谁以及我们如何生活提供一个更好的、更丰富的视角，并为与其他国家人民进行公平外交提供一个平台"（De Vries, 2016, p.166）。

人类学家发现了现代人在世界各地活动时所遇到的15种存在模式。拉图尔没有严格地定义术语"模式"，只是在一般意义上定义什么是科学以外的其他机构，以便更好**105**地对它们进行比较（De Vries, 2016, p.113）。这15种模式总结在本书末尾的数据透视表中（Latour, 2013a, pp.488-489）。它们一共有3组，有些小组详细阐述了早期工作中使用的术语。这样一来，非现代宪章中的准客体就被划分为3种存在模式：技术（TEC）、虚构（FIC）和指称（REF）（这些缩写被拉图尔用于识别存在的模式）。非现代宪章的准主体包括政治（POL）、法律（LAW）和宗教（REL）模式。除了这6种模式，还有另外

9种模式。其中的一些模式在现代人的词汇中没有合适的位置，但它们的出现是为了使现代世界的探索成为可能，并使其与那些有着不同世界观的人的对话可以继续下去，还有另外3种存在模式的研究：网络（NET）、介词（PRE）和双击（DC），会话模式可以与生活世界中的心理相比，是再生产（REP）、变形（MET）与习惯（HAB），这6种模式使得解释现代人无法描述或忽视的体验成为可能。最后3种存在模式与经济有关，这是所有模式中最现代、最理性的部分。经济被分为组织（ORG）、连属（ATT）和道德（MOR）。

这种对当代世界的人类学分析表明，存在和经历的模式比现代社会所暗示的要多。事实与价值观之间、自然与文化之间、理性与情感之间都没有明显的区别。每一种存在模式都有其自身的特点和运行规则，例如，对于法律这是手段，对于科学这是指称，对于宗教这是爱。为了生存，每种模式都必须与其他存在模式相关联。这就是所谓的"作为他者的存在"，这是描述当代世界的核心概念，呼吁在不同的存在模式之间展开持续的外交对话（Latour, 2013a）。

所有的存在模式都是一个行动者网络的集合，内容通过这些网络传播或传递。在拉图尔早期的作品中，他关注的是如何建立行动者网络；在他的书中，他试图记录在行动者网络中所传递的信息，以显示不同的存在模式所涉及的不同价值（De Vries, 2016）。拉图尔主张，现在是从更广阔的视角重新思考现代性的时候了，而不仅仅是现代人，现代性可以而且必须被重置（Latour & Leclerq, 2016），为价值观、现实和不同的存在模式提供空间。

对拉图尔的批判

2004年，拉图尔发表了一篇论文，他似乎对自己作品中的一些基本前提和出发点提出了质疑。在《为什么批判已经失去动力？从事实到关注的问题》（Latour, 2004）中，他对自己的作品提出了批判，这个批判解决了他的担忧，即他的作品被用来以相对主义的方式批判科学和技术。他从来没有想过他的作品会被这样理解，对科学和技术的批判性研究不应被误认为是与科学相对立的观点。对拉图尔作品的一个重要批判是，它打开了科学技术相对主义的大门，批判了科学技术在我们社会中所扮演的角色。特别是一些人对于行动者网络理论的基本建构主义出发点的理解过于激进，因此，批评者认为行动者网络理论太具有相对论性了。这种批评尤其适用于拉图尔的早期作品，直到21世纪中期。

德·弗里斯（De Vries, 2016）批判了对存在模式的研究。虽然他提供了一个对我们作为人类以及我们生活的世界更清晰的观感，但是我们不应该对"现代人会接受和采纳拉图尔提出的对价值观的重新描述"有很高的期望（De Vries, 2016, p.191）。最重要的原因是方法的复杂性和仍需进行的研究工作。拉图尔早期的工作是建立在他自己对科学和技术实践的实证研究的基础上，但是其他一些存在模式需要更多令人信服的证据来证明它们是按所描述的那样运行的。这同样适用于作为研究取向的一部分的价值观，因此有必要对此进行进一步调查（De Vries, 2016）。

公共关系的相关性

拉图尔从未讨论过公共关系或公共关系从业者在集体中的角色。在他的作品中，公共关系就意味着《公共呈现》（Latour, 1999）。虽然他从来没有明确关注大众传播过程或记者在转译过程中的作用，但公共呈现被视为对科学家非常重要的一环。"因此，"拉图尔说，"这个环节远不是科学的边缘附件，它也是事实结构的一部分，不能留给教育理论家和媒体专业的学生"（Latour, 1999, p.106）。现代人当然会传播，尤其是在新的数字世界里。拉图尔将数字传播称为双击（DC）的存在模式，是一种将传播工具化的模式。这种传播忽视或不想知道在传播中发生了什么转译，似乎是一种中立的信息传递行为（Latour, 2013a）。除了萨默维尔（Somerville, 1999）、莱唐（L'etang, 2012）、斯科尔泽尔和诺兹哈夫特（Scholzel & Nothhaft, 2016）之外，拉图尔的理论在国际英语文献中几乎被公共关系理论家所忽视，其原因可能就是这些关于公共关系和公共呈现的遥远言论。萨默维尔认为当行动者网络理论遇到公共关系时，公共关系理论可能会有新的视角，特别是通过对现有理论中一些预设的抵制和争议，以及被忽视的非人类行动者或人类行动者（Somerville, 1999）。莱唐（L'etang, 2012）引入了公共关系的人类学研究议程，斯科尔泽尔和诺兹哈夫特（Scholzel & Nothhaft, 2016）使用行动者网络理论对德国前国防部长卡尔－特奥多尔·楚·古滕贝格（Karl-Theodor zu Guttenberg）的博士论文进行分析，来研究活跃的公众在剽窃事件中所建构的事实。其他作者则间接地使用拉图尔的观点，例如，转译作为传播管理和危机传播在公共关系中的一部分（Fredrikssonetal., 2014; Pallasetal., 2016; Fredriksson & Pallas, inpress）。在公共关系中不使用拉图尔行动者网络理论的其他原因是，与上述对现代思想家的批判一致，即公共关系把自己看作现代（经济）世界不可分割的一部分，你必须采用（批判的）方法来使用它。几十年来，该理论的复杂性不断增加可能是另一个原因。

拉图尔确实写了很多关于组织中其他参与者的文章，特别是因为组织（ORG）是一种存在模式，由连属（ATT）和道德（MOR）组成。除了科学家和工程师，首席执行官和其他管理人员也经常出现在他的研究中（Latour, 1987, 1996, 2013a）。这可能是拉图尔理论被组织传播学者更为频繁使用的原因，尤其是所谓的蒙特利尔学派（Montreal School）及其最杰出的代表人物詹姆斯·泰勒（James R. Taylor）。拉图尔式的概念，如转译、相互客观性（interobjectivity）和中介，在这里被用来使"组织在传播"中理论化（Tayloretal, 1996; Cooren & Taylor, 1997）。蒙特利尔学派是所谓的"协同思维"（CCO-thinking）三大流派之一。拉图尔的理论甚至可以作为蒙特利尔学派的理论基础（Schoeneborn & Blaschke, 2014），并在协同思维的视角下作为理论途径（Cooren, 2015;

Meisenbach, 2016）。近年来，一些传播案例是从行动者网络理论的角度来分析的，例如，2003 年哥伦比亚号航天飞机事故（Marsen, 2014），改变精酿啤酒行业的写作风格（Rice, 2016），以及在意大利因没有正确警告人们即将发生地震而对科学家的过失杀人的定罪（De Vasto et al., 2016）。

接下来将通过行动者网络理论的视角来看待公共关系，并探讨拉图尔方法与公共关系的相关性。

在行动中学习公共关系。首先，行动者网络理论可以被看作是一种研究公共关系的分析视角——去研究行动中的人们，就像研究社会中的科学家和工程师一样。拉图尔在他的著作《科学在行动》的最后，警告说"官僚、管理人员、办公室文员，或者简而言之，这个让技术科学相形见绌的第三产业"（Latour, 1987, p.255）不应该被轻视，应该用研究科学家和工程师的相同方法来研究他们。他指的技术科学是制造业的科学和技术。我们应该用同样的方法来研究官僚、管理人员和办公室文员（拉图尔略带讽刺地称呼他们），因为"稳定的社会状态是由各种各样的行政管理科学产生的，就像天文学对黑洞的稳定解释一样"（Latour, 1987, p.256）。因此，不应忽视行政网络在建构事实和使科学稳定方面所发挥的作用。在过去的几十年里，科学的地位似乎得到了加强，这是科学侵入我们日常生活的时代，科学和技术无处不在。它们已经变得平庸，甚至更好地与网络中的各种其他元素相连。

在过去几十年里，行政网络也越来越多地受到公共关系专业人员的欢迎。在所有这些公共关系专业人员中，我们可以询问他们对他们所参与的集体的现实建设做出了什么贡献？他们形成了什么样的联合？他们把自己和什么样的人联合在一起，为什么联合在一起？他们是否只是在集体中双击前进的道路，而没有质疑传播策略、内容和结果对现实建构过程的贡献？他们如何处于存在模式中？他们在那里做了什么？他们带来了什么价值以及为什么带来这些价值？回答这些关于公共关系专业人员在集体中的相对位置的问题，能够通过参与观察方法和以行动者网络理论作为分析的角度，找到研究项目，像人类学家的项目使用民族志、网络理论和价值观觉察一样（Latour, 2013）。从行动者网络理论和存在模式研究的角度研究公共关系，首先将关于社会问题和价值观的争议引入公共关系研究的核心。毕竟，公共关系从业者经常在台前或幕后的辩论中发挥重要作用。它可以揭示公共关系认识论与本体论之间的紧张关系（Brown, 2012），通过实证研究实践并展示公共关系实践中真正发生的事情。民族志方法可以帮助揭示公共关系从业者在社会问题争论中实际做了什么，而不必依赖公共关系从业者自己的报告。

其次，拉图尔的观点可以帮助我们了解不同行动者的利益和价值观之间的紧张关系是如何被公共关系专业人员所创造和处理的。在公共关系领域，党派利益群体和无党派利益群体之间的紧张关系很难克服。这就是为什么"道德相对主义是从业者中普遍的道德立场"（Pearson, 1989, p.67），由于客观的道德标准不为人知或不存在，道德相对主义

108

或实用主义似乎是公共关系行动的唯一参照框架。皮尔逊（Pearson, 1993）提出了一种超越这种相对主义的方法：关注传播过程本身的伦理维度，包括共同取向、传播规则和传播对称等概念（Pearson, 1993）。拉图尔对公共关系的看法也有助于超越道德相对主义的立场，它让党派和无党派利益群体和价值观的建构可见，并将它们纳入集体，它将展示公共关系在这些过程中的专业角色。这里也包括从行动者网络理论的视角观察获得新的见解，例如，公共关系从业者如何帮助组织跨越边界活动、创建边界之间不同存在模式或其他方式，公共关系从业人员如何帮助建构存在的组织模式和其他人之间的桥梁。

109

最后，从拉图尔的角度进行的研究将显示公共关系专业人员如何创造和处理公共呈现；他们如何与开放、舆论和民主决策等价值观和概念打交道。这些经典的公共关系概念与公共领域的工作相联系（Van der Meiden & Fauconnier, 1994），可以在公共关系研究中占据中心地位。这可以与其他公共领域理论联系起来，比如哈贝马斯的理论（见第十五章）。拉图尔的观点通过从微观社会学的角度研究公共关系的行为，有助于拓展反身性理论（Van Ruler & Vercic, 2005）和后反身性传播理论（Johansen & Valentini, 2013）。

争议。追踪联合是学者从拉图尔的角度进行研究的主要任务，这可以通过询问关于发生的五种争议来完成。拉图尔称它们为五大不确定性（Latour, 2005b）：群体的性质、行动的性质、客体的性质、事实的性质和研究本身的性质。不确定性的第一个来源是群体的性质；没有固定的群体，只有群体的形成。集体成员聚集在一起，为组成共同的世界做出贡献，包括科学家、政治家、经济学家和道德家。关于公共关系，问题将是公共关系专业人员在这样一个由不同组织和集体组成的群体中所扮演的角色：他们如何做出贡献？他们是群体创造者、群体发言人还是群体持有者？他们让谁参加了已经形成的群体，还是他们自己参加了特定的群体形成过程？公共关系专业人员可以被认为是群体形成过程中的调解者之一，在这些过程中，他们在调解什么？他们改变了什么，他们自己又是如何被改变的（Latour, 2005b）？他们如何通过集体和不同的存在模式传播信息（Latour, 2013a）？

不确定性的第二个来源是行动的性质，即谁是行动的代理。当他们行动时，还有谁在行动？在联合社会学中，行动不能被社会力量所决定，像在社会的社会学中那样，行动者是由许多人之间的联合产生的。这里关于公共关系的核心问题将是公共关系专业人员是如何行动的，以及他们会选择什么样的行动者来推进他们的行动。他们如何与其他行动者产生联合？

不确定性的第三个来源是客体的性质，即在这场争议中，什么类型的机构参与其中以及客体是否也具有代理是中心问题。它是关于非人类的作用和对称性的。正如我们所看到的，不仅是人类的行为，非人类也可以采取行动，我们必须在分析中保持对称。拉图尔强调行动者网络理论不能被理解为"人类与非人类之间'某种荒谬'的对称性……这仅仅意味着，不在人类的故意行为和一个具有因果关系的物质世界之间预先强加某种

110

虚假的不对称性"（Latour, 2005b, p.76）。从这个意义上说，客体确实具有能动性，并且可以被看作是网络的一部分。这里的一个中心问题是，公共关系专业人员如何与客体建立联合。例如，他们在使客体行动方面的作用是什么？

不确定性的第四个来源是事实的性质：关于自然（以及关于社会）的科学事实是如何建构的，它们又是如何成为事实的？从行动者网络理论的角度来看，旧宪章中的事实问题被新宪章关注的问题所取代（Latour, 2004a; Latour, 2005b）；宪章意味着我们思考世界和概念化世界的方式。这些令人关注的问题"具有高度的不确定性，并引起强烈的争议，这些真实的、客观的、非典型的和最重要的、有趣的主体不完全作为客体，而是作为集合"（Latour, 2005b, p114）。对这些令人关切的问题的痕迹随处可见；由于科学事实不再只是在实验室中产生的，"在工业社会的任何地方，要遵循一项行动方针，都很难不影响它们的结果"（Latour, 2005b, p.119）。它们的结果不仅随处可见，而且它们的生产经常在激烈的"关于'自然事物'的争议"中产生公开辩论（Latour, 2005b, p.119）。

行动者网络理论的第五个不确定性来源是研究本身的性质。由社会科学家和社会学家联盟编写的文本是"社会科学家的实验室"（Latour, 2005b, p.127），它们也可能像自然科学实验一样经常遭遇失败。由于在联合社会学中，"社交"一词被定义为"一系列异质元素之间的联合"（Latour, 2005b, p.5），所以社交是一种痕迹，根据拉图尔的观点，好的行动者网络理论文本是一个"追踪网络"的文本（Latour, 2005b, p.128）。正如我们所看到的，网络不是一个外在的东西，而是一个概念，一个用来帮助描述事物的工具。因此，一个好的行动者网络理论是一个关于正在做某事的行动者的故事，这些行动者被视为中介，因此，通过展示中介的行动使社交可见。行动者网络理论对公共关系行动者的研究也应如此。

这五种不确定性，即群体的性质、行动的性质、客体的性质、事实的性质和研究本身的性质，都由行动者进行讨论的。随着讨论的结束，这些不确定性在一个集体中稳定下来。这种稳定往往是暂时的，直到一场新的讨论开始。

行动者网络理论的基本原理与公共关系的研究。以行动者网络理论的视角看待公共关系实践，不仅意味着要追踪公共关系从业者的行动，还意味着要接受行动者网络理论的基本原则，其中大多数原则与该领域占主导地位的功能主义和规范性观点是不具可比性的。在下一节中，我们将讨论其中一些原则。

最重要的原则是行动者网络理论是一种建构主义理论。正如我们所看到的那样，它的前提是，现象必须通过它们的建构过程来解释，诸如自然、社会、社交等概念，以及事实、真理、正确或错误等概念，都是解决争议的结果，不是原因。不确定性的稳定解释了集体对事实和非事实的看法。此外，在集体中不仅可以使人类行动，而且可以使非人类行动。非人类的作用是行动者网络理论的一个重要组成部分，与公共关系的功能主义和规范性描述形成鲜明对比。在这种描述中，非人类不被认为是有问题或被忽视的，

111

而且总是与行动者——人类有关。正如科学技术的核心作用一样，公共关系的行动者网络理论描述将科学家、政治家、经济学家和道德家共同建构现实的集体过程放在研究公共关系的核心位置。那么核心问题是公共关系从业者在现实建构中扮演什么样的角色，为什么他们扮演这样的角色以及他们如何在网络中扮演角色？这并不意味着对公共关系研究和实践应进行相对性和理想化的描述。存在模式研究项目的民族志方法不仅具体地说明了事实的建构过程，而且还显示了这些事实如何与价值观以及它们在不同存在模式中的含义（Latour, 2013a）。

公共关系理论和实践中经常使用的扩散概念（Rogers, 2003），在公共关系的行动者网络理论和存在模式研究中失去了很多意义。双击模式作为一种存在模式得到了特别的关注，它主要用于指出工具化传播概念的问题（Latour, 2013）。兴趣、事实、机器等一些例子并不能扩散到不同的目标群体；相反，兴趣、事实和机器是转译过程的结果，而那些抵制或接受新思想或新发明的目标群体也是如此。我们可以询问公共关系专业人员因为什么样的转译而被卷入网络中，或者他们自己使用了什么样的转译？帕拉斯、弗雷德克里松和韦德林（Pallas, Fredriksson & Wedlin, 2016）评估了在制度语境下这种转译不是扩散的概念，尤其是媒体逻辑，它是公共关系的核心概念。

同样的意义丧失适用于居间者的概念；同时，在公共关系理论和实践中它也经常被使用，其不仅作为产生社交的手段，而且作为各种不同传播媒介的概念化。联合社会学与社会的社会学的主要区别之一在于产生社会的概念化的方式：它们是调解者还是居间者？在社会的社会学中，这些手段往往被视为居间者，而在行动者网络理论中，它们被视为调解者。居间者可以定义为一个黑箱；它传输意义而不进行转换，输入等于输出。相反，调解者"变换、转译、曲解和修改它们应该携带的意义"（Latour, 2005b, p.39），因此，不可以被视为一个输入预知输出的黑箱。在公共关系的背景下，我们可以考虑顾问的作用。他们经常充当传播概念的调解者，这时，传播概念可能会在组织中流行起来。同样的道理也适用于一些将自己的理论作为概念的学者，例如格鲁尼格，格鲁尼格和多齐尔（Dozier, 2002）的卓越方法以及丰布伦和冯·瑞尔（Fombrun & Van Riel, 2004）的声誉概念。正如拉图尔所说：调解者和居间者之间的差异很大。

> 初步总结一下这种对比，社会学家认为只有一种社会集合体有少量调解者和大量居间者；对于行动者网络理论来说，没有更好的社会集合体类型，这种社会集合体存在无数的调解者，当这些调解者转化成忠实的居间者时，它不是常规的，而是一个罕见的例外。这个例外占了一些额外的工作，这些额外的工作通常是通过动员更多的调解者来完成的。
>
> （Latour, 2005b, p.40）

从行动者网络理论的角度来看，调解者的数量远多于居间者；正如调解者所做的那样，变换、转译、曲解和修改其内涵似乎是常规而不是例外。当公共关系专业人员充当调解者时，可以提出这个问题，他们什么时候在网络中担任居间者？对于这个问题，可以提出同样的问题，即记者和其他行动者在集体中的大众媒体领域的立场，他们是如何以及何时进行调解的？他们曾经充当过居间者吗？

最后，正如许多公共关系理论所做的那样，在公共关系的行动者网络理论和存在模式研究的视角中，非现代宪章或更好的、不同的存在模式必须得到承认，从而代替现代宪章。存在模式可以是分析集体建构过程的基本原则，同时对混合物、准对象、准主体、所做的调查、经济和生活世界持开放的态度。公共关系专业人员在不同存在模式和不同传播模式中扮演什么角色？他们是否扮演这样一个角色，例如，科学家、政治家、经济学家和道德家提出的主张？他们在公共生活中扮演怎样的角色？最后但同样重要的是，他们在关于科学和问题的民主辩论和民主决策中扮演了什么角色？他们如何使用价值观，以及如何将价值观与现实联系起来？所有这些问题都可以从拉图尔的公共关系角度提问和作答。

结论

113

从分析的角度来看，拉图尔的联合社会学、行动者网络理论或存在模式研究，提供了公共关系理论和实践中除了功能主义和规范理论之外更常见的理论（Men & Verhoeven, 2012）。首先，它承诺对公共关系的实践及其在集体中所起的作用有更复杂和更详细的了解。最重要的是，行动者网络理论的基本原则为我们提供了一个空间，在这个空间中，我们可以在不同的存在模式下，对建构非现代宪章有一个更加真实的认识。在这种存在模式下，公共关系从业者在建构现实的过程中发挥着自己的作用，将自己与他人和非人类联系起来。行动者网络理论有机会将公共关系、共同价值观和现实主义重新联系起来。这也将是这一社会理论视角与实践的主要关联；更好的文化智商，将对自己的行动有更现实的理解，以及将自己的职业与价值观联系起来并认识到这一点的可能性。它将科技与有争议的相关问题转移到分析公共关系活动的核心，这可以让学者和实践者更好地了解公共关系活动如何在争议和争议结束后对现实的建构做出贡献。在这种观点中，公共关系不仅仅遵循战略或组织已经确定的政策；它将表明，公共关系和传播活动是这些战略和政策的组成部分。而且它还将揭示公共关系活动的政治层面，并可能阐明当他们参与民主进程时，从业人员如何创造环境来促成同意（Bemays, 1955）。毕竟，拉图尔的观点可以使公共关系更具有反思性，与价值观更紧密地联系在一起，它可以使公共关系的研究更加真实，这可能有助于使该学科超越伦理相对主义。

116 拉图尔的生平和作品

布鲁诺·拉图尔，1947年出生于法国勃艮第的波恩。他曾修读哲学和人类学，现为巴黎政治学院名誉教授。他还是巴黎国立高等师范学院（Ecole Nationafe Superieure des mines）社会科学中心（Centre de Sociologie de）的教授。他工作的核心是研究工作中的科学家和工程师，以及在民主社会中有关科学和技术问题的争议。

他的代表作有三部：《行动中的科学》（1987）、《我们从未现代过》（1993）和《存在模式研究》（2013a）。在其余重要作品中，他提出的理论观点被翻译成英文，这些作品是《实验室生活：科学事实的建构》（1979），与史蒂夫·伍尔加（Steve Woolgar）合作的《科学事实的建构》，此外，他还发表了《柏林钥匙》（*The Berlin key*）（2005）、《潘多拉的希望：关于科学研究现实的论文》（*Pandora's Hope: Essays on the Reality of Science Studies*）（1999）、《自然政治》（*The Politics of Nature*）、《重组社会》（*Reassembling the Social*）（2005b）和《论现代拜物教神崇拜》（*On the Modern Cult of the Fetish Gods*）（2010b）等文章。描述特定情况下实证研究的重要作品或论文是《法国的巴氏杀菌法》（*The Pasteurization of France*）（1988），在这篇论文里，路易斯·巴斯德（Louis Pasteur）扮演核心角色，《Aramis或对技术的热爱》（*Ammis or the Love of Technology*）（1996）讲述了为巴黎设计的Aramis交通导航系统的兴衰，他还发表《法律制定》（*The Making of Law*）（2010a）和《欣喜》（*Rejoicing*）（2013b）等文章。在2002年、2005年和2016年，拉图尔分别担任德国卡尔斯鲁厄ZKM（艺术与媒体技术中心）三场大型展会的策展人："图标冲突"（Icon-clash）（Latour & Weibel, 2002）、"公开事物"（Making Things Public）（Latour & Weibel, 2005）和"重置现代性"（Reset Modernity）（Latour with Leclerq, 2016）。

此外，拉图尔还出版了许多关于科学研究和社会理论的著作，关于科学研究对其他社会科学主题的影响的法语书和文章以及电子书《巴黎隐形城市》（*Paris invisible City*）（Latour, 2006）。荷兰科学家和技术哲学家杰拉德·德·弗里斯（2016）对他的哲学和著作进行了全面而清晰的介绍。

参考文献

[1] Bernays, E. L. (Ed.). (1955). *The engineering of consent.* Norman, OK: University of Oklahoma Press.

[2] Brown, R. E. (2012). Epistemological modesty: Critical reflections on public relations thought. *Public Relations Inquiry*, 1(1), 89-105.

[3] Cooren, F. (2015). Studying agency from a ventriloqual perspective. *Mamqement Communication Quarterly*, 29(3), 475-480.

[4] Cooren, F., & Taylor, J. R. (1997). Organization as an effect of mediation: Redefining the link between organization and communication. *Communication Theory*, 7(3), 219-260.

[5] De Vries, G. (2016). *Bruno Latour*. Cambridge, MA: Polity Press.

[6] DeVasto, D., Graham, S. S., & Zamparutti, L. (2016). Stasis and matters of concern: The con-viction of the L'Aquila seven. *Journal of Business and Technical Communication*, 30(2), 131-164.

[7] Ewen, S. (1996). *Public relations! A social history of spin*. New York, NY: BasicBooks.

[8] Ferraris, M. (2014), *Manifesto of new realism*. New York, NY: State University of New York Press.

[9] Ferraris, M. (2016). *Introduction to new realism*. London: Bloomsbury Academic. **114**

[10] Fombrun, Ch. J., & Van Riel, C. B. (2004). *Fame and fortune*. Upper Saddle River, NJ: Prentice Hall.

[11] Fredriksson, M., & Pallas, J. (In press). Translated inconsistency: Management commu¬nication under the reign of institutional ambiguity. *Management Communication Quarterly*.

[12] Fredriksson, M., Olsson, E.-K., & Pallas, J. (2014). Creativity caged in translation: A neo-institutional perspective on crisis communication. *Revista Intermdonal de Reladones Públicas*, 4(8), 43-64.

[13] Grunig, L.A., Grunig, j., & Dozier, D. (2002). *Excellent public relations and effective organisations*. London and New York, NY: Routledge.

[14] Hagendijk, R. P. (1990). Structuration theory, constructivism, and scientific change. In S. E. Gozzens & Th. F.Gieryn (Eds.), *Theories of science in society* (pp. 43-69). Bloomington, IN: Indiana University Press.

[15] Ihlen, Ø., dc VerhoevenP. (2012). A public relations identity for the 2010s. *Public Relations Inquiry*, 1(2), 159-176.

[16] Inglehart, R. (2001). Sociological theories of modernization. In N. J. Smelser & P. B. Baltes (Eds.), *International encyclopedia of social & behauiord sciences* (pp. 9965-9971). Amsterdam, Netherlands: Elsevier.

[17] Johansen, T. S., & Valentini, C. (2013). Corporations5 involvement in societal debates: Towards post-reflective organizations. Paper presented at the conference of the International Communication Association, UK, London, 17-23 June 2013.

[18] Latour, B. (1983). Give me a laboratory and I will raise the world. In K. Knorr-Cetina Sc M. Mulkay (Eds.), *Science observed: Perspectives on the social study of science* (pp. 141-170). London: SAGE.

[19] Latour, B. (1987). *Science in action: How to follow scientists and engineers through society*. Cambridge, MA: Harvard University Press.

[20] Latour, B. (1988). *The pasteurization of France* (A. Sheridan & J. Law, Trans.). Cambridge, MA: Harvard University Press.

[21] Latour, B. (1993). *We have never been modern* (C. Porter, Trans.). Hertfordshire, England: Harvester Wheatsheaf.

[22] Latour, B. (1995). *De Berlijnse sleutel [Hie Berlin key]* (1993). Amsterdam, Netherlands: Van

[23] La tour, B. (1996). *Aramis or the love of technology* (C. Porter, Trans.). Cambridge, MA: Harvard University Press.

[24] Latour, B. (1999). *Pandora's hope: Essays on the reality of science studies*. Cambridge, MA: Harvard University Press.

[25] Latour, B. (2003), Is re-modemization occurring - and if so, how to prove it? *Theory, Culture and Society*, 20(2), 35-48.

[26] Latour, B. (2004a). Why has critique run out of steam? From matters of fact to matters of concern. *Critical Theory*, 30(Winter), 225-248.

[27] Latour, B. (2004b). *Politics of nature; How to bring the sciences into democracy*. Cambridge, MA: Harvard University Press.

[28] Latour, B. (2005a). From Realpolitik to Dingpolitik or how to make things public. In B. Latour & P. Weibel (Eds.), *Making things public: Atmospheres of democracy* (pp. 14-43). Cambridge, MA: The

MIT Press.

[29] Latour, B. (2005b). *Reassembling the social. An introduction to actor-network-theoty*. New York, NY: Oxford University Press.

115 [30] Latour, B. (2006). Paris invisible city. Retrieved from www.bruno-latour.fr/virtual/index.html#. Accessed 1July 2008.

[31] Latour, B. (2010a). *The making of law*. Cambridge, MA: Polity.

[32] Latour, B. (2010b). *On the modern cult of the factish gods*. London: Duke University Press.

[33] Latour, B. (2013a). *An inquiry into the modes of inquiry: An anthropology of the moderns*. Cambridge, MA: Harvard University Press.

[34] Latour, B. (2013b). *Rejoicing. Or the torments of religious speech*. Cambridge, MA: Polity.

[35] Latour, B. (Ed.) with Leclerq, Ch. (2016). *Reset modernity*. Karlsruhe, Germany: ZKM, Center for Art and Media Karlsruhe.

[36] Latour, B., & Weibel, P. (2002). *Iconoclash, beyond the image wars in science, religion and art*. Cambridge, MA: The MIT Press.

[37] Latour, B., & Weibel, P. (2005). *Making things public: Atmospheres of democracy*. Cambridge, MA: The MIT Press.

[38] Latour, B., & Woolgar, S. (1979). *Laboratory life: The social constrnction of saentific facts*. London: SAGE.

[39] L'Etang, J. (2012). Public relations, culture and anthropology - towards an ethnographic research agenda. *Journal of Public Relations Researclt*, 24(2), 165-183.

[40] Marsen, S. (2014). "Lock the doors": Toward a narrative-semiotic approach to organizational crisis. *Journal pf Business and Technical Communication*, 28(3), 301-326.

[41] Meisenbach, R. J. (2016). Integrating ethics and responsibility into organizational communication research: Issues and new directions. *Management Communication Quarterly*, 30(1), 1-7.

[42] Pallas, J., Fredriksson, M., & Wedlin, L. (2016). Translating institutional logics: When the media logic meetS professions. *Organization Studies*, 37(11), 1661-1684. doi:10.1177/0170840616655485

[43] Pearson, R . (1989). Beyond ethical relativism in public relations: Co-orientation, rules, and the idea of communication symmetry. *Public Relations Research Annual*, 1(1-4), 67-87.

[44] Rice, J. (2016). Professional purity: Revolutionary writing in the craft beer industry. Journal if Business and Technical Communication, 301(2), 236-261.

[45] Rogers, E. M. (2003). *Diffusion if innovations*. New York: Free Press.

[46] Schölzel, H., & Nothhaft, H. (2016). The establishment of facts in public discourse: Actornetwork-theory as a methodological approach to public relations-research. *Public Relations Inquiry*, 5(1), 53-69.

[47] Schoeneborn, D., & Blaschke, S. (2014). The three schools of CCO thinking: Interactive dialogue and systemic comparison. *Management Communication Quarterly*, 28(2), 285-316.

[48] Somerville, I. (1999). Agency versus identity: Actor-network theory meetS public relations. *Corporate Communications: An International Journal*, 4(1), 6-13.

[49] Taylor, J. R., Cooren, F., Giroux, N., & Robichaud, D. (1996). The communicational basis of organization: Between the conversation and the text. *Communication Theory*, 6(1), 1-39.

[50] Van der Meiden, A., & Fauconnier, G. (1994). *Public relations*. Groningen, Netherlands: Martin us Nijhoff Uitgevers.

[51] Van Ruler, B., & Verčič, D. (2005). Reflective communication management, future ways for public relations research. *Annals if the International Communication Association*, 29(1), 239- 273.

第二部分

社会力量

第七章

布尔迪厄：公共关系，位置与资源

欧文·伊伦

皮埃尔·布尔迪厄（Pierre Bourdieu）的社会学指出，社会行动者在不同形式的象征和物质资源（资本）的帮助下，在场域（fields）中进行斗争以获取位置（position）（Bourdieu & Wacquant, 1992）。场域是一个包含支配、服从或平等关系的社会空间，这种关系由行动者拥有的资源类型和数量决定。在本章中，我们提出公共关系能够帮助组织争夺位置，并讨论资源的各种类型。

比起规范的场域理论，以这种方式扩展布尔迪厄的社会学，为公共关系提供了一个更精确的视角，即什么是公共关系实践，如何理解公共关系实践。在许多公共关系研究中，占主导地位的自由多元主义强调了和谐与共识的可能性（Grunig, Grunig, & Dozier, 2002; Sriramesh, Zerfass, & Kim, 2013; Taylor, 2010）。而布尔迪厄提出的更加复杂的关系视角——社会冲突视角，或许可以更好地理解公共关系实践。社会冲突强调了对比和分析权力议题的必要性。

在个人层面上，冲突视角不一定意味着"冷漠的、算计的、利益最大化或再生产统治的工具性需求……而是对存在理由高度情感化的追求，这种追求在他人眼里通常是有价值的"（Atkinson, 2016, p.3, original italics）。个人斗争与场域中的其他形式不同。布尔迪厄的著作在很大程度上立足于个人层面。然而，正如其他人指出的那样（Feldman, Strier & Schmid, 2016），在群体层面上运用这样的框架也是可行的。本章将继续讨论被布尔迪厄称为实践理论的某些部分如何在组织层面上运用公共关系。由于布尔迪厄的观点并没有涉及组织，也没有涉及公共关系，所以有必要扩展和重建他的一些理论观点。

布尔迪厄的社会学

布尔迪厄被认为是当代最杰出的社会思想家之一，有大量的书介绍和讨论他的理论贡献（Atkinson, 2016; Jenkins, 2002; Robbins, 2000; Swartz, 1997）。由于布尔迪厄十分重视传播学，所以他的著作在传播学研究中越来越受欢迎（Benson & Neveu, 2005; Webb, Schirato & Danaher, 2001; Wiedemann & Meyen, 2013）。

布尔迪厄的社会学揭示了个人和集体都力图维持或改造社会世界，通过这样的方法，社会世界被构建、组成以及再生产，其核心是"试图将实在的定义合理化"（Bourdieu, 1990b, p.141）。布尔迪厄最初是一名人类学家，但后来他的研究兴趣转向了社会学，从而成为一名跨学科研究者，他不仅在人类学和社会学方面得到认可，而且还在教育、文化理论和哲学方面得到认可。然而，除了从人类学到社会学的转变，由于布尔迪厄的折中主义，人们很难从他的作品中辨别出特定的理论"进展"或"阶段"（Webb et al., 2001）。这种折中主义也反映在他如何使用各种不同的研究方法上，从民族志到统计模型，以及元理论和哲学方法。然而，纵观布尔迪厄大部分的研究，他都十分关注语言与权力。

语言与权力

布尔迪厄认为语言既是战场又是武器。他的观点是，语言不仅构成了我们对世界的理解，而且也是传达这些理解的媒介。语言既是一种构建结构，又是一种结构化了的结构。在语言和语用方面，社会结构的语迹被表达和再生产（Bourdieu, 1991）。这里的关键一点是，语言是一种象征性的权力，通常不被认为是权力。根据布尔迪厄的观点，社会学的任务是揭示社会结构和帮助其再生产或转化的社会机制（Bourdieu & Wacquant, 1992）。通过对这些方面的关注，布尔迪厄继续他的启蒙项目。他认为，学术研究应该是对社会世界的一种干预，而不是冷漠的反映。他特别批评了传统权威，并力图证明社会中的某些机制如何使支配地位看起来是"自然的"或个人选择的结果。布尔迪厄在晚年开始直接参与政治活动，挑战经济学家和行政官员的新自由主义意识形态。他说，新自由主义不是以政策文件的形式，而是以日常用语的形式。对日常用语的分析可以帮助我们理解那些在社会中被认为是理所当然的事，即信念（doxa），或者那些无可争议的普遍观点。例如，"有毒的态度"意味着"身体和精神无意识地服从任意和偶然的条件"（Webb et al., 2001, p.xi）。因此，对信念和一些诸如官僚所讲的故事分析意味着研究人员追求真相，考察其象征性权力的行使（Webb et al., 2001）。布尔迪厄的作品具有批判性社会科学最重要的特征之一——"识别和挑战普遍认知、想象和行为方式背后的假设"（Brookfield, as cited in Alvesson & Deetz, 2000, p.8）。

然而，布尔迪厄也强烈批评了另一位参与启蒙项目的现代学者尤尔根·哈贝马斯（见第十五章）。布尔迪厄认为，哈贝马斯的作品中存在虚假的普遍性。他认为，哈贝马斯没有看到象征性暴力已经殖民了人们的思想，并且理性也需要物质条件。这种象征性暴力可能包括被拒绝提供资源或被视为低等人（Fowler, 2001; Webb et al., 2001）。对于布尔迪厄来说，"语言关系总是象征性权力的关系"（Bourdieu & Wacquant, 1992, p.142）。然而，与许多修辞学家、语言学家和话语分析家不同，他不仅关注语言本身，还关注客观结构，以解释和理解这些权力关系。为了理解布尔迪厄的观点，我们有必要讨论他社会学的关键部分——"实践理论"。

实践理论

布尔迪厄超越了唯心主义和唯物主义的经典对立，他将主观主义和客观主义之间的结构或作用置于首要地位。主观主义在这里可以从以下视角来理解：

> 社会实在通过个体行动者的思想、决定和行动而产生……（客观主义）认为，人的行为和态度由客观的社会结构决定，例如与阶级、种族、性别和语言有关的社会结构。
>
> （Webb et al., 2001, pp.xiv-xv）

相反，布尔迪厄最终主张关系应被视为主要因素 [e.g, Bourdieu, (1972) 1977, (1980) 1990]。有人指出，他的思想源于卡尔·马克思，但他从其他经典社会学家那里获得了更多实质性的借鉴，如埃米尔·迪尔凯姆（Emile Durkheim）和马克斯·韦伯（见第二章）（Swartz, 1997）。利用惯习、场域和资本这三个概念，他构建了一种社会学，他认为这种社会学可以消解主观主义和客观主义之间的对立。 **122**

惯习。惯习是一种结构机制，它为社会世界中的行动者制定策略，并通过这些策略把行动者与社会世界联系起来。惯习可以作为一种持久的性情系统，也就是说，作为一种内在的心理或认知结构，它有意无意地发挥作用，并限制人们应该做什么和不应该做什么。惯习建立在性情和个人一生的经历之上（Bourdieu & Wacquant, 1992）。

布尔迪厄并不认为惯习决定了行为，或者惯习推动行动者使他们变得被动。反思（reflection）可以帮助行动者抵制这种惯习，作为一个持久性的性情系统，它是一个开放的系统；它产生了社会，但同时也由社会产生。它对于改变持开放态度，它"不断受到经验的影响，所以其结构被强化或改变"。它是持久的，但不是永恒的（Bourdieu & Wacquant, 1992, p.133）。

接下来将讨论惯习的含义，需要注意的是，人们不仅仅是有意识地追求明确的目标。惯习所提出的策略不能与意向性混为一谈。实践可能是"合理的，但不是一个有理性目的的产物，更不用说有意识的计算"（Bourdieu & Wacquant, 1992, p.120）。这里的惯习打破了人类作为理性行动者的概念，即经济人的概念，但人类计算利益是无须多说的。

场域。社会世界被视为由几个或多或少自治的场域组成，但都被归入权力这个最高场域。这个世界通常包括文学、商业、科学和官僚等场域。在组织层面上，可以说研究中心属于科学场域，家长协会属于教育场域，银行属于经济场域，剧院属于文化场域，政府部门属于官僚场域，等等。场域被理解为行动者所占位置之间的社交空间或关系网络。这些不同的位置是根据不平等的权力或资本形式构建和锚定的。冲突和竞争是行动者在试图积累、保存或转换不同类型资本时的关系特征。行动者根据其拥有的资本类型和数量，占据支配地位、从属地位或同等地位（同源性）。

资本。资本这个概念具有高度的弹性，这种特性具有相当的说服力，但也容易受到批评。布尔迪厄曾提出过几种不同类型的资本，包括政治资本、个人资本、功能资本、专业资本、语言资本、知识资本和学术资本（Bourdieu, 1991）。因此，资本的定义非常广泛，包括物质资源和非物质资源。在关于不同形式资本的文章中，布尔迪厄将其范围缩小为三种基本类型：经济资本（金钱、财产），文化资本（知识、技能、教育资格）和社会资本（关系、团体成员）。然而，与此同时，他认为所有这些形式的资本也可以被理解为象征资本（声望，荣誉）（Bourdieu, 1986）。

资本是积累的劳动：它不是自然赋予的，它需要投资。从某种意义上来说，资本是"社会物理学的能量"（energy of social physics）（Bourdieu, 1990b, p.122）。资本只能在一个场域内发挥相应的作用。资本稀缺，需求旺盛，这就造成了差异。在第一个维度中，行动者根据他们拥有的资本总量在该场域内占据不同位置。在第二个维度中，位置根据其资本的组成进行分配，换句话说，就是根据不同种类的资本在其资产总额中的相对权重来分配（Bourdieu, 1991）。

场域的一个典型特征是，它对一种资本类型的价值高于另一种资本类型的价值，尽管前者在另一个场域的价值可能更低。例如，在商业场域，经济资本是优先考虑的，但在学术场域几乎没有重要性。在后一场域中，重要的是学术意义和个人对同行的评价。这种资本只能在学术场域得到适当的认可，尽管也可以在其之外获得某种认可（Bourdieu & Wacquant, 1992）。

一个场域的界限"总是取决于这个场域本身，并没有先验的答案"（Bourdieu & Wacquant, 1992, p.100）。一个通用的标准是，一个场域的界限就在它的影响力停止的地方（参见关于卢曼的第三章）。为了进一步增加理论的复杂性，我们可以说每个场域可能是一个或几个其他更大场域的一部分，或者本身也可能包含子场域。例如，通过与政治议程和政治制度的联系，上述研究中心可能成为政治场域的一部分。一个环境组织可以说属于政治场域，但同时它也拥有自己的子场域，特定场域的资本以某些环境价值为中心。人们也可以讨论包含所有涉及能源和环境问题的行动者的场域。然而，不同场域之间的关系不受任何跨历史规律的约束。因此，每个历史案例都必须被单独研究（Bourdieu & Wacquant, 1992）。

布尔迪厄还通过某个"程序"提出场域分析，并强调场域必须成为研究的焦点，因为"社会科学真正的目标不是个体"（Bourdieu & Wacquant, 1992, p.107）。研究人员应该关注利益竞争，它们所产生的冲突以及一个场域内全部的逻辑，这些只能"在历史的时间和空间范围内，通过经验现实的特殊性，以构建一个'可能的特例'为目标"来实现（Bourdieu, [1994] 1998, p.2）。换句话说，对能源和环境的特定历史冲突的研究，不能仅仅止于对这些冲突提供"公正"的内在洞察。

批判

布尔迪厄那些令人难以理解的散文引来了诸多批判（Jenkins, 2002）。有人指出，他的修辞策略特别具有讽刺意味，因为他倾向于将社会学作为学术圈外的斗争工具。布尔迪厄后来把访谈作为一种传播模式，这被认为是他对这个问题的认识（Swartz, 1997）。他以前的学生博尔坦斯基（见第十三章）也评论了有洞察力的研究者与其他靠想象工作的人之间的差异，从而表明人们对理解日常生活和社会权力的能力缺乏尊重。这被描述为两个对立的法国社会学，即批判社会学和实用社会学（Benatouil, 1999）。

对他的实践理论的一个常见的批评是，他的理论没有兑现承诺，废除微观与宏观之间、个人与结构之间的对立（Atkinson, 2016; Elliott & Lemert, 2014）。批评者认为，其实践理论深深地植根于客观主义之上，因为布尔迪厄提出的分析建立在"真实的"物质世界上，"行为有其原因，但不允许行为者有其理由"（Jenkins, 2002, p.97）。刻意决策被低估了，因为突出了惯习的作用。大多数行动被视为在复制一种结构，这种结构赋予了已经占主导地位的行动者一种特权。与其他社会学家相比，行动者被赋予的"自由"更少（Giddens, [1984] 1995）。

然而，如果拒绝惯习的概念，那么意向性问题就会出现。布尔迪厄本身对决策、行动者或策略不感兴趣，而对位置感兴趣。实践理论的一个论点是，实践理论扩展了"空间，同时减少了实用和意识"（Bourdieu & Wacquant, 1992, p.25）。然而，在公共关系分析的背景下，行动者有意图且有意识的策略对想法和决策有着重要的影响。然而，被分析专家看作是精心设计的策略，或受访者所呈现的策略，实际可能是偶然的或无意识思考的结果。

实践理论的另一个问题是，它认为惯习、位置、场域和资本的概念只能被理解为系统概念，也就是说，它们只能在"它们构成的理论体系内"被定义，而不能单独存在（Bourdieu & Wacquant, 1992, p.96）。不过，我们仍然可以对该理论进行拓展。在本文中，实践理论将被借用和扩展，至少这遵循了布尔迪厄本人与其他作者的实用主义关系（Bourdieu, 1990a）。

与公共关系的关联

一些公共关系学者在他们的作品中确实提到了布尔迪厄，其中一些学者也借鉴了上述概念之外的其他概念，例如把公共关系视为文化媒介工作，塑造品味，在生产者和消费者之间建立认同感（Curtin & Gaither, 2007; Edwards, 2012）。可能最常见的引用是关于社会资本的文献（Dodd, 2016; Ihlen, 2005; Sommerfeldt & Taylor, 2011）。然而，这些作者很少深入研究布尔迪厄式的公共关系，或它们与更宽泛的实践理论框架之间的关系。例如，对布尔迪厄的研究最为忠实的学者是李·爱德华，她将惯习的概念运用于公共关系领域的各种议题，例如，重音和语态如何成为不同的具体指标（Edwards, 2015）。此外，在她的其他研究中，她使用布尔迪厄的理论将个人实践与公共关系的社会效应联系起来，为她的组织创造了象征权力（Edwards, 2009）。例如，惯习体现在从业者是否对企业的经营原则感到舒适而无质疑。

　　然而，本章不太关注个体行动者和惯习，而更倾向于关注组织层面。本章主要基于我的博士论文（Ihlen, 2004b）和源于这项研究的出版物（Ihlen, 2002, 2004a, 2005, 2007, 2009）。本章提出的基本论点是，布尔迪厄的关系社会学是了解公共关系在社会中如何运作的有用视角。我在博士论文中提出的"程序"基本上利用了场域和资本形式的概念，这两个概念同时也适用于公共关系。

　　场域可以被看作组织使用资源的框架。行动者拥有不同类型的资源并不是一个新颖的概念。一些理论家早就分析了政治过程的各个方面、行动者采用的策略以及他们所利用的资源（Baumgartner, Berry, Hojnacki, Kimball & Leech, 2009; Berry, 1977; Diir, Bemhagen & Marshall, 2015）。然而，布尔迪厄理论的优势在于他强调关系和动态。行动者的位置是相互联系的，位置是资本类型和数量的结果，这些资本形式在特定场域内升值，并不断地尝试获取、持有或转换。资本的分配也是权力关系的表达，而权力关系又用修辞策略来表达。关注这些方面有助于理解行动者的斗争和所处的社会空间。如果将公共关系实践视为一种帮助各个场域的组织追求其利益的实践，那么公共关系实践就符合这一情况。从这个意义上来说，正如爱德华所论证的那样，公共关系应该放弃其"无私的幻想"（Edwards, 2007, p.3）。

　　对布尔迪厄的一种批判是，他将个人和制度视为具有类似地位的实体，并且他没有提供理论化的制度模型。制度仍然是一个黑匣子，惯习只能在一定程度上填补微观和宏观层面之间、行动者和结构之间的差距（Jenkins, 2002）。此外，布尔迪厄提出的几种资本形式相当不明确或未对其进行深入阐释（Schuller, Baron & Field, 2000）。下面的部分汇集并讨论了布尔迪厄关于资源的一些研究，并寻求在组织层面上进一步阐述它们。接下来的重点是制度化，它是一种同经济资本、知识资本、社会资本和象征资本一样的资本形式。

制度化

　　所谓的制度理论已经被应用于公共关系中，其重点是组织的管理机制，包括被认为理所当然的活动、规则、规范和观点（Fredriksson, pallas & Wehmeier, 2013）。在这里，重点不在于传播在这方面发挥的基本作用，也不在于什么是"理所当然"，而在于拥有一个结构化和形式化的组织系统，其中包括不同角色和专业的员工。组织可以被理解为许多人试图协调某些任务，包括传播等任务，以达到目标所做的努力（Bruzelius & Skarvad, 2000）。这意味着某种持久性，以及某种角色类型会以最简单的方式分配给参与者。但是，组织的制度化程度可能不同。最简单的操作是查看组织的人力资源，即询问组织是否有员工，如果有，有多少人。在以会员制为基础的组织中，其成员数量显然是与之相关的。制度化的一个方面在这种意义上也可以称为"人力资本"。

稳定性也是制度化的一个重要方面。在应对长期存在的问题时，组织可以从高度稳定性中受益。通常情况下，当一个计划实施过程拖得太久时，公民团体的资源就会被耗尽，这可以在许多环境冲突中看到（Ihlen, 2004b）。但是，这也可能给该组织提供增强能力的机会。

制度化还包括专业化和程序化。长期的活动往往导致程序化，并使组织的不同成员承担不同的任务。程序化重要的指标是，一个组织是否已经将其公共关系活动程序化，或者它的资源是否与其他日常活动密切有关。当然，这些也可以被看作优先考虑的问题，因此也可以作为高水平传播的指标，这对组织来说非常重要（Fredriksson & Pallas, 2016）。简而言之，关注一个组织如何处理其公共关系，以及它是否有指定的公关经理或公共关系部门变得很重要。公共关系职能与管理层之间的关系也是关键所在。管理层在多大程度上参与公共关系，并将其视为自己重要的部分？

组织本身的制度化程度如何？可以通过这些方面来寻求答案：组织性质、人力资源、管理层规模、成员或员工的数量、参与公共关系的人数，以及与类似组织或竞争对手的比较。在组织的制度化研究中也可以受到一些启发，这些研究包括组织中相互作用的深度和范围，组织的协调安排和结构，以及信息如何在组织中流动（Lawrence, Suddaby & Leca, 2009）。

经济资本

与组织制度化能力密切相关的是经济资本，与其他形式的资本相比，它可能会脱离同一组织。布尔迪厄认为这个概念是其他所有资本类型的根源，但他并没有把所有资本类型都简化为这种类型，就像他拒绝把所有社会互动都简化为传播的概念一样（Bourdieu, 1986）。

经济资本的重要性可以从以下事实看出：即使在自由市场体系中，言论自由只有在行动者能够建立实质存在的情况下才有效，而这需要资源，通常是财政资源（Condit & Condit, 1992; Coombs, 1993; Rakow, 1989）。一个重要的问题是，组织愿意或能够投入多少资金在媒体关系等方面上。该组织是否能够提供信息补贴，即新闻包、新闻稿和其他工具，以方便记者撰写故事（Gandy, 1980; Ihlen & Pallas, 2014）？公共关系机构的蓬勃发展也引发了组织是否有能力雇用这些专家的问题。

但是，公共关系并不一定花钱多才有效。多年来，相对资源匮乏的环保组织获得的地位和媒体报道数量就是一个很好的例子。一般来说，公共关系产生了两种相互矛盾的趋势。一方面，已经很强大的组织使用媒体报道来巩固他们的特殊地位。另一方面，其他组织也能够利用它来获取地位（Davis, 2000）。公共关系，或者至少是媒体关系，相对便宜并且与劳动力成本密切相关——即使是贫困的志愿者组织也可以接受这一点（Davis, 2002）。上述制度化程度，同接下来讨论的资本形式一起，可以平衡经济资本的影响。

128 在挪威一项关于能源和环境冲突的研究中，有一个非常贫穷的环境特设组织在其对手得到了挪威三家最大公司支持的情况下还战胜了它，这仅仅是因为这个环境特设组织巧妙地利用了公共关系。使用和加强社会资本（在后一节中讨论）是弥补经济资本和制度化不足的重要策略。建立联盟，首先与其他环保组织发表联合声明，其次与政治青年党合作，最后与北欧环保组织，以及一系列政党和其他利益组织联合。此外，还给媒体提供新闻和照片，保持话题的热度，展示其知识资本（见下一小节）（Ihlen, 2004b）。

在公共关系中分析这类资源时，首先的问题就是：组织拥有什么样的经济资本？这可以被定义为组织的预算。此外，看看有多少预算用于公共关系。庞大的预算可以提供更多的信息或聘请外部公共关系专家。我们可以通过呈现的数据，比较不同组织的预算。

知识资本

布尔迪厄始终关注教育场域，因为社会空间的价值和关系正是在这里代代相传的（Bourdieu, 1984）。在教育场域，文化资本（或信息资本）才是最重要的。文化资本可以是身体化、客观化或制度化的。也就是说，文化资本可能与个人有关，例如专业知识、语言能力或文化素养。它也可能与物品有关，如书籍或电脑。此外，图书馆和精英学校等机构也包含文化资本（Bourdieu & Wacquant, 1992）。一个以声誉为导向的组织可以通过创造制度化文化资本来维护公共关系，因为它的核心是保护和美化声誉（Edwards, 2009）。

对布尔迪厄来说，文化资本在很大程度上与高雅和品味有关。在研究公共关系策略时，知识资本，包括政治文化知识和媒体知识，显得尤为重要。从一个更广泛的意义上的知识的重要性可以看出，例如，当公民团体被指责，他们不知道自己在说什么，或者他们的批判必须是"建设性"的。那些试图提出定义和观点的行为者若想被认真对待，那么拥有"足够"的教育来提出"正确的"（建设性的）批评似乎是一个必要的策略（Kolbenstvedt, Strand & 0stensen, 1978）。然而，综合研究工作的更大责任显然在于资源充足、充分制度化的那一方。

知识资本的一种特殊类型是熟悉政治运作方式以及知道如何去游说（Garsten, Rothstein & Svallfors, 2015）。有价值的知识资本包括了政治家何时最愿意辩论，何时最需要通过反对专家意见来平衡政府信息（Godwin, Ainsworth & Godwin, 2013; Kliiver,

2013）。一个组织将因了解政治权力游戏而得到加强，这种游戏包括联盟建立、竞争公职 **129**
以及吸引某些可能因传统或战略原因而具有价值的选民。

另一种重要的知识类型是关于媒体如何运作的知识。例如，某些属性可以使故事具有新闻价值。比如，事件应该与广泛存在的文化价值观产生共鸣，它是近期的、戏剧性的、冲突导向的、有形的，可绘制的，以及与行动导向的政治议程相关联的（Shoemaker & Reese, 2013）。对新闻价值的诉求往往被认为是最常见的组织策略，其形式要么是创造符合新闻价值的事件，要么是以符合新闻价值的方式向记者展示事件（Palmer, 2000）。通过建立积极的媒体形象，组织或许能够克服传统的制度化弊端。如上所述，公共关系对于非官方组织的潜力，比人们以往所知的要大得多。事实上，我们可以认为，专业公共关系的传播有可能扩大而并非限制非官方群体的媒体渠道。需要注意的是，还有许多利益集团和个人甚至无法获得所需的最低资源（Davis, 2002）。

然而，不应过分强调媒体报道的重要性。首先，如本节前面所述，媒体研究表明媒体内容与公众态度之间没有一对一的对应关系。此外，在媒体领域取得"胜利"并不能保证政治辩论取得胜利（Cracknell, 1993）。

社会资本

社会资本的概念（另见第十一章）最常用于描述社区内的资源、共同价值观和信任程度。因此，社会资本将注意力从对个体行为的分析转移到个体和组织之间的关系模式上（Baron, Field & Schuller, 2000）。这种关系的概念对布尔迪厄来说也很重要，但它更多的是一种竞争，而非公有的概念（Julien, 2015）。

社会资本是实际的或潜在的资源总和，这些资源与或多或少的制度化的、互相熟识的、彼此认可的持久网络相关联，或者说，成为一个团体的成员之后，该团体就会为每一个成员提供集体共有的资本。广义上，团体也是一种"凭证"，使成员们获得授权（Bourdieu, 1986, pp.248-249）。

社会资本定义有几个重要的含义。它必须有两个组成部分：第一，个人所拥有的网络规模；第二，网络其他成员拥有的资本数量，以及个人通过网络获得的资本数量。社 **130**
会资本被视为有意或无意投资策略的结果，包括交换礼物、服务、话语、时间、注意力、关心或关注。它还意味着"义务"或"信任"。网络成员可以主观地感受到感激、尊重或友谊。这些关系也可以通过合法权利和义务的形式正式化。成员之间的信任也可以被确立，但是不能保证它以后一定会被承认，所以社会资本投资必然涉及风险。从狭隘的经济学角度来看，对社会资本的投资似乎毫无意义，因为它不能在短期内产生回报。但是，有一些"商品"和"服务"没有社会资本就无法获得，而且这种社会资本必须在这些"商品"和"服务"出现之前建立起来，"由于（它）自身的缘故，所以要在其使用期限之后"（Bourdieu, 1986, p.252）。

社会资本在组织盈亏方面发挥重要作用。社会资本有助于丰富自身形式，降低交易成本，扩大生产力和效率等组织优势（Hazelton, Jr & Kennan, 2000）。为了研究一个组织的社会资本，我们可以根据布尔迪厄和其他学者关于社会资本的著作（Lin, 2002）提出几个问题：例如，组织对社会资本进行了怎样的投资？它如何加强组织与政治家、记者、激进分子团体、官僚、研究人员以及其他组织的关系？会议次数以及组织会议所花费的时间和金钱可作为一个指标。

另一个问题是：组织的网络规模有多大？该组织与上述公众有多少联系，与同类组织相比如何？需要注意的是，一次"良好"接触可能足以改变一个政治决定。一项关于一场特别成功的公共关系活动的研究，展示了一个环保组织如何让活动参与者所说的"通常利益相关者"之外的人们参与其中，并从中获利（Ihlen, 2004b, p.291）。

更深入的问题包括了组织可能通过其网络成员获得怎样的资本类型。例如，该网络中的其他组织具有什么样的专业地位（象征资本）或专业知识（文化资本）？组织如何通过网络获取其他资本类型？例如，一些组织可能精通游说，拥有良好的政治人脉，通过与网络中的其他成员分享这些知识和关系，进行资本转移，这说明了社会资本的价值。在挪威关于水电开发的巨大冲突中，当地的一个特设组织通过政治接触和游说与一个成熟的环境组织建立了联系，并从中获益（Ihlen, 2004b）。

131　**象征资本**

象征资本被布尔迪厄定义为"能力的声誉以及尊重与荣誉的反映"（Bourdieu, 1984, p.291）。在其他地方，当其他资本类型"通过认知的范畴来理解它的特定逻辑，或者在辨认它被持有和积累的任意性时"（Bourdieu & Wacquant, 1992, p.119），其他类型的资本都会转化为符号资本形式。因此，我们可以认为象征资本是最重要且最让人觊觎的资本形式——它是"元资本"的一种形式（Swartz, 2013, p.112）。尽管象征资本是其他资本类型的源头，但它却是一种"被剥夺"的资本，因为它掩盖了潜在的利益关系。与其他形式相比，象征资本是主观的，并且要求合法化以获得认同。象征资本使权力关系合法化（Bourdieu, 1990b）。

象征资本是其他资本形式的根源。例如，社会资本总是作为象征资本发挥作用，因为它"受知识和认知的逻辑支配"（Bourdieu, 1986, p.257）。事实上，各种形式的资本往往很难分开，但个人或组织因"良好关系"而获得的声誉显然是象征资本。知识渊博的声誉也是象征资本。此外，象征资本还可以通过知识资本（文化资本）的良好教育获得。

至于制度化，它可以说是一种具有合法意义和信誉的象征资本（另见韦伯，第2章），而这种信誉往往与记者看重的制度化的官方组织相联系。一个组织越老，制度化程度越高，它就越有可能成为新闻记者"归化"网络来源的一部分。随着制度化而来的是象征资本。

最近的一项研究分析了游说组织如何增加以色列大屠杀幸存者的象征资本，这是加强象征资本的一个例子。

> 游说组织通过操纵幸存者身边的社会结构改变了人们的看法，他们建立组织联盟，攻击政府，拉拢媒体，与政府协商幸存者新的社会地位。

（Feldman et al., 2016, p.13）

这个案例表明，利用媒体的需求和工作惯例是有效的。因此，对那些希望获得象征资本的人来说，媒体这个角色至关重要。并且，联盟本身也是社会资本，它也能产生象征效果。

结论

132

为了构建组织公共关系活动，我们借鉴了社会学和布尔迪厄的场域概念。根据这种观点，组织被认为位于一个或多个场域内，在这些场域中，组织在社会秩序中竞争以找到自己的位置。行动者试图讨论、定义和解决其问题。这些理论与公共关系的联系首先使得分析由资本和公共关系构建的不同形式的权力地位成为可能。最重要的一点是，目前的公共关系理论往往没有提供良好的本体论；如上所述，物质的存在在其中没起到任何作用（Cheney & Christensen, 2001）。这个问题可以用场域的概念和资源或资本类型来解决。

在本章中我们已经谈论过在组织层面研究类型学的必要性。借助布尔迪厄理论的主要优势在于对关系和动态的强调，而不是对资源的分析。行动者的位置彼此相关，是他们持有资本的类型和数量的结果，这些资本形式在特定场域会升值，在这些场域中，行动者不断尝试获取、持有或转换他们的资本。结合场域的概念，类型学的提出是对公共关系理论做出的重要贡献。

实践理论对企业公共关系也有一定的影响。企业被定位在经济场域，因为其经济资本是最重要的。同时，从业者确实有能力修改这种以目标为导向的理性。对话和企业社会责任（CSR）不一定出于单一的利润动机或自身利益（Ihlen & Levenshus, 2017）。然而，企业的地位仍然基于经济资本数量，而对话将成为积累资本的工具。因此，需要理解道德行为的重要界限。

这一理论对实践也有一定的指导意义。这里有三个与战略思考相关的要点（Webb et al., 2001）。

第一，自我反思：要想成功，行动者需要在一个场域内对自己的地位和资源进行某种自我反思。

第二，了解社会规章制度：了解一个场域的规则、规章制度以及官方和非官方的资本形式。

第三，谈判能力：考虑到自己和竞争对手的资本形式，行动者必须具备在一个场域内操纵和协商条件的能力。

这三个要素共同构成了所谓的文化素养（Schirato & Yell, as cited in Webb et al., 2001）。它们也可以被视为战略性和复杂的公共关系实践的要素。

133　接下来的研究是去开发更丰富和更严格的资本类别，以分析不同形式的资本及这些资本与组织运作的特定场域的关系。由于它们对公共关系实践具有决定性作用，所以这些形式的资本需要更好地理解、整合以及进一步研究。这些研究将有助于学者和从业者从更精确的视角看待公共关系场域。

136　布尔迪厄的生平和研究工作

皮埃尔·布尔迪厄（1930—2002），出生于法国南部贝恩亚区的当吉恩。1951—1954年，布尔迪厄在巴黎高等师范学院学习人类学。他在阿尔及利亚的卡比尔人中进行人类学的实地考察，并在阿尔及尔大学任教。后来，布尔迪厄的研究兴趣转向了社会学，他的第一本书《阿尔及利亚社会学》于1958年出版。1960年，他回到法国，在巴黎大学工作，随后在里尔大学任教三年。1964年他回到巴黎，担任法语高等研究实践学院的研究主任。1968年他成立了欧洲社会学中心。他的主要著作《实践理论纲要》于1972年出版。出版于1979年的《区分：对趣味判断的社会批判》让他在国外声名远扬。1981年，布尔迪厄被任命为法兰西学院社会学教授。

他的其他英文出版的重要著作包括《实践的逻辑》（1990）、《语言与象征权力》（1991）、《文化生产领域》（1993）、《实践理性》（1994）、《艺术的法则》（1995）和《关于电视》（1998）。布尔迪厄大部分的文章都是晦涩难懂的，因此参考一些介绍性著作可能有用，例如，理查德·詹金斯（Richard Jenkins）的《批判皮埃尔·布尔迪厄》（2002），戴维·斯沃茨（David Swartz）的《文化与权力》（1997），或部分访谈书《反思社会学导引》（1992），以及2000年德里克·罗宾斯（Derek Robbins）编辑的关于布尔迪厄的四卷本《现代社会思想圣贤》。

参考文献

[1] Alvesson, M., & Deetz, S. A. (2000). *Doing critical management research*. London: SAGE.

[2] Atkinson, W. (2016). *Beyond Bourdieu*. Cambridge, UK: Polity.

[3] Baron, S., Field, J., & Schuller, T. (Eds.), (2000). *Social capital: Critical perspectives*. New York: Oxford University Press.

[4] Baumgartner, F. R., Berry, J. M., Hojnacki, M., Kimball, D. C., &c Leech, B. L. (2009). *Lobbying and policy change: Who wins, who loses, and why*. Chicago, IL: University of Chicago Press.

[5] Bénatouïl, T. (1999). A tale of two sociologies, *European Journal of Social Theory*, 2(3), 379-396.

doi:10.1177/136B43199002003011

[6] Benson, R., & Neveu, E, (Eds.), (2005). *Bourdieu and the journalistic field*. Malden, MA: Polity.

[7] Berry, J. M. (1977). *Lobbying for the people: The political behavior of public interest groups*. Princeton, Nj: Princeton University Press.

[8] Bourdieu, P. ([1972] 1977). *Outline of a theory of practice* (R. Nice, Trans.). Cambridge, UK: Cambridge University Press.

[9] Bourdieu, P. ([1980]1990). *The logic of practice* (R. Nice, Trans.). Cambridge, UK: Polity.

[10] Bourdieu, P. (1984). *Distinction: A social critique of the judgement of taste* (R. Nice, Trans.). London: Routledge.

[11] Bourdieu, P. (1986). The forms of capital. In J. G. Richardson (Ed.), *Handbook of theory and research for the sociology of education* (pp. 241-258). New York: Greenwood.

[12] Bourdieu, P. (1990a). *In other words: Essays toward a reflexive sociology*. Cambridge, UK: Polity.

[13] Bourdieu, P. (1990b). *The logic of practice* (R. Nice, Trans.). Cambridge, UK: Polity.

[14] Bourdieu, P. (1991). *Language and symbolic power* (G. Raymond Sc M. Adamson, Trans.). Cambridge, UK: Polity.

[15] Bourdieu, P. ([1994]1998). *Practical reason*. Cambridge, UK: Polity.

[16] Bourdieu, P., & Wacquant, L. J. D. (1992). *An invitation to reflexive sociology*. Cambridge, UK: Polity Press.

[17] Bruzelius, L. H,, & Skärvad, P.-H. (2000). *Integrerad* organisationslära [Integrated organization theory] (8 ed.). Lund, Sweden; Studenditteratur.

[18] Cheney, G., & Christensen, L. T. (2001). Public relations as contested terrain: A critical response. In R. L. Heath (Ed.), *Handbook of public relations* (pp. 167-182). Thousand Oaks, CA: SAGE.

[19] Ccmdit, C. M., & Condit, D. M. (1992). Smoking OR health: Incremental erosion as a public interest group strategy. In E. L. Toth & R. L. Heath (Eds.), *Rhetorical and critical approaches to public relations* (pp. 241-256). Hillsdale, NJ: Lawrence Erlbaum.

[20] Coombs, W. T. (1993). Philosophical underpinnings: Ramifications of a pluralist paradigm. *Public Relations Review*, 19(2), 111-119.

[21] Cracknell, J. (1993). Issue arenas, pressure groups, and environmental agendas. In A. Hansen (Ed.), *The mass media and environmental issues* (pp. 3-21). Leicester, UK: Leicester University Press.

[22] Curtin, P. A., & Gaither, T. K. (2007). *International public relations: Negotiating culture, identity, and power*. Thousand Oaks, CA: SAGE.

[23] Davis, A. (2000). Public relations, news production and changing patterns of source access in the British national media. *Media, Culture & Society*, 22(1), 39-59.

[24] Davis, A. (2002), *Public relations democracy: Public relations, politics, and the mass media in Britain*. Manchester, UK: Manchester University Press.

[25] Dodd, M. D. (2016). Intangible resource management: Social capital theory development for public relations. *Journal of Communication Management*, 20(4), 289-311. doi:doi:10.1108/JCOM-12-2015-0095

[26] Dür, A., Bemhagen, P., & Marshall, D. (2015). Interest group success in the European Union. *Comparative Political Studies*, 48(8), 951-983. doi:10.1177/0010414014565890

[27] Edwards, L. (2007). *Exploring power in public relations: A Bourdieusian perspective* (PhD). Leeds, UK: Leeds Metropolitian University.

[28] Edwards, L. (2009). Symbolic power and public relations practice: Locating individual practitioners in their social context. *Journal of Public Relations Research*, 21(3), 251-272.

[29] Edwards, L. (2012). Exploring the role of public relations as a cultural intermediary occupation. *Cultural Sociology*, 6(4), 438-454. doi:10.1177/1749975512445428

[30] Edwards, L. (2015). *Power, diversity, and public relations*. London: Routledge.

[31] Elliott, A., & Lemert, C. (2014). *Introduction to contemporary social theory*. London: Routledge.

[32] Feldman, G., Strier, R., & Schmid, H. (2016). The performative magic of advocacy orga-nisations; The redistribution of symbolic capital. *The British Journal of Social Work*, 46(6), 1759-1775. doi:l0.1093/bjsw/bcv088

[33] Fowler, B. (2001). Pierre Bourdieu. In A. Elliott & B. S. Turner (Eds.), *Profiles in contemporary social theory* (pp. 315-326). London: SAGE.

[34] Fredriksson, M., & Pallas, J. (2016). Much ado about media: Public relations in public agencies in the wake of managerialism. *Public Relations Review*, 42(4), 600-606. doi:10.l0l6/j.pubrev.20l6. 03. 016

[35] Fredriksson, M., Pallas, J., & Wehmeier, S. (2013). Public relations and neo-institutional theory. *Public Relations Inquiry*, 2(2), 183-203. doi:10.U77/2046147x13485956

[36] Gandy, O. H. (1980). Information in health: Subsidised news. *Media, Culture & Society*, 2(2), 103-115.

[37] Garsten, C., Rothstein, B., & Svallfors, S. (2015). *Makt utan mandat: De policyprofessiondla i svcnsk politik* [Power without a mandate: The policy professionals in Swedish politics]. Stockholm: Dialogos.

[38] Giddens, A. ([1984]1995). *The constitution of society: Outline of the Theory of Structtmtion*. Cambridge, UK: Polity Press.

[39] Godwin, R. K., Ainsworth, S. H., & Godwin, E. K. (2013). *Lobbying and policymaking: The public pursuit of private interests*. London: CQ Press.

[40] Grunig, L. A., Grunig, J. E., & Dozier, D. M. (2002). *Excellent public relations mid effective organizations: A study of communication management in three countries*. Hillsdale, NJ: Lawr-ence Erlbaum.

[41] Hazelton, Jr., V., & Kennan, W. (2000). Social capital: Reconceptualizing the bottom line. *Corporate Communications: An International Journal*, 5(2), 81-86.

[42] Ihlen, Ø, (2002). Rhetoric and resources: Notes for a new approach to public relations and issues management. *Journal of Public Affairs*, 2(4), 259-269.

[43] Ihlen, Ø. (2004a). Norwegian hydroelectric power: Testing a heuristic for analyzing symbolic strategies and resources. *Public Relations Review*, 30(2), 217-223.

[44] Ihlen, Ø. (2004b). *Rhetoric and resources in public relations strategies: A rhetorical and sociological analysis of two conflicts over energy and the environment [Doctoral dissertation]*. Oslo, Norway: Unipub forlag.

[45] Ihlen, Ø. (2005). The power of social capital: Adapting Bourdieu to the study of public relations. *Public Relations Review*, 31(4), 492-496.

[46] Ihlen, Ø. (2007). Building on Bourdieu: A sociological grasp of public relations. *Public Relations Review*, 33(3), 269-274.

[47] Ihlen, Ø. (2009). On Pierre Bourdieu: Public relations in field struggles. In Ø. Ihlen, B. van Ruler, & M. Fredriksson (Eds.), *Public relations and social theory: Key figures and concepts* (pp, 71-91). New York: Routledge.

[48] Ihlen, Ø., & Levenshus, A. (2017). Panacea, placebo or prudence: Perspectives and constraints for corporate dialogue. *Public Relations Inquiry*, 6(3), 219-232. doi:10.1177/2046147X17708815

[49] Ihlen, Ø., & Pallas, J. (2014). Mediatization of corporations. In K. Lundby (Ed.), *Handbook on mediatization of communication* (pp. 423-441). Berlin: De Gruyter Mouton.

[50] Jenkins, R. (2002), *Pierre Bourdieu*. London: Routledge.

[51] Julien, C. (2015). Bourdieu, social capital and online interaction. *Sociology*, 49(2), 356-373. doi:10.1177/0038038514535862

[52] Klüver, H. (2013). *Lobbying in the European Union: Interest groups, lobbying coalitions, and policy change*. New York: Oxford Univemty Press.

[53] Kolbenstvedt, M., Strand, A., & Østensen, E. (1978). *Lokale aksjonsgrupper: Sammenfattende rapport [Local citizen action groups: Summarizing report]*. Oslo, Norway: Norwegian Institute for Urban and Regional Research.

[54] Lawrence, T. B., Suddaby, R., & Leca, B. (2009). *Institutional work: Actors and agency in institutional studies of organizations*. Loudon: Cambridge University Press.

[55] Lin, N. (2002). *Social capital: A theory of social structure and action*. Cambridge, MA: Cambridge University Press.

[56] Palmer, J. (2000). *Spinning into control: News values and source strategies*. London: Leicester University Press.

[57] Rakow, L. F. (1989). Information and power. In C. T. Salmon (Ed.), *Information campaigns: Balancing social values and social change* (pp. 164-184). Thousand Oaks, CA: SAGE.

[58] Robbins, D, (Ed.) (2000). *Pierre Bourdieu*. London: SAGE.

[59] Schuller, T., Baron, S., & Field, J. (2000). Social capital: A review and critique. In S. Baron, J. Field, & T. Schuller (Eds.), *Social capital: Critical perspectives* (pp. 1-38). New York: Oxford University Press.

[60] Shoemaker, P. J., & Reese, S. D. (2013), *Mediating the message: Theories of influences on mass media content* (3 ed.). New York: Routledge.

[61] Sommerfeldt, E. J., & Taylor, M. (2011). A social capital approach to improving public relations' efficacy: Diagnosing internal constraints on external communication. *Public Relations Review*, 37(3), 197-206. doi:10.1016/j.pubrev,2011. 03. 007

[62] Sriramesh, K., Zerfass, A., 8c Kim, J.-N. (Eds.). (2013). *Public relations and communication management: Current trends and emerging topics*. London: Routledge.

[63] Swartz, D. L. (1997). *Culture and pouter: The sociology of Pierre Bourdieu*. Chicago, IL: University of Chicago Press.

[64] Swartz, D. L. (2013). *Symbolic power, politics, and intellectuals: The political sociology of Pierre Bourdieu*. Chicago, IL: Chicago University Press.

[65] Taylor, M. (2010). Public relations in the enactment of civil society. In R. L. Heath (Ed.), *The SAGE handbook of public relations* (pp. 5-16). Thousand Oaks, CA: SAGE.

[66] Webb, J., Schirato, T., & Danaher, G. (2001). *Understanding Bourdieu*. London; SAGE.

[67] Wiedemann, T., & Meyen, M. (Eds.) (2013). *Pierre Bourdieu und die Kommunika- tionswissenschaft: Internationale Perspektiven [Pierre Bourdieu and communication studies: International perspectives]*. Köln, Germany: Herhbert von Halem Verlag.

第八章

哈里森·怀特：在公共关系中重新思考关系

彼得·温克勒　斯蒂芬·韦迈尔

　　自20世纪80年代末以来，关系一直是公共关系研究的焦点。在弗格森（Ferguous, 1984）的呼吁中，人们首次将研究重点从信息设计转移到人际关系上。紧接着又出现了一些关系管理的概念（Broom, Casey & Ritchey, 1997; Ledingham & Bruning, 2000）。2003年，莱丁汉（Ledingham）提出，关系管理是一种"公共关系的基本理论"。如今，关系已成为公共关系研究的核心课题（Huang & Zhang, 2013）。因此，从概念的重要性来看，公共关系研究似乎不需要另一种以关系为中心的社会理论。

　　然而，当谈到这一概念的分析基础时，情况就不一样了。近年来，批判学者概述了公共关系研究中关于关系概念的一些严重偏见：第一，本质主义偏见，组织和利益相关者仍然被广泛地框定为既定的实体，而关系随之产生（Zaharna, 2016）；第二，工具型偏见，因为关系仍然被认为是成功传播中可控的"结果变量"（Coombs & Holladay, 2015, p.689）；第三，肯定型偏见，偏见作为对关系的稳定和规范的积极理解被广泛强调（Heath, 2013; Smith, 2012）；第四，二元对立偏见，由于复杂的多利益相关者，网络经常被划分为组织—利益相关者二元关系中的可控子集（Yang & Taylor, 2015; Zahama, 2016）。

　　本章的目的是介绍哈里森·怀特的关系社会学作为一个根本上的非本质主义和以传播为中心的分析框架，可以帮助人们克服这四种偏见，并允许修正在公共关系研究中组织—利益相关者关系和网络动力学。第二节概述了演进过程，分析框架，核心概念，以及对怀特社会学的批评。第三节指出了如何帮助克服上述偏见，并对公共关系研究中的关系和网络提出了一个修订性的分析框架。第四节得出一个简短的结论。

哈里森·怀特的社会学

怀特关系社会学的演进

怀特对社会理论的影响既体现在他指导和启发了无数著名社会学家（如保罗·迪马乔、马克·格兰诺维特、巴里·威尔曼、罗兰·伯特、大卫·史塔克、斯蒂芬·福克斯、安·米舍），也体现在他对关系社会学进行了延续和改编（Depelteau & Powell, 2013; Fuhse, 2015）。

然而，与其他一般社会理论不同，怀特社会学的演变并没有遵循一个明确的宏观理论议程。更确切地说，怀特的职业生涯在很长一段时间里都是由基于经验研究的不同主题所主导。1992年，在他的职业生涯晚期，他在《身份与控制》（*Identity and Control*）一书中第一次尝试将这些努力转化为一个简明的理论。然而，经过几年的大量修订以及其他学者的共同努力，才将这个非常难以理解的第一版翻译成今天被认为是怀特杰作的2008年的第二版。

怀特在他的学术生涯中经历了三个概念转变（关系、文化、传播）。第一次关系转向（relational turn）根植于怀特早期的学术时代——他那时是经验丰富的社会网络分析（SNA）的联合创始人。然而，即使他在早期的作品中（White, 1963, 1965, 2008），也和很多其他社会网络分析的同事不同，他的目的是明确对社会网络的本质解释，后者从假定的个体态度和参与者属性中推导出结构效应。相反，怀特提倡非本质主义议程，目的是解释由关系构成的微观行为和宏观结构。

怀特第二次文化转向（cultural turn）很大程度上受到他的学生保罗·迪马乔（Paul DiMaggio, 1986）和布尔迪厄的影响（见第七章）。这使怀特问题成为社会网络分析中狭隘结构主义的焦点。即使社会网络分析对于解释给定网络结构中的关系定位的影响有用，但是它不能解释如何从共享的含义中显现关系定位，以及如何随着时间的推移而改变关系定位。这导致在怀特后期的作品中，人们更加重视文化和结构的二元性平衡（White, 1992, 1993）。

自20世纪90年代以来，怀特对理解文化和结构的社会基础越来越感兴趣。这促使了他的第三次传播转向（communicative turn），受社会语言学研究（Godart & White, 2010; Mische & White, 1998），以及卢曼（Luhmann, 1984/1995）的社会系统理论（White, Fuhse, Thiemann & Buchholz, 2007a）的影响，这最后一次转向是怀特用传播解释所有社会形态的出现。

这三次转向的相互作用在怀特的第二版《身份与控制》（2008）中得到了最好的反映。这本书揭示了一个复杂的理论框架，它解释了各种社会身份形式传播的出现，是由于关系控制的努力而带来的文化和结构的不确定性。以下部分详细介绍了此框架及其中心概念——身份、控制和不确定性。

怀特的分析框架

怀特社会学的前提是，传播源于意义的不确定性（White, Godart & Corona, 2007b; White & Godart, 2007）。怀特的控制概念被理解为与不确定性相一致的传播行为，而不仅仅局限于"控制或强迫"（White, Godart & Thiemann, 2013, p.136）。反过来，身份的概念被理解为"观察者可以将生物物理学归因于没有意义的任何实体"（White, 2008, p.2）。因此，对身份的广义理解并不局限于个人，而是适用于各种社会形态，只要它们为传播控制行为提供一个有意义的参照点。此外，身份和控制的基本概念是不可避免地相互联系的。身份来自相互控制的结果，而控制行为来自给定或假定的身份宣称。

为了分析在不确定的条件下身份和控制的复杂作用，怀特区分了两种形式的不确定性：模糊性和歧义性。模糊性是指社会意义上的不确定性，而歧义性是指社会定位上的不确定性。因此，模糊性解决了文化问题，即意义在多大程度上是可以协商的，而歧义性则解决了角色期望在多大程度上可以被正视或忽视的结构性问题（White, 2008）。在他最后一篇文章中，怀特等人引入了第三种形式的不确定性，即偶然性，它是指在特定社会物质背景下，关于时间长度的不确定性。然而，这第三种形式并没有得到充分论述，故本章将不做进一步讨论。

总之，怀特解释了各种社会身份的出现，这是关系控制行为的结果，其试图增加或减少文化和结构维度上的不确定性。为了追踪这一身份形成的动态过程，怀特系统区分了五种认同感。

140 第一种认同感是立场（footing），代表了在一个未知的环境中寻找关系定位的尝试。这就是社会关系和网络出现的地方。第二种认同感是面子（face），描述了在网络层面上导致关系秩序和共同认可的身份的社会变化动态。第三种认同感是转换（switching），描述在变动的关系背景下身份转换的痕迹，即社会变迁。第四种认同感是解释（interpretation），指在观察和预测自己的身份转换轨迹时对自己身份的自我描述。第五种认同感是风格（style），即描述了前四种认同感的融合。这是外部身份认同、属性和模仿社会规律的结果，被认为是变化中身份的特殊性。（White, 2008）

接下来，我们将详细讨论这五种认同感。然而，我们的焦点将是前三种，即立场、面子和转换，因为它们代表怀特最复杂的概念，并对本章的总体目标贡献最大。

立场

个人身份形成的最初形式是立场，它源于在未知的社会环境中寻找定位的有关尝试。在这一阶段，不确定性以及相互控制并减弱的可能性很高。因此，在开始时，通常个人不愿意减少它们之间的相互联系，但会助长模糊性，从而允许一次灵活的意义协商

（White & Godart, 2007）。同样，在直接解决角色期望方面，并没有减少资源的结构不确定性。相反，间接的"社会策略"更可取（Azarian, 2005, p.69），例如利用第三方联系或以有利的方式修改背景条件。在早期阶段，身份的出现源于一些小型谈话的例证。交谈往往轻松随意，相关联系不是被迫的，而是由熟人或在愉快的环境培养出来的。然而，这一阶段身份出现并不持久，而且很容易脱离且常常陷于单一的互动事件。

只有通过加强相关控制努力来减少不确定性，才能获得更大的耐力。这是二元关系论。它们减少了模糊性和歧义性。所谓故事（White & Godart, 2007; Tilly, 2002）减少了模糊和歧义。故事由互惠的、主题可变的、通常是隐含性的话语组成，这些话"不仅在进一步行动中产生个人期望，而且还产生他人期望，可能从其他身份中表达某种特定的身份证明"（Fuhse, 2009, p.300）。然而，故事不仅减少了模糊性，还避免了不确定因素，因为它们确保了身份之间不断更新的联系，从而使这些身份得以维持并且超过了单一互动事件。

由此，故事和联系为各种二元关系论提供了基础，从极端形式的激情到敌对。只要能建立和延长彼此之间的故事，相关身份就会维持下去（在爱与恨的情况下：排他性）。一旦故事变得过于模糊或具有片面性，身份就会消失并且需要恢复关系控制，以找到新故事又重新实现一段关系。

然而，怀特的第一种认同感，即立场，并不局限于二元关系。它也可以应用于更大 **141** 的关系形式。这里，怀特认为netdoms的概念是核心，是互联网领域的缩写。与二元关系中的故事类似，领域指的是一组刻板的程序规则、代码、符号和仪式，它们构成了一个网络中的定位和联系。因此，网络的概念为社交网络的形成提供了一个真正的传播理论。因此，它弥补了仅仅依靠个人态度和属性的结构主义解释，因为它在主流中仍然很突出。因此，它不再仅仅是结构特征，比如性别、种族或年龄，而被认为是可以解释网络中的定位，还包括网络中形成和相互期望的传播领域。

总而言之，怀特的第一种认同感，即立场，为构成人际关系和网络中社会定位的传播动力学提供了细致的分析。尽管如此，第一种认同感仍是局部的且暂时受限。为了能更持久、更大范围地解释身份形成，我们必须转向第二种认同感：面子。

面子

面子概念引发了社会动态的共鸣，这种动态导致了关系控制的系统联系，并由此形成了更大范围的社会认同。换句话说，它解决了将社会网络本身转变为可识别参与者的动态。学科的概念是描述这种社会动态的核心。每当网络设法建立一个共享的评估逻辑和一个共同的控制过程时，学科就会出现。评估逻辑减少了模糊度，而控制过程减少了歧义。综合起来，这导致了显然不对称的结构动力学。

学科建立在基本的传播学逻辑之上。它们并不依赖于目的，相反，它们几乎不断地出现在社会生活的所有领域。怀特（White, 1992, p.22）认为它们是社会"分子"，是社会秩序的基本组成部分。根据大量的实证研究，怀特区分了三种类型的学科：竞技场、界面和理事会（White, 2008; Schmitt & Fuhse, 2015）。

竞技场建立在对社会纯度的共享评估逻辑之上。这意味着它们将控制过程引导到自我选择的共同努力中。这种自我选择的过程可以从外部观察到，但选择的标准往往保持不透明，并可能随着时间的推移而变化。然而，它们表现在不对称的结构动力学中，区分了网络中心和外围，以及内部和排斥。任何以挑选、集中和排斥为基础的社会形态，如邪教、狂热分子或婚姻市场，都遵循竞技场的网络逻辑。

反过来，界面源于共享的质量评估逻辑。它们在联合生产过程中有效相互控制。在过程中，它们触发了生态建设的结构动态，并根据共同质量逻辑提升和降低了成就等级。任何有效的生产活动，无论是儿童建造沙堡，还是讨论过程或生产者市场，都遵循界面的网络逻辑。

最终，理事会产生了有声望的共享估值逻辑。声望来自对异构网络中特定问题的影响。这与控制努力结果相一致，即在不同的主张之间进行调解，并影响联盟结构动态和等级。所有旨在获得（微观）政治影响的社会努力，如同事之间的往来、联邦制度或议会，都代表了竞技场的网络逻辑。

表8.1提供了这三种学科的概述。

表8.1　三种网络学科

学　　科	价值逻辑	控制过程	不对称的结构动态
竞技场	纯度	选择归属	中心/外围；包含/排除
界面	质量	生产保证	升级/降级；合适建筑
理事会	威望	调节影响	联合；阶层

如上所述，学科不断出现，而且它们一出现就消失。然而，如果联合估价逻辑和控制过程能够稳定，外部能见度增加时，它们就获得了学科的面子并拥有独特的社会身份。例如，当不同的身份参与者状态归因于粉丝运动（竞技）、市场（界面）或联盟（理事会）时，就会出现这种情况。

尽管如此，由于学科依赖于相互观察，它们仍然在很大程度上局限于中观层面上的社会结构。怀特也对宏观层面上社会认同的形成产生了共鸣，将其称为"制度"（Mohr & White, 2008; White, 2008）。制度以广义价值修辞为基础，允许地方层面的一级学科相互联系。然而，与新制度理论中的学科概念和细致的解释相比，怀特的制度概念缺乏清晰度，在这里提到的只是为了完整性。但值得进一步研究的是，怀特的第三种认同感，即转换，被认为是社会变革的基本驱动力。

转换

143

虽然前两种认同感建立在相互协调的传播控制下，但转换（White, 1995）反过来又承认了传播的另一个重要特征，即"意义本质上是多重的、不稳定的、模棱两可的"（Mische, 2003, p.264）。

因此，转换描述了一种关系控制且多变的状态，而新意义意味着"从新的故事、领域或关系中出现"（Mische & White, 1988; Godart & White, 2010）。转换创造了我们观察到的事件，就微观层面而言，转换一直在发生。管理会议中的"轮流"（Gibson, 2005）或新参与者进入对话，代表随机转换。

然而，怀特还发现了促进转换的条件，并允许更深层次的社会变革。他的基本假设是在文化和结构不确定性增加的条件下转换的，即模糊性很高。怀特将此类场所称作公共场所。因此，公共网络被定义为一种特殊类型的网络，它没有预定义或评估逻辑，缺乏明确的结构角色期望。正是这种高度不确定性，公众提供了相邻但不相关的关系和网络之间"新意义"和"新行动"的理想条件（White, 1992; White, 1995; Mische & White, 1998）。

公共性是一个无价值的分析概念。怀特在社会生活的不同领域中识别公共性，例如遭遇、集会、游行、业务、仪式或狂欢节（White, 1995）。因此，公共性的概念是一个引人注目的分析假设。它指出了（后）现代社会理论中公众的流行概念的共同点——从戈夫曼的遭遇（1961）（见第十四章），到哈贝马斯的资产阶级沙龙（1984）（见第十五章），到巴赫金的狂欢节（1984）——因为这些都建立在这样一种假设的基础上，即由于缺乏文化和结构性方法而产生的新的意义和行动。

因此，怀特的转换和公共概念为社会变革提供了真正的解释，即随机性和不断变化充斥着整个社会。尽管这种状态不断转变，但为了解释社会身份，怀特还是努力使其有意义，并引入了第四种身份认同感：解释。

解释

解释建立在两个可分析但经验相互交织的自我叙述上，这被称为故事线索和情节。故事线索利用模糊性，并通过有意义的时间方式组织随机切换，提供了一个模糊连贯的社交时间叙述。反过来，情节通过定型特征归因于相关身份来组织社交空间（Godart & White, 2010）。这两个概念不仅适用于个人身份的抽象，通常是理想化的自我描述，如"传记"或"人物"（White, 2008, p.11）。它们还适用于在网络层面上对社会身份的自我描述，例如组织设想或形象。在任何情况下，第四种身份认同感，即解释，必然建立在自我观察、自我解释之上，尤其是自我诱导的基础上，因此随时会被社会争议。怀特在他的第五种也是最后一种身份认同感中以及风格中改变了这种自我参照的焦点，他认为社会身份也来自外部观察和归属。

144

风格

　　每当外部观察者在关系和网络中记录相似性和规律性，并将其视为特定身份的标识符时，就会出现第五种身份认同感——风格。怀特认为风格最基本的例子是现代性中的人的概念。人格显然超越了自我参照的解释。事实上，一个人之所以成为一个人，是因为在不同情境和背景下行为的相似性（White, 2008, p.126）。风格的另一个例子可以在艺术世界中找到（White, 1993）。在这里，同行或评论家在品味或技术方面确定规律，并将其标记为一种风格。与个人风格相似，"通常情况下，风格的标签是在事后形成的，并出现在外部观察中"（Fuhse, 2015, p.19）。最终，风格不仅可以作为外部标识，而且每当"以自发性和新颖性表达自己"的风格转变为社会"编纂和隐喻"时，它们也可以引发全社会动员（Godart & White, 2010, p.578）。同样，艺术世界就是一个很好的例子，正如怀特（White, 1993）所展示的印象派一样，它从愚蠢的小众风格转变为一种普遍盛行的运动和学校。其他作为社会动员诱因的风格的例子也可以在时尚行业或战争中的战略变化中找到（White et al., 2007b）。

　　因此，怀特的五种身份认同感提出了另一种有吸引力的观点，即社会身份的出现、转化和巩固是持续的传播控制与文化和结构不确定性的斗争。表8.2概述了五种身份认同感和相应的模糊性及其分析维度的核心概念。

表8.2　五种身份认同感

概　　念	模 糊 性	歧 义 性
立场	满足共同期望的领域和故事	超越单一相互作用的结构纽带
面子	学科中共享的评估逻辑	学科中的控制过程和不对称动力学
转换	公众模糊性的新含义	公众歧义性的新动作
解释	故事情节组织在社交时间切换	在社交空间中组织身份的情节
风格	识别社会模式中的规律性	社会规律的编纂和模仿

对怀特的批评

　　虽然怀特的作品被公认为是社会学理论的开创性著作，但它也受到了批评。最明显的是他的写作风格。事实上，拥有第一个物理学博士学位的怀特，似乎并不关心既定社会学或常识概念，而是创造他自己的、不断变化的、部分难以理解的术语。怀特用经验实例说明概念，而不是提供理论上的定义。最终，怀特避免了词语的重复，即使这涉及中心概念。虽然一些学者原谅他难以接近的风格，并将其与詹姆斯·布莱克或詹姆斯·乔伊斯等复杂的作家（Tilly, 1993; Abbott, 1994）进行比较，但其他人并不宽容，并指责怀特的风格是他在社会学之外可以被忽略的主要原因（Knorr Cetina, 2004）。

另一条批评线路论述了怀特从经验主义社会理论到社会学理论家的职业转变，可以确定两个批判性阵营。有些学者评价怀特在早期社会网络分析中具有突破性经验成就，错过了他后期作品中明确的操作化和统计建模。反过来，系统理论学者与怀特冷漠型方法进行斗争，这种方法反映出概念和实证例子之间缺少连贯性（Schmitt & Fuhse, 2015）。

最终，有人批评怀特不清晰的认识论立场。一方面，怀特的物理学背景使他有时看起来像一个渴望解开社会生活规律的社会实证主义者，这也与怀特借用自然科学标签的倾向相呼应。另一方面，怀特激进的非本质主义的身份概念作为一种不断变换的社会融合，揭示了与后结构推理的显著相似之处。因此，怀特在实证主义和后结构主义之间的中间立场使得认识论的分类具有挑战性（Seeley, 2014）。

总而言之，怀特的关系社会学代表了一种备受赞誉的，但也极其特殊的社会理论，同时具有挑战性和引人注目的特征。

公共关系的相关性

怀特的关系社会学为社会身份关系的出现提出了一种新的视角，并引入了一系列适用于社会理论各种问题的概念。然而，由于其复杂性和特殊性，它在社会学领域之外很难被接受。这也适用于公共关系研究领域。据我们所知，这些结果仅限于我们自己的研究（Winkler, 2014; Winkler & Wehmeier, 2015, 2017）。因此，我们需要思考如何将怀特的社会学应用于公共关系研究领域。为此，下一部分将回顾怀特如何帮助克服主流公共关系研究中突出的四个分析偏差。接下来的一部分，概述了更具体的研究议程：关于如何应用怀特的框架来重新思考公共关系研究中的组织—利益相关者—关系和公共关系网络。

克服公共关系研究中的分析偏差

在本章的介绍中，我们确定了主流公共关系研究中关系概念的四个分析偏差：本质主义偏差、工具主义偏差、肯定偏差和二元性偏差。怀特的框架可以帮助人们克服这些偏差。

通过本质主义偏差，我们解决了主流公共关系研究仍然严重依赖组织和利益相关者的本质主义概念的问题。两者都被假定为具有特定态度和属性且预先给定的社会身份，而关系被视为随后的事物，对应于这些态度和属性。然而，这种本质主义观点模糊了关于组织—利益相关者—关系及其塑造和转变身份的潜力开放分析视角（Smith, 2012; Heath, 2013; Zaharna, 2016）。怀特的理论框架颠倒了这种本质主义观点。通常在公共关系研究中首先出现的——对自己和他人的刻板描述——现在又回到了次要身份和浓缩概念的地位，即解释和风格，也就是怀特的第四种和第五种身份认同感。相反，在公共关系研究中，通常被认为仅仅是个人态度和属性的影响，即组织—利益相关者—关系，现在成为研究组织和利益相关者身份实际的分析起点。这也是为什么我们着重考虑怀特的前三种身份认同感——立场、面子和转换——作为公共关系研究的指导性起点，不仅要克服本质主义，还要克服其第二种分析偏见，即它的工具主义偏差。

通过工具主义偏差，我们解决了一个问题，即主流公共关系研究仍然深深扎根于传播概念，其作为一种手段，将渴望的关系作为可控的"结果变量"（Coombs & Holladay, 2015, p.986）。尽管在当前的公共关系研究中，有很多克服工具主义偏差推理的尝试，但线性思维（原因>效果；手段>结果）基本的工具主义偏差推理仍普遍存在（Smith, 2012; Heath, 2013）。这反映了公共关系研究普遍强调优先的前因和关系的结果（战略>目标，对话>共识，相互关系>信任，激进>变化），而普遍缺乏对关系传播基础的分析反思。同样，怀特的框架有助于克服这种工具主义偏见。它通过提出一种截然不同的传播控制概念来实现这一点。传播不再被理解为一种为达到目的的线性和工具手段。相反，传播控制被认为是社会生活的基本原则，它由于持续的关系斗争而与不确定性相一致。此外，控制从来不是单方面的，而是互相给予的结果。最终，控制不会导致稳定的结果，因为关系身份的形成是由两个相互竞争的尝试驱动的——试图减少不确定性，以及试图扩大不确定性以获得新的意义和行动。在这一过程中，怀特的控制概念在组织—利益相关者—关系中展现出截然不同的视角。显然，这种关系很难从片面的、主要是稳定的组织控制尝试中出现。相反，它被视为依赖于相互控制以及分享不确定性的共同感知，就像转换和改变的关系尝试，随着时间的推移必须被承认一样。当我们反思组织—利益相关者—关系时，这让我们产生了主流公共关系研究的第三种偏见：肯定性偏差。

通过肯定性偏差，我们解决了主流公共关系研究强调对关系的稳定和规范的积极理解的问题（Hon & Grunig, 1999; Huang, 2001）。考虑到公共关系研究从人际关系研究中借鉴了大部分关系假设，这个问题变得更加紧迫。这种情形变得不平衡，因为公共关系研究只包含积极含义的概念，而忽略了记录矛盾和关系病态（Heath, 2013; Zahama, 2016）。人际概念可以直接应用于公共关系领域的一般假设。事实上，在组织—公众关系和人与人之间的关系中存在"定性的、不可比较的差异，并且用'亲密关系'的标签可能是不准确和不诚实的"（Coombs & Holladay, 2015, p.692）。怀特的框架为组织—利益相关者—关系建模提供了一个有趣的替代起点，借鉴故事和关系的概念，它允许将焦点从个人态度和属性转移到相互期望的共同叙述，作为关系形成的中心来源。因此，它提供了一个没有预先设定的无标度和分析开放的框架，但允许深入研究特定组织与其利益相关者之间关系的这类故事。

最终，怀特的社会学允许克服公共关系研究中仍然突出的二元偏差。这种偏差反映了将复杂的多利益相关者—环境分解为可管理的优先组织—利益相关者二元组的趋势。近年来，批评者（Yang & Taylor, 2015; Sommerfeldt & Kent, 2015）已经提出了关于组织—利益相关者—关系的这种二元概念的简单性。此外，直到最近，公共关系研究才发现社会网络分析的优点是克服这种二元偏差。这允许扩展在"组织网络生态学"中嵌入公共关系的网络模型（Yang & Taylor, 2015），以及关于公共关系研究中社会资本、结构洞和网络定位的有趣问题的研究（Sommerfeldt, 2013; Sommerfeldt & Kent, 2015; Kent, Sommerfeldt & SafFer, 2016）。然而，由于这些研究的基础是社会网络分析，重点仍然是结构主义的解释。反过来，怀特的社会学对结构焦点提供了一个受欢迎的补充，因为它从两个分析角度提供了网络的平衡观点：模糊的结构维度和模糊的文化维度。这种平衡的观点可以作为对公共关系研究至关重要的一些网络现象并对其进行更深层的思考。首先，这涉及传播领域如何构成社交网络中的定位和联系的问题；其次，不同的价值逻辑如何推动网络学科的结构不对称；最后，公共网络如何促进转换和社会变革的问题。

在本章其余的部分中，我们将尝试更详细地反思上述问题，即怀特的框架如何允许重新思考组织—利益相关者—关系和公共关系研究中的网络动态。

重新思考组织—利益相关者—关系

对组织—利益相关者—关系进行修订的研究方法必须解释两个后续的和相互交织的现象：建立关系和维持关系。

建立关系符合怀特最初的身份概念。在这里，怀特认为解释模糊性和结构模糊仍然处于高水平，因为这允许暂时的关系相近，同时降低解耦风险。从主流公共关系的角度来看，这个提议可能看似荒谬，因为它暗示了完全相反的观点，即价值主张和互惠利益的清晰和一致的传播（Broom, et al., 1997; Ledingham, 2003）。然而，在以分析为导向的管理和战略传播研究中，我们发现怀特在关系基础的早期阶段存在高度模糊性。

例如，艾森伯格（Eisenberg, 2007）在关于"战略模糊性"的开创性研究中揭示 **149** 了它与怀特关于高度模糊性的观点惊人的相似之处。艾森伯格认为，在责任和目标不明确的情况下，模糊性是组织背景下一个受欢迎的策略，因为它为管理者和员工之间的不同解释留下了空间，而没有直接对抗和发生冲突的风险。因此，像怀特一样，艾森伯格认为，模糊性是试探性关系的一个有成效来源，它可以防止身份之间的解耦。最近的研究表明，这种观点不仅适用于管理传播，而且模糊性是战略传播的普遍来源（Marga, 2011），尤其适用于动态和有争议的传播环境如社交媒体（Christensen, Firat & Cornelissen, 2009），多利益驱动的目标实现（Jarzabkowski, Siliince & Shaw, 2010），或企业社会责任（Scandelius & Cohen, 2016）。

除了模糊性外，我们还在战略传播文献中发现了结构模糊概念的对应关系，即公共关系研究的系统方法（Nothhaft & Wehmeier, 2007; Nothhaft, 2010; Hofmann, 2009）。这些作者认为，公共关系很难建立在直接解决角色和目标期望上，因为这会导致立即解耦。相反，公共关系通常依赖于间接形式的"背景控制"，在传播中培养边界条件，支持"有利结果依赖于他们自己及其自我动力"（Nothhaft, 2010, p.136）。因此，和怀特培养野心的观点一样，间接性和情境干预被认为最有希望在未知环境中建立关系。

总之，将战略模糊性和背景控制确定为共同参考的双重模型，为未来公共关系研究在不确定条件下建立关系提供有希望的基础。然而，为了不陷入工具推理，必须牢记怀特的一个重要假设。战略模糊性和背景控制是一种概念，意味着双方都有助于培养文化和结构的不确定性（Davenport & Leitch, 2005），这意味着它们不能被任何公众垄断或单方面控制。

我们现在转向第二个阶段：组织—利益相关者—关系，即关系维护。在这里，怀特的故事概念是核心。它描述了变量的话语，但必然是相互的期望并允许互动的重新实现，从而在一定程度上将身份联系在一起。为了使这个概念对公共关系研究有意义，它需要两件事。首先，它需要将怀特的术语翻译成更符合公共关系的术语。其次，它需要一个组织—利益相关者—关系的框架，这比人际关系研究所引发的流行概念更充分。

150 史密斯（2012）提出了第一个要求。与怀特一样，他建议将公共关系中的关系视为"围绕共同利益的相互依赖的系统，资源（利害关系）、态度和行为被置于情境中"（Smith, 2012, p.840）。在此过程中，他概述了组织与利益相关者之间关系的三个特征。首先，依赖和利益的相互关系至关重要。因此，当利益和依赖是片面的，或者仅仅假设相互关系时（"他们想要对话"），谈论关系是没有意义的。其次，只要给出了相互关系的前提，利害关系、态度和行为就会随着时间的推移发生很大的变化。因此，利益相关者不是一个股份的持有者，而是一个可变的股份组合。最后，作为一个组织永远不会发现单一的代表，从利益相关者的角度来看，与一个组织的关系不仅会围绕着风险的多样性而演变，而且还可以包含与组织代表的多个重叠联系。这些都有助于更好地理解在公共关系背景下关系维护的结构条件。

然而文化维度依然缺乏，因此需要了解组织—利益相关者—关系中的故事，以及它们与人际交往的区别。在这里，来自语言学信息的组织传播研究的见解是有帮助的。泰勒（2014）详细说明，在组织环境中，关系互动不仅建立在相互的义务和期望之上，而且还包含对缺席第三方的期望和义务，即组织本身。这种洞察力对于组织代表和利益相关者之间的关系故事都是至关重要的，因为它表明了组织与人际交往的不同之处。具体而言，这意味着在公共关系研究中，对故事的观察必须超越双方之间的交换。相反，重点必须放在关系性话语上，解决缺席的第三方组织本身，即"授权"一方代表其发言，就像它代表利益相关方期望的核心对象一样。

这一初步反思将首先概述怀特的关系社会学如何有助于重新思考公共关系研究中的组织—利益相关者—关系。与清晰度和一致性的主流口号不同，怀特所提出的观点强调更强的分析焦点，即解释模糊和背景控制在不确定条件下建立关系的关键作用。此外，与主流肯定性和人际关系对关系维护的关注不同，他所提出的视角强调缺席的第三方（即组织本身）在组织—利益相关者—关系的故事中的作用，同时指出在构成这种关系涉及的重叠和相互关联的利害关系的相关性。

因此，怀特的关系社会学提供了一个更复杂但也更具分析性的基础，以探索组织和利益相关者身份如何在二元关系中出现和发展。在下一节中，我们将讨论怀特的框架如何帮助公共关系研究重新思考更大的关系动态，即社交网络。 151

重新思考社交网络的动态问题

网络是公共关系研究中越来越受关注的主题（Sommerfeldt, 2013; Sommerfeldt & Kent, 2015; Kent, Sommerfeldt & SafFer, 2016; Yang & Taylor, 2015）。然而，类似关系概念的使用，网络也经常被作为流行语和一种高级方式（Winkler, 2014），而基于网络的研究很少，并且学者们依然专注于社会网络分析的结构主义传统。怀特社会学关注网络的文化和结构特性，可以为公共关系研究提供实质性的见解。其中，三个概念特别突出：网络性、学科性和公众性。

怀特最基本的网络概念——网络性为重新思考公共关系研究中的利益相关者网络提供了有效起点。尽管存在概念上的扩散，但在绝大多数利益相关者的管理方法中（Miles, 2012），利益相关者主要根据共同的结构属性和被视为共同利益基础的态度进行检查和分类。然而，在网络公共关系的背景下，在表达他们对一个组织的声音时，将身份与某些利害关系联系起来的传播动态很少被考虑。怀特的概念可以阐明这些动态，因为他解释了利益相关者及其定位在网络中的影响，不仅通过结构特征，还通过深入研究传播规则、规范和仪式。这个属性意味着利益，并在这样做时也规范了关系利益相关者。

除了网络性的基本分析概念外，学科性似乎有望解释公共关系研究中更持久的、通常不对称的社交网络动态。同样，这些动态在网络公共关系的背景下变得尤为明显。因此，我们最近发布了网络上经常性和自我稳定性的传播网络动态的系统概述（Winkler & Wehmeier, 2015）。我们提到了怀特的学科性，并阐明了具体评估逻辑和控制过程之间的相似之处，以及最近在网络中的社区动态的实证研究结果。在此过程中，我们发现竞技场的网络动态也反映在网络粉丝和抗议的传播动态中，特殊利益市场的传播动态中的界面，以及在线合作传播动态中的理事会。

因此，怀特的学科性允许在网络上反复进行传播网络动态的系统化。由此，它有助于克服当前公共关系研究中网络概念的主要用途。事实上，怀特的学科性展现了一种极 152 其批判的观点，因为它表明自我稳定的社会网络通常会导致不对称的结构。构成粉丝和抗议的竞技场逻辑导致入侵和排斥，界面逻辑形成特殊利益的利基导致升级和降级，并且构成协作的理事会逻辑导致层次结构的影响。这可能会引发主流公共关系研究的对称教条（Grnnig, 2001），但也有实用意义。它提升了管理意识，吸引粉丝显然也促进了集中化和激进化的过程（Hickman & Ward, 2013），利基市场的质量形成导致自我强制化排名逻辑（Shridhar & Srinivasan, 2012），以及开放协作意味着影响的争议和等级化（Halfaker, Geiger, Morgan & Riedl, 2013）。因此，公共关系研究应更多地关注这些不对称的网络动态，特别是当它们被网络的基础算法逻辑强制执行时（Winkler & Wehmeier, 2015）。

最终，怀特的关系社会学不仅允许对构成社会秩序的网络动态更深入地理解。此外，怀特的公共概念还提供了一种新的方法来推动社会变革的网络动态。他将公众视为促进文化和结构的网络不确定性因素，从而允许在尚未连接的关系和网络之间切换。事实上，怀特的公共分析概念不仅适用于协商理解公共关系研究中的公众（Burkart, 2012，关于哈贝马斯的第十五章）。它还包括了更多仪式化的公共形式，符合公共关系互动式讲故事的方式（Kent, 2015），以及作为嘉年华的混乱的公共形式（Bakhtin, 1984），对应后现代公共关系研究中心的激进方法（Holtzhausen & Voto, 2002）。了解所有这些公众的概念都是基于同样的分析基础——一个高度的文化和结构的不确定性——并不止于在公共关系研究中对公众的更宽容的理解。公共关系的一个非常重要但却很少被关注的角色是成为公众的赋能者和守卫者，在组织—利益相关者—关系三者之间切换。

但是，对公众的这种新的理解在公共关系研究中有三点教益是源自怀特的关系社会学。第一，公众的传播内容必然依赖于使互相控制的企图隐晦且间接的战术性理解。这意味着公共关系常用的直接的工具性干预，将很容易摧毁公众。第二，即使有战术性理解，公众仍然是变幻不定、转瞬即逝的，一旦共同的期待汇集起来，非常容易在不对称的网络领域发现新的秩序。

153 这种秩序和变迁的交互影响带来怀特关系社会学的第三点教益。显然，当下公共关系的对话导向的、对称的和控制导向的、工具性取向的争论，只要升级为非此即彼的规范性问题，这种争论就毫无意义。相反，根据怀特的理论，应视两种模式为互相影响的共同存在，嵌于社会生活的一般过程，关系性的控制努力与文化和结构的不确定性相妥协。

结论

本章介绍了被公共关系研究所忽视的哈里森·怀特的关系社会学。它为反思和克服主流公共关系研究中普遍存在的本质主义、工具主义、肯定偏差和二元性偏差提供了丰富的基础。另外，它展现了一种根本的非本质主义的分析框架，该框架将社会认同描述为一种多层次的传播结构，这种传播结构是为适应文化和结构不确定性的。该框架允许在公共关系研究中重新思考组织—利益相关者—关系和更广义的社会网络动态。重新思考组织—利益相关者—关系意味着更强调模糊性和背景控制在关系建构中的作用，以及在反思关系维护时克服对人际关系的不恰当类比。重新思考社交网络意味着更好地理解传播动态，这种传播动态构成定位、引起不对称、允许网络化利益相关者环境的变化。

不过，这些都是第一步。进一步延续这一研究议程需要两件事。首先，在学术方面，需要深度接触怀特的作品，可惜，怀特的作品因难以接近而臭名昭著。希望这篇介绍能让这种了解更具吸引力。其次，对于实践者而言，需要努力为实践者解释学术洞察。这可能是有益的，因为公共关系研究及其公众感知肯定可以从一个分析框架中受益，该框架能够解释组织—利益相关者—关系和网络是什么，而不是仅仅规定它们应该是什么。

哈里森·怀特的生平简介　　　　　　　　　　　　　　　　　　　　　　**157**

哈里森·怀特出生于1930年，1955年在麻省理工学院获得理论物理学博士学位。他因其数学建模技能获得了运营分析师的工作机会，以支持约翰霍普金斯大学的社会网络分析项目。这是他丰富的社会学学术生涯的开始。1955年到1960年，怀特在普林斯顿大学获得社会学博士学位，成为斯坦福大学研究员和卡林默维尔技术学院的助理教授。1959年到1963年，他担任芝加哥大学社会学副教授。1963年到1986年，他在哈佛大学担任同一职务。1986年到1988年，他移居亚利桑那大学，成为社会学系主任。1988年到2011年退休，他在哥伦比亚大学担任多个职位，担任拉扎斯菲尔德社会科学中心主任、社会科学院院长，以及吉丁社会学教授。

怀特的作品在社会学的几个领域被认为是开创性的。其中，包括对社会网络分析的方法论（White, 1965/2008）、血缘社会学（White, 1963）、组织社会学（White, 1970）、市场社会学（White, 2002）、艺术社会学（White, 1993）和一般社会理论（White, 2008）。

关于次要文献，阿扎里安（Azarian, 2005）介绍了第一版《身份与控制》（White, 1992）。弗兹（Fuhse, 2015）最近发表的一篇文章很好地概述了怀特的工作以及他对关系社会学更广泛领域的影响。最全面的概述是由斯米特和弗兹（Fuhse, 2015）提供的，但它仅以德文出版。

参考文献

[1] Abbott, A. (1994). Book review: Identity and control. A structural theory of social action. By Harrison C. White. *Social Forces*, 72(2), 895-901.

[2] Azarian, R. (2005). *The general sociology of Harrison C. White: Chaos and order in networks*. New York, NY: Palgrave Macmillan.

[3] Bakhtin, M. M. (1984). *Problems of Dostoevsky's poetics*. Minneapolis, MN: University of Minneapolis Press.

[4] Broom, G. M., Casey, S., & Ritchey, J. (1997). Toward a concept and theory of organization- pubKc relationships. *Journal of Public Relations Research*, 9(2), 83-98. **154**

[5] Burkart, R. (2012). Verständigun gsodentierte Öftendichtlichsarbeit. In W. Hömberg, D. Hahn, & T. B. Schaffer (Eds.), *Kommunikation und Vmtandigung* (2nd ed.) (pp. 17-37). Wiesbaden, Germany: VS.

[6] Christensen, L. T., Firat, A. F,, & Comelissen, J. (2009). New tensions and challenges in integrated communications. *Corporate Communication: An International Journal*, 14(2), 207-219.

[7] Coombs, T. W., &c Holladay, S. J. (2015). Public relations' "relationship identity" in research: Enlightenment or illusion. *Public Relations Review*, 41 (5), 689-965.

[8] Davenport, S., & Leitch, S. (2005). Circuits of power in practice: Strategic ambiguity as delegation of authority. *Organization Studies*, 26(11), 1603-1623.

[9] Dépelteau, F., & PowellC. (Eds.) (2013). *Applying relational sociology*. New York, NY: Palgrave.

[10] DiMaggio, P. (1986). Structural analysis of organizational fields: A blockmociel approach. *Research in Organizational Behavior*, 8, 335-370.

[11] Eisenberg, E. M. (2007). *Strategic ambiguities: Essays on communication, organization, and identity*. Thousand Oaks, CA: SAGE.

[12] Ferguson, M. A. (1984). Building theory in public relations: Interorganizational relation¬ships as a public relations paradigm. Paper presented to the association for education in journalism and mass communication. Gainesville, FL.

[13] Fuhse, J. (2009). Die kommunikative Konstmktion von Akteuren in Netzwerken. *Soziaic Systeme*, 15(2), 288-316.

[14] Fuhse, J. (2015). Theorizing social networks: The relational sociology of and around Harrison White. *International Revieiv of Sociology*, 25(1), 15-44.

[15] Gibson, D. (2005). Taking turns and talking ties: Networks and conversational interaction. *American Journal of Sociology*, 110(6), 156-1597.

[16] Godart, F., & White, H. C. (2010). Switchings under uncertainty: The coming and becoming of meanings. *Poetics*, 38(6), 567-685.

[17] Goffman, E. (1961). *Encounters*. Indianapolis, IL: Bobbs-Merril.

[18] Gmnig, J, E. (2001). Two-way symmetrical public relations. Past, present, future. In R. L. Heath (Ed.), *Handbook of public relations* (pp. 11-30). Thousand Oaks, CA: SAGE.

[19] Habermas, J. (1984). *The theoiy of communicative action* (2 vols.), Boston, MA: Beacon Press.

[20] Halfaker, A., Geiger, S., Morgan, J., 6c Riedl, J. (2013). The rise and decline of an open collaboration system; How Wikipedia's reaction to popularity is causing its decline. *American Behauioral Scientist*, 57(5), 664-688,

[21] Heath, R. L. (2013). The journey to understand and champion OPR takes many roads, some not yet well traveled. *Public Relations Review*, 39(5), 426-431.

[22] Hickman, T. M., & Ward, J. M. (2013). Implications of brand communities for rival brands: Negative brand ratings, negative stereotyping of their consumers and negative word-of-mouth. *Journal of Brand Management*, 20(6), 501-517.

[23] Hoffjann, O. (2009). Public Relations als Differenzmanagement von externer Kontext- steuerung und untemehmerischer Selbststeuerung. *Medien & Kommiinikatmismssenschaft*, 57(3), 299-315.

[24] Holtzhausen, D. R., & Voto, R. (2002). Resistance from the margins: The postmodern public relations practitioner as organizational activist. *Journal of Public Relations Research*, 14(7), 57-84.

[25] Hon, L. C., &c Grunig, J. E. (1999). *Guidelines for measuring relationships in public relations*. Gainesville, FL: Institute for Public Relations.

[26] Huang, Y. (2001). OPRA: A cross-cultural multiple-item scale for measuring organization public relationships, *Journal of Public Relations Research*, 13(1), 61-90.

[27] Huang, Y. H. C., & Zhang, Y. (2013). Revisiting organization-public relations research over the past decade: Theoretical concepts, measures, methodologies, and challenges. *Public Relations Review*, 39(1), 85-87.

[28] Jarzabkowski, P., Sillince, J. A. A., & Shaw, D, (2010). Strategic ambiguity as a rhetorical resource

for enabling multiple interests. *Human Relations*, 63(2), 219-248.

[29] Kent, M. L. (2015). The power of storytelling in public relations: Introducing the 20 master plots. *Public Relations Review*, 41(4), 480-489.

[30] Kent, M. L., Sonimerfeldt, E. J" & SafFer, A. J. (2016). Social networks, power, and public relations: Tertius Iungens as a cocreational approach to studying relationship networks. *Public Relations Review*, 42(1), 91-100.

[31] Knorr Cetina, K. (2004). Capturing markets? A review essay on Harrison White on producer markets. *Socio-Economic Review*, 2(1), 137-147.

[32] Ledingham, J. A. (2003). Explicating relationship management as a general theory of public relations. *Journal of Public Relations Research*, 15(2), 181-198.

[33] Ledingham, J. A., Sc Bruning, S. D. (Eds.) (2000). *Public relations as relationship management: A relational approach to the study and practice of public relations*. Mahwah, NJ: Lawrence Erlbaum Publishers.

[34] Luhmann, N, (1984/1995). *Social systems*, Stanford, CA: Stanford University Press.

[35] Marga, D. (2011). Ambiguity as communication strategy. *Lingua. Language and Culture*, 10(2), 81-90.

[36] Miles, S. (2012). Stakeholder. Essentially contested or just confused? *Journal of Business Ethics*, 108(3), 285-298.

[37] Mische, A, (2003). Cross-talk in movements; Reconceiving the culture-network link. In M. Diani, Sc D. McAdam (Eds.), *Social movements and networks: Relational approaches to collective action* (pp. 258-280). Oxford, England: Oxford University Press.

[38] Mische, A., & White, H. C. (1998), Between conversation and situation: Public switching dynamics across network-domains. *Social Research*, 65(3), 695-724.

[39] Mohr, J., & White, H. C. (2008). How to model an institution? *Theory and Society*, 37(5), 485-512.

[40] Nothhaft, H. (2010). Communication management as a second-order management func¬tion. Roles and functions of the communication executive - results from a shadowing study. *Journal of Communication Management*, 14(2), 127-140.

[41] Nothhaft, H., & Wehmeier, S. (2007). Coping with complexity. Sociocybemetics as fra¬mework for communication management. *International Journal of Strategic Communication*, 1(3), 51-168.

[42] Scandelius, C., & Cohen, G. (2016). Achieving collaboration with diverse stakeholders. The role of strategic ambiguity in CSR communication. *Journal of Business Research*, 69(9), 3487-3499.

[43] Schmitt, M., & Fuhse, J, (2015). *Zur Aktualitat von Harrison White. Einfiihrtmg in sein Werk*. Wiesenbaden, Germany: Springer VS.

[44] Seeley, J. L. (2014). Harrison White as (not quite) poststructuralist. *Sociological Theory*, 32(1), 27-42.

[45] Shridhar, S., & Srinivasan, R. (2012). Social influence effects in online product ratings. *Journal of Marketing*, 76(5), 70-88.

[46] Smith, B. G. (2012). Public relations identity and the stakeholder-organization relationship: A revised theoretical position for public relations scholarship. *Public Relations Review*, 38(5), 838-845.

[47] Sommerfeldt, E. J. (2013). Networks of social capital: Extending a public relations model of civil society in Peru. *Public Relations Reukw*, 39(1), 1-12.

[48] Sommerfeldt, E. J., & Kent, M. L. (2015). Civil society, networks, and relationship man¬agement: Beyond the organization-public dyad. *International Journal of Strategic Communication*, 9(3), 235-

252.

[49] Taylor, J. R., & van Every, E. J. (2014). *When organization fails: Why authority matters*. New York, NY: Routledge.

[50] Tilly, C, (1993). Finnegan and Harrison. *Contemporary Sociology*, 22(3), 307-309.

[51] Tilly, C. (2002). *Stories, identities, and political change*. Lanham, ML: Rowman & Littlefield.

[52] White, H. C. (1963). *An anatomy of kinship*. Englewood Cliffs, NJ: Prentice-Hail.

[53] White, H. C. (1965/2008). Notes on the constituents of social structure. Soc. Rel. 10, Spring Lecture '65 at the Harvard University. *First published in Sociologica*, 1, 1-15.

[54] White, H. C. (1970). *Chains of opportunity: System models of mobility in organizations*. Cambridge, MA: Harvard University Press.

[55] White, H. C. (1992). *Identity and control: A structural theory of social action*. Princeton, NJ: Princeton University Press.

[56] White, H. C. (1993). *Careers and creativity: Social forces in the arts*. Boulder, CO: Westview.

[57] White, H. C. (1995). Network switchings and Bayesian forks: Reconstructing the social and behavioral sciences. *Social Research*, 62(4), 1035-1063,

[58] White, H. C. (2002). *Markets from networks: Socioeconomic models of production*. Princeton, NJ: Princeton Univenity Press.

[59] White, H. C. (2008). *Identity and control: How social formations emerge* (2nd ed.). Princeton, NJ: University Press.

[60] White, H. C., & Godart, F. (2007). Stories from identity and control *Sociobgica*, 1(3), 1-17.

[61] White, H. C., Fuhse, J., Thiemann, M., &c Buchholz, L. (2007a), Networks and meaning: Styles and switchings. *Soziale Systeme*, 13(1-2), 534-555.

[62] White, H. C., Godart, F., & Corona, V. P. (2007b). Mobilizing identities: Uncertainty and control in strategy. *Theory, Culture & Society*, 24(7-8), 181-202,

[63] White, H. C., Godart, F., & Thiemann, M, (2013). Turning points and the space of pos¬sibles: A relational penpective on the different forms of uncertainty. In F. Depelteau & C. Powell (Eds.), *Applying relational sociology* (pp. 137-154). New York, NY: Pal grave Macmillan.

[64] Winkler, P. (2014). *Eine PR der nachsten Geselbchqft. Ambivalenzen einer Disziplin im Wandel* Wiesbaden, Germany: Springer Gabler.

[65] Winkler, P., & Wehmeier, S. (2015). New modes of participation in Online-public rela¬tions: Undentanding texto-material networks. In E. Ordeix, V. Carayol, & R. Tench (Eds.), *Public relations, values, and cultural identity* (pp. 307-324). Brussels, Belgium: Peter Lang.

[66] Winkler, P., &c Wehmeier, S. (2017). Organization as communication and corporate communication. Contributions from relational sociology. In S. Blaschke & D. Schoe- nebom (Eds.), *Organization as communication. Perspectives in dialogue* (pp. 151-176). London: Routledge.

[67] Yang, A., & Taylor, M. (2015). Looking over, looking out, and moving forward: Posi¬tioning public relations in theorizing organizational network ecologies. *Communication Theory*, 25(1), 91-115.

[68] Zahama, R. S. (2016). Beyond the individualism-collectivism divide to relationalism. Explicating cultural assumptions in the concept of "relationships". *Communication Ueory*, 26(2), 190-211.

第九章

迈耶：在世界社会背景下的公共关系、软行动者与理性解耦

贾斯珀·帕拉斯　艾米利亚·克瓦恩斯特伦

学者们系统关注了形成组织传播实践的结构性前提，并将美国社会学家约翰·迈耶 **158** 的作品和观点间接地引入该学科（Sandhu, 2009; Frandsen & Johansen, 2013; Fredriksson, Wehmeier & Pallas, 2011）。本文将引用迈耶的研究支持一个论点，即组织被嵌入（embedded）其社会环境中。如会计、人际关系、市场营销、传播等不同类型的组织实践均获得了法律、道德、专业等方面的认可。在正式结构的建构、呈现和执行方面，组织的作为反映出被全球广泛接受的合理化（rationalized）模式和理念（Meyer & Rowan, 1977/1991）。但迈耶的研究不仅为合理化环境如何约束和构建组织传播活动的研究提供了支持，相比纯粹的结构化研究，他的思想还对研究社会秩序和行为及其他方面存在深远影响。迈耶的研究已经被用于制度策略（institutional strategy）研究（Lawreence, Suddaby & Leca, 2009）、实践理论（practice theory）（Jarzabkowski, Matthiesen & van de Ven, 2009）、实用主义（pragmatism）（Brandi, Daudigeos, Edwards & Pernkopf-Konhausner, 2014）、资源基础理论（resource-based theory）（Sherer & Lee, 2002）、行动者网络理论（actor-network theory）（Czarniawska & Hemes, 2005）和批判理论（critical theory）（Leca, 2006）。权力与竞争（power and contestation）、逻辑（logics）、战略（strategies）、意义建构（sense-making）、资源（resources）、辩护（justifications）、路径依赖（path dependencies）以及理性神话、解耦等概念，一同被作为迈耶社会学的核心理念涌现。

本文重提迈耶有两点原因：一方面，许多学者仍然热衷于从理性选择的视角研究公共关系，而忽视对组织传播的结构状态进行深入思考。另一方面，大多数借鉴过迈 **159** 耶观点的公共关系研究已经被概念化（Fredriksson, Pallas & Wehmeier, 2013; Sandhu, 2009;

Wæraas & Agger Nielsen, 2015; Wehmeier, 2006）或是仅局限于具体的概念中（Bartlett, Tywoniak & Hatcher, 2007; Christensen & Langer, 2009）。

在本章中，我们首先通过关注迈耶对社会世界的研究，以及合理化（rationalization）、神话、行动者（actorhood）等相关概念，着重了解他对组织合理性（rationality）和策略（strategy）的批判（Meyer & Rowan 1977; Meyer, Boli, Thomas & Ramirez, 1997）。然后，我们将迈耶的理论与当代新制度理论相结合。下一节我们将着重讨论公共关系如何被视为一个文化过程，在这个过程中，我们对理性行为者和行为的理解得以构建；思考公共关系又是如何被视为当代社会和组织内部合理化的驱动力及产物的；最后，探讨公共关系如何参与组织合理化思想的扩散和解耦。

约翰·迈耶的社会学研究

1970年，迈耶的作品成为组织和管理研究变革的关键一环——挑战并质疑关于组织合理性的普遍假设（Meyer & Rowan, 1977）。通过将组织有限理性的研究视角和他对全球文化现象的兴趣相结合（现代国家和其中的社会行动者都是建立在这些现象之上的），迈耶以他的作品挑战主流的社会学理论，并且批判性地确立了理性——或现实主义——思想学派在社会科学中的地位（Meyer, Boli & Thomas, 1987）。迈耶提出"文化应被视为编码（或构建）世界运作模式的共同期待"的观点，而未将社会化视为个体内化规范的过程（Meyer et al., 2009, p.6）。换言之，迈耶没有从教育、医学、科学和宗教等方面讨论社会化，而是认为现有社会秩序及其范围内的行动是一种仪式化的过程，且强调由这些制度带来的神话（Meyer & Scott, 1983）。

基于大量实证观察，迈耶提出组织为获得合法性而依照理性行动者（agency）的脚本（scripts）制定并执行仪式化活动的观点。正视理性结构的发展、传播以及在组织和社会中的普及并非为了追求组织效率，而是寻求组织的合法性，即合法性本身来源于重视合理化理念的社会行动者并被他们广泛认可。在《制度化的组织：作为神话和仪式的正式结构》一文中，迈耶及其同事布莱恩·罗恩（Brian Rowan）认为，"正式组织的崛起并未完全受到正式结构实际上协调并控制着组织运作这一假设的影响，因此有必要对正式组织的崛起做出解释"（Meyer & Rowan, 1977, p.343）。

160　这篇开创性文章的主要论点是，由于许多实证研究表明，组织并非依照其正式的蓝图而运作，所以组织的结构元素与活动之间存在着松散的联系。当组织的许多活动、政策、程序在整体上受到组织内外的压迫时，组织的规则常常遭到破坏，决策不被执行，技术无法提高效率，评估系统也被颠覆。例如，来自公众意见的压力、选民的需求以及由法律、法庭和专业人士施加的强制性约束等，这些仅是组织所受压迫的冰山一角。因此，组织会倾向于实行实际上难以维持或生存的正式结构。迈耶和罗恩认为正式的组织结构是一种橱窗装饰，通常与实际的工作活动联结松散（Meyer & Rowan, 1977）。在后文中，我们会重新阐释解耦这一概念，即组织所言和所行之间的差距（Meyer, 1992）。

迈耶对社会学理论的主要贡献由两部分组成：一个是有关行动者与软行动者的理念，另一个是有关合理化方面的文章。在1950—1960年，与社会学中占主导地位的"微观社会学转向（micro-sociological turn）"观点相反，迈耶支持微观社会学，他认为在某种意义上社会在合理化进程中构建了行动者（Meyer & Jepperson, 2000）。他认为社会是由具有全球化研究和影响等特点的文化元素组成的。通过关注行动者行为的形成过程，迈耶质疑行动者自身的结构（construction），这被视为对当时在美国社会学中占统治地位的现实主义的一种挑战——在美国社会学中行动者理念是被公认的。我们也能由此推断出迈耶关于行动者结构及合理化的理念有大量量化实证研究课题的基础（Drori, Yonk Suk & Meyer, 2006; Frank & Meyer, 2002; Meyer, 1970; Meyer, 1983; Meyer, Ramirez & Soysal, 1992）。因此，迈耶定义的类似当代社会形成的全球合理化过程的概念，不应仅仅被视为一种抽象的理论声明。他明确地将其合理化思想与韦伯的作品及其有关社会合理化的思想衔接在一起，例如，可计算且有价值的手段—目的的关系处于合理化过程的核心地位（Weber, 1922/1978, 2009）（也可以参考本书第二章）。迈耶扩展了韦伯的更改推理，并且提出全球研究和压力的普遍性。与卢曼（见本书第三章）相比——卢曼的系统理论主要关注社会系统的差别——而迈耶的理论不仅聚焦于形成和组织"现实"的全球性扩散过程，还能分析该过程。我们可以根据全球趋势、模式和其他文化因素以及这些因素对行动者、组织、国家合理化建设的影响描述现代社会。

在继续讨论社会世界和迈耶的其他概念之前，我们首先讨论迈耶和新制度理论的关系。迈耶和理查德·斯科特（Meyer & Scott, 1994）通过将组织的社会情景及由该情景提供的合法性置于社会进程的核心，重访嵌入新制度理论的概念，如开始支配并占据组织新制度主义主要部分的过程（Greenwood, Oliver, Sahlin & Suddaby, 2008）。一些正在增殖的全球模式也创建并填充着这种社会情景（Strang & Meyer, 1993）。由于包括迈耶在内的参与者，如全球公民社会组织、国际非政府组织和世界职业专家和顾问都认为他们是文化元素形成的核心，因为他们与宗教领袖们有许多共性："他们的谋生方式为指导行动者的行动、分析行动者失败的原因、创建拓展行动者画像的新模式等。"（Meyer et al., 2009, p.59）迈耶通过拓展我们对促成宪法规范性、管制性以及当代组织认知性压力原因的理解，为能持续关注联结行动者与对社会变迁做出结构性解释的新一代新制度学派的学者们开辟了道路。迈耶关于行动者、扩散、解耦的思想对斯堪的纳维亚制度主义的贡献，尤见于斯堪的纳维亚组织学者的作品中——例如尼尔斯·布伦森（Brunsson, 1989）的作品，尼尔斯·布伦森和约翰·奥尔森（Johan Olsen）（Brunsson & Olsen, 1993）合著的作品，克斯汀·萨林–安德森（Kerstin Sahlin-Andersson, 1996）或谢尔–阿梅·罗维克（Kjell-Ame Rovik, 1992）的作品（更多关于迈耶对斯堪的纳维亚制度主义的贡献可参考 Czamiawska & Sevon, 2003）。同时，这些学者的许多文献也正逐渐出现在公共关系研究中。

核心概念

本节将进一步关注约翰·迈耶作品中的一些核心概念，如合理化、行动者和解耦。它们不仅是来自迈耶关于全球社会秩序的兴起和结构化研究的重要经验性概念，而且是为迈耶的社会世界奠定基石的理论概念。我们正是要利用这些概念去理解迈耶（和他的同事）如何重新定义什么是组织、如何建构组织以及组织是做什么的。社会世界作为一种"整体性概念（umbrella concept）"，最初源自一种主要的分析方法，之后成为一个学派，现在成为一个独特的学术领域，该领域概括了迈耶关于更广泛的社会条件支撑制度性嵌入行动者及其行为的稳定系统的观点（Meyer, 2010）。

社会世界中有一个潜在性假设，即一系列诸如个体、组织、国家等行动者的出现。它们对自然、人类和社会有共同的理解，这些被迈耶称作文化元素的理解通常在全球得以表达，在各种模式、脚本、思想或理论中被广为传播和接受。但这并不意味着世界所有地区都共享着相似的文化元素。正如迈耶在其文中表示的，赋予当代社会特征的不是全球统一的文化元素，而是那些被共享、被普及以及受到共同关注的部分（Meyer, 2002）。

迈耶和其他人有许多不同的对于社会世界现象实证研究，比如民族国家（Meyer, Boli, et al., 1997）、教育（Meyer et al., 1992; Schofer & Meyer, 2005）、环境（Meyer, Frank, Hironaka, Schofer & Tuma, 1997）、管理和人权（Meyer, Bromley & Ramirez, 2010; Meyer & Jepperson, 2000）等。在迈耶的大量著作中，社会世界的概念是通过对民族国家的研究来确定的——迈耶将其视为一种具体的组织形式，又或是像迈耶及其同事在他们有关社会世界和民族国家的文章中所陈述的那样："许多当代国家的特征都源于由全球文化及相关过程所创建和宣传的世界模式"（Meyer, Frank, et al., 1997, pp.144-145）。作者们论证了通过国际系统中的不同部门（比如各部委、行政部门、机构、政府官僚机构）而传播的世界模式。这些部门因为信奉相同的系统和模式，通过提及譬如民主、经济增长、教育等概念形成了民族国家概念。这些思想早在1977年就已被明确提出，当时迈耶和罗恩认为社会结构化架构在组建、传输、扩散全球模式："结果是民族国家比大多数理论所预测的更相似，其变化的一致性程度超过普遍认知。"（Meyer & Rowan, 1977, p.173）正如上文所述，迈耶在文章中提到的国际组织和全球社会运动不仅在构建维持文化形式和全球性模式方面至关重要，而且在创造、扩散、推广这些形式和模式的因素方面也与普遍的解决方法同等重要（Meyer, 2000b）。

因此，我们将社会世界视为一种包含文化元素的现象。正因为文化元素分布广泛，我们才有可能理解和讨论一个作为社会的世界——社会世界。如何关注这些整体特点并将社会世界作为一种方法论，将对讨论和理解社会与组织的建构方式大有裨益。这一概念对如何建构和实施整体及其部门（例如，个体、组织、民族国家）内的活动和过程研究造成强烈的理论和经验偏误（Meyer, Boli, et al., 1997）。

　　首先，社会世界的理念将我们的视线聚焦于组织之外发生的事情——但不仅局限于密切的环境和当地背景方面（例如，在大多数利益相关者或资源基础理论中），相反，该概念启示我们应该超越自身利益、股本、资源或权力游戏，以拓展全球性视角。其次，它强调组织的制度嵌入性，即组织的活动如决策、会计程序、预算编制和退休政策等，都嵌入这些全球性规范、规则和价值之中。因此，我们不能将组织视为在外部环境中自由浮动的自主性生物，也不能将组织的活动单纯地理解为策略和基于方法目的的合理性活动。

　　社会世界这种整体性概念也包含了其他学者在总结迈耶作品时经常提到的几个更为重要的概念——行动者（actorhood）、合理化、扩散和全球性等（Czamiawska & Sevon, 2003; Drori & Kriicken, 2009）。我们认为现代"行动者"是一种历史的和持续存在的社会结构，而不是理所当然地将"行动者"视为稳定的分析部门。社会世界强调行动者基于独特的行为和身份的集体感而共同形成一种理性的、有目的性的和自主性的机构（agent）（Frank & Meyer, 2002）。迈耶认为，现代"行动者"受限于合理化战略行为与合理化进程相互交织的历史环境。

　　迈耶用"柔性"一词限定行动者——软行动者——以此强调行动者是文化嵌入的。他的软行动者观点承认行动者的兴趣、资源、身份和能力，但也强调这些要素既不稳定也非个体和组织所固有（Meyer & Jepperson, 2000）。该术语表明个体、组织、民族国家从各自的社会情境中发展而来并受到全球扩散的影响——也就是说，它们在社会各地区间流动时就会有所改变。民族国家、组织和个体采用类似行动者的身份反过来创造出乐于接受全球文化框架和形式的整体，用迈耶的话来说，是全球模式。这一过程涉及"族群中一些社会性媒介传播"（Strang & Meyer, 1993, p.487）。正如迈耶所述，形成相似性和适应制度神话的仪式性是一个过程，如将大多数行动者的现代主义观点比作掌控他们命运的部门，又或者像迈耶和斯特朗在他们开创性的文章《扩散的制度条件》（*Institutional Conditions for Diffusion*）中的讽刺性结尾所说的那样："以独特自主闻名的现代行为者正是那些最容易受扩散同质化影响的人"（Meyer & Strang, 1993, p.506）。迈耶认为，我们可以从全球化角度理解全球性传播的过程。他提出全球化的五个维度：1）加强一些国家的政治和军事独立性；2）增强一些国家和地方的经济，如国家和企业之间的经济依赖；3）通过社会经济迁移扩大人员流动；4）通过密切的全球传播，扩散旅行和政治排他性、文化的独立性，如音乐；5）重要文化元素的广泛流通以及社会秩序模式在世界各地不同社会背景中扩散和加强（Meyer, 2000a）。以上五个维度强调了世界各地的组织开始"受到标准组织模式的影响，且咨询公司及帮助组织筹划的专家也迅速增加"（Meyer, 2000a, p.235）。迈耶及其同事有一个重大发现，即全球化模式并非出现于真空环境，即使通过个别组织的战略性努力也无济于事。更确切地说，在社会的不同领域（比如，全球范围内的科学、专业、国际协会或社会运动等），全球化模式是通过集中合理化的过程而得以生成。

迈耶在其作品中提到全球化的一种后果之一——解耦，其影响已经开始远超组织和制度理论（Meyer, 1980; Meyer, Boll, et al., 1997; Meyer & Jepperson, 2000; Meyer & Rowan, 1977）。除组织学派学者们外，诸如斯科特（Scott, 1995）、哈利特和文特雷斯卡（Hallett & Ventresca, 2006a, 2006b）或布伦松（Brunsson, 1989, 2000）等人也重拾并发展解耦这一概念。该概念涉及行动者在其正式结构中引进并采用全球模式但并不实际执行的过程——例如合理地成为神话的过程。迈耶以全球人权为例——人权不仅根植于科学和法律知识，其传播也得益于科学和法律知识。然而，如果在符号性的认可之外考察人权，其将会如功能残缺的系统一般难以生存（Meyer, Boli, et al., 1997）。个体、民族国家和组织的运作方式通常与所规定的全球标准和模式相去甚远，这使得这些行动者需要依赖顾问与教师做解耦和咨询（Meyer, 2010）。在此，需要着重强调的是解耦几乎不可能是有意的，也不是伪善的行动者的策略。解耦之所以发生是因为不可能达到全球标准和文化模式。

批判迈耶

迈耶在描述和解释社会变革时倾向于结构性决定论，因不够重视行动者和权力而受到批判。然而，主流批判主义更担心使组织同质化发展的社会世界的合理化，即组织在面对由其自身所处环境产生的问题和挑战时，它们接受并采取相似的结构化方法应对的过程——而未注意到组织的正式形式与该形式周围的结构化压力这两者之间的相互作用（Hasselbladh & Kallinikos, 2000）。组织社会学家长期戏剧性地描述合理化的观点，即"一种毫无止境的、毫无吸引力的、毫无人性的负面压力"，这恰好与组织的社会特点互相对立（Brandtner, Horvath & Powell, forthcoming, p.x）。对此我们不禁质疑，组织通过何种过程处理合理的组织方式与对抗原则（比如，家庭、美学或爱等能证明它们会产生不同的行动）之间的矛盾和冲突。社会世界同质化效应背后的理论假设规范和文化模式毫无冲突地被顺利传播。因此扩散和合理化过程缺乏权力和利益斗争的维度。权力博弈在全球模式的兴起、传播、消逝中发挥着重要作用，而社会世界并非简单地注重权力或权力博弈理论。从历史的角度看，西方思想已经统治了全球规范和全球模式，一些批判家也因此对社会世界中的殖民关系做出重要解释。由此，社会世界如果不考虑殖民关系，就无法解释全球模式的扩散和一致性。

与此相关的是，人们通常认为社会世界不足以充分解释行动者，因为它在其经验和理论调查中，不包括个人的目的性和合理性。当个体行动者传播、吸收全球模式及形式可能因此得到诠释时，我们如何解释易变性的问题，迈耶没有给出任何权威的解释。但迈耶的信徒，尤其是那些有斯堪的纳维亚传统的人解决了翻译和意义建构的过程，因为在斯堪的纳维亚传统中意义形成过程早已被转译所解释（Czamiawska & Sevon, 1996）。

苏达比（Suddaby, 2010）建议新制度主义者视角需要囊括那些能聚焦于行动者主观体验及制度阐释的方法。

涉及公共关系：需要结构化的解释

一直以来，主流的公共关系研究一直将管理学的视角置于经验性和理论性尝试的核心（Frandsen & Johansen, 2017）。学者们也已经将合理性和可预测性作为动员组织考量、策略、能力的先决条件。在描述和解释组织行为的变化和社会层面的变化时，公共关系研究（可参考 Edwards, 2012; Fredriksson et al., 2013; Ihlen & Verhoeven, 2012）中的社会学转向关注文化和合法性的力量起作用的过程。在这些努力中，约翰·迈耶关于社会世界方面的作品做出了极大贡献。在阐明文化趋势和潮流过程中，作为核心的公共关系明确指出导致社会/制度保守和变动的机制，同时也可以应对现代社会科学研究中出现的后果。更确切地说，公共关系既是这些机制（例如，公共关系如何被建成一种全球合理化实践）的结果，也是将文化模式从环境扩散到组织的驱动者或载体。在迈耶关于社会世界的早期实证研究中，他将两种机制作为问题的背景，即为何具有不同起源和目标的组织如此相似，公共关系如何让所有权、运营、受众完全不同的组织建立和采用相似的正式结构。我们不仅可以从传播学的视角出发（如建立各种传播和公共关系部门以及组织相关的传播实践，雇用社会媒体专家，引进传播培训项目，游说等），也可从相似的行政职能、职位、不同的管理报告系统（如会计和财务管理）等方面来观察（Fredriksson, Olsson & Pallas, 2014; Nielsen & Salomonsen, 2012）。我们将在下文介绍更多关于迈耶的作品。

作为合理化制度实践的公共关系

迈耶关于嵌入性、软行动、合理化、解耦等概念的研究进一步增强了我们对公共关系，其先决条件、表现以及其在这些方面对塑造当代社会和组织的影响有了更广泛的理解。迈耶将公共关系概念化为一种制度实践（或者更确切地说是一个合理化神话），规范地规定了特定的正式结构和仪式行为（Fredriksson et al., 2013; Pallas, 2007）。在他的研究中合理化神话与同构（isomorphism）过程有关——迪马乔和鲍威尔后来在他们的关于组织领域的著作中发展了这一概念（DiMaggio & Powell, 1983）。在组织和/或组织的其他部分与在相同制度环境中运作的其他组织变得相似的过程中，合理神话既有约束作用，也有促成作用（如计划、协作、交流或决策）。迈耶对合理化神话的论证表明这些过程（大部分）都是无意识的、无目的性的、自控的。他的论证同样有助于解释为何与其他采纳相同策略的人群相比个体组织的理性策略是不合理的（非常相似或完全相同）。

相比公共关系文献和倾向于以合理化选择为基础的论证，迈耶的合理神话概念为战略研究提供了不同的方式（Hallahan, Holtzhausen, van Ruler, Vercic & Sriramesh, 2007）。

因此，公共关系中的战略通常会以问题形式出现，尤其是如果我们理解组织的选择和行为是基于规范、模式和概念时，这些概念在组织动作领域被广泛传播和接受。我们关注的公共关系应该是与组织传播活动的建立有关的模型和观点（Holtzhausen & Zerfass, 2013）。

基于迈耶经验性的考察，我们可以预期公共关系将会被相似的原则、价值、偏好等高度同化、标准化和统治。现存的——尽管是有限的——实证研究表明，在不同的领域或社会中，对公共关系如何进入组织及在组织中其是如何被贯彻的，这些似乎都是被广泛接受的共同实践或"合理文化模式"。例如，公共领域的战略传播研究阐明了类似政府机构（Fredriksson & Pallas, 2016b; Salomonsen, Frandsen & Johansen, 2016）、大学（Lövgren, forthcoming; Sataøen & Wæraas, 2016）、医院（Blomgren, Hedmo & Waks, 2016; Wæraas & Sataøen, 2015）、博物馆等（Kjeldsen, 2013）——尽管在细节上有所不同——在组织和利用传播功能的方式上展现出巨大的相似性和共性。例如，这些类型的组织认为公共关系可以为它们做什么（如宣传）、如何正式组织和履行它们的公共关系职能（如雇用前记者）；或者根据什么原则和价值观进行公共关系活动（例如使用媒体逻辑）方面存在非常小的差异。

但正如迈耶在其文中所提的，公共关系的合理化神话同样会制造出组织难以应对的冲突和矛盾。（在战略和技术方面）对组织的公共关系的工具性要求和期待，与不仅用于公共关系也用于其他活动的制度性/全球性的文本和模式无法比较（Frandsen & Johansen, 2009）。更重要的是，因为这些文本和模式本身依赖于一系列不同的原则和互相冲突的合理性——当政府机构期望公共关系能支持其市场导向的活动时，福利机构也期待同样的支持（Fredriksson & Pallas, 2016a）——所以我们期望公共关系（包括它在特定组织环境中可以实现的目标）的作用点能落在组织所处的互相交织/冲突的全球文化元素的交点上。或者套用迈耶和罗万的解释（Meyer & Rowan, 1977, p.373），公共关系同时嵌入制度和关系中，因此它既参与组织的协作和控制活动，也谨慎地解释这些活动。

我们对公共关系（及相关活动）获得全球实践地位的过程知之甚少。斯堪的纳维亚组织的学者受到迈耶关于全球文化趋势和模式扩散思想的启发，建立了一个通常被称为转译理论的框架（Czarniawska & Sevón, 2005; Czarniawska & Sevón, 1996），即组织不仅在自身运作中引进、实施、拓展多样的合理化实践，而且在所处的部门行业或领域中也进行如此的实践。公共关系研究只有沿着相似的方向行进，才可能在研究、理解全球特点和作为合理化实践的公共关系传播方面探索出一条新路。这种实践——正如它在许多地方版本中出现和形成的一样——同样承担着见证的责任（L'Etang, 2008; Ruler & Verčič, 2004）。

总之，公共关系不会直接影响组织，也不一定是通过强力的或有意的代理人的方式。反之，公共关系研究服务于全球文化价值的缩影和逐渐合理化的世界模式，且唯有通过尽力配备这些文化元素才能对自己的存在寻求合法性。例如，公共关系从业者寻求职业化的方式类似于半世纪前管理咨询领域的发展（Suddaby & Greenwood, 2001; Lages & Simkin, 2003）。

公共关系与组织世界文化模式的推广

关于第二层面及更多跨学科层面——例如公共关系如何卷入其他合理化实践的形成与增殖过程——已有研究表明将公共关系（在其各种不同形式中）与各种不同管理模式、思想等的实行和普及对学术研究大有益处（Engwall, 2008; Pallas, Fredriksson & Wedlin, 2016; Salomonsen et al., 2016; Stenberg, 2016; Tyilström, 2013）。已经有学者如柯登和盖瑟（Curdn & Gaither, 2007）等探讨过——这种方法能更深刻地分析在集体层面被称为自主权制度和一系列文化模式携带者（软行动者）的公共关系，并且通过该文化模式，其他制度（即政治、学术界或商业）也参与到社会秩序的建构和再生产中（Suddaby, 2010, 2011）（另见《组织研究》特刊和《管理传播》季刊。

迈耶本人可能会辩称公共关系并非通过国际化来构建和再生产社会现实的——例如在默顿（Merton）非预期后果的社会学中或是在由科梅利森（Comelissen）等提出的以认知为核心的传播制度主义方法中也是如此——更确切地说公共关系是通过扩散和提升（或是至少被广泛传播和接受的）全球模式、文本、仪式等方式规定组织的主要行为、关系和结构的。约翰·拉默尔（John Lammer, 2003, 2011）从制度信息方面描绘了这个过程，认为组织是通过关注在组织及其环境中流通的共有信息而寻求社会支持和合法性的。

对公共关系研究的重要贡献在此可以脱离迈耶所作的论证，即他认为迫使组织区别于其他组织的机制（例如出于竞争原因）并不是支撑组织长久生存的主要源头。这种长期支撑反而来源于类似政府、非政府组织、媒介、专家等行动者，也就是说，强调适应主流和主导规则、规范和价值观所表达的"合理化神话"的行动者。也正是这些行动者通过参与塑造现实的监管（参见法律规则）、规范（参见规范和实践）以及认知层面（参见思想和模型），创造和传播了神话（Scott, 2001）。公共关系作为代表这些软行动者创造和扩散合理化神话的一个领域，毫无疑问将会是一个需要系统研究的领域。例如，我们可以从玛丽-劳尔·杰利奇（Marie-Laure Djelic）（一位受过迈耶传统教育的法国历史社会学家）的研究中得到启发。她的研究通过充当全球思想经销商的智库，检验了新自由思想的全球传播（Djelic, 2014）。公共关系学者们可以以同样的方式阐释公共关系（作为实践和载体）参与世界实践的传播过程，如品牌推广、游说、媒体关系，甚至审计和企业社会责任。

公共关系和结构、实践、意义等的解耦

关于迈耶对如何与公共关系研究产生关联的最后一个看法，让我们一起回顾解耦的

169

概念。迈耶发现很少有证据表明正式结构影响真实的组织行为，并且同一个组织其正式结构的不同部分之间以及与组织活动之间连接松散。典型代表如仪式和主要的符号性评估、组织的评论、对这些评论的同等礼节性和象征性的回应等，使组织的正式结构和实际活动之间发生了解耦。换言之，评估和反馈都是以高度抽象和通用的规范和标准为基础的，而它们通过管理顾问、学术界和媒体等行为者的运作被引入组织。

正是在公共关系以组织功能形式出现的情景下——在为合法且适当的行为而生产消费（或接触）文化模式的交叉点上——该组织功能影响了特定语境中理解采用文化模式的方式。在此，研究公共关系能揭示组织中的正式结构和仪式行为如何反映合理化环境的公众理解和释义，也能揭示该理解如何与当地的组织现实关联（Sandhu, 2009）。结构性元素是作为合理化神话的制度规则、规范、观点的表现，这意味着它们被实施是出于合法性原因而不是出于对效率有影响（Meyer & Rowan, 1977）原因。因此，我们通常能

170

在可以定义、表明、获得合法性（在具体的组织中或属于具体的组织）的组织过程的核心发现公共关系。公共关系似乎不仅正引起人们对相关文化元素的关注（例如，合理性神话被纳入正式结构），而且在（主要具有象征意义）缩小事实运作和神话所支配的合理性之间的差距（Schults & Wehmeier, 2010）。

具体而言，迈耶关于合法性的论证可以用于解释作为组织过程的公共关系。该过程平衡着两种相对立的逻辑——结果逻辑和适当性逻辑——此概念是基于另一位影响了新制度主义理论建立的斯坦福大学的社会学家、政治科学家詹姆斯·G.马奇（James G. March）的研究（Cohen, March & Olsen, 1972; Cyert & March, 1963; Olsen & March, 2004）。马奇和迈耶一样关注合法性问题，他指出，当结果逻辑描绘组织寻求最理性和有技术效率的行为时，适当性逻辑则反映代表周围环境中社会和道德标准的决策（March & Olsen, 1984）。由此产生了一个经验和理论问题，即公共关系如何同时在组织反映且固化适当合法的决策背景中运作（如基于履行和遵守从外部被定义的规范、规则和价值的决策）。与此同时，公共关系被认为是用于支持战略（即内部定义）优先和目标的合理性技术性导向的工具。

从新制度主义文献中，我们了解到这些矛盾和冲突增加了有效协作和控制的难度。而组织会通过一些能在其中以有决策、自信、满足、诚实等——证实貌似一切都一样的假设——特点自居的"信心仪式（confidence rituals）"来应对类似的挑战。换言之，组织非常乐于证实各种制度压力并做出正式决策以支撑这种证明，但常常没有相应的行动。组织同样要尽量避免或最小化审计及其他形式的评估，因为类似的活动会对通过创建非正式组织结构处理冲突和不一致性产生威胁（Brunsson, 2002; Meyer & Rowan, 1977）。在此，公共关系可以加入挑战关于组织的主流假设——组织即行动者，它会像行动者一样在谈话、决策及其所承担的活动中有连续性的表现（如行走和对话）（Christensen, Morsing & Thyssen, 2013; Christensen & Langer, 2009）。

结论

我们可将本章视为一个承诺——对更多使用新制度主义理论作公共关系研究，并将组织置于其所处的社会环境中进行研究。组织筹划、构造、执行活动反映了全球文化元素，它们定义了什么才是适当合法的行为。本章通过概述迈耶在建立社会世界理论时所使用的一些核心理论和思想，试图为被方法目的合理性和意图性所支配安排的组织主流观点找到一个可代替或至少互补的方法。软行动者/行动者、合理化/合理化神话、解耦等概念均用于指出迈耶对组织结构和实践在世界范围内扩张和传播的研究如何能延伸到对不同形式的公共关系研究中。 **171**

我们将观点整理为三个大有前景的领域：a）作为合理化制度实践的公共关系；b）公共关系与组织世界的文化模式；c）公共关系和结构、实践、方法等的解耦。第一层面清楚地阐明了基于广为传播的假设、观点、信念的公共关系特点，以合理化形式出现的这种假设、观点、信念等不仅对应该如何安排和建构不同组织中的公共关系产生影响，而且还通过公共关系及相关活动实现了可能或可取的目标。第二个话题关注的是公共关系在参与其他合理化神话与紧随其后的组织实践过程中的作用。对此，我们认为公共关系不仅参与了个别组织现实的形成与重建，也参与了迈耶认为构成社会世界的文化元素的形成。第三点也是最后一点，我们在弥合组织"现实"与通过合理化神话的循环和再生产表达的世界观之间的差距背景下讨论了公共关系。公共关系可以被定义为赋予那些跨越社会和组织环境的神话意义。

约翰·迈耶的生平简介 **176**

约翰·迈耶出生于1935年，是美国斯坦福大学社会学系教授。1965年，迈耶获得哥伦比亚大学社会学博士学位，其学位论文是组织研究中的一些方法论问题。到2009年，在他的179个参考书目中，有10个书目被引用次数超过40,000次。这使得迈耶成为新制度理论发展的核心人物之一。20世纪60年代，迈耶在哥伦比亚大学接受了社会学培训，当时哥伦比亚大学是美国社会学中实证研究和定量研究传统发源地之一。随后迈耶利用他在数学培训方面的经历创建了大型纵向数据集，为世界社会的动力研究奠定了基础。迈耶最具影响力的文章包括：发表在《美国社会学杂志》上的《制度化的组织：作为神话和仪式的正式结构》（1977）；由世哲（Sage）出版公司出版的《组织环境：仪式与合理性》（1983）；迈耶及其同事在《美国社会学杂志》上发表的《世界社会与民族国家》（1997）。

参考文献

[1] Bartlett, J. L., Tywoniak, S., & Hatcher, C, (2007). Public relations professional practice and the institutionalisation of CSR. *Journal of Communication Management*, 11(4), 281-299.

[2] Blomgren, M., Hedmo, T., &c Waks, C. (2016). Being special in an ordinary way: Swedish hospitals' strategic web communication. *International Journal of Strategic Communication*, 10(7), 177-194.

[3] Brandi, J., Daudigeos, T., Edwards, T., & Pemkopf-Konhäusner, K. (2014). Why French pragmatism matters to organizational institutionalism. *Journal of Management Inquiry*, 23(3), 314-318.

[4] Brandtner, C., Horvath, A., &c Powell, W. W. (Forthcoming). How the iron cage evolves: From accounting to accountability as the content of rationalization. *American Sociological Review*.

172

[5] Brunsson, N. (1989). *The organization of hypocrisy: Talk, decisions, and actions in organizations*. Chichester, England: John Wiley & Sons.

[6] Brunsson, N. (2000). *The irrational organization: Irrationality as a basis for organizational action and change* (2 Ed.). Bergen, Norway: Fagbokforlaget.

[7] Bmnsson, N. (2002). *The organization of hypocrisy: Talk, decisions and actions in organizations* (2nd ed.). Malmo, Sweden: Liber ekonomi.

[8] Bmnsson, N., Sc Olsen, J. P. (1993). *The reforming organization*. London: Routledge.

[9] Christensen, L., Moving, M., & Thyssen, O. (2013). CSR as aspirational talk. *Organization*, 20(3), 372-393.

[10] Christensen, L. T., & Langer, R. (2009). Public relations and the strategic use of transpar¬ency, consistency, hypocrisy, and corporate change. In R. L. Heath, E. Toth, & D. Waymer (Eds.), *Rhetorical and critical approaches to public relations II* (pp. 129-153). New York: Routledge.

[11] Cohen, M. D., March, J. G,, & Olsen, J. P. (1972). A garbage can model of organizational choice. *Administrative Science Quarterly*, 17(1)1-25.

[12] Comelissen, J. P., Durand, R., Fiss, P. C.s Lamniers, J. C., & Vaara, E. (2015). Putting communication front and center in institutional theory and analysis. *Academy of Management Reuiew*, 40(1), 10-27. '

[13] Curtin, P. A" & Gaither, T. K. (2007). *International public relations: Negotiating culture, identity, and power*. Thousand Oaks, CA: SAGE.

[14] Cyert, R. M., & March, J. G. (1963). *A behavioral theory of the firm*. Englewood Cliffs, NJ: Prentice-Hall.

[15] Czamiawska, B., & Hemes, T. (2005). *Actor-network theory and organizing*. Malmö, Sweden: Liber.

[16] Czamiawska, B., & Sevón, G. (Eds.). (1996). *Translating organizational change*. Berlin: Walter de Gruyter.

[17] Czamiawska, B., & Sevón, G. (2003). *The northern lights*. Copenhagen; Copenhagen Business School Press.

[18] Czamiawska, B., & Sevón, G. (2005). *Global ideas: How ideas, objects, and practices travel in the global economy*. Malmö, Sweden: Liber. DiMaggio, 1). J" & Powell, W. W. (1983). The iron cage revisited; Institutional isomorphism and collective rationality in organization fields. *American Sociological Review*, 48(2), 147-160.

[19] Djelic, M.-L. (2014). Spreading ideas to change the world: Inventing and institutionalizing the neoliberal think tank. In P. Garsten Sc A. Sorbom (Eds.), *Political affair; Bridging markets and politics* (pp. 1-41). Cheltenham, UK: Edward Elgar.

[20] Drori, G. S., & Krücken, G. (2009). World society: A theory and a research program in context. *World society: The Writings of John W. Meyer*, 3-35.

[21] Drori, G. S., Yonk Suk, J., & Meyer, J. W. (2006). Sources of rationalized governance: Cross-national longitudinal analyses, 1985-2002. *Administrative Science Quarterly*, 51(2), 205-229.

[22] Edwards, L. (2012). Defining the "object" of public relations research; A new starting point. *Public*

Relations Inquiry, 1(1), 7-30. doi: 10.1177/2046147x11422149

[23] Engwall, L. (2008). Minerva and the media: Universities protecting and promoting them¬selves. In C. Mazza, P. Quattrone, & A. Riccaboni (Eds.), *European universities in transition: Issues, models and cases* (pp. 31-48). Cheltenham, UK: Edward Elgar Publishing.

[24] Frandsen, F., & Johansen, W. (2009). Institutionalizing crisis communication in the public sector: An explorative study in Danish municipalities. *International journal of Strategic Communication*, 3(2), 102-115.

[25] Frandsen, F., & Johansen, W. (2013). Public relations and the new institutionalism: In search of a theoretical framework . *Public Relations Inquiry*, 2(2), 205-221.   **173**

[26] Frandsen, F., & Johansen, W, (2017). Strategic communication. In F, Frandsen & W. Johansen (Eds.), *The international encyclopedia of strategic communication* (pp. 1-10). Oxford: Wiley.

[27] Frank, D. J., & Meyer, J. W, (2002). The profusion of individual roles and identities in the postwar period. *Sociological Theory*, 20(1), 86—105.

[28] Fredriksson, M., Olsson, E.-K., & Pallas, J. (2014). Creativity caged in translation: A neo-institutiona] perspective on crisis communication, *Revista Intemadonal de Rehdones Públicas*, 4(8), 43-64.

[29] Fredriksson, M., Pallas, J., & Wehmeier, S. (2013). Public relations and neo-institutional theory. *Public Relations Inquiry*, 2(2), 183-203.

[30] Fredriksson, M., Sc Pallas, J. (2016a). Diverging principles for strategic communication in government agencies. *International Journal of Strategic Communication*, 10(3), 153-164.

[31] Fredriksson, M., & Pallas, J. (2016b). Much ado about media: Public relations in public agencies in the wake of managerialism. *Public Relations Review*, 42(4), 600-606.

[32] Fredriksson, M., Pallas, J., & Wehmeier, S. (2013). Public relations and neo-institutional theory. *Public Relations Inquiry*, 2(2), 183-203.

[33] Greenwood, R., Oliver, C., Sahlin, K., Sc Suddaby, R. (Eds.). (2008). *The SAGE handbook of organisational institutionalism*. London: SAGE.

[34] Hallahan, K., Holtzhausen, D., van Ruler, B., Verčič, D., 8c Sriramesh, K. (2007). Defining strategic communication. *International Journal of Strategic Communication*, 1(1), 3-35.

[35] Hallett, T., & Ventresca, M. J. (2006a). How institutions form loose coupling as mechanism in Gouldner's patterns of industrial bureaucracy. *American Behavioral Scientist*, 49(7), 908-924.

[36] Hallett, T., & Ventresca, M. J. (2006b). Inhabited institutions: Social interactions and organizational forms in Gouldner's patterns of industrial bureaucracy. *Theory and Society*, 35(2), 213-236.

[37] Hasselbladh, H., & Kallinikos, J. (2000). The project of rationalization: A critique and reappraisal of neo-institutionalism in organization studies. *Organization Studies*, 21(4), 697-720.

[38] Holtzhausen, D. R., & Zerfass, A. (2013). Strategic communication-pillars and perspectives of an alternative paradigm. In A. Zerfas, L. Rademacher, 8c S. Wehmeier (Eds.), *Organisationskommunikation und Public Relations* (pp. 73-94). Wiesbaden: Springer.

[39] Ihlen, Ø., & Verhoeven, P. (2012). A public relations identity for the 2010s. *Public Relations Inquiry*, 1(2), 159-176. doi:10.1177/2046147x11435083

[40] Jarzabkowski, P., Matthiesen, J., & van de Veil, A. H. (2009). Doing which work? A practice approach to institutional pluralism. In T. B. Lawrence, R. Suddaby, & B. Leca (Eds.), *Itistitutional work. Actors and agency in institutional studies of organizations* (pp. 284-324). Cambridge, UK: Cambridge

University Press.

[41] Kjeldsen, A. K. (2013). Strategic communication institutionalized: A Scandinavian perspective. *Public Rehtiom Inquiry*, 2(2), 223-242. doi:10.1177/2046147xl3485329

[42] Lages, C., & Simkin, L. (2003). The dynamics of public relations: Key constructs and the drive for professionalism at the practitioner, consultancy and industry levels. *European Journal of Marketing*, 37(1/2), 298-328.

[43] Lammen, J. C. (2003). An institutional perspective on communicating corporate responsibility. *Management Communication Quarterly*, 16(4), 618-624. doi:10,1177/0893318902250642

[44] Lammers, J. C. (2011). How institutions communicate: Institutional messages, institutional logics, and organizationa] communication. *Management Communication Quarterly*, 25(1), 154-182. doi:10.1177/0893318910389280

[42] Lawrence, T., Suddaby, R., & Leca, B. (Eds.). (2009). *Institutional work: Actors and agency in institutional studies of organizations*. Cambridge, UK: Cambridge University Press.

[43] Leca, B. (2006). A critical realist approach to institutional entrepreneurship. *Organization*, 13(5), 627-651.

[44] L'Etang, J. (2008). *Public relations: Concepts, practice and critique*. London: SAGE.

[45] Lövgren, D. (Forthcoming). *Translating strategic communication: The adoption and use of social media in Swedish universities*. Uppsala, Sweden: Uppsala University.

[46] March, J. G., & Olsen, J. P. (1984). The new institutionalism: Organizational factors in political life. *The American Political Science Review*, 78(3), 734-749.

[47] Meyer, J. W. (1970). High school effects on college intentions. *American Journal of Sociology*, 76(1), 59-70.

[48] Meyer, J. W. (1980). Institutional and technical sources of organizational structure explaining the structure of educational organizations. Paper prepared for presentation at a conference on Human Service Organizations, Center for advanced study in the behavioral sciences, Stanford, CA, March 2-3, 1979.

[49] Meyer, J. W. (1983). Organizational factors affecting legalization in education. In J. W. Meyer & W. R. Scott (Eds.), *Organizational environments: Ritual and rationality* (pp. 217-232). San Francisco, CA: Jossey-Bass.

[50] Meyer, J. W. (1992). Conclusion: Institutionalization and the rationality of formal organi¬zational structure. In J. W. Meyer & R. W. Scott (Eds.), *Organizational environments: Ritual and rationality* (pp. 261-282). Newbury Park, CA: SAGE.

[51] Meyer, J, W. (2000a). Globalization sources and effects on national states and societies. *International Sociology*, 15(2), 233-248.

[52] Meyer, J. W. (2000b). Sources and effects in national states and societies. *International Sociology*, 15(2), 233-248.

[53] Meyer, J. W. (2002), Globalization and the expansion and standardization of management. In K. Sahlin-Andersson & L. Engwall (Eds.), *The expansion of management knowledge: Carriers, flows, and sources* (pp. 33-44). Stanford, CA: Stanford University Press.

[54] Meyer, J. W. (2010). World society, institutional theories, and the actor. *Annual Review of Sociology*, 36, 1-20.

[55] Meyer, J. W., Boll, J., & Thomas, G. (1987). *Ontology and rationality in the western cultural account*. In G. Thomas, J. W. Meyer, R. Francisco, & J. Boli (Eds.), *Institutional structure: Constituting state,*

society, and the individual Newbury Park: SAGE.

[56] Meyer, J. W., Boli, J., Thomas, G. M., & Ramirez, F. O. (1997). World society and the nation state. *American Journal of Sociology*, 103(1), 144-181.

[57] Meyer, J. W., Bromley, P., & Ramirez, F. O. (2010). Human rights in social science textbooks: Cross-national analyses, 1970-2008. *Sociology of Education*, 83(2), 111-134.

[58] Meyer, J. W., Frank, D. J., Hironaka, A., Schofer, E., & Tuma, N. B. (1997). The structuring of a world environmental regime, 1870-1990. *International Organization*, 51(4), 623-651.

[59] Meyer, J. W., & Jepperson, R. L. (2000). The "actors" of modem society: The cultural construction of social agency. *Sociological Theory*, 18(1), 100-120.

[60] Meyer, J. W., Krücken, G., & Drori, G. S. (2009). *World society: The writings of John W. Meyer.* Oxford: Oxford University Press.

[61] Meyer, J, W., Ramirez, F. O., & Soysal, Y. N. (1992). World expansion of mass education, 1870-1980. *Sociology of Education*, 65(2), 128-149.

[62] Meyer, J. W., & Rowan, B. (1977/1991). Institutionalized organizations: Formal structure as myth and ceremony. *American Journal of Sociology*, 83(2), 340-363,

[63] Meyer, J. W., & Scott, W. R. (1983). *Organizational environments: Rituals and rationality.* Beverly Hills, CA: SAGE.

[64] Meyer, J. W., & Scott, W. R. (1994). *Institutional environments and organizations: Structural complexity and individualism.* London: SAGE.

[65] Nielsen, J. A., & Salomonsen, H. H. (2012). Why all this communication? Explaining strategic communication in Danish local governments from an institutional perspective. *Scandinaman Journal of Public Administration*, 16(1), 69-89.

[66] Olsen, J. P., 8c March, J. G. (2004). The logic of appropriateness. ARENA Working Papers no 9. ARENA. Retrieved from http://ideas.repec.Org/p/erp/arenax/p0026.htmI. Accessed 5 October 2010.

[67] Pallas, J. (2007). Talking organizations: Corporate media work and negotiation of institutions. (Doctoral thesis). Uppsala, Sweden: Uppsala University.

[68] Pallas, j., Fredriksson, M., & Wedlin, L. (2016). Translating institutional logics: When the media logic meets professions. *Organisation Studies*, 37(11), 1661-1684.

[69] Rovik, K. A. (1992). Institusjonaliserte standarder og multistandardorganisasjoner. *Norsk Statsxntenskapelig Tidsskrift*, 8(4), 261-284.

[70] Ruler, B. V., & Verčič, D. (2004). *Public relations and communication management in Europe: A nation-by-nation introduction to public relations theory and practice.* New York, NY: Mouton de Grouter.

[71] Sahlin-Andeisson, K. (1996). Imitating by editing success: The construction of organizational fields. In B. Czamiawska & G. Sevón (Eds.), *Translating organizational change* (pp, 69-92). Berlin: Walter de Gniyter & Co.

[72] Salomonsen, H. H., Frandsen, F., & Johansen, W. (2016). Civil servant involvement in the strategic communication of central government organizations: Mediatization and functional politicization. *Intemational Journal of Strategic Communication*, 10(3), 207-221.

[73] Sandhu, S. (2009). Strategic communication: An institutional perspective. *International Journal of Strategic Communication*, 3(2), 72-92.

[74] Sataøen, H. L., & Wæraas, A. (2016). Building a sector reputation: The strategic commu¬nication of

national higher education. *International journal of Strategic Communication*, 10(3), 165-176.

[75] Schofer, E., & Meyer, J. W. (2005). The worldwide expansion of higher education in the twentieth century. *American Sociological Review*, 70(6), 898-920.

[76] Schultz, F., & Wehmeier, S. (2010). Institutionalization of corporate social responsibility within corporate communications: Combining institutional, sensemaking, and commu-nication perspectives. *Corporate Communications: An International Joumal*, 15(1), 9-29.

[77] Scott, W. R. (1995). *Institutions and organizations*. Thousand Oaks, CA: SAGE.

[78] Scott, W. R. (2001). *Institutions and organizations* (2nd ed.). Thousand Oaks, CA: SAGE.

[79] Sherer, P. D., & Lee, K. (2002). Institutional change in large law firms: A resource dependency and institutional perspective. *Academy of Management Journal*, 45(1), 102-119.

[80] Stenberg, J. (2016). The communicative state: Political public relations and the rise of innovation in Sweden. (Doctoral thesis). Helsingborg, Sweden; Lund University.

[81] Strang, D., & Meyer, J. W. (1993). Institutional conditions for diffusion, *Theory and Society*, 22(4), 487-511.

[82] Suddaby, R. (2010). Challenges for institutional theory. *Journal of Management Inquiry*, 19(1), 14-20.

[83] Suddaby, R. (2011). How communication institutionalizes: A response to Lammers. *Management Communication Quarterly*, 25(1), 183-190.

[84] Suddaby, R., & Greenwood, R. (2001). Colonizing knowledge: Commodification as a dynamic of jurisdictional expansion in professional service firms. *Human Relations*, 54(7), 933-953.

[85] Tyllström, A. (2013). Legitimacy for sale: Constructing a market for PR consultancy. (Doctoral thesis). Uppsala, Sweden: Uppsala University.

[86] Weber, M. (1922/1978). *Economy and society*. Berkeley, CA: University of California Press.

[87] Weber, M. (2009). *From Max Weber: Essays in sociology*. London: Routledge.

[88] Wehmeier, S. (2006). Dancer in the dark: The myth of rationality in public relations. *Public Relations Review*, 32(3), 213-220. doi:10.1016/j.pubrev.2006. 05. 018

[89] Wæraas, A., & Agger Nielsen, J. (2015). Translation theory "translated": Three perspectives on translation in organizational research . *International Journal of Management Reviews*, 18(3), 236-270.

[90] Wæraas, A., & Sataøen, H. L. (2015). Being all things to all customers: Building reputation in an institutionalized field. *British Journal of Management*, 26(2), 310-326.

第十章

吉登斯：用安东尼·吉登斯的结构化和晚期现代性理论解读公共关系

贾斯珀·福克海默

公共关系在历史上是一个孤立的理论领域，多年来在实践中是一个欠发展的组织宣
传功能。从战略研究的角度来看，理论和实践一直由传统的、理性的、线性的和功能主
义取向所主导（Whittington, 2000）。功能主义取向使研究人员专注于经验研究和通用模
型，并导致专业人士过度使用理性计划、静态和线性模型。多年来，组织和社会理论中
强调的反身性、过程导向、意义建构以及语境方面的重要性的新理念并未影响公共关系
研究。在过去的几十年里，公共关系已经发展并逐渐打破壁垒。发生这种变化是因为人
们注意到了公共关系日益增长的与组织和社会的相关性和重要性。通过使用安东尼·吉
登斯的跨界和实用理论，我们可以很容易地解析公共关系的发展。安东尼·吉登斯的理
论可能有助于以更全面的方式来发展理论和实践，我将在本章中揭示。

吉登斯因两个思想理论体系而闻名：结构化理论（Giddens, 1984）及晚期现代性理
论和反身性理论（Giddens, 1990, 1991）。在后来的一段时间里，他又论及第三条道路政
策（Giddens, 1998）、全球化（Giddens, 2002），并聚焦于气候变化（Giddens, 2009）和
欧盟（Giddens, 2014）等具体领域。类似于古典社会学家，吉登斯的理论可被视为宏观
导向，即描述和分析大规模的社会系统和关系。但吉登斯一直试图将这种宏观分析与个
人日常生活的微观世界联系起来。二分法的使用在理论和分析中不断受到挑战。吉登斯
的理念、分析和社会框架被运用于一些研究领域中。这种广博的方法使他的理论和很多
社会文化理论及社会实践相关。尽管如此，把吉登斯的理念运用到公共关系理论和实践
中的尝试却很少见，虽然也有一些例外（Durham, 2005; Cozier & Witmer, 2007; Linke &
Zerfass, 2013）。在组织传播领域，理论不断发展，情况略有不同（Yates & Orlokowski,

1992）。涉及公共关系，吉登斯有充分的理由用结构化和晚期现代性理论解释公共关系为什么在社会历史背景下发展，以及公共关系如何被理解为组织实践。长期以来，在公共关系研究中，社会理论一直被忽视，但现在一切都发生了改变（L'Etang, McKie, Snow & Xifra, 2015; Bardhan & Weaver, 2011; Ihlen, van Ruler & Fredriksson, 2009）。

考虑到公共关系一直被主流、实证主义、民族中心主义的英美观点批判（Verčič van Ruler & Flodin, 2001; Sriramesh & Verčič, 2004; Falkheimer & Heide, 2016），有趣的是，吉登斯公共关系理论的主要贡献者是美国的科西耶（Cozier）和威特默（Cozier, 2001; Witmer, 2007）。在各种公共关系案例研究中，他们尝试应用结构化理论，并关注人类行为和社会性质的相互作用。

从应用的角度来看，基于理论认识，吉登斯的理论可能从伦理视角增强了公共关系从业者的职业认同。关于公共关系社会角色的流行的学术辩论至今被限制在一个相当简单的争论中。一方面，像尤恩（Ewen, 1996）、斯托伯（Stauber）和兰普顿（Stauber & Rampton, 1995）这样的批评家认为公共关系是一种企业行为，用来蒙骗公众、隐藏真实的事件。另一方面，公共关系研究人员多年来几乎没有利用社会和文化理论分析作为社会权力机构的公共关系。但现在已经发生了改变，意识形态问题不再被忽略，或者只局限于已有的公共关系研究，如对称传播。

结构化理论摒弃了社会理论中结构和行动的二元论。后现代反身性理论从宏观和微观角度描述了我们正身处的社会转型——不确定性、个人主义、认同努力、全球化和风险日益增加。20世纪90年代后期，作为新工党和英国前首相布莱尔发布了极具争议性的宣言，他的"第三条道路"政治可被视为结构化理论应用的尝试——将国家政治调整为后现代语境。"第三条道路"是一种新的实用主义政治运动，拒绝左派和右派分裂，将基于社区的左派社会改革政策与对私有制和公共部门放松管制的看法结合起来。

179 吉登斯的理论被视为对社会学理论的一种基于古典二分法的批判（Giddens, 1979）。吉登斯的理论尝试超越基础的社会学传统和客观主义/主观主义以及结构/行动的二分法。将吉登斯称为社会心理学家，可能是因为他对宏观和微观层面关系的关注，他认为个体行为和反身性与宏观社会变迁辩证相关。在他的理论中也有解释学维度，重点关注人类在社会环境中如何创造意义，以及批判结构主义、功能主义和马克思主义思想。但他也批判那些过度关注人类主体和行动的理论，因为它们忽略了社会结构。为解决这些理论问题，吉登斯用时间—空间维度来支撑对宏观和微观社会变迁的看法。吉登斯理论中的时空概念强调人类互动和重新构建社会关系的后果，这对传播研究具有特别重要的意义。所有形式的传播都发生在空间和时间中，并且所有的空间通过呈现被生产（Falkheimer & Jansson, 2006）。吉登斯在此没有明确写到公共关系的角色，但我们并不难发现有趣的十字路口。

本章我将介绍一些吉登斯的主要概念和观点，然后将其用于公共关系中。

对吉登斯的简介

吉登斯和皮埃尔·布尔迪厄（第7章）、尤尔根·哈贝马斯（第15章）、尼克拉斯·卢曼（第3章）是这个时代最著名的社会学家。根据吉尔（Gill, 2009）的发现，2007年的一项研究表明吉登斯是社会科学中被引用数排名第五的学者。在这项研究之后，他的立场可能已经改变，但吉登斯仍然是一位著名的社会理论家。这有几点原因：一是他的学术著作涉猎广泛，自1960年起，他写了几十本书和上百篇文章，其中包括理论书籍、教材和辩论书，批判古典社会学，建立新的社会理论以及从宏观和微观角度分析社会变化。唯一被忽略的主题是研究方法。事实上，尽管他进行微观社会学写作，但仍缺少实证研究。

令他如此出名的另一个原因是，他作为所谓的英国新工党、英国前首相布莱尔和美国前总统克林顿的顾问，参与了政治生活。毫无疑问，以往社会科学家从未用这种直接的方式来影响政治领袖。第三个原因是吉登斯的著作有着整体分析和跨学科研究的特征，与心理学、政治学、经济学和人文地理学等其他领域的理论联系紧密。

我们可以将吉登斯的著作划分为三个理论阶段：（1）对社会理论的批判；（2）结构化理论；（3）晚期现代性理论。我将从认识论的角度来介绍吉登斯，并讨论这三个理论阶段的内容。结构化理论和晚期现代性理论的提出与它们对公共关系相关性及后果的分析有关。这些理论对许多社会科学领域有益，但此处的目的是加强人们对为什么它们与公共关系有关的理解。

吉登斯的认识论

尽管吉登斯（Giddens, 1984）明确表示他的理论主要涉及社会理论的本体论问题，但他仍建立了一个认识论的视角。显然，他并不认为自然科学是社会科学的典范。相反，他倡导解释学的方法，即个体和具有反身性的人类是理论的核心。人类能够反思他们的规范、意图和行为，并可能因此改变生活。积极的意义建构和解释性的传播过程也是一种解释学的过程。也可以将吉登斯的理论与认为社会现实是社会建构的社会建构主义联系起来（第12章）。将解释学与建构主义视角相联系，意味着焦点从个体转移到本地的社会环境（社区）上，个人在其内部解释和行动。从公共关系的视角来看，这个视角在传统研究中发展得很慢，因为传统研究主要从管理角度关注从业者的作用。我们可以通过四段叙述来说明结构主义的视角（Ahrensböll & Brinkmann-Petersen, 2002），这与吉登斯的理论紧密相关：

1. 社会是人类的产物。从根本上说，社会源于在人群中传播并形成习惯。最初这些行为是理性的，但很快它们成了不经反思的实践（所谓的外化）。久而久之，这些习惯传播到了制度和行动系统中，这又影响着社会系统的建构。结合其他制度，社会被创造出来。

2. 社会是客观存在的。这意味着机构通过不同的过程被合法化，导致其存在和与环境的关系被客体化，从而产生道德规范和标准的行动模式。

3. 人类是社会的产物。这将焦点转移到个体和其社会化的规范和行动上，通常这个社会化媒介主要是家庭，其次是其他社会制度。公共关系主要作为间接因素在二次社会化中起作用，例如影响媒体。

181

4. 面对面的互动是首要的。在人们的日常接触中，意义被构建并成为行动的基础。这种互动以语言为基础，目的是达到相互理解。社会关系是人类存在的核心。

对社会理论的批判

吉登斯理论的第一个阶段（Giddens, 1979）基于对社会学的三个已有的传统以及三位"创始人"——迪尔凯姆、韦伯和马克思——的阅读和批判。在这种意义上吉登斯是一个不折不扣的折中派，因为他用一些理论和传统建立了他自己的折中理论。总结他的批判很难，但又十分必要。尽管结构主义、功能主义和系统理论对结构关系和系统有一些中肯的分析，但它们仍缺乏主体和能动性，这些解释理论的优势在于它们关注人类反身性和行动的自由。马克思主义对结构和能动性的二元论有最佳解决方案，但它是基于决定论和进化论的观点，在当代社会意义不大。所有对功能主义和结构主义的批判对吉登斯之后的写作有一定影响。在我看来，它越来越强调有意识的人类行动超越结构的可能性。换句话说，吉登斯对人类能动性（human agency）有着相当乐观但并不幼稚的看法。

对这种批判也存在异议。例如，布兰特（Brante, 1989）认为吉登斯的观点让基本问题变得庸俗化，因为它们太肤浅、宽泛且简单。布兰特（1989）认为，吉登斯的错误之一是他太狭隘地理解这些社会学家了：

> 他担心结构主义者不理解正是人类去生产和再生产结构的；功能主义者和进化论者不是隐喻地使用诸如"需要"和"社会适应"这些概念，因为他们确实相信社会是有这些特性的生物体。

（Brante, 1989, p.10）

布兰特认为，吉登斯的另一误区是他包罗万象的方法。吉登斯要囊括全部的社会层面，这让他需要同时处理太多问题。另一个批判是在20世纪80年代初从一个通用的系统理论平台上建立起来的（Archer, 1982）。阿彻（Archer, 1982）支持将旧二分法结合起来，但没有找到足够的理论去实现。她提出形态形成理论（"morphogenesis" theory）来

182

取代结构化理论（下一部分会介绍），这一理论基于系统理论，更加关注互动和整体分析，"我将试图阐明一个更好的由部分到整体的结果，而且也满足吉登斯将社会看成矛盾

的一部分和将整体理解为与各部分相牵连的迫切需要"（Archer, 1982, p.475）。很明显，吉登斯的理论有局限性，但他的理念中的宏大框架、创新分析概念、对时空维度的整合及对传统社会学理论的渐进研究鼓舞着大多数读者。

结构化理论

在第二阶段，吉登斯对经典的整合和批判发展成新的理论——结构化理论。这通过在社会分析中使用时空维度这种复杂的方式得以实现（如图10.1所示）。结构化理论关注的不是个体角色或社会整体，"而是跨越时空秩序的社会实践"（Giddens, 1984, p.2）。事实上，吉登斯反对传统社会理论的主要观点之一就是不关注时空中的社会制度、结构和行动。时间和空间是社会制度和社会行为的基本条件。结构和行动的二元对立被关系理论取代。社会结构通过个体行为的重复（在宏观层面上）被再现和转变。结论是务实的：社会结构（传统、制度、仪式）是存在的，但它们是人类创造的，并有可能通过时空被取代和改变。社会结构是人类行动的媒介，也是人类行动的结果。将社会实践看成过程而不是结果或静止的状态，是一种乐观的社会理论，之后我将着重介绍这种作为传播模式的实践。

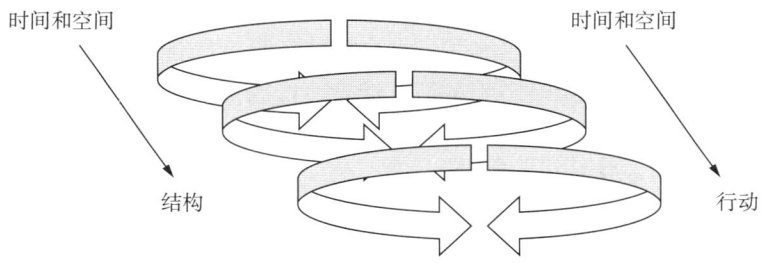

图10.1　时空中制度、结构与行动的再生产或转型

社会制度的范围涵盖二元关系到全球构型（Giddens, 1979）。结构化过程基于这些制度的发展是开放的这一条件，正如马克思主义思想或功能学派的思想，没有历史的或功能的结构可以定义未来。结构化过程可能导致现有结构再生产或彻底被改变。从组织视角来看，这个理论尖锐地批判了现代主义将组织作为一个组织代理人与组织外的代理人在其中互动的容器的观念，正是，结构化理论和社会建构认识论之间可能存在联系，社会建构主义从关注稳定的组织结构转变为不断变化的开放式过程，特别是在危机期间是开放的（Falkheimer & Heide, 2006）。德拉姆（Durham, 2005, p.33）使用结构化理论进行公共关系案例研究，他得出这样一个结论，这种"方法提倡从业者将其自身制度视角中自上而下的理性主义放在一边，这有利于在整体视角内更加客观地定位自己"。对于公共关系研究人员来说，这个提倡也值得一听。

结构化理论也受到了严厉批判。一个典型的批判是，该理论忽视结构的重要性而强调行动。博伊尔（O'Boyle, 2013, p.1,022）指出，结构化理论"只是成功地再现了所有最古老的哲学二元论中的一个。将行为与其社会环境联系起来的问题巧妙地被强调反思性的诠释学所取代，同时这种行为的恰当语境被主要归结为一种偶然现象"。这种批判可能会受到一些质疑，因为吉登斯确实挑战了结构和行动两者之间的二元对立，以及宏观和微观方法之间的二元对立。

晚期现代性理论

在第三个阶段，吉登斯关注对现代性的分析和当前的社会发展，换句话说就是基于启蒙思想和当前社会发展的理性主义和客观主义范式。吉登斯的理论被框定在这样一个理念下：我们生活在快速变化的世界。在他后来的一篇文章中（Giddens, 2002, p.1），吉登斯总结道："有充足、客观的理由使我们相信，我们正在经历一个重要的历史过渡期。此外，变化对我们的影响并不局限于全球的某个领域，而是延伸至各个方面。"吉登斯对历史转型的理论不同于激进的后现代主义观点（Lyotard, 1986），因为他并不认为社会变迁是时间上的彻底转变。从激进的后现代视角来看，现代性被与现代制度和理性相矛盾的新的社会和文化秩序推翻，连贯历史、线性进步、系统且客观的知识的理念被看作价值有限的社会结构。与围绕旧权威组织的生活不同，后现代人类在新的亚文化（如种族）中组织自我。例如，基于当地神话、大众媒体叙事或跨国商业品牌的亚文化。人类和这些变化的符号或叙事的后现代关系是灵活且可能瞬间改变的（后现代中没有什么是持久的）。对跨国性、全球化、多元文化和分权的关注也是后现代的结果。最激进的后现代主义者倾向于一种唯我论的本体观（即唯一真实的是一个人自己头脑所感知的东西），但是后现代主义（后现代主义是20世纪60到70年代间形成的，在建筑和设计上聚焦于折中主义的美学理论）理念很少用这种极端的形式进行阐释。总之，在吉登斯看来，现代性没有被完全推翻，相反，我们生活在一个现代性被激化的时代。换句话说，晚期或高度现代性的社会特质已经有了几个世纪，但是如今变得比以往任何时候都更激进和全球化。

吉登斯（Giddens, 1990）指出现代化动力的三个独立来源：（1）时空的分离；（2）分解机制的发展；（3）对知识的反身性使用。时空分离的加剧导致社会变化速度更快（和现代化前的社会相比），新的现代制度的范围得以拓展。这些又增加了风险担忧和不确定性，例如，由于信息流量的增加，个人有了更多选择。风险被划分为两种形式：一种是来自外部的、与自然相关的外部风险（如洪灾或瘟疫）；另一种是被制造出来的风险，"我们几乎没有历史经验应对风险状况"（Giddens, 2002, p.26），例如和全球化（全球变暖）相关但也和人类日常生活（如乘地铁出行）相关的风险。与《风险社会》（1992）的作者乌尔里希·贝克一样，吉登斯的风险分析建立在反身性自我的角度上，人们在晚期现代化中不得不做出越来越多的选择。问题的关键不是客观风险的数量，而是人们感受到生活中的一切都与不同的风险有关。"生活在世俗的风险文化中本质上令人不安，在某个关键时期焦虑感可能变得特别明显（Giddens, 1991, p.181）。"

旧传统和等级制度的不断解放产生了一种新的生活方式——"生活政治"（Giddens, 1991, p.214）。按吉登斯和贝克所说，晚期现代化社会中的权威受到了挑战，但吉登斯的反身性概念与贝克的概念不同。贝克认为反身性是一种社会现象，是现代性的结果，而吉登斯则认为反身性没有那么严重，主要是关注个体。两位学者都总结出科学家正在失去他们的地位，科学理性导致了风险社会。当探讨社会应如何处理风险时，贝克和吉登斯有不同的观点。吉登斯认为重塑对科学的信任是很重要的，然而贝克想让专家系统民主化。吉登斯（Giddens, 1998b）指出，大众媒体威胁着社会经济，并且工业丑闻导致信任不断减少。因此他提出建立新信任的策略，例如，让科学家学会与公众沟通。对公共关系来说，分析风险、不确定性和之后将讨论的反身性十分重要，要重点关注当代争论中所谓的"后真相"社会。后真相社会主要是一个流行概念，基于西方世界部分地区的政治民粹主义运动的成功，挑战了基于科学所得出的结论。在晚期现代性中，发展导致组织、社会和公众在涉及信任和合法性时有了新的关系。

吉登斯的概念分解被用来描述当地的社会关系是如何在无限的空间中被重构的（和现代化前的社会中传统而稳固的关系相比）。这一过程背后的原因是空间和场所的分离。吉登斯划分了两种类型的分解：符号标志和专家系统。符号标志是"交换的媒介，可以不考虑在任何特定的时刻处理它们的个体或群体的具体特点"（Giddens, 1991, p.22）。他以货币和货币交换为例。专家系统是"一种技术成果或专业技能系统，它们组织着大量的物质和我们生活的社会环境"（Giddens, 1991, p.27）。电脑支持就是一个技术例子。但是社会专家系统可能是最普遍的，特别是在大众传媒趋势上，数字化带来了获取和共享信息的可能性，以及传播虚假信息和谣言的可能性。公共关系也是一种典型的晚期现代的专家系统，我之后将会具体讨论。

公共关系和结构化理论

结构化理论挑战了现代主义的组织和社会作为两种不同的系统，以及内部和外部传播的划分。系统观将组织作为有机体分析，并"假定通过组织的相关公众或对立公众的行动抑制或增强组织的生存"（Cozier & Witmer, 2003, p.4）。于是公共关系成了一个响应系统，一种组织子系统（Grunig & Hunt, 1984; Grunig, 1992），特别是用于对立公众时。在对称方法和不对称方法之间的管理选择成了系统相关的公共关系理论关注的焦点。

结构化理论并不完全与系统观对立，而与建构主义及批判视角紧密相关。第一个不同是结构化描述而不是规定公共关系的角色。第二个不同是这个理论不是把组织视为稳定的，而是将其视为动态的。组织和社会结构被组织成员通过传播进行生产和再生产，或是被社会性地建构（cf. Shotter, 1993）。结构和行动之间的二元对立被关系理论取代，这让公共关系有了生动的形象。"从结构主义视角来看，公共关系是社会中的一种传播力量，它的作用是再现和转变组织的主流意识形态，而不是仅仅适应利益集团和公众"（Cozier & Witmer, 2003, p.16）。第三个不同是对时空背景的关注。公共关系理论忽视了空间维度和时间维度。过去十年，人们对国际公共关系的关注度不断提升，但主要是国家之间的比较（Krishnamurty & Verčič, 2012）。吉登斯对时空维度的强调很复杂，他关注当地的和区域化的空间（在日常生活中）。时间维度也是同样指向微观而不是宏观的时间。在这个意义上，公共关系的历史模型（Grunig & Hunt, 1984）不是即时的，换言之，不是基于不同情况下公共关系微观实践中所发生的事情。柯泽尔和威特默（Cozier& Witmer, 2003）对结构主义的公共关系视角做了一些预设，其中他们主张把公共关系放在组织的中心。下面是我对这些预设的总结：

1. 公共关系的核心是动态的、意识形态的、时间的、空间的传播过程。这与传播的传统模式有关，与现代主义的传播模式相比，它将传播视为一种意义建构的仪式。其重点是意义共享和意义建构：组织成员共同构建了社会现实。在方法论的意义上，这个前提表明需要更多人种学和定性研究。在应用的角度上，它主张通过故事叙述和仪式实现对基于社区的方法的支持，并越来越支持非正式传播制度。

2. 公共关系不是由公共关系专业人士执行的子系统，而是由组织的所有成员执行的。"这意味着分析需要远离职能角色，并在制定公共关系传播时让组织中的所有成员参与（Cozier & Witmer, 2003, p.23）。"在应用上，这将意味着公共关系更多地被视为这个领域的一般支持过程，它整合了所有的组织层次（如服务接触），而不是只有高层管理功能。遵循这一逻辑，公共关系主要不是一个功能，而是一个过程。

3. 公共关系作为一种意识形态传播力量，可能有截然不同的结果。在生活政治中，结构化理论主张将公共关系看成重要的实践和职业，可导致社会结构的再生产以及解放和转型。

结构化过程中的行动者是反身性的且活跃的，是可以解释他/她的行动的。换句话说，在不同层面中、不同环境下的行动者也可能改变他/她的行动并转变结构。可以说结构既包括了规则，又包括了资源。行动者被社会规范和体制约束，又可能再生产或转变体制。从传播视角来看，社会制度中规则的改变可能会导致社会转型。公共关系既可能促进它，又可能阻碍它。

总之，我的理解是结构化理论在涉及公共关系时有优点也有缺点。怀疑论者会说，结构化理论用很复杂的方式来描述简单的事情，这一点我不完全否认。一方面，公共关系是一种传播的结构化力量，它逾越了组织和社会内外构造的边界，也可能再生产和变革社会结构，这对大多数公共关系研究者和专家来说并不意外。另一方面，结构化理论作为公共关系理论发展中建构主义的传播转机的一部分，具有重要价值。利用解释论、批判论和系统论，它既发展又挑战了现代主义假设的基础（如在组织和社会、内部和外部、公共关系专业人员和组织成员间的传播）。当务之急是必须组织和实践公共关系以实现变革。吉登斯的著作没有对这个重大问题做出确定回答。事实上，有人可能会问，社会不断增加公共关系实践背后的主要原因是否组织领导想阻碍变革，因此反而使用公共关系作为一种再生产的力量。这个问题还尚待回答。

晚期现代性中的公共关系

毫无疑问，晚期现代性理论与结构化理论相关，但也有自己的立场。从公共关系的视角来看，它提供了一个离开分析的组织框架的机会，并尝试在瞬息万变的社会中将公共关系理解为一种动力。事实上，可以将公共关系理解为不同的机构和组织实施的主要策略之一，试图处理和管理我们许多人认为的当代不确定性。前文讨论的晚期现代性的核心问题也是公共关系的核心问题——风险、不确定性、信任、整体的反身性。从专业角度来看，吉登斯的晚期现代性理论可能对实践及其结果有社会性的理解。这可能产生更高状态的反身性（关于社会环境、道德规范和社会责任）。反身性作为一个概念，也可以支持公共关系作为"解释性"和"反身性"的行业角色，而不只是为公众传播消息。接下来，我将试着从三个主要趋势来展现晚期现代性和公共关系的关系：时空分离、分解和反身性。

谈及空间和时间维度（如全球化），媒体和通信技术的发展逐渐挑战着时空的边界。这在人类、群体和社会中发展了新的符号空间。公共关系可以被看成用来控制、倾听和影响这些符号空间如今是数字空间的技术。过去人们主要关注正式的符号空间（如新闻媒体），但是晚期现代性的发展创造了新的符号空间，它们通常是非正式的，并且公共关系如今正挣扎于其中（如脸谱网、推特）。此外，在现代化中，组织大多与国家政治和文化背景相关。但是在晚期现代性中，这些界限被逾越了，跨国政治、组织的问题的解决需要多元文化的、全球化的方法。

当吉登斯指出时空压缩是晚期现代性的主要特征之一时，他断定这成为看到什么和不看到什么的分隔。在公共关系背景下，这种分隔无疑是重要的。在组织台前正式沟通的内容（同戈夫曼所说）和在台后发生的内容二者之间的联系很复杂。事实上，公共关系的坏名声源于公众认为这种实践只关系到台前并试图隐藏背后发生的事情。尽管有例外和理论发展，人们可能会认为现实生活中的公共关系大部分只涉及不同符号空间中的台前和视觉管理。总之，时空分离的不断加剧和非正式符号空间日益增加的重要性是公共关系实践不断扩展的原因。

晚期现代性的第二大趋势是分解的过程，吉登斯（Giddens, 1990, p.21）将其定义为"社会关系从当地的互动环境'脱离'，并在无限期的时空跨度上进行重组"。从公共关系视角来看，晚期现代性中分解的过程也是公共关系发展的主要原因。这是因为分解的后

188

果除了之前提到的符号空间，还有不确定性的增加，以及对产生信任和合法性制度的需要。社会各界的知识专业化和"被制造出来的风险"的增加将人们置于艰难境地，他们不得不一直做出新的选择。技术专业系统和服务专家系统可以帮助我们。但是从整体角度来看，关注组织和社会的关系，公共关系可以被视为产生信任和合法性的主要专家系统。

　　之前已经提到过第三大趋势——反身性。在对反身性的分析上，吉登斯抛弃了宏观层面并试图从社会心理学角度理解人类的日常生活。根据吉登斯的观点，反身性是关注人类不断反思自己想法和言行的过程，这个过程在现代化中逐渐发展。它根植于个人主义、去传统化和社会的信息化：我们更加了解社会生活，更少倾向于旧传统和制度，并且我们总是被迫做出个人选择。这种反身性可能会带来不同的结果。吉登斯（Giddens, 2002, p.xiii）在一本书中指出，去传统化和彻底的变革导致宗教、民族主义或民族宗教激进主义的增加。宗教激进主义对传统产生了威胁，并且"对宗教激进主义者来说，只有一个正确且适当的生活方式，其他人最好让开"。自吉登斯写这本书以来，宗教激进主义和世界主义社会观之间的政治两极分化变得更加剧烈。欧洲和美国的民粹主义运动就是一个明显的例子。从公共关系视角来看，这对反身性的探讨是很重要的，因为这关系到公众意义建构的过程。在功能学派和大众取向理论中，公众或组织成员通常不是能动的：他们是信息的接收者，他们可能喜欢也可能不喜欢这些信息。将组织成员和公众视作反思的行动者能让我们理解公共关系的关系层面。

结论

　　将吉登斯的理论用于分析公共关系有利有弊。其主要优点是，这样的分析可能有助于将公共关系理解为晚期现代化中与不同政治、经济和文化制度相关的一种社会现象，这有效论证了要用不同的社会理论来理解公共关系。明确地应用吉登斯的理论是因为在这些理论中某些元素很容易与公共关系相联系。首先，这样的理论视角有高度的开放性，且并不一定产生固定和静态的结论。与批判理论相比，结构化理论和晚期现代性理论并没有以一种预定的理解模式来固化分析。与意义制造和建构主义理论相比，吉登斯的理论并没有将分析局限于当地的实践。结构与机构之间的相互作用依赖平行于时间和空间的宏观语境，使得公共关系分析具有动态和相关性。

　　结构化理论可以被当作突破传统划分和界限的新理论工具。它也许可以连同解释论和批判理论给出新的洞察。尤其是我发现，晚期现代性理论与将公共关系看作与社会规范和价值观中有着辩证关系的、反思的、社会的、专家系统的宏观分析有关。从应用角度来说，吉登斯的理论可以被用来开发更动态的、公众导向的策略，从多元文化和反身性的角度来关注公众，并挑战构建制度和亚制度之间的界限。全球化对公共关系实践有巨大意义，但是目前很少被整合到分析中。

　　我发现在公共关系理论中应用吉登斯的理论有两个主要缺点。首先，尽管从理论上已经讨论过它缺少实证基础，但从结构化角度研究公共关系实践可能很快就变得复杂起来。因此，运用晚期现代性理论可能并不容易。其次，吉登斯理论动态的、关联的和折中的特质让它变得如此宽泛，以至于它能够以多种方式用于社会和文化科学的所有领域，这也显示出它的真正的跨学科和宏大视野。

　　总之，我认为在公共关系中有两个主要观点使用吉登斯的理论：（1）晚期现代性理论可能增强我们对公共关系作为社会历史中不断发展的实践的理解；（2）结构化理论挑战了公共关系理论中大众导向的范式，增强了对公共关系传播如何作为再生产和变革的社会工具来使用的全面理解。换句话说，吉登斯的理论可以被看作"第三种公共关系视角"：介于管理、功能主义和规范性传统与批判性和解释性方法之间。第三种理论的不断发展会导致公共关系日常实践将被看得更加情境化、空间化、即时化。基于对实践和现实的社会建构主义取向，第三种理论也会增加不同公众对反思过程中质化机制的兴趣。在经验角度上，这将促进人种学研究的发展。在应用角度上，可以使用第三种理论从社会中心和公众导向视角来开发动态的、过程导向的传播策略。

安东尼·吉登斯的生平与事业

　　安东尼·吉登斯于1938年1月18日出生于伦敦的埃德蒙顿。他的父亲是一名职员，他成长于一个中产阶级家庭。1959年，吉登斯在赫尔大学获得学士学位，后来在伦敦经济学院获得硕士学位，并于1974年获得剑桥大学博士学位。起初他在莱斯特大学教授社会心理学，并结识了过程或模型社会学的创立者——德国社会学家诺伯特·埃利亚斯（Norbert Elias）。这个理论与吉登斯的结构化理论有一些相似之处：都研究人类心理学（微观）变化与（宏观）社会结构变化之间的联系。

　　1969年，安东尼·吉登斯（Anthony Giddens）在剑桥大学任职，并于1987年被任命为正教授。他是一家大型社会科学出版社——政体出版社（Polity Press）的联合创始人。1997—2003年，吉登斯出任伦敦经济学院院长，并担任英国前总理托尼·布莱尔的顾问，并指导其和时任美国总统比尔·克林顿的"第三条道路"政治。吉登斯一直是新工党积极的舆论领袖，2004年，他被授予伦敦恩菲尔德市南门公爵，获得终身贵族地位，任职于劳工中议院。近十年来，吉登斯仍然活跃于学术界，出版了一些有关气候变化和欧盟等当代问题的著作。

参考文献

[1] Ahrensböll, H., Sc Brinkmann-Petersen, C. (2002). *Prolog til et nyt paradigme? Glidninger mellem offentligheden og markedetfortolket udfrn Anthony Giddens' teoretiske uniuers*. [prologue for a new paradigm? Shifts between the public sphere and the market in Anthony Giddens' theoretical universe].

Unpublished Public Relations Speciale: Roskilde Universitetscenter.

[2] Archer, M. S. (1982). Morphogenesis versus structuration: On combining structure and action. *The British Journal of Sociology*, 33(4), 455-483.

[3] Bardhan, N., & Weaver, C. K. (Eds.). (2011). *Public relations in global cultural contexts: Multi-paradigmatic perspectives*. London: Roucledge.

[4] Beck, U. (1992). *Risk society: Towards a new modernity*. London: SAGE.

[5] Brante, T. (1989). *Anthony Giddens och samhciUsvetenskapen* [Anthony Giddens and social science]. Stehag, Sweden: Symposion.

[6] Carey, J. W. (1988). *Communication as culture: Essays on media and society*. New York, NY: Routledge.

[7] Cozier, Z., & Witmer, D. (2001). Structuration analysis of new publics. In R. L. Heath (Ed.), *Handbook of public relations* (pp. 615-623). Thousand Oaks: SAGE.

[8] Cozier, Z., & Witmer, D. (2003). A structurationist perspective of public relations: A metatheoretical discussion of boundary spanning. Paper presented to the National Communication Association Convention, Public Relations Division, Nov. 19-23, 2003, Miami Beach, FL.

[9] Cozier, Z., & Witmer, D. (2007). A structurationist approach to the life cycle of Internet publics and participation. In S. Duhe (Ed.), *New media and public relations* (pp. 27-42), New York: Peter Lang.

[10] Durham, F. (2005). Public relations as structuration: A prescriptive critique of the StarLink global food contamination case. *Journal of Public Relations Research*, 17(1), 29-47.

[11] Ewen, S. (1996). *PR! A social history of spin*. New York: Basic Books.

[12] Falkheimer, J., & Heide, M. (2006). Multicultural crisis communication: Towards a social constructionist perspective. *Joumal of Contingencies and Crisis Management*, 14(4), 180-189.

[13] Falkheimer, J., & Heide, M. (2016). A reflexive penpective on public relations; On leaving traditional thinking and uncover the taken-for-granted. In L'Etang, J., McKie, D., & Snow, N. (Eds.), *Routledge handbook of critical public relations* (pp. 162-172). London: Routledge.

[14] Falkheimer, J., & Jansson, A. (Eds.) (2006). *Geographies of communication: The spatial turn in media studies*. Gothenburg, Sweden: Nordicom.

[15] Giddens, A. (1979). *Central problems in social theory: Action, structure and contradiction in social analysis*. Berkeley, CA: Univemty of California Press.

[16] Giddens, A. (1984). *The constitutioti of society: Outline of the theory of structuration*. Cambridge, MA: Polity Press.

[17] Giddens, A. (1990). *The consequences of modernity*. Cambridge, MA: Polity Press.

[18] Giddens, A. (1991). *Modernity and self-identity. Self and society in the late modem age*. Cambridge, MA: Polity Press.

[19] Giddens, A. (1998a). *The third way: The renewal of social democracy*. Cambridge, MA: Polity Press.

[20] Giddens, A. (1998b). Risk society: The context of British politics. In j. Franklin (Ed.), *The politics of risk society* (pp. 23-35), Cambridge, MA: Polity Press.

[21] Giddens, A. (2002). *Runaway world: How globalisation is reshaping our lives*. London: Profile.

[22] Giddens, A. (2009). *The politics of climate change*. Cambridge, MA: Polity Press.

[23] Giddens, A. (2014). *The role and nature of the European Union in turbulent and mighty continent: What future for Europe?* Cambridge, MA: Polity Press.

[24] Gill, J. (2009, March 26). Giddens trumps Marx but French thinkers triumph, *Times Higher*

Education. Retrieved from http://www,timeshighereducation.co.uk/story.asp?storycode= 405925&en cCode=184949851BC54459875JTBS737226610. Accessed 21 December 2017.

[25] Grunig, J. (Ed.) (1992), *Excellence in public relations and communication management.* Hillsdale, NJ: Lawrence Erlbaum.

[26] Grunig, J. E., & Hunt, T. (1984). *Managing public relations.* Orlando, FL: Harcourt Brace.

[27] Ihlen, Ø., van Ruler, B., & Fredriksson, M. (2009). *Social theory and public relations: Key figures and concepts.* London: Routledge.

[28] Krishnamurty, S., 8c Verčič, D. (2012). *Culture and public relations.* London: Routledge.

[29] L'Etang, J., McKie, D., Snow, N., & Xifra, J. (Eds.). (2015). *Routledge handbook of critical public relations.* London: Routledge.

[30] Linke, A., Sc Zerfass, A. (2013). Social media governance: Regulatory frameworks for successful online communications. *Journal of Communication Management,* 17(3), 270-286.

[31] Lyotard, J.-F. (1986). *The post-modern condition: A report on knowledge.* Manchester, UK: Manchester University Press.

[32] Miller, D., & Dinan, W. (2008). *A century of spin: How public relations became the cutting edge of corporate power.* London, UK: Pluto Press.

[33] O'Boyle, B. (2013). Reproducing the social structure: A Marxist critique of Anthony Giddens5s structuration methodology. *Cambridge Journal of Economics,* 37(5), 1019-1033.

[34] Shorter, J. (1993). *Conversational realities: Constnicting life through language.* London, UK: SAGE.

[35] Sriramesh, K., & Verčič, D. (2004). Intemational public relations: A framework for future research. *Journal of Communication Managemmt,* 7(1), 54-71 .

[36] Stauber, J., & Rampton, S. (1995). *Toxic sludge is good far you! I.Jes, damn lies and the public relations industry.* Monroe, ME: Common Courage Press.

[37] Verčič, D., Van Ruler, B., & Flodin, B. (2001). On the definition of public relations: A European view. *Public Relations Review,* 27(4), 373-383.

[38] Whittington, R. (2000). *What is strategy and does it matter?* London: Thomson International Business Press.

[39] Yates, J., & Orlokowski, W. (1992). Genre:, of organizational communication: A structurational approach to studying communication and media. *The Academy of Management Review,* 17(2), 299-326.

第三部分
社会互动

第十一章

普特南：在公共关系中运用罗伯特·普特南的社区与社会资本理论

威尔玛·罗马-阿霍

是什么使社会和组织实现成功和协作？罗伯特·普特南认为，是一种社会资本，一 195种在以往良好经历基础上形成的无形的社会凝聚力。尽管罗伯特·普特南的关于社会资本和社区建设的著作非常有名，但他的作品才刚刚被应用于公共关系研究（Sommerfeldt, 2013; Dodd, Brummette & Hazleton, 2015; Canel & Luoma-aho, 2017）。普特南的社会资本理论认为，社会的成功在很大程度上取决于横向的合作纽带：只有长期关系能产生凝聚力，从而带来诸如降低犯罪率、增加健康、增加幸福乃至实现经济繁荣等社会效益（Putnam, Leonardi & Nanetti, 1993; Putnam, 1993a; 2000; 2015）。因此，拥有互惠的、信任的利益相关者网络的组织可以被认为拥有大量的社会资本。

社区建设的主题是适时的，因为社会日益两极化，公民和利益相关者似乎生活在他们自己的媒体泡沫中（Sluterdijk, 2011），在一个全球化的、不可预测的和支离破碎的社会中，各组织努力平衡若干不同利益相关者群体的利益和需求（Canel & Luoma-aho, 2018; Luoma-aho, 2014）。本章认为，普特南对社会和社会关系的理解有助于人们解释传播专业人员未来的优先事项：创造和维持组织的社会资本。

本章结构如下：第一，介绍罗伯特·普特南的作品和理论，以及对他的评论。第二，通过探讨以往的应用方式和适用性来讨论普特南对公共关系理论和实践的贡献。第三，提出基于普特南社会资本建设思想的模型，第四，得出其理论对公共关系理论和实践具有实用性的结论。

196

罗伯特·普特南和保龄球艺术

罗伯特·普特南（1941—　），美国政治学家，他以提出"独自打保龄球（Bowling Alone）"而闻名。这个说法最初在一篇文章中（Putnam, 1995a）被提及，随后又在其专著（Putnam, 2000）中被提出。普特南的研究专注于民主与社会，他认为当今社会的社区意识有所降低。科技的发展、新媒体的盛行在一定程度上弱化了人们的人际交往。社会已经出现代际变化，人们成为孤立的个体；他们不再属于某个俱乐部或社团，也不一起做某件事，而是独自打保龄球。随着城市化的发展，类似的挑战正在全球出现。普特南认为，如今的人们失去了社区意识，这使得建立、维持合作和人际关系变得困难。普特南（Putnam, 2000, 2015）认为，其原因包括家庭结构向独居转变，以及郊区的无计划扩张破坏了人们的空间完整性，影响了他们的自由时间和社会关系。此外，电子娱乐的引入使得休闲时间私人化，新一代的人不再重视集体活动。普特南认为，不管根源是什么，我们正在慢慢侵蚀对社会和个人福祉至关重要的社会网络。

为了了解这种侵蚀是如何发生的，普特南对意大利的几乎同时成立的成功和不成功的行政区政府（regional government）进行了比较研究（Putnam, Leonardi & Nanetti, 1993, *Making Democracy Work*），他认为责任在于当地居民的公民参与的传统和历史。普特南强调了日常合作的重要性：有强烈公民参与传统和参与型居民的社会有利于建立成功政府以及实现经济的发展；反之，软弱的甚至没有公民参与的社会只会导致腐败政府的产生，同时导致贫困的循环。成功归功于社会网络，它使人们对彼此产生信任。

普特南描写的是制度效能与市民生活的特征之间的联系（Putnam, Leonardi & Nanetti, 1993; Putnam, 2000），他也因此为持续存在的结构—动因（structure-agent）争议做出了贡献。普特南的理论大部分都是关于结构的，他明确表示，机构（agency）是结构的创造者：公民社区（civic community）的特点是公民参与、政治平等、团结、信任、宽容和彼此联系的社区生活（Putnam, Leonardi & Nanetti, 1993）。普特南认为，公民参与不仅仅包括政治，还涉及人们与社区生活的不同关联。普特南将俱乐部和社团看作民主的基石：他认为社团里形成的社会网络概括了整个社会的信任。简言之，人们学会在小范围内信任他人后，即使是在社会层面上也能实现信任。但学会合作和建立信任并不是一

197 个快速的过程，而是随着时间的推移逐渐发展，这个过程甚至需要几个世纪（Patnam, Leonardi & Nanetti, 1993）。

普特南认为，合作需要一种自下而上的方式（a bottom-up approach）：重要的不仅仅是怎样管理政府和组织，还包括人们的行为方式。因此，我们可以把造就或破坏社会和不同形式组织的主要因素看作科尔曼（Coleman, 1988）和布尔迪厄（Bourdieu, 1980/1995）之前所描述的社会资本（social capital）（见关于布尔迪厄的第7章）。与早期的理论家相比，只有普特南承认社会资本对社会影响更大，而布尔迪厄更关注社会不平等，科尔曼则关注社会资本和人力资本之间的联系。普特南在他的关于社会收益和影响的论证中超

越了现有的理解：社会资本不仅有利于个人和他们的社会关系，而且与他们周围社会的福利相呼应。事实上，社会资本的益处包括减少部落冲突、提高选民投票率、降低交易成本和提高公民满意度（Putnam, Feldstein & Cohen, 2003）。

普特南将社会资本定义为"社会组织的特征，例如信任、规范以及网络，它们能够通过推动合作行动来提高社会效率"（Putnam, Leonardi & Nanetti, 1993, p.167）。简而言之，社会资本建立并维持了一个繁荣的社区，而社会资本随着社会意识的丧失而减少。这种丧失（并防止它）一直是普特南后期作品的主题，包括从流行文化入侵政治（Clark, Putnam & Fieldhouse, 2010）和儿童失去平等的机会（Putnam, 2015），到理解其他宗教获得的财富（Putnam & Campbell, 2010）。

定义社会资本

社会资本可以理解为是从其他类型资本衍生的比喻。有形资本是指实物资本，社会资本是指个体之间的联系、社会网络以及互惠和信任的规范（Putnam, 2000, p.19）。普特南认为，社会资本与"公民美德"密切相关，使人们能够信任、合作、社会化、建立社区并和谐地生活在一起。因此，社会资本有两个要素：重复的社会接触和共同的目标（Putnam, 2010, 2015）。

对普特南来说，社会资本是相互促进的。"有效的合作机构需要人际交往技能和信任，但是这些技能和信任也通过有组织的合作得到反复灌输和加强"（Putnam, Leonardi & Nanetti, 1993, p.180）。正是这种信任也带来了社会收益，如稳定和经济繁荣（Fukuyama, 1995）。

社会网络的作用

198

普特南认为网络就是过去成功合作的体现。根据普特南的逻辑，正是社会环境中以往互动的可信的记录使得声誉效应产生成为可能（Rousseau, Sitkin, Burt & Camerer, 1998）。同样，以前一起工作的经历为未来创造了期望，从而塑造了未来的声誉（Olkkonen & Luoma-aho, 2015）。

然而，并不是所有的社会网络都是相似的，其功能也不一样。普特南（Putnam, 2000, pp.22-24）将两种不同类型的社会资本分为：桥接型（bridging）和粘连型（bonding），又分别被称为兼容性（inclusive）和排他性（exclusive）的社会网络。粘连型社会资本（bonding social capital）增强团体凝聚力，而桥接型社会资本（bridging social capital）被理解为与团体外部的事物的关系。普特南强调，二者对于组织和社会的运作都很重要。

桥接型和粘连型网络代表不同类型的关系。如果关系是一种能在周围事物、人、自然环境可能引起的威胁中存活下来的方式，那普特南（Putnam, 2000）的粘连型社会资本就是团体和社会的强力胶。它强化了排他性的身份认同，同时增强了团体凝聚力。它很容易形成，但也有过度的风险。实际上粘连型社会资本通常能轻易地形成：就像集中思想一样。粘连型社会资本对组织的凝聚力和合作是非常必要的，它使组织能够运转。然而，由于其性质上是排他的，因此其影响并不总是正面的（Ojala, Hakoluoto, Hjorth & Luoma-aho, 2006）。社会资本的负面影响包括内幕交易、社会群体的排斥、种族主义或歧视他人，所有这些都只对其内部成员有利，而对此特定群体之外的人以及整个社会并无益处。

另外，建立最有利于健康但多元化社会的桥接型社会资本是很难的（Putnam et al., 2003, p.3）。桥接型社会资本就像团体和社会的润滑油，它缓和了团体和个体的关系。桥接型社会资本接近格兰诺维特（Granovetter, 1973）所说的弱关系（weak ties），并与伯特（Burt, 2002）在社会网络中所说的结构洞（structural holes）有关：桥接型社会资本标识着弥合社会鸿沟与促进群体和社会异质性网络的发展。它强化了兼容性，从而降低了过度的风险。

普特南在他的早期作品中的一个核心论点是，电视是社会联系衰退的原因，最近的研究他关注的是社交媒体是在建设还是在破坏社会资本。结果似乎喜忧参半，因为那些在线上活跃的人似乎在线下也是活跃的，因此，使用技术不仅促进了他们的社交联系，还增加了他们面对面互动的机会（Sabatini & Sarracino, 2014）。最近的研究表明，社交媒体引发了向上比较（看到其他人做得更好），这会产生许多疾病，包括嫉妒和抑郁（Liu, Li, Carcioppolo & North, 2016）。

对普特南作品的评论

普特南的理论非常规范，他所提出的重建社区将解决重大社会问题的观点被认为过于天真和虚幻。总体来说，对社会资本的批判从现象是否存在、无形资产难以衡量到社会资本的因果关系和实际利益难以证实。批评者指出，社会资本需要数年甚至数十年方能形成，而它与社会收益之间的因果关系仍不确定。普特南本人也承认，培养社会资本比组建一个保龄球俱乐部要复杂得多（Putnam et al., 2003, p.10）。如果你不相信别人也会这样做，那么合作就毫无意义：在对他人信任程度普遍较低的社会中，合作是困难的，学者们谈论的是社会陷阱（Rothstein, 2003; Rothstein & Stolle, 2002; Luoma-aho, 2005）。普特南提供了一些在艰难的社会中人们互相合作的案例来回应这种批评（Putnam et al., 2003）。这些草根阶层的合作经验随着时间的推移成为社会信任的基石（Putnam, Leonardi & Nanetti, 1993）。

他的核心理论受到的批评最多。批评者很快就指出，并没有令人信服的经验证据表明，人们在小范围内相互合作和信任，将会给整个社会带来社会资本，而粘连型社会资本的问题包括排他性，甚至种族主义（Patulny, 2003; DeFilippis, 2001）。事实上，因果关系的方向从未得到令人满意的证明：社会资本是从有凝聚力的社会中产生的，还是它使社会变得有凝聚力？普特南因把权力从他的社会资本概念中分离出来而受到指责，因为这会过度简化历史，且批评者指出，普特南的社会资本概念并不能讲述社会及其传播的全部故事（DeFilippis, 2001）。

此后，普特南发表了很多批评文章，从他最早的关于社会资本和社区的理论到最近发表的关于创造社会资本的著作。比如，在《使民主运转起来》（*Making Democracy Work*）被批评为只在意大利有效后，普特南出版了《独自打保龄球》（*Bowling Alone*），认为同样的概念在美国也适用。现在，人们批评普特南忽略了新的组织和社会资本形式，甚至认为这些组织应对镇压民权运动和强化反平等的社会规范负有责任。作为弥补，普特南与刘易斯·费尔德斯坦（Lewis Feldstein）在2003年出版了《一起更美好》（*Better Together*）。为了回应对他不理解网络社交的批评，他发表了《奥巴马时代》（*Age of Obama*），解释了当代社会流行文化与政治之间的联系（Clark, Putnam & Fieldhouse, 2010）。

普特南还传递了一个绝望的信息：在社区意识低、社会资本少的地区，重建这些社区几乎是不可能的。如果社会陷阱被关闭，建立信任几乎是不可能的（Putnam, Leonardi & Nanetd, 1993; Rothstein, 2003）。同样，包括《我们的孩子——危机中的美国梦》（*Our Kids—the American Dream in Crisis*, 2015）在内的最新著作也被批评为仅仅描述了收入不平等问题，没有触及导致不平等现象的政治决策，也没有真正跟进和解释导致不平等现象的政治因素。

但普特南所传达的信息并未因这种批判而改变，他最近将兴趣从描述社会资本转到了寻找创造和维持社会资本的方式上。《一起更美好》（Putnam et al., 2003）和普特南在圣哥罗（Saguaro）美国公民参与研讨会年度会议中的积极作用，代表了对社会资本创造的新的可能性的探索。在《一起更美好》中他描述了12种不同的社会资本创造者，从俱乐部、教会及组织到网络和社区压力小组，所有这些都"涉及在人们之间建立联系、建立信任和理解的纽带，建立社区……它们都涉及创造社会资本：发展将个体纳入团体和社区的关系网络中"（Putnam et al., 2003, p.1）。同样，《我们的孩子——危机中的美国梦》也向社区传递了一个明确的信息，使社区产生仪式，包括更好的日托解决方案、学校的课外活动和支持系统，使所有人都能接受高等教育。这些建议与社区参与理念和公共关系的企业社会责任（CSR）活动非常接近，并且似乎都显示了早期干预的价值，这些干预有助于社区意识的形成和社会资本的增长。

普特南的作品指出，个人主义（individualism）已经取代了社区主义（communitarianism），社会资本正在减少，社会两极分化，不平等加剧，社区意识渐渐消失。如果想要社会长期繁荣就必须重建社区意识和培育社会资本（Putnam et al., 2003）。下一节将讨论普特南的作品对公共关系理论和实践的贡献，并深入探索创造社会资本的过程。

普特南的公共关系

普特南的理论很重要，因为它们能解释个体、组织乃至整个社会之间关系的更深层次的意义（Taylor, 2011; Willis, 2012）。在普特南的观点里，一个社区的生命力可以根据其社会互动来估计，这对组织也同样适用（Luoma-aho, 2006）。因此，社会资本为衡量"公共关系活动的无形（例如，关系、名誉、信任）和有形（例如，财务盈利）的结果"提供了一个框架（Dodd, Brummette & Hazleton, 2015, p.473）。

普特南的思想拓宽了公众的视野，因为他展示了社会关系的长期影响（Putnam et al., 2003; Hallahan, 2004）：共同的利益能够产生社区。公共关系关注的焦点总是在管理问题和管理公众上，但普特南的社区观点更广泛，甚至有些人说他是社区主义者；社区由其自身的历史发展、目标以及利益组成，因此，通常不能被组织活动所控制。对各组织而言，这里构成了一个悖论：如果社区是在组织之外形成的，那么如何在不影响其形成的情况下让它们参与组织议程（Luoma-aho & Vos, 2010）？公共关系如何才能真正帮助形成在线和离线社区，以培养社会资本？

普特南对公共关系有贡献，因为他专注于社会层面和组织创造社会资本的好处。本章认为，普特南的思想有助于形成一种公共关系的元理论，因为它强调本着社区精神创造社会资本的重要性（Hallahan, 2004; Leeper, 2001; Wilson, 2001）。此外，普特南还通过描述建立信任的渠道和进程，提供了一些关于社会资本创造机制的实践想法。对于实践者来说，普特南提供了一个高尚的比喻来构建该领域的身份：公共关系实践者应该被视为组织社会资本的创造者和维护者。

通过公共关系建立社区

普特南尽力强调的是通过社区意识得以建立的社会网络价值（Putnam, 1993, 2000）。有人认为，通过为组织和个体建立必要的网络和联系，公共关系在维持社会平衡方面发挥着核心作用（Dodd, Brummette & Hazleton, 2015; Luoma-aho, 2016; Sommerfeldt, 2013）。最近关注这些的研究涉及了共享意义的作用（Yang & Taylor, 2013）、传播专业人员的作用（Dodd et al., 2015），以及企业与公众（Jin & Lee, 2013），甚至整个社会之间的关系等问题（Saffer, 2016; Taylor, 2011; Willis, 2012）。

通过传播建立社区意识实际上是现代公共关系的本质（Valentini，Kruckeberg & Starck, 2012），但这在多个层面上仍然是理想化的。尽管"公共关系填补了社区消失所造成的社会真空"这句话可能是对的（Kruckeberg & Starck, 1988, p.43），但公共关系本身并不是一个目标，而是一贯支持组织战略的（Tench et al., 2017）。普特南的思想为如何通过创造社会资本来完成这一重要任务提供了思路，无论是在组织层面还是国家层面。事实上，关注传播专业人士角色的研究表明，专业人士通过普特南所说的个人"强有力的公民关系"，比普通公民更积极地创造社会资本（Dodd, Brummette & Hazleton, 2015）。然而，信任是互惠的，社区应该造福于公众，而不仅仅是组织的目标（Valentini et al., 2012）。虽然这些情况有时会重叠，但在实践中并不总是这样。

对普特南来说，正是传播创造了归属感，正是互惠传播使关系随着时间的推移而保持牢固。他强调战略规划和维持互惠关系对整个社会生存的重要性（Putnam, 1993, 1995, 2003; 2010; 2015）。社区不是偶然形成的，也不是在没有被培养的地方繁荣起来的。同样，利益相关者关系的培养也确保了组织的生存。

公共关系从业者今天所面对的挑战并不是新近产生的。事实上，他们与19世纪早期铁路宣传者所面临的情况相似：需要"邀请（分散的人）作为一个统一的团体"（Peters, 1995, pp.17-18）。就像迪莫克指出的，公共关系的目标是"要满足各方的利益——包括公众、员工以及管理层"（Dimock, 1953, p.403）。社会资本的创造有助于在公众之间建立共同的意义和产生善意。

另外一个历史背景是由20世纪芝加哥学派的社会学家提供的。他们理论化地阐述了重塑和建构在大城市形成过程中失去的社区意识的可能途径。他们认为，传播是创造和保持社区意识的关键（Dewey, 1916; Cooley, 1909, 1918; McDermott, 1981; Damico, 1978; Mead, 1934；参见关于杜威的第17章）。

这些目标在最近的公共关系发展趋势中显而易见。利益相关者的想法（Freeman, 1984; Mitchell, Agle & Wood, 1997）、关系建立（Hon & Grunig, 1999; Wilson, 2001）、关系管理（Bruning, DeMiglio & Embry, 2006; Ledingham, 2003; Ledingham & Bruning, 2000）、企业目的以及社会责任（Leeper, 2001; Wilson, 2001）都含有社区的观点。传统的对公众和议题的管理正在向持续存在的互动转变：构建和维持利益相关者与组织之间的关系。这种转变更加强调与组织有着稳定和频繁互动的利益相关者，因为他们是能与之建立关系的人（Lahno, 1995; Luoma-aho, 2005）。实际上普特南自己也强调了频繁互动的重要性。他总结道，"我们一次又一次地发现，创造社会资本的一个关键就是建立冗余的联系（build in redundancy of contact）"（Putnam et al., 2003, p.291）。

公共关系还是社区关系？   203

在一个支离破碎的社会中，个人被封闭在自己的沟通泡沫中，社区意识是一个挑战（Sloterdijk, 2011）。人们不太愿意合作，个人目标凌驾于共同议程之上（Putnam, 2000; 2005; 2015）。有人可能会说，承诺已不再是常态，"一般公众"的概念已被多样化、分裂的公众所取代（Vos, Schoemaker & Luoma-aho, 2014）。随着公众的分裂，共同意义的丧失反过来影响文化、道德和政治标准及参与（Leeper, 2001; Saffer, 2016）。共同意义的创造是公共关系的核心功能（Taylor, 2011）。根据普特南的观点，公共关系可以被理解为维持社会平衡的一种工具：公共关系通过提供信息，通过在可能对立的观点之间建立关系和保持对话，对社会做出贡献（Sommerfeldt & Kent, 2015; Hallahan, 2004; Burton, 1998; Cutlip, Center & Broom, 1999; Luoma-aho, 2005）。

实际上，哈勒汉（Hallahan, 2004）甚至建议这个领域应该称为社区关系（community

relations），而不是公共关系（public relations）。公共关系可以被理解为有责任在政府、民间社会组织和企业之间建立、恢复和维持社会联系（Sommerfeldt, 2013; Sommerfeldt & Kent, 2015; Kmckeberg, 2006）。社会资本通过参与过程和已取得的成果发挥作用，因为参与组织有助于增强社区的权能（Jin & Lee, 2013）。这个想法与最初创建组织的目的有关：实现个人难以实现或不可能实现的目标。但成就本身并不是重点，因为社团和团体提供了归属感、忠诚感和一种能激励行动的社区感。

倘若公共关系旨在产生对组织的好感，那么社会资本的总数可以作为一种对公共关系成果的测量工具（Hazleton & Kennan, 2000; Yang & Taylor, 2013）。公共关系可以从重新定义中获益：公共关系可以被理解为创造和维持组织社会资本的实践。在理想情况下，这种组织资本可以为整个社会增加社会资本。

以往应用普特南理论的研究

普特南的社会资本和社区理论迄今为止仅被适度地应用于该领域的研究和理论当中（Dodd et al., 2015; Fussell, Harrison-Rexrode, Kennan & Hazleton, 2006; Ihlen, 2005; Kennan & Hazleton, 2006; Jin & Lee, 2013）。一些学者也运用了类似的观点，不管有没有提到社会资本的概念。克鲁克贝格（Kruckeberg）和斯塔克（Starck）（1988; 2001）的"社区建设理论（Community Building Theory）"中以及哈勒汉（Hallahan, 2004）关于社区作为公共关系基础的著作中很好地运用了该观点。最近，作者们也将公共关系从业者视为社区意识的恢复者和维护者（Dodd, Brunimette & Hazleton, 2015, pp.472-479）。克鲁克贝格·斯塔克（Kruckeberg Starck, 1988, p.24）将社区关系定义为"组织有计划地、积极地和持续地参与社区内的活动，以维护和改善社区的环境，使机构和社区都受益"。公共关系经常被指责过于以组织为中心。这个定义很有用，因为它强调了机构和社区的利益（Valentini et al., 2012; Vos, Schoemaker & Luama-aho, 2014）。其他人则运用了普特南关于社会资本的观点。随着无形资产对成功来说越来越重要（Canel & Luama-aho, 2017），社会资本成为一种手段，通过这种手段，更多传统形式的资本可以在组织中实现。

普特南的公共关系思想在很多方面的应用都不明确，并且几乎没有提供具体的例子来说明它的好处。对社会资本在公共关系研究中的一个更功利的应用出自黑泽尔顿和凯南（Hazelton & Kennan, 2000）。他们运用社会资本的概念来论证公共关系对组织底线的贡献。在组织社会资本的益处上，他们列出了降低交易成本、提高生产率、提高效率、改善品质以及客户满意度。黑泽尔顿和凯南还指出了社会资本连接以及获取其他类型资本这一核心作用。他们列出了社会资本对公共关系很重要的三个层面：结构层面、内容层面、关系层面。他们认为传播不仅是社会资本产生的基础，还是一种"利用现有社会资本存量来促进实现组织目标的机制"（Hazelton & Kennan, 2000, p.83）。在他们看来，社会资本是一个社区的财产。

泰勒（Taylor, 2011）认为，公共关系和对话是构建社会资本的手段，而社会资本反过来又使社会变得更好。关注普特南的公共关系思想的学者很少关注社会资本如何降低组织的交易成本的问题（Fussell et al., 2006）：公共关系从业人员本身如何在其专业领域之外对社会起到积极作用（Dodd et al., 2015），以及如何联系需要的社会资本（Jin & Lee, 2013）。

在我看来，社会资本是一种组织利益（Luama-aho, 2016）。我将社会资本定义为"一个组织通过其利益相关者之间的信任和互惠网络可获得的资源范围"（Luoma-aho, 2005, p.150）。我还认为与利益相关者的传播既有工具性的，又有特征性的：利益相关者网络不仅使组织得以生存，而且在今天这个传播为主的社会中，建立传播渠道和被倾听本身也是有价值的（Luoma-aho, 2005）。此外，高信任度、频繁互动的利益相关者成为信仰持有者，可以理解为组织的社会资本（Luoma-aho, 2015）。重要的不是网络本身，而是它的另一端的是什么。社交网络是社会资本，它包含了组织的潜在利益和资源（如组织合法性或良好的声誉）（Canel & Luoma-aho, 2017）。

创造社会资本

公共关系学者和实践者需要了解创建社会资本的过程，因为他们既为自己也为他们所代表的组织积极参与创建社会资本（Dodd et al., 2015）。传播被认为是"积累、维持和扩大社会资本的象征性机制"（Saffer, 2016, p.172）。因此，本研究以普特南的理论、概念为依托，以公民参与行为作为社会资本的替代测量标准，结果表明，公共关系专业人员的行为总体上更倾向于以社会资本为目标（Dodd et al., 2015）。普特南强调了以往经验对创造和维持社会资本的重要性。事实上，公民参与网络通过促进互惠、促进协调和放大其他个人的信任度信息而发挥作用；社交网络体现了过去合作的成功（Rothstein & Stolle, 2002）。在普特南的逻辑中，成功的合作延伸到促进未来的合作（Putnam, 1993b）。

为了充分理解社区，必须捕捉其成员的经验（Cohen, 1985）。其他合著者和我（Luama-aho, 2006; Canel & Luoma-aho, 2017）通过信任和声誉的概念，将普特南的社会资本观付诸实践，这两个概念都反映了成员的经验。利益相关者之间的信任和良好的声誉是组织的重要资源，甚至是社会资本（Luoma-aho, 2005; 2006; 2016）。声誉是利益相关者（Sztompka, 2000; Bromley, 1993; Fombrun & Van Riel, 2003）之间讲述组织塑造信任、组织未来行为的故事的总和（Seligman, 1997; Rothstein, 2003）。声誉和信任都是在组织与其利益相关者持续会面和互动的情境下形成的。它们相互关联，因为"信任变成声誉就像现在变成历史"（Luoma-aho, 2005, p.142）。借鉴普特南在《使民主运转起来》（Putnam, 1993）里的论点，图11.1简化了社会资本创造的过程。

图11.1是一个简化的、两极分化的模型，因而有其局限性。然而因为它表明了经验和期望的重要性（Olkkonen & Luoma-aho, 2014），所以在考量普特南对公共关系研究的

贡献时该模型很有价值。这个从经验开始的过程是循环的，不管是在个人、团体还是在
组织之间，这些合作的经验（无论是间接的还是个人的），无论好坏都形成了一种声誉。
这种声誉自带某种期望并且促进信任（Putnam, Leonardi & Nanetti, 1993; Misztal, 1996;
Sztompka, 2000; Luoma-aho, 2006）。信任程度导致形成不同数量的社会资本，社会资本又
转而影响经验和期望以及合作的可能性（Putnam, Leonardi & Nanetti, 1993; Putnam, 2000;
Putnam et al., 2003）。

图11.1描述了社会资本创造的过程。这个模型展示了经验如何变成期望从而促进社
会资本的创造。与普特南关于社会资本自我实现的预言相一致，期望良好声誉的利益
相关者在一定程度上是通过自己的努力和信任获得声誉的（Putnam, Leonard & Nanetti,
1993）。培养此种社会是公共关系的核心责任之一（Luoma-aho, 2016）。

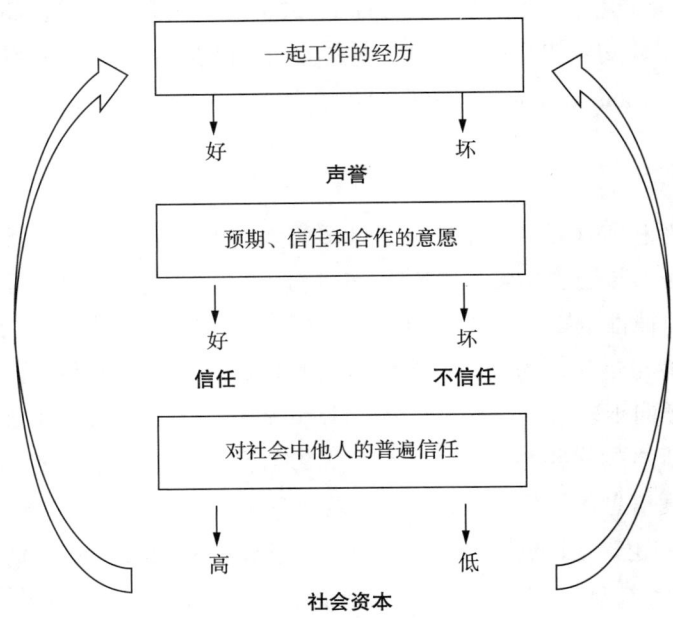

图11.1 社会资本创造的两极分化模型

社会资本一旦被创造出来便能依靠自身发展（Putnam, 1993a; 2015）。此外，社会资
本一旦被创造出来，就可以从一种环境转移到另一种环境（Dodd et al., 2015）。然而，需
要注意的是，声誉可以是正面的也可以是负面的：好的声誉创造信任，而坏的声誉减少
信任。另外，信任是明确的：它在某种程度上存在或缺少。无论内容是什么，这个机制
似乎都存在。组织与利益相关者的关系随着时间的推移而发展，好的声誉通过可信赖的
经营方式产生，不可靠的经营方式或坏的声誉能借助好的经验得到修正和改善。然而，
研究表明，扭转负面声誉和糟糕的信任，要比修复迄今为止良好的声誉和高度信任所受
到的损害困难得多（Sjovall & Talk, 2004）。

运用社会资本

普特南关于社会归属感和社会凝聚力重要性的理论强调了未经培养的关系的后果，这为公共关系提供了切入点；组织、个体甚至整个社会都会受到影响。考虑到普特南对互惠关系和信任的强调，建立和维持关系大概与他所认为的"创造"新的社会资本很接近。创造社会资本的关键就在于让人们合作并且在小范围内彼此信任（Putnam et al.，2003）。重要的公共关系职能，例如，保持对话和创造社区意识，是通过在利益相关者之间建立关系来实现的（Willis, 2012; Saffer, 2016）。培养社会资本的组织旨在成为其周围社区的首选邻居。这个过程需要建立关系，并进行能够交流期望、担忧和问题的实践（Hallahan, 2004; Olkkonen & Luoma-aho, 2014）。

社会资本必须要在使用前建立，这就扩大了战略性公共关系的需求。公共关系的目标应该是积极主动建立和维护社会资本，而不是组织与社区之间经常采用的（和被动的）妥协（Hallahan, 2004）。很多关于公民参与的理念都跟公共关系的功能相关。事实上，组织社会资本的创造和维护可以被看作公共关系理论和实践的基础，因为在所有公共关系理论的背后都有一个假设，即组织受益于与利益相关者的良好关系。早在1998年，伯顿（Burton）就呼吁公共关系部门承担起社区建设者的角色，因为如果不这样做，这个角色将被其他消息来源取代，无论是活动家、鼓吹者还是新闻工作者。对话和互动有助于使社区内流动的信息有意义，并有助于发展更健康的社会结构。公共关系有着在传播方式上的坚实基础，可以在促进社区内双向传播方面采取积极措施（Burton, 1998, p.39）。

除了社会资本创造模型，普特南的理论还有很多方面对公共关系理论和实践有益。比如普特南对桥接型和粘连型社会资本的区分可以帮助我们理解内部和外部利益相关者的沟通价值（Jin & Lee, 2013）。桥接型社会资本描述组织与其外部利益相关者的关系，而粘连型社会资本则描述的是组织的内部传播或内部关系（Luoma-aho, 2016）。粘连型社会资本有利于组织内部社区意识的创建，因为它通过"加固具体的互惠和动员团结"来提升凝聚力（Putnam, 2000, p.22）。桥接型社会资本或外部利益相关者关系作为松散的网 络"更有利于连接外部资产和信息扩散"。

一个稳定的组织需要这两种资本，公共关系的目标应该是确保这两种关系的形成和维持。这种纽带应该首先在组织内部形成（粘连型）；以共同认知来说，外部利益相关者眼中的组织声誉在很大程度上受到组织内部声誉的影响。只有粘连型社会资本建立之后，组织才能创建桥接型社会资本。正如网络理论家所理解的那样，那些在社交网络中扮演核心角色的人能够指导至关重要的信息资源流动。公共关系从业人员的目标应该是成为与组织相关的社会网络的纽带和桥梁的中心。

公共关系与普特南的社会资本有很多相似之处：它们是以信誉和合作为目标的长期

的社会功能。它们都旨在创造归属感，一种"我们感"。作为无形资产，并仍在发展过程中，这两种概念在繁荣时期都会被忽略、被认为无关紧要，但当危机产生时它们便是组织和社会生存的关键（Ledingham & Bruning, 2000; Putnam, 2003）。在理想情况下，公共关系从业人员将独自打保龄球变成一起打保龄球，他们的价值将在两极分化的未来社会中增加，因为他们有能力与外部和内部组织利益相关者建立和培养长期关系（Putnam et al., 2003）。尽管有这些共同特点，但并不意味着将普特南的理论应用到公共关系理论和实践中就没有问题，这些问题会在下一节讨论。

普特南在公共关系中的问题

作为一种规范理论，普特南的思想对公共关系的理想贡献最大，但其并不一定理解当前的挑战。当理论在不同学科甚至不同科学领域被应用和借鉴时，理论所解决的最初问题就会被遗忘。在公共关系背景下，普特南的理论也冒着同样的风险，但提供了一些非常有价值的东西：社会进程的宏观视野以及更好地理解培养关系的社会影响。

普特南的理论主要关注社会进程、社区缺失的原因和发展的相互联系，这既是它们的优点，也是它们的缺点。许多传统公共关系研究中的主要问题还没有解决。普特南的思想没有涉及组织如何更好地创建社会资本，而只是强调社会资本的益处和重要性。这些理论并不能用来描述传播的类型或其内容，只是确认传播的长期收益。普特南的理论没有为公共关系活动的益处提供测量或证据，但它们通过社会资本的概念给出了成果的命名和价值。所有普特南的理论之于公共关系的应用都有以下问题：虽然大多数学者认为社会资本是组织其他有益资本类型的活化剂，但几乎所有学者都只是部分地运用了普特南的理论（Dodd et al., 2015）。

正如普特南所理解的，社会资本对拥有它的人来说总是有益的，但可能对群体外的人造成损害（Ojala, Hakoluoto, Hjorth & Luoma-aho, 2006）。此外，随着网络环境中假冒者和其他非人类或虚假的人为影响的出现，我们须重新考量联系的质量（Luama-aho, 2015）。就桥接型社会资本而言，过量从不是问题。然而粘连型社会资本一旦过量，外部的利益相关者可能就会感觉被忽视，而这种感觉对组织是有害的。总之，社会资本提供了保障组织长期存在和成功的组织效率。对公共关系来说，社会资本创造可以模型化为在组织外部的利益相关者之间创造信任和声誉（Luoma-aho, 2005; Hazleton & Kennan, 2000; Fussell et al., 2006）。和所有的新理论一样，人们应该应用有用的东西，忽略不适合的东西。

结论

罗伯特·普特南的思想通过介绍保持社区意识的重要性来帮助我们更深入地理解公共关系（Dodd et al., 2015; Luoma-aho, 2016; Saffer, 2016; Sommerfeldt & Kent, 2015），

他已经能够证明社会网络长期效益的价值，而这是公共关系学者还没做到的（Yang & Taylor, 2015）。此外，由于普特南关注社会关系带来的更大的社会效益，他提示公众和社区也是在没有组织存在和行动的情况下形成的（Putnam et al., 2003; Hallahan, 2004）。随着公众的分裂，创造社区意识的过程变得尤为重要。本章介绍的社会资本创造模型由普特南的理论衍生而来，标志着公共关系向社区主义的全面发展和社会资本创造了一个新的起点。

由于社会资本是良好社会关系的附属品，"试图建立社会资本可能适得其反"（Luoma-aho, 2016, p.761）。如果如本文所述，公共关系构建了组织的社会资本，那么它不仅是组织合法性的必要力量，而且是民主社会繁荣的必要力量。随着我们周围的社会发生两极分化和分裂，社会理论将继续为传播专业人士提供有关社会进程基本逻辑的有用见解。当今社会的公共关系无论好坏，都有可能产生比迄今所承认的更大的影响。随着社会资本的效益（关系、互动和合作）越来越多，社会资本对公共关系实践的重要性将会增加。实际上，关于公共关系新的、更全面的定义可以是：组织社会资本的创造和维护。   210

罗伯特·大卫·普特南的生活和工作

罗伯特·大卫·普特南是一位政治学家，也是哈佛大学彼得和伊莎贝尔·马尔金公共政策教授。普特南最著名的作品是他关于现代社会失去社区的著名论点，他声称这一论点产生了一些负面影响。他写了很多书，这些书被翻译成17种语言，包括最畅销的《独自打保龄球》。普特南的书在过去几十年中在被引用最多的社会科学出版物中排名靠前。

1941年1月9日，普特南出生于纽约州罗切斯特市，住在一个小社区的温和的共和党   214
家庭。1963年，他从自由派斯沃斯莫尔学院毕业，在那里他遇到了他的妻子罗斯玛丽。普特南在牛津大学获得富里布莱特奖学金，1970年，在耶鲁大学获得博士学位。普特南曾在密歇根大学和哈佛大学担任多个职务，并曾担任哈佛大学政府系主任、国际事务中心主任和约翰·F.肯尼迪政府学院院长。普特南获得了斯沃斯莫尔和斯德哥尔摩大学的荣誉学位，并在国家安全委员会工作。普特南曾与最高政治领导人和活动家合作，他也是圣哥罗（Saguaro）研讨会的首席研究员，以及2006年约翰·斯卡特政治科学奖的得主。普特南如今还在继续着他的国际学者生涯，在全球范围内讲课，帮助政策制定者实现可持续的实践，促进社区和社会资本的创造。

参考文献

[1] Arthur W. Page Society. (2016). *The New CCO: Transforming Enterprises in a Changing World*. New York: Arthur W. Page Society.

[2] Bourdieu, P. ([1980] 1995). *The logic of practice*. Cambridge, England: Cambridge University Press.

[3] Bromley, D. B. (1993). *Reputation, image and impression management*. West Sussex, England: Wiley.

[4] Bruning, S., DeMiglio, P., &c Embry, K. (2006). Mutual benefit as outcome indicator: Factors influencing perceptions of benefit in organization-public relationships. *Public Relations Review*, 32(1), 33-40.

[5] Burt, R. (2002). The social capital of structural holes. In M. Guillén, R. Collins, P. England & M. Meyer (Eds.), *New dimensions of economic sociology* (pp. 148-190). New York, NY: Russell Sage.

[6] Burton, S. J. III. (1998). Public relations as community-building: Then and now. *Public Relations Quarterly*, 43(19), 34-40.

[7] Canel, M., & Luoma-aho, V. (2018). *Public sector communication: Closing gaps between public sector organizations and citizens*. Malden, MA: Wiley-Blackwell.

[8] Clark, T., Putnam, R. D., & Fieldhouse, E. (2010). *The age of Obama: The changing place of minorities in British and American society*. Manchester, England:Manchester Univereity Press.

[9] Cohen, A. P. (1985). *The symbolic construction of community*. London: Routledge.

[10] Coleman, J. S. (1988). Social capital in the creation of human capital. *American Journal of Sociology*, 94(1988), 95-120.

[11] Cooley, C. H. (1918). *Social process*. New York, NY: Charles Scribner's Sons.

[12] Cooley, C. H. (1909). *Social organization*. New York, NY: Charles Scribners Sons.

[13] Cutlip, S., Center, A., & Broom, G. (1999). *Effective public relations* (8th ed.). Englewood Cliffs, NJ: Prentice-Hall.

[14] Damico, A. J. (1978). *Individuality and community: The social and political thought of John Dewey*. Gainesville, FL: University Press of Florida.

[15] DeFilippis, J. (2001). The myth of social capital in community development. *Housing Policy Debate*, 12(4), 781-806.

[16] Dewey, J. (1916/1963). *Democracy and education*. New York, NY: The Macmillan Company.

[17] Dimock, M. E., & Dimock, G. O. (1953). *Public administration*. New York, NY: Rinehart.

[18] Dodd, M. D., Brummette, J., & Hazleton, V. (2015). A social capital approach: An examination of Putnam's civic engagement and public relations roles. *Public Relations Review*, 41(4), 472-479. doi:10.1016/j.pubrev.2015.05.001

[19] Fombrnn, C., & van Riel, C. (2003). *Fame and fortune: How successful companies build winning reputations*. Upper Saddle River, NJ: Prentice Hall.

[20] Freeman, R. E. (1984). *Strategic management: A stakeholder approach*. Boston, MA: Pitman.

[21] Fukuyama, F. (1995). *Trust: The social virtues and the creation of prosperity*. New York, NY: Free Press.

[22] Fussell, H., Harrison-Rexrode, J., Kennan, W. R., & Hazleton, V. (2006). The relation¬ship between social capital, transaction costs, and organizational outcomes: A case study. *Corporate Communications: An International Journal*, 11(2), 148—161. doi:10.1108/ 13563280610661688

[23] Granovetter, M. (1973). The strength of weak ties. *American Journal of Sociology*, 78(6), 1360-1379.'

[24] Hallahan, K. (2004). "Community" as a foundation for public relations theory and practice. *Annals of the International Communication Association*, 28(1), 233-279.

[25] Hazleton, V., & Kennan, W. (2000). Social capital: Reconceptualizing the bottom line. *Corporate Communications: An International Journal*, 5(2), 81-86.

[26] Hon, L. C., dc Grunig, J. E. (1999). Guidelines for measuring relationships in public relations. The Institute for Public Relations Commission on PR Measurement and Evaluation, Retrieved January 1, 2007 from http://www.instituteforpr.org/measuring-relationsliips/.

[27] Ililen, Ø. (2005). The power of social capital: Adapting Bourdieu to the study of public relations. *Public Relations Review*, 31(4), 492-496.

[28] Jin, B., & Lee, S. (2013). Enhancing community capacity: Roles of perceived bonding and bridging social capital and public relations in community building. *Public Relations Review*, 39(4), 290-292. doi:10.1016/j.pubrev.2013.08.009

[29] Kennan, W. R., & Hazleton, V. (2006). Internal public relations, social capital, and the role of effective organizational communication. In C, Botan & V.Hazelton Jr. (Eds.), *Public relations theory II* (pp. 311-338). Mawah, NJ: Lawrence Erlbaum.

[30] Kruckeberg, D. (2006, June — July). An aorganic model" of public relations: The role of public relations for governments, civil society organizations (CSOs) and corporations in developing and guiding social and cultural policy to build and maintain community in 21st century civil society. Paper presented in the International Conference on Municipal Social Policy and Publics: Realities and Perspectives, Ulan-Ude, Buryatia, Russia.

[31] Kruckeberg, D., & StarckK. (1988). *Public relations and community: A reconstructed theory*. New York: Praeger.

[32] Lahno, B. (1995). Trust, reputation, and exit in exchange relationships. *The Journal of Conflict Resolution*, 39(3), 495-510.

[33] Ledingham, J, (2003). Explicating relationship management as a general theory of public relations. *Journal of Public Relations Research*, 15(2), 181-198.

[34] Ledingham, JM 8c Bruning, S. (Eds.) (2000). *Public relations as relationship management: A relational approach to the study and practice of public relations*. Mahwah, NJ: Lawrence Erlbaum.

[35] Leeper, R. (2001). In search of a metatheory for public relations: An argument for communitarianism. In R. L. Heath (Ed.), *Handbook of public relations* (pp. 93-104). Thousand Oaks, CA: SAGE.

[36] Liu, J., Li, C., Carcioppolo, N,, & North, M. (2016). Do our Facebook friends make us feel worse? A study of social comparison and emotion. *Human Communication Research*, 42(4), 619-640. doi:10.1111/hcre.l2090

[37] Luoma-aho, V. (2005). *Faith-holders as social capital of finnish public organizations*. Jyväskylä, Finland: University of Jyväskylä Press.

[38] Luoma-aho, V. (2006). Intangibles of public organizations: Trust and reputation. In V. Luoma-aho 8c S. Peltola (Eds.), *Public organizations in the communication society* (pp. 11-58). Jyväskylä, Finland: University of Jyväskylä Press.

[39] Luoma-aho, V. (Ed.). (2014). *Särkymätön viestintä*. Helsinki, Finland: ProCom Ry.

[40] Luoma-aho, V. (2015). Understanding stakeholder engagement: Faith-holders, hate- holders, and fakeholders. *Research Journal of the Institute of Public Relations Research*, 2(1). doi:http://www.instituteforpr.org/understanding-stakeholder-engagement-faith-hold- ers-hateholders-fakeholders/

[41] Luoma-aho, V. (2016). Social capital theory. In C. Carroll (Ed.), *The SAGE encyclopedia of corporate reputation* (pp. 759-762). Thousand Oaks, California: SAGE.

[42] Luoma-aho, V., & Vos, M. (2010). Towards a more dynamic stakeholder model: Acknowledging **212**

multiple issue arenas. *Corporate Communications*, 15(3), 315-331.

[43] McDermott, J. J. (1981). *The philosophy of John Dewey*. Chicago: University of Chicago Press.

[44] Mead, G. H., & Morris, C. W. (1934). *Mind, self, and society*. Chicago: Univemty of Chicago Press.

[45] MitchellR., Agle, B., 6c Wood, D. (1997). Toward a theory of stakeholder identification and salience: Defining the principle of who and what really counts. *Academy of Management Review*, 22(4), 853-886.

[46] Misztal, B. (1996). *Trust in modern societies*. Padstow, England: Polity Press.

[47] Ojala, J., Hakoluoto, T., Hjorth, A., & Luoma-aho, V. (2006). Hyvä paha sosiaalinen pääoma. [Good and bad social capital]. In P. Jokivuori, R. Latva-Kaqanmaa dc A. Ropo (Eds.), *Työelämän taitekohtia* [Turning points of work life] (pp. 13—33). Helsinki, Finland: Tyominic terio.

[48] Olkkonen, L., & Luoma-aho, V. (2014). Public relations as expectation management? *Journal of Communication Management*, 18(3), 222-239.

[49] Olkkonen, L., &c Luoma-aho, V. (2015). Broadening the concept of expectations in public relations. *Joumal of Public Relations Research*, 27(1), 81-99.

[50] Patulny, R. (2003). Bonding, bridging and investment: Important aspects of a national social capital policy strategy. *Melbourne Journal of Politics*, 29(3).

[51] Peters, J. (1995). Historical tensions in the concept of public opinion. In T. Glasser & C. Salmon (Eds.), *Public opinion and the communication of consent* (pp. 3-32). New York: Guilforde Press. Putnam, R. D. (1993a). The prosperous community: Social capital and public life. Hie American Prospect, 4(13), 35-42.

[52] Putnam, R. D. (1993b). *Double-edged diplomacy: International bargaining and domestic politics*. Berkeley, CA: University of California Press.

[53] Putnam, R. D. (1995a). Bowling alone: America's declining social capital. *Journal of Democracy*, 6(1), 65-78.

[54] Putnam, R. D. (1995b) Tuning in, tuning out: The strange disappearance of social capital in America. *Political Science and Politics*, 28(4), 664-683.

[55] Putnam, R. D. (2000). *Bowling done: The collapse and revival of American community*. New York, NY: Simon & Schuster.

[56] Putnam, R. D. (2015). *Our kids: The American dream in crisis*. New York: Simon and Schuster.

[57] Putnam, R. D., & Campbell, D. E, (2010). *American grace: How religion divides and unites us*. New York: Simon and Schuster.

[58] Putnam, R. D.s Sc Feldstein, L. with D. Cohen. (2003). *Better together: Restoring the American community*. New York, NY: Simon & Schuster.

[59] Putnam, R. D., Leonardi, R., Sc Nanetti, R. Y, (1993). *Making democracy work: Civic traditions in modern Italy*. Princeton, NJ: Princeton University Press.

[60] Rothstein, B. (2003). *Sociala Jäilor och tillitens problem*. Stockholm, Sweden: SNS Förlag.

[61] Rothstein, B., & Stolle, D. (2002, August). How political institutions create and destroy social capital: An institutional theory of generalized trust. A paper presented at the Annual Meeting of the American Political Science Association, Boston MA.

[62] Rousseau, D. M., Sitkin, S. B., Burt, R. S., & Camerer, C. (1998). Not so different after all: A cross-discipline view of trust. *Academy of Management Review*, 23(3), 393-404.

[63] Sabatini, F., Sc Sarracino, F. (2014). Will Facebook save or destroy social capital? An empirical

investigation into the role of online interactions in the evolution of trust and networks. Retrieved from Social Capital Gateway, www.sodalcapitalgateway.org. Accessed 1 January 2017.

[64] Saffer, A. J. (2016). A message-focused measurement of the communication dimension of social capital: Revealing shared meaning in a network of relationships. *Journal of Public Relations Research*, 28(3-4), 170-192. doi:10.1080/1062726X.2016.1228065

[65] Selignian, A. B. (1997). *The problem of trust*. Princeton, NJ: Princeton University Press.

[66] SjovalJ, A., & Talk, A. (2004). From actions to impressions: Cognitive attribution theory and the formation of corporate reputation. *Corporate Reputation Review*, 7(3), 269-281,

[67] Sloterdijk, P. (2011). *Bubbles, spheres I*. Cambridge, MA: MIT Press.

[68] Sommerfeldt, E. J. (2013). Networks of social capital: Extending a public relations model of civil society in Peru, *Public Relations Review*, 39(1), 1-12. doi:http://dx.doi.org/10.1016/j.pubrev.2012.08.005

[69] Sommerfeldt, E. J., & Kent, M. L. (2015). Civil society, networks, and relationship management: Beyond the organization-public dyad. *Interrmtional Journal of Strategic Communication*, 9(3), 235-252. doi:10.1080/1553118X.2015.1025405

[70] Sztompka, P. (2000). *Trust: A sociological theory*. Port Chester, NJ: Cambridge University Press.

[71] Taylor, M. (2011). Building social capital through rhetoric and public relations. *Management Communication Quarterly*, 25(3), 436-454.

[72] Tench, R., Verčič, D., Zerfass, A., Moreno, A., & Verhoeven, P. (2017). *Communication excellence—how to develop, manage, and lead exceptional communications*. Cham, Switzerland: Pal grave Macmillan.

[73] Valentini, C., Kruckeberg, D., & Starck, K. (2012), Public relations and community: A perastent covenant. *Public Relations Remew*, 38(5), 873-879.

[74] Vos, M., Schoemaker, H., Sc Luoma-aho, V. L, (2014). Setting the agenda for research on issue arenas. *Corporate Communications*, 19(2), 200-215.

[75] Willis, P. (2012). Engaging communities: Ostrom's economic commons, social capital, and public relations. *Public Relations Review*, 38(1), 116-122,

[76] Wilson, L. J. (2001). Relationships within communities: Public relations for the new cen¬tury. In R. L. Heath (Ed.), *Handbook of public relations* (pp. 521-526), Thousand Oaks, CA: SAGE'

[77] Yang, A., Taylor, M, (2013). The relationship between the professionalization of public relations, societal social capital, and democracy: Evidence from a cross-national study. *Public Relations Review,* 39(4), 257-270.

[73] Yang, A., & Taylor, M. (2015). Looking over, looking out, and moving forward: Posi¬tioning public relations in theorizing organizational network ecologies. *Communication Theory*, 25(1), 91-115.

第十二章

伯格：如果彼得·伯格从事公共关系
——社会建构理论下的公共关系与危机传播

迈茨·海德

在这一章中我提出公共关系的社会建构主义观点，并将重点放在危机传播这一重要的子领域，灵感来自美国社会学家彼得·伯格。伯格与德国社会学家托马斯·卢克曼合著的《现实的社会建构》（1966）一书最为人熟知。这本书对社会科学的发展产生了根本性的影响，并对知识尤其是关于日常现实的知识，是如何在社会互动中建构的，以及如何成为个人与社会相互作用的一部分引入了另一种解读。伯格和卢克曼在社会科学中引入了"社会建构"一词，这与实证主义中客观的"真实""就在那里"，且可以用科学方法测量和描述的观点刚好相反。人们对现实的理解会影响他们的行为和知识。这一观点可以追溯到美国社会学家威廉斯·艾萨克·托马斯（William Isaac Thomas），他在1928年提出了一项社会学的基本原则——托马斯定理，"如果人们将情境定义为真实的，那么他们在结果中就是真实的"（Merton, 1995, p.380）。因此，人类建构的社会现实往往是相互竞争的。

伯格的作品是占主导地位的现代主义认识论的替代品，这种认识论在公共关系理论中占主导地位（Allagui & Breslow, 2016; Grunig & Grunig, 2010; Ledingham, 2003），关于它的许多文本中仍然有片面的观点。公共关系研究中的客观本体论导致了"理性"和实践者可以使用的一般技术、理论和模型的产生。虽然公共关系研究中的不同观点都有了稳定发展（Falkheimer & Heide, 2016; Waymer Heath & Toth, 2009; Ihlen & Verhoeven, 2012; L'etang, McKie, Snow & Xifra, 2016），但是还需要更多的研究去关注和理解现实的社会建构如何影响我们对公共关系作为一个领域和实践的理解。采苏拉（Tsetsura, 2010b）认为，社会建构主义作为一种强调特定价值、实践和身份的制度，可以形成对公共关系的新认识。通过研究，专业人士的话语和他们的身份被建构起来了。（比如，在瑞典和德国的政府部门中，成为一名公关专家意味着什么？）因此，使用伯格研究公共关系的视角意味着研究人员接受多重身份的存在，并将现实理解为一个即时的、持续的建构过程。

公共关系在组织面临风险和危机的情况下被频繁使用，并显示出其价值。鲍恩（Bowen, 2009）的研究清楚地表明，危机传播中的知识和经验是进入主导联盟（dominant coalition，即拥有权力的组织成员）的最快方式。因此，本章将重点讨论危机传播。在这一领域的大部分文献，一个共同特征是都认为危机是由周围环境中的外部威胁造成的。因此，危机通常被理解为客观和"真实"的事物，它会打击和影响一个组织。组织的反应是恢复到平衡——这个组织在危机前所处的一个假设的平衡点。另一个常见的特征是大量出现详细的具体指导方针、计划和最佳实践，这些都来自实践者的经验。综上所述，危机传播是一个比较传统的领域，它需要理论的发展，以及对组织危机传播这一复杂现象新的更好的理解。

下面介绍伯格的观点和思考，以及我对他的基本概念的一些理解。在第三部分，我将讨论伯格的观点如何被应用于危机传播领域。在最后一部分，我总结了如何在更广阔的公共关系领域运用伯格的思想。

伯格的思想

《现实的社会建构》（1966）以其对传统本质主义的质疑和反对，彻底改变了社会理论的认识论。本质主义是一种信念，认为现实的范畴结构是由有意识的个体自主的永恒本质决定的。伯格分析的中心往往是社会与个人之间的关系。伯格认为，社会在不断地产生个人，新的人类概念或发明将逐渐成为我们现实的一部分。伯格强调，语言对于社会结构的产生非常重要，社会结构是在社会互动过程中形成的。这种对语言的重要性和社会互动过程的重要性的关注是社会建构主义思想的特征（Shotter & Gergen, 1994）。换句话说，社会和个人都存在于语言之中，因此伯格的思维是以传播为焦点的。

伯格认为，社会学的目标是揭示日常生活意识中隐藏的不同层次的意义——"看透"和"回顾"，最终给出对现实的解释，并理解特定环境下的社会互动。社会学是一种解释社会生活的视角，它包括反思性地质疑被认为理所当然的"真理"或对现实的理解（Falkheimer & Heide, 2016），并检验其可能产生的影响（Cunliffe, 2016）。

伯格指出，人们的世界观已经用社会语言表达出来了。毫无疑问，语言"控制"着个人与现实的关系。语言是在人类历史发展过程中产生的一种社会现象，它不是我们自己选择的，而是在最初的社会化过程中"强加"给我们的。伯格（Berger, 1963, p.117）认为："社会为我们预先定义了一种基本的象征工具，我们用它来把握世界，整理我们的经验和解释我们自己的存在。语言还提供了我们的价值观、逻辑，以及我们所掌握的信息。"人们的已经社会化的世界观被理解为自然的和不证自明的，或者如奥地利社会学家艾尔弗雷德·舒茨（Alfred Schutz, 1967）所说的"理所当然"。因此，现实是社会建构的，这是一种反对传统的迪尔凯姆社会观的观点，迪尔凯姆认为社会是一种客观的事实，人们处于社会系统的不同位置（另见关于马克思的第16章，关于卢曼的第3章）。

人类社会学的视角　在《与社会学同游：人文主义视角》一书中，伯格（Berger, 1963）将社会学视角描述为围绕四个主题组织的"意识形态"。他认为，事情并不像看上去的那样，现实有多层含义。社会学意识的特点是拥有一种试图从几个相互竞争的解释体系中理解现实的能力。为了实现这种意识，伯格提出了一个由四个主题组成的指南。第一个主题是揭露真相主题，这个主题的目标是揭穿局势，努力看穿社会结构的虚伪假象。这个主题的根源是方法论，并实现了以下三个方面内容：（1）相比普遍被接受的对于人类活动的解答和官方目标，更关注一些另类解答和目标；（2）能够察觉到人类历史中人们经常认识不到的不同层次的意义；（3）质疑权威当局如组织领导者的官方解释。伯格还将意识形态与揭露真相的主题联系起来。

第二个主题是不受尊敬主题。伯格认为现代社会分为两个阶层：体面的、受尊敬的阶层，这个阶层包括中产阶级，在社会现实的规定中占主导地位；不受尊敬的阶层即指中产阶级认为应该尊重的之外的所有人。这两个阶层最大的区别之一就是语言，这也是最可靠的识别标签。伯格的不受尊敬主题意味着学者应该审视并从不同视角理解现实，不仅从传统的中产阶级职业人的视角，而且从舞者、职业拳击手或爵士音乐家的视角。换句话说，就是要敦促研究人员站在弱者的角度理解现实。

第三个主题是相对化主题，它强调看见不同理解世界方式的价值是很重要的。这个主题突出了不把世界理解为给定的或自然的的重要性。因此，有不同价值观和信仰的来自不同文化的群体能提供其他的、新的方式来理解这个世界。在现代世界，社会学代表一种世界意识，在这个世界里，价值观被彻底相对化。与传统观念相比，现代的思维是移动的，人们经常和不同地方的人在一起，并且可以很容易地考虑改变职业或位置。因而现代身份是不确定的并且永远是不稳定的。相对化主题促进了人们对不同意义系统提供更全面的解释和理解现实的方式的赞赏。

最后一个主题是世界性主题，它意味着对世界的开放以及对其他思考、行动方式的开放，这往往是那些生活在城市地区的人的态度。社会意识具有一种世界主义的特征。简单地说，伯格认为，社会学家应该持开放的态度，对其他文化保持兴趣，以获得人类意义的新视野和新世界。

彼得·伯格在《与社会学同游：人文主义视角》中讨论的一个重要概念是制度（参见关于梅耶的第9章），他将之定义为在不同情况下对人们行为进行规范和管理的社会行动的特殊复合体。关于制度的例子有货币法、语言法、时间定律、尺寸和重量法、阶级、婚姻和宗教组织等。为了理解一个制度，我们首先需要认识它产生的历史过程。制度使人们以一种社会认可的确定的方式思考和行动。换句话说，制度提供了以模式化的方式来控制人类行为的程序。当制度运行的时候，人们认为制度的程序是唯一要去遵循的。所有的制度都有一个控制层面，它通过对行为模式的预先定义来控制人的行为。因此控制机制是间接的，因为它指引人们的思维方式和行动方式。通过不断社会化的过程，社会中的人由家庭、朋友、学校、宗教、大众媒体、工作组织或广告商等实体所训导，同时学习被认可的程序和思维方式，并采纳使自己能够被接受为正常公民的行为。伯格认为制度性的强制力几乎是像本能一样运转的；我们最多有两种选择，这两种选择是预设好的。社会和制度是客观的事实，这是不可否认的。生活在社会中，我们做或想的一切事情都在某种程度上受到不同制度模式的控制。如果我们遵守制度的规定就会被奖励，否则就会被处罚；比如将我们与同胞隔离，被作为嘲笑对象，或者限制我们的自由。处罚通常由法律产生和执行，但大多数情况下由社会道德产生和执行。

人们的现实 《现实的社会建构》（Berger & Luckmann, 1966）中提出了这些问题："主观意义如何变成客观'事物'？""人作为行动者如何建构世界以至于他们的产物作为事物出现？"以及"为什么社会世界对人们来说是真实的？"全书的主题始终关注"结构（structure）"和"行动"的分歧，这被视为辩证的，而不是两个独立的实体。我们生活的世界是由多种不同的社会安排和实践构成的。社会世界是由人类创造的，而人类反过来也是社会世界的产物。这就意味着人们一起建构了人类环境，而人类环境又反过来影响着人们（参见第10章中吉登斯及其"结构二重性"的概念）。人类是社会性动物。当人们互动时，社会结构就会发展，从而建立秩序和稳定。因而社会秩序并不是由自然提供抑或从生物学数据复制而来，而是通过人类活动和互动发展而来的。社会秩序是人类的产物，正如伯格和卢克曼强调的，这是一个不断发展、永不停息的过程。

作者提出了三个重要概念：外化、客观化和内化。人们活动的环境是复杂多变的，它从来都不是静止和稳定的。在这样条件下生活的人们需要一些最简结构，因此他们提供了自己稳定的环境。当人们反复从事一项活动时，便会发展出一种模式，然后这项活动可以轻易被复制，并逐渐变得更容易执行。人们总是试图去习惯他们的活动来获得效率，因此这些习惯逐渐成为嵌入人们知识库存的常规惯例。习惯为活动提供了专业化指导，因而人们无须对每个情境都重复说明。

不久这些习惯被外化，然后通过语言传播给其他卷入最初习惯的人。换句话说，习惯是先辈们生产的，然后通过传播新一代人学习知识。从心理学的角度来看，习惯使人们更容易应付他们在生活中遇到的不确定的事物。当人们依赖习惯或者知识时，人们在新情境里遭遇认知失调的概率就会减小。通过参与社会世界，人们体验到一种成为一个有意义整体的一部分的感觉。

习惯在人们互动时也起到了重要作用，一段时间后它会被类型化——归结于另一个行为的某些典型动机。在日常生活中，人们依据这个人被理解的情况使用分类基模。换句话说，他可以是"一个商人""一个阿拉伯人""一个开朗的男孩"。

220　　这种类型化将强烈影响人们之间的互动并使人们扮演不同的角色。这些角色也使分配工作这种社会行为成为可能，并且使不同的社会制度得到发展。制度化在习惯化的行为一有相应的类型时便出现了。换句话说，任何类型化都是一种制度。

　　在人们将要学习不熟悉的制度模式的情况下，合法性是最基础的。合法性解释了社会和制度的内在秩序，因此一切都有了意义。将社会制度合法化的一种方法是物化，这是一种对人类活动的产品（例如组织）的"非人"甚至是"超人"的理解，例如宇宙定律的结果，或者一些神的意志的表达。物化将使人们忘记社会制度是人类行为的产物。作为合法化和物化的结果，社会制度是客观化的，随后它将作为客观的东西出现"在那里"。当人们反复以一种模式化的方式行事并且理所当然地把这种模式视为他们的现实时，他们就在社会中建构他们的现实。最终他们忘记了社会世界是被创造出来的。

　　小孩出生时就有现行的适当的制度。通过初级的和中级的社会化进程，孩子们学习，或者用伯格和卢克曼的话来说就是"内化（internalize）"，以此来了解社会世界是怎样构造和运转的。社会化最重要的一点是，在孩子看来，语言是事物本质中固有的，也就是说，一个东西就是这么命名的而不是叫别的名字。当他们将社会世界的这些规范和制度内化（internalize）时，他们自己也变成了真实的社会人。因此，社会化进程使得客观化的世界又反作用于人类。

　　寻找指导方针　在《现代化、多元化和意义危机》（1995）一书中，伯格和卢克曼提出，现代化和随之而来的多元化会经常使人们经历意义危机（crisis of meaning）。在现代社会中，人们需要不断地在物质、社会以及脑力层面上做出不同选择："到底哪个职业是最合适的？""我该怎样抚养我的孩子？"以及"我们该住在什么样的房子里？"（参见关于吉登斯和反身性的第10章）。在发达的工业化国家里，人们既没有在不同的阶段里起指导作用的共同价值观，也没有单一的现实。在晚期现代社会，人们的现实是复杂并且一直变化的，或者可以使用另外一个术语"rapiex"——一个迅速与复杂的融合来形容。旅行、媒介消费和组织集群这些生活中的不同部分不断对人们产生新的影响（Deetz, 1922），这些因素无疑将会影响并动摇人们的身份。对此，伯格和卢克曼强调，个体不得不做出选择。大多数情况下，意义危机发生在生命周期的重要时点，例如青春期的开始、学校教育的结束、新工作的开始以及死亡时刻，但意义危机也同样与永无止境的新消费品的流动相关。从历史上来看，宗教组织已经对指导人们探索复杂人生起到

221　了根本性作用，并且将个体从意义危机中解救出来。作为现代化产物的"世俗化理论"（secularization thesis），它意味着宗教机构已经丧失了它们作为能够提供明确解释的机构（institutions）的可信度。此外，当下社会（immediate society）本地化的意义系统不再扮演指南的角色，因为它们被现代多元主义相对化了。现代社会帮助人们解决这种危机的办法是为意义的产生与传播创造新的制度，例如心理疗法和性咨询。制度为现实和价值提供不同的解释，媒介会选择和包装这些解决方案，对其进行改造并决定如何传播

它们。现代多元化和随之而来的选择以及多重的解释使人们创造和建立个人身份变得困难。在意义危机中，许多人为了弄清楚发生了什么去寻求组织的帮助，比如虚拟社区。

　　总之，伯格试图通过关注多层次的意义来解释现代社会如何运作。人们参与他们自己感知的现实的生产。人类是行动的存在，这意味着为了制造一个有意义的整体，人们总是试图去改变给定的形象（Berger & Pullberg, 1965）。我们总是试图去理解我们经历过的以及发生在我们周围的事情，这个过程永远不会结束，也永远不会完成。正如伯格和普尔伯格所坚持的，"整体……从来没有一个既成事实，但是总是在被建构的过程中"（Pullberg, 1965, p.201）。社会现实的产生被视为一个持续存在的、动态的过程。世界从来不是给定的，而是必须被一再地生产和再生产。只有当别人不断确认，人们才会将世界理解为是真实的。人们按照自身对现实的理解和认识采取行动，因而社会现实被再生产和加强。对现实的认识被人们认为是理所当然的。此外，创造一个有意义世界的过程不是一个个人项目，而是一个社会过程。

　　社会建构主义本身，而不是伯格本人，一直受到批评（Stam, 2001）。卢克曼（Luckmann, 1992）在回应对社会建构主义的批评时宣称，"这些天，每当有人提到'建构主义'甚至'社会建构主义'，我就会跑去找掩护"。在对两位最著名的批评家约翰·瑟尔（John Searle, 1992）和伊恩·哈金（Ian Hacking, 1999）进行批判性重读后，我得出结论，他们没有对社会建构主义或建构主义给出任何可行的定义。我认为伯格和卢克曼的主要贡献在于解释了社会现实的社会合法化过程，而不是大多数批评家所关注的作为本体论的社会建构主义。

伯格视角的危机传播

　　公共关系以及危机传播领域的大多数研究都存在一个问题，即缺乏对本体论和认识论的反思（Wehmeier & Winkler, 2013）。爱德华兹（Edwards, 2016）强调，美国的公共关系部门仍然倾向于定量研究。她指出，发表在此领域最知名的期刊之一《公共关系评论》上面的文章变得更简短了，这使得发表具有较长理论推理或基于定性材料的文章更加困难。主导性的实证主义认识论让人想要对现实施加秩序和控制（Christensen, Torp, & Firat, 2005; Ihlen & Verhoeven, 2012）。换句话说，我们的目标是控制"野性"的天性，让它变得可控。此外，从业者希望控制舆论，而不是适应它。因此，公共关系试图以一种有序的方式适应和应对混乱的环境。但环境并不是被有序组织起来的；相反，它的特点是混沌和复杂（Alvesson & Sveningsson, 2011; Gilpin & Murphy, 2010）。该领域的理论具有局限性的原因在于，它是在建立理论框架来支持公共关系合法化的高度实践性的背景下取得的进步（Cheney & Christensen, 2001）。麦基（McKie, 2001）、克里斯滕森（Christensen）和Comelissen（2011）等作者认为，公共关系领域已经与组织研究和组织传播等相关学科领域的发展脱节。在这些领域中，认识论的发展经历了不同的"转向"，如解释转向（Putnam, 1983）、后现代转向（Gergen & Thatchenkery, 1996）、语言学转向（Alvesson & Karreman, 2000）和CCO转向（Putnam & Nicotera, 2009）。然而，自该书第一版出版以来，这一领域有了积极进展。如今，公共关系中出现了一种相当强烈的语言学转向，以取代占主导地位的功能主义（Heath, 1993, 2001b, 2011; Heath & Millar, 2004; Ihlen, 2010; Ihlen & Heath, 2018）。在公共关系方面也有一些从社会建构主义角度出发的新研究，如霍夫曼（Hofmann, 2013）、侯（Hou, 2016)、梅拉妮（Melanie, 2009, 2015）和采苏拉（Tsetsura, 2010a, 2010b），但我想鼓励更多关于公共关系的社会建构主义研究出现，尤其是采纳伯格思想的研究。

对基本概念的思考

伯格认为，社会科学领域学者的主要目标是揭示不同层次的意义。根据伯格的揭露真相主题，我们发现对理解和使用一个领域里常见概念的标准方法持怀疑态度非常重要。因此，"看穿"、"回顾"和质疑在某一特定领域使用的想当然的概念便显得尤为重要。所以我们来反思一下危机传播领域的一些基本概念，以揭示其新的含义。这个领域以及公共关系、战略传播和管理等领域有三个尤其重要的概念：危机、传播和组织。

223　　首先是我在前面也提到过的，危机（crisis）在传统的危机传播研究里经常被视为存在于周边环境的外部威胁。由此，危机被认为是客观真实存在的事物，它打击组织并且影响组织的运转。此外，危机还经常被描述和解释为僵化的阶段。危机被理所当然地理解为是通过固定阶段发展的，例如芬克（Fink, 1986）描述的四阶段模型（four-stage model）或者Mitroff（1994）的五阶段模型（five-stage model）。危机传播研究也有向专门针对危机事后处理发展的趋势；换句话说，学者们更多地关注如何处理已经发生的危机。因此，这个领域可以被称为是行动导向的：材料（materials）是为应对现有危机做的准备，目标是恢复危机解决后的秩序（Kersten, 2005）。

根据伯格学派的观点，危机不是晴天霹雳般地打击一个组织，而且作为客观现象组织也不能自动反应并对危机做出回应。更准确地说，危机是以某种形式逐步发展的。在最近的研究中，危机被视为一个没有明确边界或阶段的过程（Gilpin & Murphy, 2008; Weick, 1988, 2015）。如果我们将伯格的观点应用到组织情境下，这将意味着组织成员（或者使用伯格的表达"man"）不对客观环境做出反应，而是不断地去了解发生的事情。人们认为组织成员对周围环境的信息做出反应，并理解这些信息，然后创建一个以后按照其行动的社会现实，这表明组织不会以一种随意的方式对环境中的变化做出反应，这是由现代主义的传统决定的。因此，组织成员不仅会对环境中的信息做出反应，而且会积极地推动（enact）组织的社会现实。组织成员活跃在社会现实的建构中，因而组织的现实可以被视为传播的产物。组织成员意义建构的结果取决于他们观察的地方、观察的方式和他们想代表什么，以及代表的工具（Allard-Poesi, 2005）。一般来说，危机是当组织成员注意到某些信息并加以解释时被触发的。危机并不是自己产生的，组织成员对组织内外部变化的意义建构过程慢慢地引发了危机，因而危机也可以被看作组织成员的感知和意义建构过程的结果。

其次，在危机传播的文献中有一个强烈的趋势——许多从业者将"组织"当作一个现象。一般而言，在危机传播文献里组织倾向于被具体化，也就是说被看作存在在现实中的、看得见的事实。按照肖特（Shotter, 1993）的说法，这种感知组织的方式起源于启蒙运动和发现已存在的"现实"的愿望——由明确的原则解释人们行为的现实。这些文章的基础是系统理论的一个传统观点，这个观点认为组织和它的公众之间的关系是静止的。根据现代主义或功能主义的方法，学者们似乎将组织看作组织成员与组织成员及组织外的行动者之间互动的"容器"，在这之中学者们以一种非问题化的方式，即用定量方法观察和收集组织生活的经验"数据"（Alvesson & Deetz, 1996; Putnam, 1983）。因此，组织要么是被认为是理所当然的，要么其内部流程是"黑箱化"的（Cheney & Christensen, 2001）。

从伯格学派的观点来看，组织从长期来看并不稳定，相反，它不断转变和发展并适应环境的变化（这里的环境正如前面提到的是由信息组成的）。伯格（Berger, 1963）将社会理解为人际关系的一个复合物，因此组织也是人际关系的复合物。构成组织的社会建构被组织成员通过传播生产和再生产（Shotter, 1993）。伯格告诉我们，语言既是生产和再生产社会现实的工具，也是我们理解周围世界的工具。语言是人类的产物，但它在大多数情况下体现的是外部的真实性，或者像伯格和普尔伯格（Berger & Pullberg, 1965, p.203）描述的："事物就是他们被命名的那样。"新成员被社会化到组织里，并将组织的制度内化。如果组织被视为社会建构物，那组织成员间的传播就是社会建构生产和再生产的产物的本质。这个意义建构过程的一个重要组成部分就是社会建构的产物，它是客体化的、生产的世界的一部分。社会建构没有除了人类之外的现实，它只是人类活动的产物。伯格（Berg & Pullberg, 1965）推论，社会建构由人类生产，又反过来生产了人类和他们的社会身份。

最后，大部分关于危机传播的文献都认为传播和语言将客观现实反映为一个真理承载者。因此，语言被认为与现实有着清晰的关系；文字有着某种已知和商定的意义。被詹姆斯·凯里（Carey, 1988）称为传播的传输观的这种传播观点在西方文化中最普遍，也是很多人的思想里固有的。传播接着也被描述成这样的术语：传输（transmit）、给予（give）、传递（deliver）以及传送（send）；文字也被认为包含固有的意义。传播的传输观的核心要素是通过时间和空间对信息传输，有效的传播被理解为一种信息接收者尽可能快地通过媒体从发送者获取信息的情况。

在伯格看来，传播和语言并没有反映现实，而是创造社会现实。语言是社会产物，传播的接收者建构了意义。通过不断地传播和组织成员间的互动，公共意义和社会现实产生。在此需要强调的是，伯格的社会建构主义观点并不质疑现实的存在，而是强调它与人们之间的关联——这对他们意味着什么。凯里（Carey, 1988）将这种传播的观点称为传播的仪式观。因而语言并不描述现实，它本身就是一种行为形式。传播是一种社会现实，例如组织的构成过程。社会建构在传播中被外化，重复的传播行为又能让人们将社会建构和一个组织的现实内化，因而它被视为自然的和客观的。人们所理解的社会现实反映了那些投身于传播过程中的人的观点和视野（Gergen, 2003）。因此，组织和传播之间有着很强的相互联系。

危机传播的结果

所以，如果我们将伯格学派或者社会建构论者的观点运用在危机传播上是什么结果呢？制度的概念是彼得·伯格职业生涯里关注的焦点。自该书最后一版出版以来，公共关系领域的研究人员对用（新）制度组织理论研究现象的兴趣日益浓厚，甚至成为一种趋势，如弗兰森和约翰森（Frandsen & Johansen, 2013）、弗德雷里克松、Pallas和韦迈尔（Fredriksson, Pallas & Wehmeier, 2013），舒尔茨和韦迈尔（Schultz & Wehmeier, 2010）。在危机传播方面，研究者们更难以找到对制度或制度主义的类似兴趣。其中的一个例子是弗兰森和约翰森（Frandsen & Johansen, 2009）所研究的丹麦城市危机传播的制度化过程。该研究揭示了两种不同的制度逻辑——一种是应急逻辑，另一种是新的危机管理逻辑，弗兰森和约翰森指出了在现实危机管理中将这两种逻辑相结合的重要性。另一个例子是弗德雷里克松（Fredriksson, 2014），他认为危机传播本身可以看作一种制度的维护过程。贾斯珀·福克海默（Jesper Falkheimer）和我2010在《危机传播手册》中从社会建构主义的角度出发，强调危机传播的即兴性。我们在其他几篇文章中也采用了社会建构主义的观点来看待危机传播（Falkheimer & Heide, 2006, 2014a, 2014b）。也有一些基于相关领域风险传播的社会建构主义视角的研究实例（Aldoory, 2009）。然而，近年来危机传播领域出现了本体论和认识论反思性研究的积极趋势，但社会建构主义的视角却相当独特。

在当代危机传播研究中，危机被视为组织生命周期的一部分（Kenten, 2005; Sellnow, 1993）。在这里，危机被视为成长和学习的重要机会。这意味着组织危机不是一种异常的情况，而是一个组织永续发展的某个阶段（Heide & Simonsson, 2015）。社会建构主义对危机的观点提供了更全面的理解，并强调危机和"照常营业"都是组织生命周期的正常组成部分。该领域的许多学者，如库姆斯（Coombs, 1999）、佐奇（Zoch）和杜赫（Duhe, 1997）认为，危机在大多数情况下是组织与公众沟通不畅的结果。弗兰森和约翰森（Frandsen & Johansen, 2017）将这种现象称为双重危机或传播危机。如上所述，危机不是在特殊情况下发生的，而是现代组织在国际化世界中行动的"游戏的一部分"。这意味着研究人员和实践者都应该对整个过程更感兴趣，不仅要关注实际的危机，还要关注危机前后的情况（Falkheimer & Heide, 2012; Heide & Simonsson, 2014）。此外，这种对危机的理解也意味着风险与风险传播的边界并不清晰。因此，风险在何处停止并转化为危机是一个悬而未决的问题。人们甚至怀疑，如果两个不同的研究领域对同一现象感兴趣，这种说法是否站得住脚。如果一个组织与公众的沟通不畅是组织危机的根源，那么危机传播学的学者就应该更加重视与公众的沟通，进而重视关系的构建。这种对对话与关系的重视，已经进入了当代公共关系研究者的视野。如今，人们普遍认为公共关系是一种建立关系的专业活动，它反对试图改变不同公众的意见和行为的传统观点（另见第15章）。因此，从伯格的观点来看，组织需要与重要公众建立相互的和长期的关系，以便灵活和顺利地处理危机局势。与公众进行沟通和对话是培育和恢复建设性关系的唯一途径。这种讨论背后的基本原理是，对话在危机情况下尤其重要，与公众开放的社区关系可以预防风险事件，或者可以在风险事件成为现实时减轻其影响（Heath & Palenchar, 2000）。此外，人们认为，更强大的公众网络是在危机形势下收集相关信息的重要资源，因此拥有更强大的公众网络更有可能获得对形势更准确的感知。这样，公众的信任度就会相当低，信息就会被认为是模棱两可的，公众对信息的解释也会与组织不一致（Williams & Olaniran, 1998）。这里还需要强调的是，从伯格理论的角度来看，传播不仅仅是信息扩散的工具，其本身的功能也被强化了。研究人员通常认为，危机可以通过合作而不是通过操纵或武力得到最好的解决（Lee, 2005）。实践者必须承认，人们总是在不同的情况下创造意义，他们的解释将不可避免地与信息发送者（sender）的原始意义不同。因此，传播被视为一种互惠的过程，参与者——一个组织的成员和公众的代表——对现实产生相互了解。换句话说，当社会建构的现实被认同时，传播就是一个有意义的过程。

227

这次讨论将我们进一步带到多元文化，这是一个非常紧迫的问题。比如说，2015年22%的瑞典人口具有国外背景，这意味着一个人要么出生在另一个国家，要么父母的其中一位在国外出生。从危机传播的视角来看，这种社会改变将给理论和实践带来新的挑战。这个新的全球化和多元文化的世界由几个经常竞争的解释系统组成，不同的文化都有自己的习惯和制度，不同于主流文化或伯格所谓的受人尊敬的行业。如果我们将伯格的思想应用于这个主题，那就意味着如果我们想要理解这个世界，就要按照他的指引——不受尊敬主题和相对化主题。组织中依旧有一种倾向，不接纳和理解少数群体意见的价值，不真正地倾听他们的意见（Deetz & Brown, 2004; Falkheinier & Heide, 2006）。

我们的理解受到语言的影响，语言支配着我们所看到和理解的东西。一个管理层（direction）的成员通常非常相似，他们有相同的社会文化背景、教育、知识、兴趣等。换句话说，大多数管理层都是由一群同质的人组成的。当涉及危机管理时，一个管理层可以使董事会以相似的方式接触、解释和理解周围环境中的信息。

结论

在这一章中，我试图在危机传播上推进伯格学派或者社会建构理论的观点。那么，如果伯格从事公共关系工作，或者说做公共关系实践的研究，会发生什么呢？从伯格学派的观点来看，公共关系是一种通过传播活动建构世界观和现实的制度。公共关系可以被看作一个战略性文本传播的过程，从而维持和发展特定的社会文化实践以及组织的价值取向和态度（Motion & Leitch, 1996）。公共关系从业者可以被视为话语技术专家（Fairclough, 1995）。应该注意的是，人们可能对一个组织或产品持有多种和互相冲突的印象，尽管只有一种印象可能暂时占优势。因此，意义不是一个永恒的现象（Moffitt, 1994）。公共关系可以产生一种具体化的现实，这种现实在某种程度上是内化的和被视为理所当然的。因此，公共关系可以被看作一个复杂的社会建构现实的过程（Falkheimer & Heide, 2016）。

组织处理危机、进行危机管理和危机传播的制度化方式往往受到约束。这种想当然的方式是在社会历史中发展起来的。通过外化和社会化，管理话语得以传播。例如，一旦一场危机"袭击"一个组织，它通常被当作火灾应急响应来处理。为了更好地理解公共关系作为一种制度的本质，我们应该超越这一范畴，研究公共关系是如何在社会中产生某些支配性现实的。

彼得·伯格的生活和工作

彼得·路德维希·伯格，1929年出生于意大利的里雅斯特，在维也纳长大。伯格1949年在瓦格纳学院获得文学学士学位，并继续在纽约的新社会研究学院学习，1952年获得博士学位。1956年至1958年，他任北卡罗莱纳大学助理教授；1958年至1963年，任哈特福德神学院副教授。伯格还在罗格斯大学和波士顿大学的新社会研究学院担任教授。自1985年起，他担任波士顿大学文化、宗教和世界事务研究所所长。他写过几本关于社会学理论、现代社会和第三世界发展的书，但他最著名的作品可能是宗教社会学方面的书。

他有两本著作尤为杰出，一本是《与社会学同游》（1963），几十年来，它一直是社会学中最受欢迎的入门教材之一，经常被引用；另一本是《现实的社会建构》（1966），这本书是他与托马斯·卢克曼合著的，被认为是社会科学对社会建构主义运动发展最重要的贡献之一。

彼得·伯格写了很多书，他最新出版的著作有：《救赎的笑声：人类经验的喜剧层面》（1997）；《现代性、多元性与意义危机》（与托马斯·卢克曼合著，1995）；《资本主义革命：关于繁荣、平等和自由的50项主张》（1988年）；《家庭战争：占领中间地带》（与Brigitte Berger合著，1983年）；《彼得·伯格与宗教研究》（2001）；《信仰的问题：对基督教的怀疑论肯定》（2003）。

参考文献

[1] Aldoory, L. (2009). The ecological perspective and other ways to re(consider) cultural factors in risk communication. In R. L. Heath & D. O'Hair (Eds.), *Handbook of risk and crisis communication* (pp. 227-246). New York, NY: Routledge.

[2] Allagui, I., Sc Breslow, H. (2016). Social media for public relations: Lessons from four effective cases. *Public Relations Review*, 42(1), 20-30,

[3] Allard-Poesi, F. (2005). The paradox of sensemaking in organizational analysis. *Organization*, 12(2), 169-197.

[4] Alvesson, M., & Deetz, S. A. (1996). Critical theory and postmodernism approaches to organizational studies. In S. R. Clegg, C. Hardy & W. R. Nord (Eds.), *Handbook of organization studies* (pp. 191-217). London: SAGE.

[5] Alvesson, M., 8c Karreman, D. (2000). Taking the linguistic turn in organizational research: Challenges, responses, consequences. *The Journal of Applied Behamoral Science*, 36(2), 136-158.

[6] Alvesson, M., & Sveningsson, S. (2011). Management is the solution: Now what was the problem? On the fragile basis for managerialism. *Scandinavian Journal of Management*, 27(4), 349-361.

[7] Berger, P. L. (1963). *Invitation to sociology: A humanistic perspective*. New York, NY: Anchor Books.

[8] Berger, P. L., & Luckmann, T. (1966). *The social construction of reality: A treatise in the sociology of knowledge*. New York: Doubleday.

[9] Berger, P. L.s & Luckmann, T. (1995). *Modernity, pluralism, and the crisis of meaning: The orientation of modern man*, Gütersloh, Germany: Bertelsmann Foundation.

[10] Berger, P. L., & Pullberg, S. (1965). Reification and the sociological critique of consciousness. *History and Theory*, 4(2), 196-211.

[11] Bowen, S. A. (2009). What communication professionals tell us regarding dominant coalition access and gaining membership. *Journal of Applied Communication Research*, 37(4), 418-443.

[12] Carey, J. W. (1988). *Communication as culture: Essays on media and society*. New York, NY: Routledge.

[13] Cheney, G., Sc Christensen, L. T. (2001). Public relations as contested terrain: A critical response. In R. L. Heath (Ed.), *Handbook of public relations* (pp. 167-182). Thousand Oaks, CA: SAGE.

[14] Christensen, L. T., & Comelissen, J. (2011). Bridging corporate and organizational com-munication: Review, development and a look to the future. *Management Communication Quarterly*, 25(3), 383-414.

[15] Christensen, L. T., Torp, S., & Firat, A. F. (2005). integrated marketing communication and **229** postmodemity: An odd couple? *Corporate Communications: An International Journal*, 10(2), 156-167.

[16] Coombs, W. T. (1999). *Ongoing crisis communication: Planning, managing, and responding*. Thousand Oaks, CA: SAGE.

[17] Coombs, W. T. (2014). *Ongoing crisis communication: Planning, managing, and responding*. Thousand Oaks, CA: SAGE.

[18] Cunliffe, A. L. (2016). "On becoming a critically reflexive practitioner" redux: What does it mean to be reflexive? *Journal of Management Education*, 40(6), 740-746.

[19] Deetz, S. A. (1992). *Democracy in an age of corporate colonization: Development in communication and the politics of everyday life*. Albany: State Univenity of New York Press.

[20] Deetz, S. A., & Brown, D. (2004). Conceptualizing involvement, participation, and workplace decision precesses: A communication theory perspective. In D. Tourish & O. Hargie (Eds.), *Key issues in organizational communication* (pp. 172-187). London: Routledge.

[21] Edwards, L. (2016). An historical overview of the emergence of critical thinking in PR. In J. L'Etang, D. McKie, N. Snow & J. Xifra (Eds.), *The Routledge handbook of critical public relations* (pp. 16-27). New York, NY: Routledge.

[22] Endreß, M. (2016). On the very idea of social construction: Deconstructing Searle's and Hacking's critical reflections. *Human Studies*, 39(1), 127-146.

[23] Fairclough, N. (1995). *Critical discourse analysis: The critical study of language*. London: Longman.

[24] Falkheimer, J., & Heide, M. (2006). Multicultural crisis communication: Towards a social constructionist perspective. *Journal of Contingencies and Crisis Management*, 14(4), 180-189.

[25] Falkheimer, J., 8c Heide, M. (2010). Crisis communicators in change: From plans to improvisations. In W. T. Coombs & S. Holladay (Eds.), *Handbook of crisis communication* (pp. 511-526). Malden, MA: Wiley-Blackwell.

[26] Falkheimer, J., & Heide, M, (2012). Participatory pre-crisis and crisis communication; A conceptual approach. In B. A. Olaniran, D. E. Williams & W. T. Coombs (Eds,), *Precrisis planning, communication, and management: Planning for the inevitable* (pp. 37-56). New York, NY: Peter Lang Publishing.

[27] Falkheimer, J., & Heide, M. (2014a). Consultative strategic communication: Participation strategies and social media. In D. R. Holtzhausen & A. ZerfaB (Eds.), *The Routledge handbook of strategic communication* (pp. 337-350). New York, NY: Routledge.

[28] Falkheimer, J. & Heide, M. (2014b). Crisis communication in a new world: Reaching multicultural publics through old and new media. In B. Heath (Ed.), *Public relations: Critical concepts in media and cultural studies*. New York, NY: Routledge,

[29] Falkheimer, J., & Heide, M. (2016). A reflexive penpective on public relations: On leaving traditional thinking and uncover the taken-for-granted. In J. L'Etang, D. McKie, N. Snow & J. Xifra (Eds.), *The Routledge handbook of critical public relations* (pp. 162-172). New York, NY: Routledge.

[30] Fink, S. (1986). *Crisis management: Planning for the inevitable*. New York, NY: American Management Association.

[31] Frandsen, F., & Johansen, W. (2009). Institutionalizing crisis communication in the public sector: An explorative study in Danish municipalities. *International Journal of Strategic Communication*, 3(2), 102-115.

[32] Frandsen, F., & Johansen, W. (2013). Public relations and the new institutionalism: In search of a theoretical framework. *Public Relations Inquiry*, 2(2), 205-221.

[33] Frandsen, F., & Johansen, W. (2017). *Organizational crisis communication*. London: SAGE.

[34] Fredriksson, M. (2014). Crisis communication as institutional maintenance. *Public Relations Inquiry*, 3(3), 319-340.

[35] Fredriksson, M., Pallas, J., & Wehmeier, S. (2013). Public relations and neo-institutional theory. *Public Relations Inquiry*, 2(2), 183-203.

[36] Gergen, K. J. (2003). Beyond knowing in organizational inquiry. *Organization*, 10(3), 453-455.

[37] Gergen, K. J., & Thatchenkery, T. J. (1996). Organization science as social construction: Postmodern potentials. *The Journal of Applied Behavioral Science*, 32(4), 356-377.

[38] Giddens, A. (1991). *Modernity and self-identity: Self and society in the late modem age.* Cambridge, UK: Polity Press.

[39] Gilpin, D" & Murphy, P. (2010a). Implications of complexity theory for public relations. In R. L. Heath (Ed.), *The SAGE handbook of public relations* (2nd ed.) (pp. 71-83). Thousand Oaks, CA: SAGE.

[40] Gilpin, D. R., <k Murphy, P. J. (2008). *Crisis communication in a complex world.* Oxford: Oxford University Press.

[41] Hacking, I. (1999). *The social construction of what?* Cambridge, MA: Harvard University Press. Heath, R. L. (1993). A rhetorical approach to zones of meaning and organizational prerogatives. *Public Relations Review,* 19(2), 141-156.

[42] Heath, R. L. (2001a). Defining the discipline. In R. L. Heath (Ed.), *Handbook of public relations* (pp. 1-9). Thousand Oaks, CA: SAGE.

[43] Heath, R. L. (2001b). A rhetorical enactment rationale for public relations. In R. L. Heath (Ed.), *Handbook of public relations* (pp. 31-50). Thousand Oaks, CA: SAGE.

[44] Heath, R. L. (2011). External organizational rhetoric: Bridging management and socio¬political discourse. *Management Communication Quarterly,* 25(3), 415-435.

[45] Heath, R. L., & Millar, D, P. (2004). A rhetorical approach to crisis communication: Management, communication processes, and strategic responses. In D. P. Millar & R. L. Heath (Eds.), *Responding to crisis: A rhetorical approach to crisis communication* (pp. 1-17). Mahwah, NJ: Lawrence Erlbaum.

[46] Heath, R. L., & Palenchar, M. (2000). Community relations and risk communication: A longitudinal study of the impact of emergency response messages. *Joumal of Public Relations Research,* 12(2), 131-161.

[47] Heath, R, L., Toth, E. L., & Waymer, D. (Eds.). (2009). *Rhetorical and critical approaches to public relations II.* New York, NY: Routledge.

[48] Heide, M., & Simonsson, C. (2014). Developing internal crisis communication: New roles and practices of communication professionals. *Corporate Communications: An International Journal,* 19(2), 128-146.

[49] Heide, M., &c Simonsson, C. (2015). Straggling with internal crisis communication: A balancing act between paradoxical tensions. *Public Relations Inquiry,* 4(2), 223-255.

[50] Hofmann, O. (2013). Public relations: Between omnipotence and impotence. *Constructivist Foundations,* 8(2), 227-234.

[51] Hou, J. Z. (2016). The emerging "field" of public relations in China: Multiple interplaying logics and evolving actors' inter-relations. *Public Relations Review,* 42(4), 627-640.

[52] Ihlen, Ø. (2010). The cursed sisters: Public relations and rhetoric. In R. L. Heath (Ed.), *The SAGE handbook of public relations* (pp. 59-70). Thousand Oaks, CA: SAGE.

[53] Ihlen, Ø., &c Heath, R. L. (Eds.). (2018) (in press). *Handbook of organizational rhetoric and communication.* Oxford, UK; Wiley Blackwell.

[54] Ihlen, Ø., & Verhoeven, P. (2012). A public relations identity for the 2010s. *Public Relations Inquiry,* 1(2), 159-176.

[55] Kersten, A. (2005), Crisis as usual: Organizational dysfunction and public relations. *Public Relations* **231** *Review,* 31(4), 544-549.

[56] L'Etang, J" McKie, D., Snow, N., & Xifra, J. (Eds.). (2016). *The Routledge handbook of critical*

public relations. London: Routledge.

[57] Ledingham, J. A. (2003). Explicating relationships management as a general theory of public relations. *Journal of Public Relations Research*, 15(2), 181-198.

[58] Lee, B. K. (2005). Crisis, culture, community. In P. J. Kalbfleisch (Ed.), *Communication yearbook 29* (pp. 275-309). Mahwah, NJ: Lawrence Erlbaum.

[59] Luckmann, T. (1992). "Social construction" and after. *Perspectives*, 15(2), 4-5.

[60] McKie, D. (2001). Updating public relations: "New science", research paradigms, and uneven developments. In R. L. Heath (Ed.), *Handbook of public relations* (pp. 75-91). Thousand Oaks, CA: SAGE.

[61] Melanie, J. (2009). Getting to the heart of public relations: The concept of strategic intent. *Asia Pacific Public Relations Journal*, 10, 109-122.

[62] Melanie, J. (2015). Situating a new voice in public relations: The application of positioning theory to research and practice. *Media International Australia*, 154(1), 34-41.

[63] Merton, R. K. (1995). The Thomas theorem and the Matthew effect. *Social Forces*, 74(2), 379-424.

[64] Mitroff, I. I. (1994). Crisis management and environmentalism: A natural fit. *California Management Review*, 36(2), 101—114.

[65] Moffitt, M. A. (1994). Collapsing and integrating concepts of "public" and "image" into a new theory. *Public Relations Revieiu*, 20(2), 159-171.

[66] Motion, J., & Leitch, S. (1996). A discursive perspective from New Zealand: Another world view. *Public Relations Review*, 22(3), 297-310.

[67] Putnam, L. L. (1983). The interpretive perspective: An alternative to functionalism. In L. L. Putnam & M. E. Pacanowsky (Eds.), *Communication and organization: An interpretive approach* (pp. 31-54). Beverly Hills, CA; SAGE.

[68] Putnam, L. L., & Nicotera (Eds.). (2009). *Building theories of organization*. Thousand Oaks, CA: SAGE.

[69] Schultz, F., & Wehmeier, S. (2010). Institutionalization of corporate social responsi¬bility within corporate communications: Combining institutional, sensemaking, and communication perspectives. *Corporate Communications: An International Journal*, 15(1), 9-29.

[70] Schiitz, A. (1967). *The phenomenology of the social world*. Evanston, IL: Northwestern University Press.

[71] Searle, J. R. (1992). *The rediscovery of the mind*. Cambridge, MA: MIT Press.

[72] Sellnow, T. L. (1993), Scientific argument in organizational crisis communication: The case of Exxon. *Argumentation & Advocacy*, 30(1), 28-43.

[73] Shotter, J. (1993). *Conversational realities: Constructing life through language*, London: SAGE.

[74] Shotter, J., & Gergen, K. J. (1994). Social construction: Knowledge, self, others, and continuing the conversation. In S. A. Deetz (Ed,), *Communication yearbook 17* (pp. 3-33). London: SAGE.

[75] Stam, H. J. (2001). Introduction: Social constructionism and its critics. *Theory & Psychology,* 11(3), 291-297.

[76] Tsetsura, K. (2010a). Is public relations a real job? How female practitioners construct the profession. *Journal of Public Relations Research*, 23(1), 1-23.

[77] Tsetsura, K. (2010b). Social construction and public relations. In R. L, Heath (Ed.), *The SAGE handbook of public relations* (pp. 163-175). Thousand Oaks, CA: SAGE.

[78] Wehmeier, S., & Winkler, P. (2013). Expanding the bridge, minimizing the gaps: Public relations, organizational comnnmication, and the idea that communication constitutes organization. *Management Communication Quarterly*, 27(2), 280-290.

[79] Weick, K. E. (1988). Enacted sensemaking in crisis situations. *Journal of Management Studies*, 25(4), 305-317.

[80] Weick, K. E. (2015). Ambiguity as grasp: The reworking of sense. *Journal of Contingencies and Crisis Management*, 23(2), 117-123.

[81] Williams, D. E., & Olaniran, B. A. (1998). Expanding the crisis planning function: Introducing elements of risk communication to crisis communication practice. *Public Relations Review*, 24(3), 387-400.

[82] Zoch, L. M., & Duhe, S. F. (1997). "Feeding the media" during a crisis: A nationwide look. Public Relations Quarterly, 42(7), 15-20.

第十三章
博尔坦斯基：批判社会学与公共关系

李·爱德华

吕克·博尔坦斯基是实用主义社会学领域的领军人物，尤其因研究辩护性话语（justificatory discourse）和刻画当代世界网络化资本主义的新形式而闻名。实用主义社会学是一种"严肃对待人们为自己行为辩护，以及人们评价他人行为"的学科（Wagner, 1999, p.346）。它脱离了批判社会学，批判社会学的重点是揭露统治，探索和解释各种形式的虚假意识。相反，实用主义社会学聚焦于就如何共同生活这个问题与他人达成一致的过程中，人们如何解释和使用哲学思想。实用政治哲学适用于我们关注的焦点——社会世界（Wagner, 1999, p.344）。科学家不能因为具有某些更高级的知识而占据外在解释者的特权地位，而应该遵循实地发生的情况去理解生活中哲学所关注的"实在"（Blokker, 2011; Wagner, 1999）。

　　吕克·博尔坦斯基的作品讲述了如何通过辩护和批判的过程，与社区中的他人协商我们的生活方式。他详细阐述了公正系统如何通过这些过程而产生，以处理社会生活的方方面面：人类的苦难；资本主义作为一种全球性的、网络化的现象；更广义地说，就是为了能够互相和谐生活，需要达成一致。从媒介话语到游戏、小说、工作、组织生活、旅游和环境运动，他基于这些广泛的观察来阐述其观点。他关于辩护性、批判性和当代资本主义的观点适用于公共关系，有助于我们理解公共关系在帮助我们共同生活、伸张正义、维护社会和谐的辩论过程中所起的作用。它可以用来理解宏观层面的争论，

比如，公共关系研究可以阐述、挑战和重新确定在社会问题上的不同立场，如移民、性别平等或种族歧视等。它还可以用来探讨在更有限的背景下发生的辩论的演变过程，这些辩论对于我们的日常生活也同样重要，例如那些聚焦于组织行动优缺点的辩论。因此，它是对公共关系与民主、公共关系的话语视角、公共关系与资本主义关系的补充研究，由博尔坦斯基与其他实用主义社会学家一起研究并将研究成果出版。在这一章中，

我集中讨论了他的两本主要著作：《论正当性》（Boltanski & Thevenot, 1991/2006）和《资本主义的新精神》（Boltanski & Chiapello, 2005）。《论正当性》代表了一种尝试，即将在不同社会行动者之间展开的辩护性、批判性和妥协过程进行理论化，达成一致是任何运作良好的组织模式的先决条件。《资本主义的新精神》解释了资本主义在不断遭到反对的情况下，如何持续地自我复制，并着重描绘了从20世纪中叶开始资本主义不断变化的本质。这两种理论都与公共关系相关，因为它们强调克服分歧以使社会有效运作，并解释了有公共关系的世界如何设法持续运转。首先，我概述了每本书的主要论点，然后再考虑如何利用它们来重新聚焦于代表公共关系研究的行动者和实践、辩护的中心地位，对那些实践的批判以及随着时间的推移，正义、道德和资本主义的演变和维持之间的联系。

价值经济与资本主义精神

在《论正当性》的第一页，博尔坦斯基和提维诺（Thévenot, 2006）指出，他们的目标是：

> 建立一个框架，在该框架内，可以使用一套唯一的理论工具和方法来分析人们在不诉诸暴力的情况下表现出分歧时所进行的关键操作，以及他们构建、展示和缔结或多或少的持久协议的方式。
>
> （Boltanski & Thévenot, 2006, p.25）

他们批判了主导经济理论和社会学理论的个体与集体的截然对立，他们认为这两者是不可分割的，因为个体要协调行动，就必须承认他们作为集体的一部分的地位。同样，在谈到集体时，不可能在某一时刻不与该群体中的个体的存在和动机发生冲突。因此，作者自己设定的任务是提供一个框架来克服这种二元论，而不是承认和适应在特定和一般分析水平之间的理论张力。

他们围绕一些基本原则构建了他们的论点：

1. 达成协议是一切社会必须处理的协调人类行为的一个根本问题。
2. 并非所有情况都需要达成协议——如果人们不是很反对，那么一种情况就能得到维持，而不会出现争端。
3. 协议的基础是超越特定情况的"更高的共同原则"（Boltanski & Thevenot, 2006, p.31）。
4. 为了达成协议，必须以各方都认为可以接受的方式，将某一特定情况与一项更为普遍、共同的原则联系起来。因此，联合的过程促使人们对特定情况下的一般原则进行分级排序。

235

5. 正当性是正义的一种形式，在一定程度上它反映了达成协议的基础的"公正"（Boltanski & Thevenot, 2006, p.34）。因此，人们有能力结束争端。

6. "秩序的构成与令人质疑的批判举措之间存在着紧张关系"（Boltanski & Thevenot, 2006, p.37）。因此，协议只是暂时的，因为在辩护过程中所要求的更高的共同原则总是受到正在提出要求的个体的挑战。——"普通人从来没有停止怀疑、疑惑和检验这个世界"（Boltanski & Thevenot, 2006, p.37）。

7. 检验可能集中在作为协议基础的较高共同原则的有效性上；或者，人们可以根据这个更高的共同原则，把重点放在客体（其相对价值）的排序上。检验是物质的，而不是哲学的——它们在现实世界中展开，在这个过程中，"达成协议的问题因此导致从寻求正义走向适应"。

协议的基础：共通的世界。 这些原则为博尔坦斯基和提维诺提供了建立七个抽象的"共通世界"的基础，当人们试图彼此达成协议时，这些抽象的"共通世界"可作为参照点。每个世界都可以通过清晰的话语体制被识别，在这些制度中，具体的、更高的共同原则指导着人们将价值归于不同的个体和人工制品。他们把价值定义为"表达、体现、理解或代表其他人的一种方式（根据所审视的世界的方式）"（Boltanski & Thevenot, 2006, p.132）。价值状况的描述不是从高到低，而是从一般到特殊。最有价值的人是那些最密切地反映支配特定秩序的一般原则的人。

236

表 13.1　共通世界和价值等级

共通世界	市场	工业	公民	家国	灵感	声望	绿色
更高的共同原则	价格；成本	技术效率	集体福利	尊重；名声	优雅；奇特；创造力	声誉；名声	环境友好型
检验	市场竞争	能力；可靠性；计划性	平等团结	可信赖性	热情；激情	受欢迎；大众认可	可持续性；可再生性
证明形式	货币	可测量的标准、统计	正式的；官方的	口头亲自示范的保证	情感参与与表达	符号的	生态系统
有资格的客体	自由流通的市场商品或服务	基础设施；项目；技术对象；方法；计划	规章制度；基本权利；福利政策	遗产；（事件发生的）场所或地点	被情感投资的客体或项目；崇高	标志；媒体	原始荒野；健康的环境；自然栖息地
有资格的主体	顾客；消费者；商人；卖方	工程师；专业人士；专家	平等公民；团结工会	权威	有创造力的人；艺术家	名人	环保人士；生态学者

资料来源：改编自 Patriocta，Gond & Schulz, 2011, p.1810。

表13.1显示了不同的共通世界和构成世界价值秩序的更高的共同原则。市场世界以 **237**
价格和成本原则为价值基础，重视竞争和自由市场结构；工业世界使用效率、过程和计
划的原则命令个体；在公民世界中，价值与社区福利和保障集体福利的原则相联系；家
国世界中，价值是基于传统的等级制度和遗产的名誉和尊严；灵感世界运用创造性和独
特性的原则来评估价值；声望世界是以名声为原则的；绿色世界适用于环境友好型原则
（Boltanski & Thevenot, 2006; Thevenot, 2007）。支配每个世界的价值等级决定了为评估该
世界中不同行动者之间的关联的合法性而实施的检验类型，构成对检验的证明的证据种
类，以及被赋值的主体和个体的种类。因此，例如，一个将利润最大化、优先考虑消费
者选择并高度关注保持竞争力的组织将在市场世界中得到高度重视，但在绿色世界中，
优先考虑可持续和环境友好型运作的组织将享有更高地位（另见关于布尔迪厄的第7章）。

作为正义系统的价值等级。多个共通世界同时存在，如正义系统可适用于不同的环
境（例如，评估组织战略、政治决策、教育体系或个体行为）。正义的前景是博尔坦斯基
和提维诺研究的一个重要方面，因为它表明了计算和道德在评估过程中的结合（Basaure,
2011）——这是在经济和社会理论中经常被区别对待的一个概念。它将价值等级所依据
的正义感与更广泛的公平观念和公共空间中的交际行为联系起来（Thevenot, 2007）。事
实上，"价值"这个多义词本身将经济价值和道德价值的概念结合在一起，并在个体决定
如何组织社区生活时巧妙地表达了道德和经济的不可分割性（Stark, 2011）。

选择和评估价值等级的过程意味着个体是积极的作用者：对辩护性话语做出反应
所需的判断行为要求人们具备"认识到一种情况的本质并适应它"的能力（Boltanski &
Thevenot, 2006, p.144）。由于个体在任何特定情况下都会遇到许多不同的"共通世界"，
因此他们需要具备识别相关价值等级的关键能力并能建立和评估在特定情况下不同个体
之间的联系。这种"形而上学思想"伴随着认识"普遍人性"的能力，也就是"与之达
成共识的人具有共同的人类身份"的能力（Boltanski & Thevenot, 2006, p.145）。

检验辩护。并不是所有的情况都需要辩护：那些"团结在一起"的人不需要辩护，
因为每个相关的人都同意在特定的情况下将价值分配给个体（例如，关于气候变化的辩
论的特征是人们普遍认为这一问题与人类活动有关）。然而，这种情况是相对罕见的， **238**
而且随着时间的推移是不可持续的，因为像迁徙、资本跨国流动以及跨越时空的数字化
连通等全球动态，都意味着当代社会比以往任何时候都受到更广泛的影响。当今世界与
生俱来的多元性意味着，新的价值顺序总是存在的。另外，一个个体对其他人的合法性
主张也有可能受到考验——也就是说，要求为提议中的个体排序提供证据。这种证据以
"合格的"人或物的形式出现，符合现有秩序，其存在可以支持价值关联，而它们的缺席
将破坏这些关联。因此，在气候变化的背景下，美国2017年退出《巴黎协定》符合市场
利益（保护美国企业，拒绝参与结构不公平的市场），而不符合绿色利益（保护地球免受
进一步破坏的集体需要）（Shear, 2017）。有资格对美国总统的决定提出质疑的个体包括其

他政治家和国家元首、科学家和美国公司，他们表示，即使总统没有承诺遵守《巴黎协定》，他们也会推行《巴黎协定》。

对正当性的检验是不可避免的，这里人们主要从两方面质疑价值等级。第一，他们可能在特定情况下挑战不同组织、团体和个体的既定等级（在主要价值等级范围内提出的质疑）。第二，他们可以直接质疑某一特定价值等级在某种情况下的适用性，并提出另一种价值等级。这两种形式的批判都关系到舍弃：回应一种辩护意味着在那一刻拒绝他人，而拒绝的理由必须充分，否则就会受到挑战（Hansen, 2016）。批判的重点可能是改革，质疑在给定价值等级内产生特定等级结构的检验的有效性（即质疑个体的某一特定排序）。或者更激进，在这里，会采用另一种价值等级（即挑战排序所依据的普遍价值原则）（Blokker, 2011）。例如，美国总统对《巴黎协定》的批评体现在美国的退出上，这一做法彻底推翻了《巴黎协定》所依据的气候保护原则（"绿色世界"中使用的更高的共同原则）。

妥协的重要性。博尔坦斯基和提维诺的价值等级模式中的最后一个要素是如何辩证地解决正当性和批判的关系，从而实现稳定。他们认为，当不同世界的个体就某种形式的价值系统达成协议时，就会达成妥协。从这个意义上说，妥协是调和的。在识别受其排序过程影响的对象时，可能会产生一个混合的"世界"。例如，公共关系活动可能会使一家公司成为市场领导者（利用与市场世界有关的价值形式）和一个肩负社会责任、使活动家和股东满意的行动者（利用与公民世界有关的价值形式）。妥协根本上来说是协商的结果，因为它围绕着"就适当的术语达成共识，找到一个大家都能接受的表述——一个'听起来正确'的提法"（Boltanski & Thevenot, 2006, p.281）。当然，无论是从妥协过程中聚集在一起的两个世界的角度来看，还是从混合世界以外的其他世界的角度来看，妥协都会受到批评。例如，当公共关系的目的是回应公众的批评时，它实质上是在寻求一种公众认为可以接受（并可由证据支持）的妥协信息。

辩护、批判和资本主义。在《资本主义的新精神》一书中，博尔坦斯基和夏培罗（Boltanski & Chiapello, 2005）将确定为资本主义辩护的意识形态——其精神——是如何以批判为核心的，从而为资本主义的变革提供动力，以应对它所面临的社会、政治和文化挑战。他们的立场是，资本主义剥削工人，把生产者束缚在无止境的循环中，除非有办法说服参与者。在某种程度上，他们参与资本主义制度对他们个体和共同利益都是有益的，否则资本主义就无法生存。这就要求他们接受资本主义的三大意识形态支柱：创造财富是一种共同利益；市场在满足需求、分配资源和奖励方面的有效性和效率；以及以自由政治安排为基础的经济自由。此外，资本主义必须通过给予个体参与的理由来证明它的存在，这些理由涉及个体对激励（即兴趣和热情的来源）、安全（收入、家庭、个体情况）的需要，以及从共同利益的角度证明的其行为的道德性。

资本主义本身是不道德的，因此其存在的合理性必须建立在其他意识形态基础上——

上面提到的共通世界。然而，这些规则往往以挑战资本主义而非与资本主义相一致的方式来构建道德框架，涉及"关于什么是公正或不公正的普遍有效的惯例"（Boltanski & Chipapello, 2005, p.25）。为了生存，资本主义必须接触批评者，这是被迫与其他意识形态打交道的前提条件（Guggenheim & Potthast, 2011）。这种接触抑制了推动资本主义活动无限积累的过程，但同时也为资本主义的继续发展提供了基础——把批评作为对资本主义进程的调整，在回避（和转移别人的注意力）的同时缓解一些担忧。企业社会责任（CSR）战略可以用这些术语来理解——也就是说，是对损害社会或环境的企业活动的批评的回应。例如，在工厂火灾造成多人死亡后，与孟加拉国供应商合作的时装零售商因未能监控工作条件和火灾危险而受到批评（见 www.cleancloters.org）。作为回应，他们在孟加拉国签署并实施了《消防和建筑安全协议》，其中规定了最低安全标准，并承诺监控和减少火灾危险（Clean Clothes Campaign, 2017, 29 June）。该协议是资本主义的经典调整，因为它涉及批评，但不要求组织对其活动进行任何根本性的改变。博尔坦斯基和夏培罗确定了资本主义的三个阶段，随着最新的资本主义"新"精神从20世纪50年代和60年代的艺术批判中涌现出来，僵化的产业规模化的资本主义制度受到了挑战。在当前的资本主义精神中，这些批评中的一部分已经被吸收到资本主义进程中，并有了新的"灵活"、自主和独立的作用方式。这些趋势标志着它向充满激情、创造力和个体主义的灵感世界迈进，事实证明，这足以使工人和管理人员继续参与资本主义制度（Boltanski & Chiapello, 2005）。资本主义针对批判不断调整，这对激进主义提出了重大挑战，也是对从未有过的另一种资本主义的前景的重大挑战。危险在于，批评被"解除武装"，从某种意义上来说，除了减缓资本主义的进步之外，它没有任何能够创造真正变化的论据。因此，批评面临的挑战是保持警惕和相关性。它必须"不断地继续进行分析，以便尽可能接近当时资本主义的特征"（Boltanski & Chiapello, 2005, p.41）。因此，资本主义和批判之间的辩证关系确保了两者都必须随着时间的推移而发展（Larsen, 2011）。

博尔坦斯基的理论在公共关系及相关领域的应用现状

到目前为止，很少有公共关系方面的研究采用博尔坦斯基提出的框架，尽管正当性和批判性的概念似乎清晰地反映在说服、行动主义和声誉管理中。已发表的与组织传播有关的研究可以分为关注组织内部动态的研究和关注外部组织传播的研究。

组织内部动态。学者们利用价值等级来探索组织内部的动态，他们倾向于关注组织内部竞争秩序的共存，以及这种共存的管理和协商方式。例如，斯塔克认为，组织是进行评价和判断的场所，"在这些场所中，行动者参与了证明价值的实践"（Stark, 2011, p.24）。他们不断努力评估和证明组织活动的合理性，使不同的价值等级相互交织在一起，以混合形式重新定义和重组，以产生新的各种形式的财富。同样的发现出现在弗德雷里克松和帕拉斯（Fredriksson & Pallas, 2016）的研究中，该研究用六个价值等级分析瑞典政府机构与传播相关的政策文件，在单一文本中使用了多个价值等级，导致核心战略沟通理念不一致，如传播的原则、目的和理想形式、主要利益相关者和传播者的作用

241 等。梅耶和迈耶（Maier & Meyer, 2011）认为，民间社会组织中流传的不同话语，包括源自国内和民间世界的话语，对组织治理实践和过程产生了不同的需求，而这些需要协商（另见关于迈耶的第9章）。

然而，必须协商价值冲突而产生的妥协可能是脆弱的：奥登霍夫泰尔（Oldenhofetal, 2014）的研究显示了荷兰医疗保健部门的管理人员是如何协商价值冲突的，这些价值冲突源于在其环境中流通的公民和家庭等级，部分是利用市场和工业价值等级来创造新的妥协。他们强调管理行为中妥协的不断反复性，因为达成的任何协议都必须处理它所产生的不理想的后果。贾格德（Jagd, 2011）在分析组织变革中辩护和批判是如何运用的问题时也侧重于妥协。提维诺描述组织为"妥协机器"，并根据已发表的关于组织价值等级的研究，他展示了如何战略性地使用价值等级来理解事物，达到特定的结果，并在追求组织合法性的过程中吸引不同受众，最终影响协作的质量和有效性，尤其是在变化的环境中。

外部组织传播。以外部组织传播为重点的研究往往着眼于在危机情况下运用辩护和价值等级，或者说服性传播。例如，巴登和斯普林洛（Baden & Springer, 2014）运用辩护的概念，描述了支持用户对有关金融危机的媒体报道评论的不同价值形式，而Patriotta、Gond和Schulz（2011）则考虑各组织如何利用危机传播中的价值等级来解决由利益相关方行使其合法性的批评所引起的冲突。他们追踪不同的价值等级是如何在德国瑞典大瀑布电力公司（Vattenfall）核事故中发挥作用的。他们首先在传播中建立了一个工业价值等级，重点是流程、效率和技术问题；一旦危机在德国当地出现，国家的准则开始发挥作用，这些准则侧重于局部影响以及公司在德国政治—经济背景下的地位和合法性。随后，这一问题引发了一场更广泛的关于彻底淘汰核能的辩论，各利益相关方呼

242 吁建立公民价值等级和市场价值等级。帕特廖蒂特（Patriottietal）的详细分析显示了在经济、政治和媒体领域如何运用不同的辩护，并强调不同党派之间持续不断的互动是如何导致对瑞典大瀑布电力公司合法性、事故以及更广泛的核能问题的解释不断变化的。

关于企业社会责任，莱赫蒂迈基、库贾拉和海基宁（Lehtimaki, Kujala & Heikkinen, 2011）展示了有关企业社会责任活动的新闻是如何根据工业价值等级或公民价值等级展开论证的，这取决于目标受众（例如，行业利益相关方或地方社区和活动团体）发表的实际或潜在的评论。卡兹米连特（Kazmietal, 2016）还将企业社会责任话语视为资本主义新转变的潜在场所，并发现其观点只得到有限的支持。他们采用与博尔坦斯基和夏培罗最初的研究相同的经验方法，分析了关于企业社会责任的关键文本，以探讨资本主义三大支柱——激励、安全和道德辩护的存在。他们发现，在支持企业社会责任的论点中，这三种观点或多或少地体现了企业行为的根本改变，回应了早先对企业资本主义的批

评。然而，他们认为真正改变的可能性因牺牲员工的福利、动机和回报为代价，过分强调管理者利益而受到限制。

在更广泛的背景下，坎托拉（Kantola, 2014）将博尔坦斯基和夏培罗（Boltanski & Chiapello, 2005）关于资本主义精神的观察应用于对情绪变化方式的研究中，这项研究在关于公司领导人的自传中被引用，并发表在20世纪40年代成立的芬兰某商业杂志上。她注意到，领导人在媒体上的谈话表现从"家长式的管理主义"转变为最近的"激进个体主义"。她认为，激进个体主义在当代的主导地位可能被解读为对过去家长作风和管理主义专横方面的一种回应，这也是促使芬兰转向更灵活、更有活力的社会结构以进行更广泛的社会变革的一个因素。

在当前公共关系活动中的应用

因为在公共关系的研究中很少使用辩护和批判性的思想，或者是资本主义的精神，所以可以通过多种方式来应用博尔坦斯基的研究。下面，我将从公共关系的发展、实践、话语和在社会中的作用等方面展开研究。

使用博尔坦斯基的理论重构公共关系的发展。博尔坦斯基的研究中心是对群居的行动者进行社会学分析，从这个意义上讲，它推动公共关系分析的支点转向关注公共关系从业者、受众和传播过程的制定者。这就为公共关系的历史发展提供了一个新的视角。主流的公共关系史倾向于关注少数"伟人"（比如英国的Stephen Tallents、美国的Edward Bemays 和 Ivy Lee），或在特定的社会、政治和文化背景下该行业的发展（Cutlip, 1994; Ewen, 1996; L'Etang, 2004; Sriramesh, 2009）。这些叙述证明了公共关系在名望世界，或在特定事业、个体或组织中取得知名度和独特性成就的正当性。然而，从实用主义社会学的角度来看，这只是部分解释了该行业如何和为什么向不同的方向发展。而同样重要的是，从业者就他们正在做的工作所做的决定，以及他们在更广泛的社会关注范围内对这项工作的解释和辩护（这可能不会利用名望世界），以及受众对他们收到的信息的反应。公共关系中的"伟人"被重新定位为在更广泛的网络中的行动者，他们可能会影响其他地方发生的事情，但永远不会对此负全部责任。公共关系史中固有的分裂和多元性变得更加明显，偏离了主导叙事的中心。其中一个问题是询问这些网络中的其他行动者是谁，他们扮演了什么角色，他们的行为是如何促使我们所知道的企业做出反应的，以及他们如何反过来又对下一轮公共关系工作做出反应的。观众、维权团体、其他企业竞争对手、非营利组织、慈善家和政策制定者都参与了这一更加多元化的叙事。

多元化方向发展的趋势因人们认识到正当性是公共关系工作的根本而得到加强，因为价值等级框架中固有的多元性突出了以下几点：事实上，在组织存在的背景下，它们对事件的看法并不是受众可以选择的唯一观点。相反，它们必须证明自己的合法性，为自己的立场提供证据，以应对来自其他声音的考验和挑战。在某种程度上，这些声音可

243

能"代表"那些在社会中被边缘化的人——工人阶级和被隔离、边缘化、剥削和奴役的人［例如，全球反种族隔离运动在其宣传活动中使用了基于公民价值等级（集体福利）的论点来挑战市场和工业的价值秩序，而这些价值秩序是政府政策的基础，也是英国石油等继续支持南非经济的跨国公司取得成功的基础］。每当激进主义出现时，公共关系从业者就会用接纳这种批评的方式回应批评的挑战，但仍允许各组织继续其工作。

因为辩护和批评是一个持续不断的过程，博尔坦斯基还提醒我们，公共关系本身的发展，就像资本主义的发展一样是渐进的，允许其用得以生存的方式来应对其合法性的考验。这些考验可以通过媒体实施，但也可能出现在办公室内部、行业新闻媒体以及行业奖项和荣誉中。同样重要的是，在博尔坦斯基的研究中，道德与经济的融合表明公共关系的变化反映了社会特有的道德和正义观点的变化以及政治和经济发展。从这个角度理解，有必要区分针对组织传播的批判类型（例如，关于欺骗、操纵或新闻干涉的指控），以了解哪些因素促使公共关系实践发生了根本性的变化。当考虑到行业随时间演变时，还应考虑受众、利益相关方和组织之间的互动历史。

使用博尔坦斯基的理论重构公共关系的实践。博尔坦斯基以处理"未解决的问题"为框架的研究开辟了新的理解公共关系实践的途径（Heath, Toth & Waymer, 2009）。与通过对"常识"对象（如公共关系话语）的详细调查来揭示权力和支配地位的批判性社会学分析不同，其关注的焦点是行动者自身是如何理解事物的，他们拥有与研究者同样的批判能力，既能接触权力，又能挑战权力。分析的视角是公共关系促进的互动，它们是如何制定的以及由此产生的争端是如何解决的。

公共关系实践可以理解为辩护和批判的过程。例如，开展一项运动需要采取若干步骤，才能充分辩护或批评（以话语的形式——见下文）。首先，必须评估论证的依据。这可能是隐含的，从业者利用其共同规范和价值观来产出内容，而没有真正地考虑道德基础（例如，在头脑风暴"什么可能有效"的过程中没有思考）；这也可能是明确的，人们有意识地找出当前能够引起争论的话语（通过提问如："年轻人在说什么？""选民关心什么？""在什么基础上，我们可以挑战组织的行为？"）。其次，确定目标受众并了解哪些形式的价值会吸引他们（通过诸如"我们如何与受众沟通"等问题）。最后，将不同形式的价值交织成传播行为，比如活动、图片、录像、新闻稿、博客——都是根据内心认定的价值积极建构的（在视觉和文字上）。一旦发起一场运动，就可能出现检验和批评，它们在竞选评估过程中被接受。如果从业人员决定做出答复，则重新恢复辩护的周期。

公共关系实践是多方面的，为研究问题和经验性研究提供了广阔天地。显然，问题将集中在从业者如何选择在构建辩护话语的过程中所使用的价值形式，以及为什么，选择是否有意识做出的？当传播被建构、散布和接收时，从业者和受众的核心能力发挥到了何种程度？强调关键能力也使公共关系研究更关注从业者而不是受众和行动，更多地注意日常生活中对公共关系价值等级的反应，而不仅仅是关注活动分子或抗议者。从更具批判性的角度来看，研究人员可能会考虑到，从业者需要"接触"社会和文化趋势的普遍主张是否导致价值观和信仰的工具化，在何种情况下有何种后果。

使用博尔坦斯基的理论重构公共关系话语。 从博尔坦斯基的作品来看，公共关系话语可以被理解为社会中不同行动者为了达到目的而参与辩护和批判过程的一种手段，以找到就如何共同生活达成一致的方法。它们具有正当性和批判性，最终旨在基于一个或几个价值等级的应用，为一个组织的活动创造合法性。然而，并不是所有的公共关系都需要被建构为正当的话语；如果在没有遭到任何检测或批判的情况下，单向的信息传播可能是完全足够的。然而，这些情况不会持续很久，因此我们可以说，公共关系或多或少会参与辩护和批评的过程，这取决于当前的情况。

这意味着，公共关系话语不能仅仅理解为"推广"或"销售"，甚至是"声誉管理"。公共关系研究的这些方面仍然很重要，但博尔坦斯基提醒我们，道德将永远被纳入公共关系，因为道德和经济是交织在一起的。从业者必须使用价值等级，以确保受众能够理解所提出的论点，并通过选择接受一个价值等级而不是其他的价值等级来证明他们所做的牺牲是正当的（用提维诺的话说）。这预示着，无论是哪个部门的公共关系话语，都传播着受众评估、思考和回应的道德原则。为回应来自受众的测试形式，他们寻求证据来支持他们接受或拒绝公共关系信息的选择。

虽然公共关系话语属于一种说服手段，但主要是通过批评的视角来分析的（例如，Ban & Dutta, 2012; Bourne, 2013; Motion & Leitch, 2015）。辩护理论本质上并不是批判的，虽然它可以揭示在某些情况下，某些价值等级是如何被授予特权的。它也不是由过程驱动的，尽管话语本身被理解为具有一种从属性和一种有实质性结果的实践形式，而价值等级被理解为与"提供"世界的对象相联系。相反，这一框架的价值在于它使我们能够看到在特定情况下产生的话语与跨越各种语境的更广泛的社会规范和价值观之间的联系。当然，传播本身是一种组织活动（cf. Fredriksson & Pallas, 2016），在证明其如何以及为什么为不同类型的客户进行辩护方面，还有很多工作要做。与此相关的是，追踪不同网站的价值等级可以提供一种方式来观察辩护是如何发展、被受众认可，并以不同的方式受到挑战的。

用博尔坦斯基的理论重构公共关系在社会中的角色。 从宏观社会学的角度来看，博尔坦斯基的研究提出了一种分析公共关系在社会中所起作用的方法，公共关系既可以作为一种持续进行辩护和批判的手段，同时也是资本主义精神的核心。它提醒我们，道德总是交织在组织传播和受众反应之间的。公共关系话语中正当性与批判性之间一直存在的辩证关系，可以将人们的注意力引向组织合法性主张持续不断地被建构并容易受到审查的方式上，不仅是在危机发生时，而且随着时间的推移和社会的发展，组织传播的发展也是理所当然的。此外，考察不同群体如何进行不同形式的批判，可以揭示道德和经济在不同类型的公共关系研究中或多或少交织在一起的具体方式。

博尔坦斯基还打开了探索公共关系如何支持资本主义三大支柱——激励、安全和道德辩护——的大门，从而使资本主义在不同情况下得以适应和生存。这方面的一个明显例子是该行业本身，成功地推广资本主义的新精神可以被看作从业人员成功地从事通常是被剥削性的职业（例如，在工作—生活平衡和薪酬平等方面）的一个因素。公共关系行业协会和咨询机构宣传有趣的、令人兴奋的生活方式，促成日新月异的变化，收获了丰厚回报。必须成功地运用正当性模型，以传播这些吸引人的方式，这些方式不仅能将新人引入行业，而且能使他们在具有挑战性的工作环境下坚持下去。同时，对行业自身正当性的批判也是不可避免的。众所周知，记者是一个消息来源，但是，多元化的辩护和批评应该促使我们对行业的单一表述提出挑战，寻找行业空白和行动者，并要求其在实践中进行或多或少的改变。

正当性和批判性与正义的形式有关。因此，这是政治与价值观念的接触，而不仅仅是道德或经济判断。了解它们的工作原理，以及它们在资本主义发展中所起的作用，揭示由公共关系从业者"管理"的冲突在政治上是有成效的。第一，由于批评最终必须被其目标所考虑（即使这可能需要一段时间），公共关系话语可能会提供新的妥协机会来使反对团体更和谐地共存。第二，由于辩护必须经得起考验，提出证据来支持所提出的主张，公共关系从业者可能会增加他们在组织中的能动性（特别是在激进和顽固批评的情况下）——主张在实践中进行真正的改变（而不仅仅是话语）。

优势和局限性

汉森（Hansen, 2016）指出了实用主义社会学作为一种非规范性的社会学研究方法的优点，因为它把"是什么"作为研究的核心，而研究人员则不愿试图"揭露"不公正的规范形式（与标准批评理论中的项目一样——Thévenot, 2007）。相反，辩护和批判的动力来自所有个体将形而上学思维的类似能力应用于他们所遇到的情境中。了解个体如何在特定情境下根据他们的实际经验来行使这些能力，仍然是研究的目标，而不是将其与理想的社会成果做对比。

实用主义社会学的情境主义方法允许公共关系研究者以各种各样的方式参与社会行动者对他人行为和判断的批评；理解在不同时期形成行动和妥协的正义感和其他辩护方式的变化；保持对研究的开放态度，认识到质疑的重要性以及自身对情境的阐释也可能受到挑战，因为现在总是有"一种已经存在的'他性'（otherness）"（Blokker & Brighenti, 2011; Hansen, 2016年）。这个起点，再加上博尔坦斯基及其同事的具体研究，为以不同的方式理解当前的公共关系提供了丰富的框架。它表明了公共关系作为当代经济、社会和政治发展的推动力的重要性。它也有助于揭示公共关系实践和话语的道德基础，以及在公共关系研究中如何整合这些基础、如何反映多元性以及如何选择以达成妥协。这个理论体系所提供的更全面的机会是在实践中对公共关系进行更细致的分析，解决公共关系民族志研究中存在的差距，目的是通过公共关系让行动者自身真正参与关于正当性、批判性和资本主义的协商，而不是把理论强加给他们。

然而，该框架中的一个重要不足是，与在辩护和批判过程中产生或关闭的权力深度接触。只有当所有的行动者都享有大致平等的地位时，两者才能相互平衡，这样，无论其来源如何，都可以引起注意，所有形式的证据都具有同等的权重。虽然许多研究已经确定了博尔坦斯基和提维诺提出的价值等级，但依赖于传播平等的批判的平衡力也许更令人怀疑。该框架没有为有关公共关系经常被用来拒绝正当理由、参与辩论和批判的指控辩护。解决这一问题的办法是，通过公共关系研究传播的辩护和批判模式，解释公共关系的不同本体论及其对宏观、中观和微观社会的影响（Edwards, 2016）。然而，即使在这里，博尔坦斯基和提维诺的框架也提供了有限的帮助，因为辩护和批判总是在特定的情境下进行的（即使价值等级是更高的共通原则）。

另一个不足是缺失社会变革框架。正义与批判都变得相对化了，同时为批判聚焦的行动的结构性限制可能会消失在背景中（Hansen, 2016）。正如舒森（Susen, 2014, p.110）所指出的那样，"然而，当面对社会建构的现实的历史特殊性时，仍然存在的问题是谁有权界定意识形态框架，将其转化为霸权参照点，从而制定议程"。除非批判的重点在于它的能量，并且能够给社会安排带来真正改变的前景，否则博尔坦斯基的研究作为分析包括公共关系在内的不同形式的社会行动力量，可能仍然有限。

结论

本章论证了博尔坦斯基的研究在很多方面都与公共关系有关。价值等级、辩护、批判性和资本主义的新精神都是研究的新起点。它们增加了对公共关系发展、实践和话语的现有研究，将注意力集中在从正式组织到非正式团体和个体等的行动者达成一致的广泛社会必要性的方式上——影响着公共关系的方方面面。它们也为理解公共关系不仅在资本主义结构中，而且在资本主义长期存在中所起的作用提供了一条途径。

博尔坦斯基还坚持将道德和计算结合到人们所采用的评价过程中，并有助于解决目前由道德问题（批判和社会文化）驱动的研究与经济需求（规范、功能）驱动的研究之间存在的鸿沟。在公共关系中，这意味着接受这样一个事实，即从业者和受众并不是在这种分裂的错觉下运作的，而是利用他们的批判能力将两者结合在一起。理解他们的批判能力是如何发挥作用的，这可能是发展一个更全面的学术领域的一种方式，因为公共关系关注的是两者之间的相互联系，而不是它们的对立面。此外，以行动者为中心的实用主义社会学将话语实践与在物质世界中有其基础的价值等级联系起来。运用这一原则，话语和实践之间的联系被建立起来，这将有助于更全面地了解公共关系在不同情境下的存在和效果。

实用主义社会学的方法论原则强调参与者的批判能力，避免强加预先修正的模型或

249　假设，与女权主义方法、立场论和参与式方法（participatory methods）保持一致（Hesse-Biber & Leavy, 2007; Longino, 1996）。在研究过程中，这些要求自我反省和参与者平等的方法论在公共关系研究中还没有得到充分应用（Golombisky, 2015）。这些方法论原则之所以具有挑战性，是因为这对研究人员的地位和权力造成威胁；然而，它们作为引入新的声音、视角和对公共关系的理解的方式，可能会产生非常巨大的成效。

251　## 博尔坦斯基的生活和工作

吕克·博尔坦斯基，生于1940年，是一位法国社会学家，他是实用主义社会学领域创始人。他的职业生涯是从分析批判在当代资本主义背景下塑造社会政治和道德的作用开始的。他刚开始与皮埃尔·布尔迪厄一起工作，在1985年与劳伦·提维诺成立了政治社会团体，尤其侧重于批判能力的社会学研究。他将辩护、批判和价值等级的思想运用到一系列的语境中，同时他最近还研究在当代资本主义经济中丰富的概念，或者说增值的过程。

参考文献

[1] Baden, C., & Springer, N. (2014). Com(ple)menting the news on the financial crisis: The contribution of news users' commentary to the diversity of viewpoints in the public debate. *European Journal of Communication*, 29(5), 529-548. doi:10.1177/0267323114538724

[2] Ban, Z., & Dutta, M. J. (2012). Minding their business: Discourses of colonialism and neoliberalism in the commercial guide for US companies in China. *Public Relations Inquiry*, 1(2), 197-220.

[3] Basaure, M. (2011). In the epicenter of politics: Axel Hormeth's theory of the struggles for recognition and Luc Boltanski and Laurent Thévenot's moral and political sociology. *European Journal of Social Theory*, 14(3), 263-281. doi:10.1177/1368431011412345

[4] Blokker, P. (2011). Pragmatic sociology: Theoretical evolvement and empirical application. *European Journal of Social Theory*, 14(3), 251-261.

[5] Blokker, P., & Brighenti, A. (2011). Politics between justification and defiance. *European Journal of Social Theory*, 14(3), 283-300. doi:10.1177/1368431011412346

[6] BofFey, D., Connolly, K., & Asthana, A. (2017, 2 June). EU to bypass Trump adminis¬tration after Paris climate agreement pullout. *The Guardian*. Retrieved from https://www.theguardian.com/environment/2017/jun/02/european-leaders-vow-to-keep- fighting-global-wamiing-despite-us-withdrawal Accessed 27 December 2017.

[7] Boltanski, L., & Chiapello, E. (2005). *The new spirit of capitalism*. London: Verso.

[8] Boltanski, L., & Thevenot, L. ([1991J/2006). *On justification: Economies of worth*. Princeton, NJ: Princeton University Press.

[9] Bourne, C. (2013). Reframing trust, power, and public relations in global financial discourses: Experts and the production of mistrust in life insurance. *Public Relations Inquiry*, 2(1), 51-77.

[10] Clean Clothes Campaign. (2017, 29 June). Statement of the Bangladesh Accord's Witness Signatories on the 3-Year Renewal of the Agreement. Retrieved from https://clean clothes.org/news/2017/06/29/statement~of-the-bangladesh-accord-witness-signatories- on-the-agreement2019s-3™year-renewal.

Accessed 27 December 2017.

[11] Cutlip, S. M. (1994). *Public relations: The miseen power. A history*. Hillsdale, NJ: Lawrence Erlbaum.

[12] Edwards, L. (2016). The role of public relations in deliberative systems. *Journal of Communication*, 66(1), 60-81. doi:10.111 l/jcom.12199

[13] Ewen, S. (1996). *PR! A social history of spin*. New York, NY: Basic Books.

[14] Fredriksson, M., 8c Pallas, J. (2016). Diverging principles for strategic communication in government agencies. *International Journal of Strategic Communication*, 10(3), 153-164. doi:10.1080/155311 8X.2016.1176571

[15] Golombisky, K. (2015). Renewing the commitments of feminist public relations theory: From velvet ghetto to sochl justice, *Journal of Public Relations Research*, 27(5), 389-415, doi:10.1080/106272 6X.2015.1086653

[16] Guggenheim, M., & Potthast, J. (2011). Symmetrical twins: On the relationship between Actor-Network theory and the sociology of critical capacities. *European Journal of Social Theory*, 15(2), 157-178. doi:10.1177/1368431011423601

[17] Hansen, M. (2016). Non-nomiative critique: Foucault and pragmatic sociology as tactical re-politicization. *European Journal of Social Theory*, 19(1), 127-145. doi:10.1177/1368431014562705

[18] Heath, R., Toth, E., 8c Waymer, D. (Eds.). (2009). *Rhetoricd and critical approaches to public relations*. New York, NY: Routledge,

[19] Hesse-Biber, S., & Leavy, P. (2007). *Feminist research practice: A primer*. Thousand Oaks, CA: SAGE.

[20] Jagd, S. (2011). Pragmatic sociology and competing orders of worth in organizations. *European Journal of Social Theory*, 14(3), 343-359, doi:10.1177/1368431011412349

[21] Kantola, A. (2014). Emotional styles of power: Corporate leaders in Finnish business media. *Media, Culture, & Society*, 36(5), 578-594. doi:10.1177/0163443714532976

[22] Kazmi, B., Leca, B., & Naccache, P. (2016). Is corporate social responsibility a new spirit of capitalism? *Organization*, 23(5), 742-762.

[23] L'Etang, J. (2004). *Public relations in Britain: A history of professional practice in the 20th century*. Mahwah, NJ: Lawrence Erlbaum.

[24] L'Etang, J. (2012). Public relations, culture and anthropology - Towards an ethnographic research agenda. *Journal of Public Relations Research*, 24(2), 165-183.

[25] Larsen, L. T. (2011). Turning critique inside out: Foucault, Boltanski, and Chiapello on the tactical displacement of critique and power. *Distinktion: Journal of Social Theory*, 1.2(1), 37-55. doi:10.1080 /1600910X.2011.549334

[26] Lehtimäki, H., Kujala, J., & Heikkinen, A. (2011). Corporate responsibility in communication: Empirical analysis of press releases in a conflict. *Business Communication Quarterly*, 74(4), 432449. doi:10.H77/1080569911424203

[27] Longino, H. (1996). Subjects, power, and knowledge: Description and prescription in feminist philosophies of science. In E. F. Keller & H. Longino (Eds.), *Feminism and science* (pp. 264-279). New York, NY; Oxford University Press.

[28] Maier, F., & Meyer, M. (2011). Managerialism and beyond: Discourses of civil society organization and their governance implications. *VOLUNTAS: International Journal of Voluntary and Nonprofit Organizations*, 22(4), 731-756. doi:10.1007/stl266-011- 9202-8

[29] Motion, J., & Leitch, S. (2015). Critical discourse analysis: A search for meaning and power. In J.

250

L'Etang, D. McKie, N. Snow, & J. Xifra (Eds.), *The Routledge handbook of critical public relations* (pp. 142-150). New York, NY: Routledge.

[30] Oldenhof, L., Postma, J., Sc Putters, K. (2014). On justification work: How compromising enables public managers to deal with conflicting values. *Public Administration Review*, 74(1), 52-63. doi:10.1111/puar.l2153

[31] Patriotta, G., Gond, J., & Schultz, F. (2011). Maintaining legitimacy: Controversies, orders of worth, and public justifications. *Journal of Management Studies*, 48(8), 1804-1836.

[32] Rennstamm, J., & Ashcraft, K. (2013). Knowing work: Cultivating a practice-based episte-mology of knowledge in organization studies. *Human Rehtiom*, 67(1), 3-25. doi;10.1177/ 0018726713484182

[33] Shear, M. (2017, 1 June). Trump will withdraw US from Paris Climate Agreement. *New York Times*. Retrieved from https://www.nytimes.com/2017/06/01/climate/trump-paris-climate-agreement.html. Accessed 27 December 2017.

[34] Sriramesh, K. (2009). Globalisation and public relations: The past, present, and the future. PRism, 6(2). Available at http://www.prismjoumal.org/fileadmin/Praxis/Files/globa ll)R/SPJRAM£SH.pd£

[35] Stark, D. (2011). *The sense of dissonance: Accounts of worth in economic life*. Princeton, NJ: Princeton University Press.

[36] Susen, S. (2014). Reflections on ideology: Lessons from Pierre Bourdieu and Luc Boltanski. *Thesis Eleven*, 124(1), 90-113. doi:10.1177/0725513614552444

[37] Thévenot, L. (2007). The plurality of cognitive formats and engagements: Moving between the familiar and the public. *European Journal of Social Theory*, 10(3), 409-423.

[38] Wagner, P. (1999). After justification: Repertoires of evaluation and the sociology of modernity. *European Journal of Social Theory*, 2(3), 341-357.

第十四章

戈夫曼：与作为开拓者的欧文·戈夫曼的关系研究

卡特林·约翰逊

瓦斯克斯和泰勒（Vasquez & Taylor, 2001）认为，如今公共关系研究和实践的本质是
战略性伦理关系的建立和维护。在公共关系的许多子领域，如媒体关系、内部传播、公
共部门传播、议题管理和危机传播，关系管理涉及通过与属于不同公众群体的个体进行
沟通来对组织关系进行微观管理。然而，除了少数例外，人际关系和人际传播还没有吸
引公共关系研究者进行大量经验性研究。

托特（Toth, 2000）主张将人际传播理论作为管理关系的一种传播实践。库姆斯
（Coombs, 2001）主张分析互动模式，以了解组织和利益相关者的话语和行动如何影响它
们之间关系的发展。这些关于研究的呼吁并没有得到真正回应。以往关于人际传播和印
象管理的研究都是从功能主义角度展开的，主要是采用定量的方法（L'Etang, 2013; Lim &
Jones, 2010）。因此，对公共关系环境下人际关系的构建与管理的经验研究仍然很欠缺。

在研究内外部公众的人际关系时，我们对社会互动的理解是至关重要的。因此，
本章的目的是通过强调社会学家欧文·戈夫曼（Erving Goffman）的理论贡献来提供一
种可供选择的方法，突出内外部公众进行人际传播的定性过程的视角。近来，福克斯
（Fawkes, 2015）指出，涉及公共关系工作的组织和个人身份的塑造、反思和传播的重要
性，认为戈夫曼能为我们对身份的理解做出贡献。

欧文·戈夫曼的社会学著作围绕基于不同背景的经验性研究的社会互动理论展开。
他分析了人际意义与社会结构之间的关系，既关注言行的象征价值，又关注更抽象的社
会生活形式。理解戈夫曼的思想有助于深化我们对社会世界是如何实践和再生产的理
解。根据曼宁（Manning, 1992）的观点，这种理解对我们努力改善体制和社会环境至关

重要。换句话说，改善组织与其利益相关者的关系将得益于戈夫曼的贡献。不论是个人还是组织的身份和关系，都是在面对面的互动中共同构建的。

在这一章中，戈夫曼社会学的核心概念：印象管理、框架、立场和面子，都得到了阐释。这些概念阐明了关系建立、身份认同以及形象构建的过程。戈夫曼的印象管理、框架、立场和面子这些概念可以作为组织环境下社会互动的经验研究的理论基础。朝向话语的转向，从访谈数据中整合对实践和话语的观察（cf. Alvesson & Karreman, 2000; Fairhurst & Putnam, 2004）作为公共关系研究的一种有效的新方法，将为这一领域带来新的视角。

本章的结构如下：第一，对戈夫曼理论的运用以公共关系为背景。第二，对戈夫曼的贡献进行介绍，并提出对公共关系有重要意义的概念。第三，对公共关系研究的发展和对人际传播研究的呼吁进行评述。第四，针对印象管理（impression management）、框架（framework）、立场（footing）、面子（face）这些核心概念的现有应用来讨论它们之间的关联和内涵。

欧文·戈夫曼的贡献

戈夫曼聚焦于社会互动，描述了语言在特定社会生活环境中的地位，以及如何在那些环境中反映，并赋予社会生活以意义与结构。他尤以印象管理和框架方面的研究而闻名。他的社会学理论丰富了很多经典社会学理论家的思想，并将之应用到面对面的社会互动这一社会生活领域。在他之前，这一领域的结构复杂性极受忽视。他的思想后来被纳入吉登斯和哈贝马斯等理论家的著作中（见本书第 10 章和第 15 章），他的思想也影响了社会学以外的学者的研究，他的"印象管理"的观点也被新闻工作者和流行的人际行为研究的作家所采用。

戈夫曼的研究方法由他的核心研究对象——面对面互动所决定。在戈夫曼看来，面对面互动多数情况下是一个内隐知识的世界，行动者由于习性很难将之表达出来（Willems, 2004）。戈夫曼在他早期的作品中使用了"自然观察法"，一方面他观察正常的日常生活，另一方面他援引了特别的观点，认为在日常生活之外存在一个特殊、非凡和分离的世界。在之后的作品中，戈夫曼认为使用音像记录设备是自然观察的一个重要选择。戈夫曼的观察性、分析性和描述性策略也包括使用隐喻、概念、模型以及对比和想象的方法（Willems, 2004）。

关键概念：印象管理、框架、立场和面子

戈夫曼在他早期著作《日常生活中的自我呈现》中提出了有关公众个人自我呈现的拟剧论（Goffman, 1959）。他表示这本书作为一本手册，详细介绍了研究社会生活的社会学视角，尤其是"在建筑物或工厂的物理界限内"或者任何"国内、工业或商业的具体

社会机构"组织起来的社会生活。我们可以将这些指引转化到组织研究中。

通过拟剧论，戈夫曼将面对面的互动比作演员在观众面前扮演角色。当人们见面时，他们会试图获取对方的信息。这些信息有助于定义情境（define the situation），使得人们能够了解对方期望什么以及他们自己可以期待什么。此外，许多重要的事实存在于互动的时空之外，或隐藏其中。因此，个人"真正"或"真实"的态度、信仰和感情只能间接确定。个人的表现力（个人给他人留下印象的能力）似乎涉及两种完全不同的符号活动，用戈夫曼的说法就是个人给出（give）的表现，以及自然流露出（gives off）的表现。第一种涉及语言符号，这些符号被公认用于传达已知的附加在这些符号上的信息，这是传统和狭义上的传播。第二种包括可将其视为戏精症状的广泛行为，人们知道，这些行为的真正目的并不是传递信息。个体有意通过这两种类型的传播来传达错误信息，第一个涉及欺骗，第二个是伪装。

戈夫曼还使用诸如"前台"（front）、"后台"（backstage）、"背景"（setting）以及"外表"（appearance）的概念。他认为自我是一种社会结构，或者更确切地说是一种互动结构——这个观点已经在像话语理论和组织传播这样不同的研究传统里发展颇久。**255**

印象管理表明人们有意且颇具策略地利用传播来创造自己期望留给他人的印象。在与他人的互动中，个体用传播来经营他人对自己的印象。这种传播可以分为两部分：一个是相对容易被个体随意操纵的言语传播，一个是无意识且难以控制的非言语传播。观众会核实个体所说的话及通过其他方式表达的内容的合理性。因此，本质上的不对称体现在传播过程中，个体只意识到传播中的一部分（Goffman, 1959）。

因此，个体对传播过来的印象可以采取不同的立场：相信这种印象，认为对方是真诚的；或者对这种印象持怀疑态度。我们也可以期待自然的变化，在真诚和怀疑之间来回摇摆。

在人际传播中，互动者共同构建情境的定义。无论观众或听众的角色有多消极被动，个体都会凭借他们对自己的回应来定义情境，并确定要传播的印象。第一印象和初始信息非常重要，因为它们构成了后来由参与者发展和修改的基础。通常，工作共识，即某种程度的同意，是在互动环境中建立的。然而，在一种背景下建立的工作共识在内容上与在另一种背景下达成的工作共识差异甚大。在很多互动环境中，参与者以剧班的形式合作。这种互动可以视为所有参与者为保持工作共识而进行的合作努力（Goffman, 1959）。

"前台"的概念表明，个体的部分表演以通用的固定方式定期为观察者定义情境。公司活动和有关经济状况的正式报告便属此类。"前台"与"后台"的概念形成对比，由表演确立的印象在后台会遭到故意违背。在这里可以公开构建印象和假象，策划传播策略；人们的举止也与其性格极其不符；剧班可以排练他们的表演，确保没有观众受到不当表现的冒犯；同一剧班的成员若不称职可以接受训练或者退出表演；在这里，表演者才能放松并放下这个正式的前台。

一场表演的关键在于后台，由于表演者的举止往往与其性格极其不符，因此从前台
256 区域通往后台区域的通道不会对观众开放，甚至整个后台区域都会被隐藏。戈夫曼认为
这是印象管理普遍采用的手段。

框架

框架是另一个公共关系和媒介研究里普遍发展和运用的概念，然而，很少有分析以
戈夫曼的框架互动概念为基础（Men & Thoibjomsrud, 2014; Sawe & Thelander, 2015）。
贝特森（Bateson, 1972）最初指出，框架是理解传播行为的基础。贝特森讨论为什么有
些活动被认为是严肃的，有些却不是。行动的框架对我们理解正在发生的事情到底是表
演的还是真实的具有重要意义。戈夫曼扩展了贝特森的定义并描述了框架在互动中的重
要性。根据戈夫曼的观点，框架是对情境各方理解正在进行的对话的需求的一种解释方
式。某个信息是否重要，你的生活是否取决于你跟进的危机信息，换句话说，就是回答
这个问题："这儿发生了什么？"（Goffman, 1974, p.8）。框架分析（frame analysis）中的
"框架"指的是意义的必然关系维度。从这个意义上说，框架仅仅是其他社会学家试图通
过如后台、外部背景、语境或类似"就……而言"的短语来引用的一个特别具体的隐喻。

我们倾向于按照基本框架感知事件，我们采用的这种类型的框架提供了一种描述事
件的方法。于是，基本框架是需要了解的第一个概念。然而这个概念非常复杂：戈夫曼
认为"尴尬的事实"存在于活动的任何时刻，个体可能会应用大量的框架，抑或一个也
不用（Goffman, 1974, p.26）。

通过基本框架，本身有意义的一个活动可能会被转化为或"键入"具有社会建构的
意义：娱乐、欺骗、试验、排练、梦想、幻想、仪式、示范、分析以及慈善。预期促进
我们对事物和事件的理解和解释，同时也影响我们的感知。框架在话语中表达，受制
于集体建构。"总而言之，社会群体的主要框架构成其文化的核心元素"（Goffman, 1974,
p.27）。

在许多情况下，一个事件的意义是含糊的——这种含糊不清意味着感到不确定和犹
豫。根据戈夫曼的观点，包括模糊和不确定的各种含糊不清有其对应的错误。简而言
之，关于手头的事件怎样被构造，这种含糊不清是未经推理的、错误的认知。个体可能
257 在错误的前提下采取行动，而不是暂停下来试图弄清楚发生了什么。这合理地解释了谣
言在组织里可能会如何产生。

显然特定的表现在不同的场合有着不同的意义。但通常情况下环境会排除错误的理
解，只能基于少量信息来决策的活动特别容易受到被误导的框架的影响。这种见解符合
公共关系从业者的经验——限制获取信息可能会引发问题，编造的故事通过小道消息迅
速传播。

　　戈夫曼提供了众多日常生活中的框架例子，揭示人们如何以系统的方法改变行动以及暗示这种转变。他认为，行动的框架建立了其对个体的意义。

　　此外，框架不仅仅组织意义，它也组织参与。在一个活动中，参与者通常不仅能感知到正在发生什么，还会（在某种程度上）不由自主地被吸引，沉浸其中，参与其中，或做出承诺。面部表情往往能展现参与者的参与程度。

立场

　　立场是一个关系到参与者在互动中态度的概念，用戈夫曼的话说就是，"参与者站的队列，或者说位置，或者说立场，或者说姿势，或者说投射的自我是个问题"。这意味着，立场包括口头和非口头信号，代表参与者对沟通问题的态度。此外，戈夫曼认为，立场可通过一系列行为而不是语法句子来揭示，并且立场是变化的，"这种变化是一个谱系，从总体立场的变化到最微妙的语气变化"。声音标志着立场的改变，如"音高、音量、节奏、重音、音质"（Goffman, 1981, p.128）。我们可以想象一位管理者在一个会议上发言，他对会议上讨论的不同问题会有不同的反应。

　　此外，戈夫曼将说话者的立场分为三个部分：表达者（animator）、作者（author）、幕后定夺者（principal）。表达者是说话的人，作者是选择说话内容和形式的人，幕后定夺者是在言论背后的人，他的态度由别人表达（Goffman, 1981）。使用术语"说话者"（speaker）时，通常暗示表演的个体正在阐述自己的讲演稿中的内容，因而此时表达者、作者、幕后定夺者是同一个人。但是，根据戈夫曼的说法，除此之外还有各种其他情形。例如，一位政治家发表演讲往往被认为是在表达他自己的政治思想，而在政治纲领背后通常有一个团队和一段历史，专业的演讲撰稿人参与了信息的制作，这些信息需要吸引公众，还要符合媒体逻辑。

　　这种表达者、作者和幕后定夺者的区分创造了互动中形象的可信性和真实性。背诵熟记的文本或大声朗读准备好的脚本让我们能够生动表达我们没有参与准备的话语，并表达我们没有的意见、信仰和情感。因此，书面和口语互动中的小暗示，例如以情态动词（我期望、认为、可以、希望）形式介绍的模糊限制语和修饰词，会拉近或疏远说话者与言论的距离。这些小暗示可能会严重降低可信度。因此需要重点考虑立场，也就是说话者与信息之间的关系，例如组织发言人被分为对外发言人和对内发言人。

　　莱文森（Levinson, 1988）发展扩充了戈夫曼关于立场和参与角色的理论。他指出参与角色包括生产和接收角色，也讨论了戈夫曼提出的接收角色（目标接收者、非目标接收者、偶然听到信息的人以及窃听者）。

面子

　　面子是个体自己想要展现的在公众眼中的"个人形象"，是描绘社会关系的工

258

具（Brown & Levinson, 1987; Goffman, 1959）。这个概念最先由戈夫曼（Goffman, 1959, 1967）提出，随后布朗和莱文森对之进行了深入发展，"面子是情感上的投资，面子会丢失，也可以保持或者提升，在互动中时常需要照顾面子"（Brown & Levinson, 1987, p.61）。

面子在交往中需要不断协商。一般来说，维护彼此的面子是每个参与者的最大兴趣。另外，虽然在不同文化中面子的内涵不同，但布朗和莱文森认为人们对成员的个人形象或面子有共同理解，并且在互动中使自己适应这些形象或面孔的社会必要性是普遍存在的。面子的概念与权力和个人威望紧密相关，对互动中面子的研究能追踪或隐或显的冲突。布朗和莱文森将面子的各个方面视为基本需求，并认为这个概念有两个组成部分：消极面子（negative face）——每一个有能力的成年人对其行为不受他人阻碍的需求；积极面子（positive face）——成员们的得到他人认可的需求。

人际关系在通常情况下是不对称的，权力差异很明显，并且可能被威胁面子和保全面子的行为所支配。威胁到对方面子的行为包括命令、要求、意见、威胁以及警告等通过施加压力达到目的的做法（Brown & Levinson, 1987）。表明说话者不在意对方感受或需求的行为包括：表示不赞成、批评、抱怨、指责以及侮辱。

259 在面子都很脆弱的情况下，任何理智的参与者都会寻求避免威胁面子的行为，或者使用一定的策略将威胁最小化。如果对参与者来说行动者的传播意图很明显，那么参与者就会"记录"这个行动A。相反，如果行动者在进行行动A时没有被记录，那么他就不会被认为有从事此事的意图。没有补救行为、率直地行动包括用最直接、清晰和简练的方式做（例如，将请求直接说成"去做某件事！"）。布朗和莱文森（Brown & Levinson, 1987）认为，礼貌策略是给对方面子；也就是说用这种方法试图抵消面子威胁行为对面子潜在的损害，同时也清楚表明这种面子威胁并非本意或故意。

根据布朗和莱文森（Brown & Levinson, 1987）的观点，正是在行动和互动中人们发现了语言和社会之间最深刻的关系。对于语言和社会，传播意图有内置的社会意义，它通常是一种威胁。语言的用法通常与策略有关，而不是直接与关系有关，尽管关系具有持续使用某种策略的特征。因此，理解关系本质的关键就是对传播和语言的使用。

对戈夫曼理论的批判

从一开始，戈夫曼本人就强调了他作品的探索性，他的作品因其轻量级和无足轻重而受到批评（Smith, 1999），这就是他在社会学学科中既有影响力又有争议的原因。戈夫曼通过非系统的观察产生新概念的方法一直受到质疑。史密斯认为，总体来说戈夫曼的作品集是不完整的。戈夫曼给人的印象是他总想马上进行下一个主题和问题，而不去巩固他已经获得的成果。因而他的概念和理论后来被他的译者进行了全面的检验和发展。（cf. Schiffrin, 1994）。

戈夫曼理论与公共关系的关联

如今公共关系从业者正经受多方面的职业要求的挑战，包括与内外部公众的沟通及关系建立，也面临由传播技术和不断变化的组织造成的新的挑战。今天，数字技术和社交媒体允许在线人际交流，关系管理在网上公开进行，这刺激了社交媒体的使用和研究的增加（Valentini, 2015）。因此，面对面交流和在线交流都是培养人际关系的重要手段。

260

米基在他的《社会戏剧：实践的解释理论》一书中主张我们把公共关系理解为互动，而不是简单地向目标受众发送信息。米基关于公共关系的观点，显然受到戈夫曼的影响，"社会戏剧并不只关注传播中的内容或个体，还关注人们如何使用这些词来定义自己"（Mickey, 1995, p.28）。因此，社会戏剧模型提倡个体能用自己的话来表达自己的这种研究方法。同样，布朗（Brown, 2012）讨论了在诸如埃克森-瓦尔迪兹石油泄漏等危机爆发期间公共关系与个体、战役和舞台之间的现实戏剧。他还认为，泰诺危机提供了对传统传播方式的补充和对专业更广泛的理解。

关系范式提供了一个框架，以探讨公共关系目标与组织目标之间的联系，为战略规划和战术执行构建了平台，以组织管理层理解和赞赏的方式探讨方案评估（Ledingham & Bruning, 2000）。关系视角基于从个体层面到组织、公众层面的人际关系的起始、发展、维护和解除来构建和转化理念。然而，关系取向在很大程度上是定量导向的，以探索组织关系中的变量（L'Etang, 2013）。莱唐（L'Etang）讨论了公共关系研究的演变，公共关系从其作为管理功能的主导范式，管理和维持一个组织与其利益相关者之间相互满意的关系，演进到成为一门越来越多地借鉴社会、批判和文化理论的更加开放和具创造性的学科。

因此，主流关系理论立足于功能主义视角，将公众和传播视为实现组织目标的工具或手段（Grunig, 2006），关注的焦点一般在技术和战略组织信息的产生上。许多作者主要关注的一个问题是如何管理关系，以使结果最大化。只有在推进组织目标时，研究才能发挥作用。关注的主要关系是公共关系从业者与强调新闻技术和生产技能的媒体之间的关系。组织还根据一种线性传播模式来使用社交媒体技术（Valentini, 2015）。

功能视角的另一种选择是共创视角（cf. Botan & Taylor, 2004），它认为公众是意义的共同创造者，而传播是使人们能够达成共同意义、解释和目标的因素。这种观点是长期导向的，侧重于公众和组织之间的关系，研究是用来促进理解这种观点的。关注的是团体和组织之间的关系，以及协商这些关系变化的传播功能。从共创的角度来看，公众不仅仅是达到目的的手段。公众不是工具化的，而是意义创造过程中的伙伴（Botan & 261 Taylor, 2004）。

最接近共创视角的关系研究的一个方向是人际传播（cf. Toth, 2000）。库姆斯（Coombs, 2001）回顾了过去人际传播的使用，并建议分析互动模式，以了解组织和利益相关者的言行如何影响他们之间的关系的发展。与利益相关者模型相背离的是，库姆斯指出组织需要同时管理多种关系。在对库姆斯的批判性回应中，切尼（Cheney）和克里斯滕森（Christensen）质疑组织是否能以任何有意义的方式将利益相关者作为个体的人来接触和理解（Cheney & Christensen, 2001）。同样，将利益相关者、公众和组织视为实体和同质群体也是值得怀疑的（Ihlen, 2008; Leitch & Neilson, 2001）。贾汉苏斯评论说，"公共关系从业者与公众并没有关系；他们与公众中的个体建立和培养关系"（Jahansoozi, 2006, p.62）。组织、公众和利益相关者是由个人组成的群体，他们扩展自己和集体的利益。这些个体可能有某些共同的知识、态度和价值观，但这些共同特质可能由于时间流逝、团体的编组以及讨论的议题发生改变。个体并不是单个公众成员，而是以多种公众成员身份参与公共领域的多个站点。在这些站点和公众中，个体可能同时拥有许多不同的主体位置。这些不同的主体位置可能会重叠、交叉或者存在冲突，并且总是处于变换之中。总体来说，它们提供了个体必须协商自己公众身份的环境。

就像贾汉苏斯（Jahansoozi, 2006）所说的，许多模型和公共关系的理论都包含以下概念：群体沟通、群体动力、行为、与特定群体和公众建立关系，这是强调媒体关系而导致的偏见。从一个大众传播基础到一个关系建构取向的概念转移，引起了传播动力学的重视（Vasquez & Taylor, 2001）。从这一立场出发，需要更多地强调在各种组织和体制背景下的人际传播。因而戈夫曼关于社会互动的理论和概念能够得到应用和进一步发展，而之前这些理论和概念在公共关系研究中的使用和发展都极少。

在本章的下一节中，我将讨论戈夫曼的概念是如何应用于公共关系研究的，并就未来如何运用这些概念提出建议，给出一些经验性的例子来说明戈夫曼的概念在当今组织中的相关性。

公共关系中的印象管理

262　正如上文所讨论的，组织和个人的比较会产生一些问题。然而，在某种程度上，组织与个人一样，可以被视为"演员"，在"观众"之前、在各种"环境"中进行"表演"（Allen & Caillouet, 1994）。尽管众多关于企业形象的研究都认为形象是由组织创建和管理的，但结论表明形象也由环境和观众的个人因素决定（Williams & Moffitt, 1997）。

在公共关系中，戈夫曼的印象管理概念以前被称为形象或声誉管理（cf. Coombs, 2001; Xifra, 2012）。印象管理和人际传播一直被用于研究有关组织危机（Allen & Caillouet, 1994）、在讨论组织的公众形象时员工使用的印象管理策略（Caillouet & Allen, 1996）以及在流行博客中的印象管理策略和自我展示（Chen, 2010）的问题。

通过对表达组织公共形象的书面和口语陈述的分析，艾伦（Allen）和Caillouet发展了一种组织在危机时印象管理战略的类型学。他们通过识别企业行动者在面对不同利益相关者时如何利用不同的印象管理策略来使其认可制度规范，来探讨企业话语的约束条件和复杂性。在后来的研究中，凯洛埃和艾伦（Caillouet & Allen, 1996）研究了员工的印象管理战略（IMS），如事实扭曲、谴责、奉承、借口和理由。结果显示，受访员工与组织代言人在策略使用上存在明显差异。作者意识到，尽管信息会被媒介影响和限制，但相比其他策略，采访背景本身似乎更可能提供更多验证。

基于戈夫曼（Goffman, 1959）的概念，Chen（2010）比较了台湾和美国的流行博客中的印象管理策略和自我呈现。内容分析表明，台湾博主更加关注自己的社会关系，采取了更多的自我推销策略。另一方面，美国的博客作者更加开放。

访谈可以用来研究自我呈现的感知，劳伦斯和卡夫卡（Lawrence & Kafka, 2009）就说明了这一点。他们利用戈夫曼的理论探讨了当军事公共关系从业人员在可能同意或可能不同意的问题上担任发言人时，他们是如何管理与媒体利益相关者的关系的，以及他们如何看待日常角色。

内容分析和话语分析揭示了印象管理是如何由真实情景中的参与者共同创造的。"议题广场"的概念（Luoma-aho, Tirk-konen & Vos, 2013）引入是为了表示在网上议题广场上，利益相关者和组织可以讨论对双方都有利害关系的重要问题。在这样的领域中，可以运用印象管理和框架概念。此外，戈夫曼的"污名"概念也可以用来分析迪米特洛夫（Dimitrov, 2015）提出的为什么有关公共关系中对沉默和隐秘的愤怒的探讨很少。

Feng（2017）将戈夫曼的印象管理理论与社会语言学理论相结合，探讨了社交媒体上企业身份的话语建构。其对中国国有银行和招商银行这两家中资银行在身份建设和与粉丝互动方面进行了比较，并对三年的微博更新使用双向对话框架进行分析，包括公司或其粉丝的发起和回应。银行所采用的印象管理策略是：（1）使公司自身人性化和受欢迎；（2）说服粉丝信任公司自身。银行的粉丝通过讲故事、表扬—承认或提出问题等方式共同构建企业身份。

德尔（Dell, 2016）讨论了如何加强对新闻发布会绩效的分析和评价，前提是将戈夫曼戏剧论中的角色选择、受众和框架这些思想包括在内。戈夫曼的戏剧论可有助于对首席执行官（CEO）的表现进行规范性和解释性的批评，以符合受众的期望，并试图影响框架。

印象管理在管理人员与组织成员之间的内部沟通中是一种有趣的现象。为了了解组织认同是如何产生的，为什么为变革进行的一系列活动会遇到阻力，研究重要行为者之间的组织沟通过程和人际关系是很重要的。

领导者向员工传播企业形象可能具有积极意义，就像行动者试图减少歧义从而帮助人们对工作环境、组织环境、产品产生清晰了解。从批判意义来说，组织中的人越来越难以清楚地了解情况，这可能被视为领导运动的基础，其目的是在员工心目中锚定对组织现实的正面评价（Alvesson, 1990）。

不管是功能视角、共创视角，还是批判视角，公共关系研究都将受益于对这一领域的更多研究。

公共关系框架的含义

利姆和琼斯（Lim & Jones, 2010）通过对1999年至2009年期间发表的40项研究的综述概括了框架是如何在公共关系中使用的。研究发现，研究人员使用了框架的概念来研究公共关系信息和新闻报道。其中一些人引用了戈夫曼的作品，另一些人引用了哈勒汉（Hallahan）、恩特曼（Entman）、加姆森（Gamson）、莫迪利亚尼（Modigliani）、塔奇曼（Tuchman）、吉特林（Gitlin）和里斯（Reese）的作品（Lim & Jones, 2010）。

戈夫曼的框架分析（Säwe & Thelander, 2015）被用于调查市政当局在非商业环境下是如何将共创作为一种营销策略的，在这里，艺术活动被作为一个参与平台，让市民参与市区重建的构思。市政府希望在规划过程的早期就与公民进行对话，而不是在传统上让他们在后期就计划发表评论，其目的是利用艺术活动使人们成为该项目的共创者。然而，观察表明，访问活动的公众仍然是被动的参与者，而不是共创者。Säwe 和 Thelander（2015）认为传播对于理解策略和期望至关重要，否则参与者可能会"误判"事件或产生误解，导致在错误前提下行动——在这种情况下属于不作为。作者得出结论，艺术活动的框架是模棱两可的，采取共创过程需要谨慎思考和沟通。

布伦南（Brennan, 2014）还对框架进行了研究，他研究了丰田是如何策划形象修复的，以及媒体是如何在国际召回危机期间对这场危机进行策划的，而这场危机有可能摧毁与其车辆的质量和安全有关的形象。根据印象管理和框架分析（Goffman, 1959, 1974），该研究说明了顾客和行业专家在界定危机以及证明媒体框架中隐含的文化主题的存在时具有重要作用。

框架（Goffman, 1974）可以被领导人策略性地使用（Fairhurst, 2011; Johansson, 2017年）。在《框架艺术》中，艾尔赫斯特（Eairhurst）和萨尔（Sarr）强调，领导才能的一个重要方面便是管理意义，换句话说即影响人们对信息的理解：

> 把握主题的框架就是选择一种特定的意义（或一组意义），而不是另一种。当我们与他人分享我们的框架（框架的过程）时，我们就是在管理意义，因为我们主张我们的解释应该被视为真实的，而不是其他可能的解释。
>
> （Fairhurst & Sarr, 1996, p.3）

对于从事内部传播工作的公共关系从业者来说，一个重要但以前相当遭受忽视的领域就是对领导者进行传播行为指导。这里的框架，还有戈夫曼的立场和面子概念是领导者传播训练中要考虑的重要概念。

框架研究的其他重要领域包括，替代框架和谣言如何通过传闻形成，以及如何在内外部传播中协调企业身份、价值观和品牌的框架。尽管当情景被定义，或当忽略组织规则的决策确定时，非正式领导所起的重要作用已被研究证实，但是关于非正式（或后台）传播的研究还很少。

将立场和面子应用到公共关系中

"立场"和"面子"概念在公共关系研究中很少得到应用。最近诺兹哈夫特（Nothhaft, 2017）根据戈夫曼的理论，研究了游说者和政治家之间的人际关系和印象管理，运用了面子、剧班、门面、任务、角色、框架和立场等概念。这项研究是从新制度主义的角度出发的，其假设认知、规范和管制结构为社会行为提供了意义，而这些来源是可识别的。由于游说—互动在前台和后台都可以进行，戈夫曼关于剧班的概念以及前台和后台的区别则成为核心问题。 **265**

立场对于组织领导和员工之间的传播也有重要意义。从公共关系角度看，理解不同的说话者和听众的角色及其在交际过程中的含义是人际关系的一个重要方面。如上文所述，指导经理处理内部传播问题需要了解立场的影响及管理人员设定的不同角色。

关于企业使命、声明和目标，企业价值观或组织变革的内部传播战役由被任命的领导者实施。这些战役可能是研究的焦点，因而能扩充关于内部公众之间关系建立的知识。正如贾汉苏斯（Jahansoozi, 2006）所指出的，聚焦于信任、满意承诺、相互控制、对话以及透明度的相关要素，就可以评估关系的真实质量（cf. Hon & Grunig, 1999, 2006）。

在公共关系文献中，公众通常被视为对话和关系中的平等参与者。当权力从关系中被略去，那便可以假设组织及其公众能在平等的基础上得到满足，并能为公认问题建设互惠的成果（Jahansoozi, 2006）。然而，我们不能忽视权力的概念，因为权力在根本上影响着组织中的关系和传播（cf. Leitch & Neilson, 2001; Mumby, 2001, 2015）。

在公关从业人员和记者之间、管理者和员工之间以及员工群体之间的交流中，面子是一个重要的维度，也可以作为研究互动中权力差异的一个工具。常被讨论的传播管理者的地位以及他们对合法性的要求可以在对群体管理会议的经验研究中加以分析（cf. Johansson, 2003）。另一种替代模型和理想化的传播如双向对称就是从事对互动的经验研究，并纳入揭露权力差异的概念。为了增进我们对关系建立过程的理解，无论意图是创建战略性的伦理关系还是担任组织中积极分子的角色，面子都是一个能够进一步发展并被应用在公共关系中的概念。

框架、立场与面子：企业战略传播分析

在一个企业战略传播案例研究中，约翰逊（Johansson, 2003）纵向定性地分析了管理者与同事之间的内部传播。在公司中，管理者关于战略的传播（包括愿景、战略目标和共同价值观）遵循着一个自上而下的过程，从CEO到经理到员工都是如此。采用访 **266**

谈、观察和语篇分析相结合的方法是为了找出影响战略传播过程的重要因素。这一分析运用了戈夫曼的框架、立场和面子的概念，展示了高层管理人员制定的愿景是如何满足下属管理者构建的不同现实的。框架、立场和面子的话语维度揭示了个体经验、态度和感知能力在战略传播过程中的重要性。

框架在会议的开场尤为重要。在这里，会议主席经常强调会议的目的，并以这种方式指导讨论想要的结果。

管理人员在会议中的立场对战略进程的结果也很重要。约翰逊的结论是，首席执行官和商业区经理显然是负责人，给人的印象是全心全意地致力于向员工传达战略的目标。另一位商业区经理只是扮演活跃气氛者的角色，这似乎损害了他在管理者面前的可信度（Johansson, 2003）。

面子概念在揭示互动者关系中的权力方面是有用的。职位和权力可以是正式的和非正式的。通过话语分析，可以揭示谁在会议中拥有非正式权力。公开冲突在观察到的会议中很少发生，可能在某种程度上取决于观察者的影响。虽然管理人员在正式权力方面是平等的，但有一位经理利用面子威胁行为来显示他的优势。他公开得罪另一位经理，大声嚷嚷另一位经理是错的不能听他的。这就是布朗和莱文森（Broun & Levison, 1987）所称的采取消极礼貌的面子威胁行为。换言之，这是最具威胁性的行为。像这种传播过程中的事件可能会严重损害经理之间的信任，也会对各部门之间的沟通与合作产生负面影响。

一般来说，互动模式表明，下属试图避免威胁面子的行为，而上级通过采取主动来领导讨论。例如，上级开始或结束一场讨论，或改变框架。因此结论是，权力结构和尊重参与者的面子（Brown & Levison, 1987）可能会阻止能解决问题的真诚而到位的沟通。很少有人公开批评上级经理，因为这会危及个人的地位。这就是为什么下级的意见总是不能到达高层管理部门。在公共关系里，这被称为奉迎理论（Jones, 1990）。

由于组织里的人事管理关系及不同等级管理者之间的关系是传播管理的核心关注点（cf. Tourish, 2003），因而框架、立场、面子这些概念在研究这些关系时非常有用。

结论

本章主要论述了戈夫曼的社会理论，特别是他的戏剧隐喻、前后台交流、印象管理、框架、立场和面子等概念对公共关系研究人员多有助益（cf. Brown, 2012; Ihlen & Verhoeven, 2012）。毫无疑问，他的理论和概念可以用来分析职业认同（Fawkes, 2015）、社交媒体中的企业身份建构（Feng, 2017），同时还能发展和维持关系，其中建立互信和信心是重要的组成部分。在我看来，戈夫曼处理社会互动和关系的社会学对发展公共关系理论起到了激励作用。他的概念与公共关系中的基本概念联系在一起：关系、身份认同和形象。如哈勒汉（Hallahan, 1999）所述，框架在公共关系中起着不可或缺的作用，框架的概念越来越多地被用于公共关系研究中（Lim & Jones, 2010）。此外，框架将信息放在一个描述人们如何评估信息、理解意义以及采取行动的情境或文化背景中（Hallahan, 2005）。印象管理的概念在一些如危机传播、政治游说、公共关系专业人员和组织利益相关者之间关系的研究中得到了使用和发展。戈夫曼的框架、立场和面子的概念在研究改变传播方式以及传播公司战略、愿景、目标和价值观的内部传播上是很有价值的（Johansson, 2003）。诺兹哈夫特（Nothhaft, 2017）对欧洲议会游说者的研究表明，戈夫曼的一些理论概念对公共关系实践的研究是有价值的。然而，由于戈夫曼的概念有时含糊不清，所以需要进一步阐释，但同时它也有助于从关系角度研究面对面的互动，聚焦于内外部公众的人际传播。只要在公共关系研究中采用的主要方法是定量研究，我们便不能为包括人际传播在内的组织公共关系提供丰富的描述与理解，如果改用定性方法，情况也是如此。中国的微博，新浪微博的企业身份的互动与共创研究是一个例子，在这里，戈夫曼的印象管理理论概念可以用来建立一个对话式的框架，像定性方法那样以深刻的方式分析互动和人际关系。

268

综上所述，戈夫曼的观点是在经验主义背景下发展而来的，同时我要着重指出，社会互动不断塑造组织内外部的关系，传播过程对于公共关系中的公众关系有重要意义，而通过对社会互动的微观分析，我们将会加深对传播过程的理解。

戈夫曼的生活和工作

271

戈夫曼（1922—1982），出生于加拿大，1945年在多伦多大学获得社会学和人类学学士学位。1953年，他搬到芝加哥从事研究生工作，以芝加哥大学社会学系博士的身份在苏格兰海岸附近的一个小岛上发表了一篇关于社会互动的博士论文：《岛屿社区的沟通行为》。1958年，他被任命为加州大学伯克利分校社会学系助理教授，1962年成为正式教授。1968年，他在宾夕法尼亚大学获得了本杰明·富兰克林人类学和社会学教授职位。1969年，他成为美国艺术科学院院士。

他写了13本书、29篇文章。关于戈夫曼自己著述的完整书目和次要文献的综合清单，见Lemert和Branaman（1997）。他的主要作品包括：《日常生活中的自我呈现》（1956/1959）、《框架分析》（1974）以及《说话的形式》（1981）。戈夫曼的工作在雅各布森（Jacobsen）和克里斯蒂安森（Kristiansen）（2014）、史密斯（Smith, 1999）、曼宁（Manning, 1992）、勒默特（Lemert）、布拉纳曼（Branaman）和金（Kim, 2003）的著作中得到了说明、解释和评论。

参考文献

[1] Allen, M. W., & Cailiouet, R. H. (1994), Legitimation endeavors: Impression management strategies used by an organization in crisis. *Communication Monographs*, 61(1), 44-62.

[2] Alvesson, M. (1990). Organization: From substance to image? *Organization Studies*, 11(3), 373-394.

[3] Alvesson, M. & Kärreman, D. (2000). Taking the linguistic turn in organizational research. *The Journal of Applied Behavioral Science*, 36(2), 136-158.

[4] Bateson, G. (1972). *Steps to an ecology of mind*. New York, NY: Ballantine.

[5] Botan, C., 6c Taylor, M, (2004). Public relations: State of the field. *Journal of Communication*, 54(4), 645-661.

[6] Brennan, M. (2014). *Repairing Toyota: Image, public relations, and crisis communication*. Ottawa, Canada: University of Ottawa. PhD thesis.

[7] Brown, R. E. (2012). Epistemological modesty: Critical reflections on public relations thought. *Public Relations Inquiry*, 1(1), 89-105. doi:10.1177/2046147X11422641

[8] Brown, P., & Levinson, S. C. (1987). *Politeness: Some iiniversals in language use* (Vol. 4.). Cambridge, England: Cambridge University Press. Caillouet, R. H., & Allen, M. W. (1996). Impression management strategies employees use when discussing their organization's public imzge. *Journal of Public Relations Research*, 8(4), 211—227.

[9] Chen, Y.-N. K. (2010). Examining the presentation of self in popular blogs: A cultural per-spective. *Chinese Journal of Communication*, 3(1), 28-41. doi: 10.1080/1754475090 3528773

[10] Cheney, G., & Christensen, L. T. (2001). Public relations as contested terrain. A critical response. In R. L. Heath (Ed.), *The Handbook of Public Relations* (pp. 167—182). Thousand Oaks, CA: SAGE.

[11] Coombs, T. W. (2001). Interpersonal communication and public relations. In R. L. Heath (Ed.), *The Handbook of Public Relations* (pp. 105-114). Thousand Oaks, CA: SAGE.

[12] Dell, J. (2016). Extending Goffman's dramaturgy to critical discourse analysis: Ed Bur- khardt's performance after the Lac-Megantic disaster. *Canadian Journal of Communication*, 41(4), 569-588. doi:10.22230/cjc.2016v41n4a3017

[13] Dimitrov, R. (2015), Silence and invisibility in public relations. *Public Relations Review*, 41(5), 636-651. doi:10.1016/j.pubrev.2014.02.019

[14] Entman. R. (1993). Framing: Toward clarification of a fractured paradigm. *Journal of Communication*, 43(4), 51-58.

[15] Fairhurst, G. T. (2011). *The power of framing: Creating the language of leadership*. San Francisco, CA: jossey-Bass.

[16] Fairhurst, G., & Putnam, L. (2004). Organizations as discursive constructions. *Communication Vieory*, 14(1), 5-26.

[17] Fairhurst, G., & Sarr, R. (1996). *The art of framing: Managing the language of leadership*. San Francisco, CA: Jossey-Bass. Fawkes, J. (2015). Performance and persona: Goffman and Jung's approaches to professional identity applied to public relations. Public Relations Reuiew, 41(5), 675—680. doi: 10.1016/j.pubrev.2014.02.011

[18] Feng, W. (2017). *Discurswe constructions of corporate identities by Chinese banks on Sim Weibo: An integrated sociolinguistics approach*. Singapore; Springer.

[19] Goffnian, E. (1959). *The presentation of self in everyday life*. New York: Doubleday.

[20] Goffman, E. (1967). *Interaction ritual: Essays on face-to-face behavior*. Garden City, NY: Doubleday.

[21] Goffoian, E. (1974). *Frame analysis*. Boston, MA: Northeastern University Press.

[22] Goffman, E. (1981). *Forms of talk*. Oxford, England: Basil Blackwell.

[23] Grunig, J. E. (2006). Furnishing the edifice: Ongoing research on public relations as a strategic management function. *Journal of Public Relations Research*, 18(2), 151-176.

269

[24] Hallahan, K. (1999). Seven models of framing: Implications for public relations. *Journal of Public Relations Research*, 11(3), 205-242.

[25] Hallahan, K. (2005). Framing theory. In R. L. Heath (Ed.), *Encyclopedia of Public Relations* (Vol. I) (pp. 340-343). Thousand Oaks, CA: SAGE.

[26] Hon, L. C., & Grunig, J. E. (1999). Guidelines for measuring relationships in public relations [Online]. Available: http://www.instituteforpr.org/index.php/IPR/research__single/guide lines_measuring_ relationships/ [Accessed 27 January 2007].

[27] Ihlen, Ø. (2008). Mapping the environment for corporate social responsibility. Stake¬holders, publics, and the public sphere. *Corporate Communications: An International Journal*, 13(2), 135-146. doi:10.1108/13563280810869578

[28] Ihlen, Ø., 6c Thorbj0msrud, K. (2014). Tears and framing contests: Public organizations countering critical and emotional stories. *International Journal of Strategic Communication*, 8(1), 45-60, doi:10. 1080/1553118X.2013.850695

[29] Ihlen, Ø., & Verhoeven, P. (2012). A public relations identity for the 2010s. *Public Relations Inquiry*, 1(2), 159-176. doi:10,1 177/2046147X11435083

[30] Jacobsen, M. H., & Kristiansen, S. (2014). *The social thought of Ewing Goffman.* Thousand Oaks, CA: SAGE.

[31] Jahansoozi, J. (2006). Relationships, transparency, and evaluation: The implications for public relations. In J. L'Etang & M. Pieczka (Eds.), *Public Relations: Critical debates and Contemporary Practice* (pp. 61-91). Mahwah, NJ: Lawrence Erlbaum Associates.

[32] Johansson, C. (2003). *Visioner och verkligheter: Kommunikationen om foretagets strategi.* [Visions and realities: A case study of communication on corporate strategy]. Uppsala, Sweden: Uppsala University.

[33] Johansson, C. (2007). Research on organizational communication: The case of Sweden. *Nordicom Review*, 28(1), 93-110.

[34] Johansson, C. (2017). Leadership communication. In R. L. Heath & W. Johansen (Eds.), *The International Encyclopedia of Strategic Communication*. Malden, MA: Wiley Blackwell.

[35] Jones, E. (1990). *Interpersonal perception*. New York, NY: Freeman.

[36] Kim, K. (2003). *Order and agency in modernity, Talcott parsons, Erving Goffmm, and Harold Garfinkel.* Albany, NY: State University of New York Press.

[37] L'Etang, J, (2013). Public relations: A discipline in transformation. *Sociology Compass*, 7(10), 799-817. doi:10.1111/soc4.12072

[38] Lawrence, T. D., & Kafka, M, (2009). *Impression management and the relational approach: The concept of self-presentation and the military public affairs practitioner.* Paper presented at the Educators' Academy of the PRSA Public Relations Society of America, Public Relations Society of America, CA, San Diego.

[39] Ledingham, J. A., dc Bruning, S. D. (Eds.) (2000). *Public relations as relationship management: A* **270** *relational approach to the study and practice of public relations*. Mahwah, NJ: Lawrence Erlbaum.

[40] Leitch, S., & Neilson, D, (2001). Bringing publics into public relations. New theoretical frameworks for practice. In R. L. Heath (Ed.), *Handbook of Public Relatiom* (pp. 127-138). Thousand Oaks, CA: SAGE.

[41] Lemert, C., & Branaman, A. (Eds.) (1997). *The Goffman reader.* Oxford, England: Blackwell

Publishing.

[42] Levinson, S. (1988). Putting linguistics on a proper footing; Explorations in GofFman's concepts of participation. In P. Drew & A- Wootton (Eds.), *Erving Goffman. exploring the interaction order* (pp. 161-227). Cambridge: Polity Press.

[43] Lim, J,, 8c Jones, L. (2010). A baseline summary of framing research in public relations from 1990 to 2009. *Public Relations Review*, 36(3), 292—297. doi:http://dx,doi.org/10. 1016/j.pubrev.2010.05.003

[44] Luoma-aho, V., Tirkkonen, P., & Vos, M. (2013). Monitoring the issue arenas of the swine-flu discussion. *Journal of Communication Management*, 17(3), 239-251. doi:10.1108/ JCOM-11-2010-0069

[45] Manning, P. (1992). *Erving Gqffinan and modem sociology*. Stanford, CA: Stanford University Press.

[46] Mickey, T. J. (1995). *Sociodrama: An interpretive theory for the practice of public relations*. Lanham, MD: University Press of America.

[47] Mumby, D. (2001). Power and politics. In F. M. Jablin & L, L. Putnam (Eds.), *The New Handbook of Organizational Communication* (pp. 585-623), Thousand Oaks, CA: SAGE.

[48] Mumby, D. (2015). Organizing power. *Reuiew of Communication*, 15(1), 19-38. doi:10.1080/153585 93.2015.1015245

[49] Nothhaft, C. (2017). *Moments of lobbying. An ethnographic study of meetings between lobbyists cind politicians. Örebro Studies in Media and Communication*, 22. Örebro, Sweden: Örebro University. PhD thesis.

[50] Rice, S., Sc Bartlett, J. (2006). Legitimating organisational decisions. A study of media framing of the Australian Government's legitimacy strategy and public opinion on the war in Iraq. *Journal of Communication Management*, 10(3), 274-286.

[51] Säwe, F., &c Thelander, Å. (2015). The role of frames in a co-creation process. *International Journal of Quality and Service Sciences*, 7(4), 442-457. doi:10.1108/IJQSS-04~ 2014-0026

[52] Scheufele, D. (1999). Framing as a theory of media effects. *Journal of Communication*, 49(1), 103-122.

[53] SchifFrin, D. (1994). *Approaches to discourse*. Oxford, England: Blackwell.

[54] Smith, G. (Ed.) (1999). *Goffman and social organization: Studies in a sociological legacy*. London: Routledge.

[55] Toth, E, L. (2000), From personal influence to interpersonal influence: A model for relationship management. In J. A. Ledingham & S. D. Bruning (Eds.), *Public Relations as Rdatiotiship Management. A Relational Approach to the Study and Practice of Public Relations* (pp. 205-219). Mahwah, NJ: Lawrence Erlbaum.

[56] Tourish, D. (2003). Critical upward feedback in organisations: Processes, problems, and implications for communication management. *Journal of Communication Management*, 8(2), 150-167.

[57] Valentini, C. (2015). Is using social media "good" for the public relations profession? A critical reflection. *Public Relatiom Review*, 41(2), 170-177. doi:10.1016/j.pubrev.2014.11.009

[58] Vasquez, G. M., & Taylor, M. (2001). Public relations: An emerging social science enters the new millennium. *Communication Yearbook*, 24(1), 319-342.

[59] Wicks, R. H. (2005). Message framing and constructing meaning: An emerging paradigm in mass communication research. *Communication Yearbook*, 29(1), 333-361.

[60] Willems, H. (2004), Erving GofFman. In U. Flick, E. von Kardorff & I. Steinke (Eds.), *A Companion*

to Qualitative Research (pp. 24-28). Thousand Oaks, CA; SAGE.

[61] Williams, S., & Moffitt, A. (1997). Corporate image as an impression formation process: Prioritizing personal, organizational, and environmental audience factors. *Journal of Public Relations Research*, 9(4), 237-258.

[62] Xifra, j. (2012). Sex, lies, and post-trial publicity: The reputation repair strategies of Dominique Strauss-Kahn. *Public Relations Review*, 38(3), 477-483. doi:10.'1016/j. pubrev.2012.03.002

第十五章
哈贝马斯：沟通与理解
——公共关系的关键概念

罗兰·伯卡特

本章以哈贝马斯关于理解和有效性主张的理论为基础。如果有效性受到质疑，那么交流过程就会中断，话语沟通则成为必要，在这种对话中，参与者借助哈贝马斯的理论，试图达成共识。特别是在冲突情况下，如果参与者表达了不同的立场，公共关系从业者必须考虑到，一个关键的公众可能会质疑他们的信息，并怀疑他们的有效性主张。信息接收者可能会怀疑命题的真实性、传播者的真实性以及他们行为的合法性。

基于上述前提，本章提出了以共识为导向的公共关系模型（COPR），以展示公共关系从业者如何处理、规划和评估上述情况，本章描述了公共关系的四个主要阶段，每一阶段都需要公共关系从业者针对参与者不同层次的理解制定不同的目标。在此理论基础上，以维也纳两个垃圾填埋场规划的评估研究为例，我们进一步阐释与四个阶段相关的问题。

关于哈贝马斯

哈贝马斯的学术生涯始于20世纪50年代，他曾任哲学家西奥多·W.阿多诺（Theodor W. Adorno）的研究助理，后来成为德国批判理论中的法兰克福学派一员（Frankfurt School of German Critical Theory）。法兰克福学派指的是一个德国社会理论家组织（如马克斯·霍克海默、西奥多·W.阿多诺、赫伯特·马尔库塞），组织目的是基于卡尔·马克思的古典理论对西方资本主义社会的变化加以分析（Wiggershaus, 2001）。这些理论学家出于特定目的发展出一套批判社会学理论，"将人类从奴役的环境中解放出来"（Horkheimer, 1982, p.244，Horkheimer & Adorno, 1972）。

他们认为，大众媒介受广告和商业规则控制，服务于大企业利益，并在为消费资本主义制度创造利益的意识形态再生产中扮演着重要角色。法兰克福学派的思想成果包括 **273** 一些涉及文化生产过程的批判社会学研究的内容（Kellner, 1989, 1995）。

哈贝马斯尝试将阿多诺和霍克海默的文化产业分析历史化。20世纪60年代，哈贝马斯发表教授资格论文《公共领域的结构转型》（*The Structure Transformation of the Public Sphere*），在这一著作中，"他试图从政治和思想史中汲取一些关于民主性的核心规范性思想"（Edgar, 2005, p.31）。为此，他提出了以历史为背景的"公共领域"（public sphere）理论。根据哈贝马斯的观点，"当市民通过面对面、书信、期刊、报纸或者其他大众媒介进行交流，来表达他们对公众利益的意见，并对这些意见进行理性讨论时，公共领域就产生了"（Edgar, 2005, p.31）。与公共领域相关的一个核心观点是，在政治事务上的理性之争——最早出现于文艺沙龙，此后出现在推动公平、公正和人类启蒙思想的纸质媒介上。简而言之，资产阶级公共领域被视为批判、理性讨论的发源地，从某种程度来说，也是议会民主制的先驱。

理解——交往行为理论的关键词

交往行为理论的核心价值在于重构了理解人类交往过程的一般情形。这一交往情境下的主要议题是符号学及其几个著名分支，包括符号关系学、语义学、语用学等（Morris, 1938）。符号关系学通过语法规则来联结符号与指向语言表达意义的语义。接下来是语用学（最核心），它关注符号与解释者之间的关系。哈贝马斯认为，社交生活基本可以从参与者的沟通能力，以及被哲学家奥斯汀（Austin, 1962）和塞尔（Searle, 1969）称为"言语行为"的能力这两个方面解释。用奥斯汀的名言来说就是，说话者们往往"以言行事"，意思是说"言语以社会实践的形式完成，并能实现实践参与者之间的社会关系"（Edgar, 2005, p.139）。我们使用语言来声明、下令、提问和许诺。言语参与者被视为语言沟通中的最小单元。

这正是哈贝马斯在其交往行动理论中提出的观点。在这一开创性著作中，由于他将语言看作理解人类的方式，因此他通过对言语参与者的考察分析人类交往过程中的各种情况。根据哈贝马斯的观点，"研究理解是人类语言的固有宗旨"（Habermas, 1987, p.287）。作为哲学家，哈贝马斯意在让作为基本民主进程的"理解"（进而为交往）更具辨识度。他想要证明的是，作为解决社会冲突的一种手段，暴力能够被有责任心的公民 **274** 构建的理性舆论所替代。

根据交往行为理论，沟通始终是一个多维的过程，其中的每一个参与者都需要接受某些准统一需求或有效性主张以达成理解。

这意味着沟通过程中的合作伙伴必须要彼此信任，能够满足以下有效性主张：

● 可理解性（intelligibility）：能够正确使用语法规则；

- 真实性（truth）：和搭档谈论其也接受的真实存在的事；
- 诚实性（truthfulness）：保持诚实，不误导搭档；
- 合法性（legitimacy）：依照广为接受的价值观和规范行事。

这四个有效性主张是"哈贝马斯最基本的技术术语"（Edgar, 2005, p.147），被哈贝马斯描绘为四个现实领域：

1. 语言本身：如果我们提出一个可理解的要求，我们会探询话语的连贯性。典型的问题是：这是什么意思？我该怎么理解？
2. 外部性的"客观世界"，是否可以对其做出真实的陈述。如果我们提出一个有关真理的主张，我们会问这样的问题：它真的如你所说吗？为什么会这样？
3. 我们的每一个"主观世界"都是内在的，由个人经验组成，并且只面向单独的说话者。在提出一个真实的要求时，我们问的是话语和说话者之间的关系。典型的问题是：这个人会欺骗我吗？他关于自己的看法是错的吗？
4. 我们共同的"社会世界"，即价值观和规范所控制的社会关系世界。在提出合法性（或正当性）的主张时，我们询问的是话语与社会、文化和道德行为规则之间的关系。典型的问题是：你为什么要这样做？你为什么不采取不同的行动？

只要搭档没有对履行这些要求存在质疑，沟通过程就是不被打扰的，就能发挥作用。

然而，哈贝马斯认为，这些理想环境都只存在于想象中，在现实中是很难出现的。沟通中的基本原则经常会被违背，因此往往需要话语这种"修复机制"。哈贝马斯使用"话语"这一术语，指出所有相关的人都可以质疑声明的真理性、表达的真实性，以及利益的合法性。只有提供了貌似可信的答案后，沟通的态势才能继续。

基本上来说，哈贝马斯在三种话语类型中进行区分：

- 第一方面，在"阐释型"的话语中，我们质疑陈述的可理解性；
- 第二方面，在"理论型"的话语中，我们质疑声明的真理性；
- 第三方面，在"实践型"话语中，我们通过质疑规范性情境来质疑这种语言行为的合法性（Habermas, 1984）。
- 第四方面，真实性的要求并不从属于话语而是个例外，因为沟通者只有通过后续的行动而非口头观点才能证明其真实性（Habermas, 1984）。

然而，话语是服从于特定标准的：话语必须是自由的，不受内外部限制的，因为话语需要为不确定的有效性要求建立一致性，但这是建立在"自然的力量是更好的这一似乎可信的论点上"的（Habermas, 1995, p.116）。这种一致性需要另一先决条件，即哈贝马斯称之为的"理想语言情境"。"理想语言情境"的主要特点是，所有参加话语的人都有机会选择或者使用"语言行为"（speech-act）（Habermas, 1984, p.177）。但这其实是与事实相矛盾的，因为理想语言情境并不会出现在真实的话语实践中：它不是实验现象，而且"也不仅仅是一个构想，还是话语中一个不可避免的互惠前提假设……一个在操作性沟通过程中必需又切实可行的假设"（Habermas, 1984, p.180）。哈贝马斯在理想的言语情境之前谈到了预期或过早的行动：这是论证前提的一部分，我们在进行言语行为时，使用"相反的方式"，就好像理想的言语情境不是虚构的，而是现实。因此，言语交际的规范基础既是预期的，又是预期的基础（Habermas, 1984）。

批判性评论

哈贝马斯的"公共领域"概念在得到广泛认可的同时，也受到了批评——有人认为，哈贝马斯所创造的公共领域概念的标准"只是一个近似值"（Crossley & Roberts, 2004, p.4）。

然而，政治公共领域的思想被认为是"一个时代的典型范畴"（Habermas, 1989, p.xvii）。尽管这些想法并没有像它们被概念化那样被实现，但人们"认为这些概念及其前提条件仍然是相关的，它们可以被进一步发展，来反映公共关系是一种在其社会背景下的职业"（Jensen, 2001, p.134）。

本文以哈贝马斯的交往行为理论为依据，深入探讨这一问题。

然而，必须提到的是，哈贝马斯很少谈及公共关系，当他谈及公共关系时，他非常挑剔，比如说：公共关系信息的发送者"隐藏了他的对公共福利感兴趣的人的商业意图"（Habermas 1989, p.193）。他还假设这些"有目的的意见管理形式……有意识地背离了自由宣传的理想"（Habermas 1989, p.196）。然而他的这些关于公共关系的论述仅发表在20世纪60年代，在他1990年发表的新作品的前言中，他的一些立场变得不那么坚定。他承认如果他的研究再进行一次，他的一些观点就不会那么悲观了。

还有的批评涉及"工具性""战略性""沟通性行为"等范畴，哈贝马斯认为，工具性和战略性行为总是以成功为导向的，他称，"当我们从遵循行动的技术规则和评估对复杂环境和事件的干预效率的角度来考虑它时"，以成功为导向的行为是有帮助的。"当我们在遵循理性选择的规则和评估影响理性对手的决策效力的情况下考虑它时"，以成功为导向的行为是战略性的（Habermas, 1984, p.285）。相比之下，他这样谈及沟通行为：

> 无论何时，参与者的行动不是通过以自我为中心的成功计算，而是通过达成理解的行动来协调。此外，关于语言的使用，哈贝马斯指出，"人类语言的内在目的是理解"。
>
> （Habermas, 1984, p.287）

"在沟通行为中，参与者主要不是为了个人的成功；他们追求个人目标的前提是，他们能够在共同情况和规则的基础上协调自己的行动计划"（Habermas, 1984, p.286）。换句话说，沟通行为是以共识为导向的。代理人在没有使用技巧或隐藏议程的情况下与对方会面，他允许沟通行为符合对手的意图和利益。在这种情况下，沟通只用于理解，而不是为了影响对手。

这一主张有误导性，因为它意味着以共识为导向的行为不能被视为以成功为导向。相比之下，基础文本假定理解不仅是沟通本身的目的，而且在规则中是实现利益的手段（Burkart, 2002）。口头交流以某种方式自动地将行动计划和相关人员的行动目的结合起来（Greve, 1999, 2003; Skjei, 1985; Tugendhat, 1992; Zimmermann, 1985）。

这里所提到的公共关系理论的灵感来自哈贝马斯关于理解的概念——尤其是上文提到的四种有效性主张以及话语的概念。

277　　这些理论的意图不是直接将这个概念转移到公共关系上，但不可否认的是，所有的公共关系都是追求某些目标——不过原则上不需要排除争取理解这一目标。

作为理解过程的公共关系

大多数尝试使用交往行为理论的公共关系案例都是将对话中的理想情况转移到公共关系的进程中，并以此情境为基础分别阐述"公共关系中的伦理道德"（Pearson, 1989a, p.127），或者"伦理公共关系中的必要条件"（Pearson, 1989b）。这些条件可以让沟通者理解并满足以下规则：（1）"开始和结束沟通互动的机会"；（2）"信息分隔的时间长度"；（3）"建议主题和发起主题变更的机会"；（4）"沟通伙伴提供了一个响应，该响应被视为响应"；（5）"途径选择"（Pearson, 1989b, pp.82-84）。

很长一段时间以来，詹姆斯·格鲁尼格（James Grunig）一直在为公共关系的"双向对称模式"辩护，在这种模式下，公共关系从业者追求的目标是组织与其公众之间"相互理解"（Grunig & Hunt, 1984, p.22）。

格鲁尼格（Grunig）指出，皮尔逊（Pearson）的尝试是"基于哈贝马斯（Habermas, 1984）的理想沟通系统概念的对称模型的最完善的伦理基础"（Grunig & Grunig, 1992, p.308; Grunig & White, 1992）。利珀（Leeper, 1996）指出了公共关系伦理学研究的重要性，迈森巴赫将哈贝马斯的理论作为组织沟通的道德框架，发展了"实施话语伦理的五个步骤"（Meisenbach, 2006, p.46），霍姆斯通（Holmstxom, 1997）讨论了公共关系实践的规范理想。

相比于以上提到的所有理论成果，笔者关注的既非道德准则也非道德上的指令，也不会试图将哈贝马斯的理解原则直接运用于公共关系中。相反，笔者将通过哈贝马斯的理解原则这一视角，阐释提供信息的公共关系学专家与接收信息的目标群体之间的关系。例如，当提议建立一个危险废物存储设施时，提议者至少可以预期到未来的邻居不会高兴。通常，他们会成立一个以停止提案为目标的公民行动小组，冲突是不可避免的。为潜在仓库运营商工作的公共关系从业者可以预期：（1）他们提出的任何建议的内容真实性都将被仔细审视；（2）他们也可以预期参与的人员（公司和组织等）不信任他们；（3）他们也可以预料到建设危险废物存储设施或填埋场的意图基本上会受到质疑。

共识导向型公共关系的目标

共识导向型公共关系旨在促进公共关系客户与相关公众之间的顺利沟通，如果双方在沟通的三个层面达成一致，则会存在这种情况，即对来自哈贝马斯理论的，被称为"同意"与"共识"的这两个概念产生误解。惯常的误解是将"同意"与"赞成"或者分歧中的一致意见画上等号。但是"同意"只代表对有效性主张的同意。 **278**

对有效性主张的同意指的是：（1）议题的主题能让人们清楚理解什么才是主题下应该呈现的东西，在委托人提出的议题或者解释的真实性上应该达成一致；（2）沟通者必须清楚谁是该项计划的负责人，企业的目标、组织的诚实度，以及发言人人选必须无可争议；（3）为什么要追求委托人的利益，这一立场必须是可以理解的，且就利益的合法性也应达成一致。

当相关公众质疑有效性主张中的一点或者更多时，沟通过程会发生挫折。根据交往行为理论，共识导向型公共关系必须重视话语，并尽力为话语情境提供便利。

如何实现这一过程将在下文中展开。尽管这一话语阶段还只是共识导向型公共关系进程中的一个步骤，但从整体上来说，其实四个阶段都是考察沟通结果所必需的。在接下来的部分，笔者将以对 Lower Austria 州的两处有毒垃圾存储设施的规划所进行的第一次维也纳评估研究的相关部分为例，来探讨四阶段中应提出的内容。 **279**

基于 COPR 的公共关系从业人员（委托人）与公众（接收者）之间的公共关系传播如图 15.1 所示。

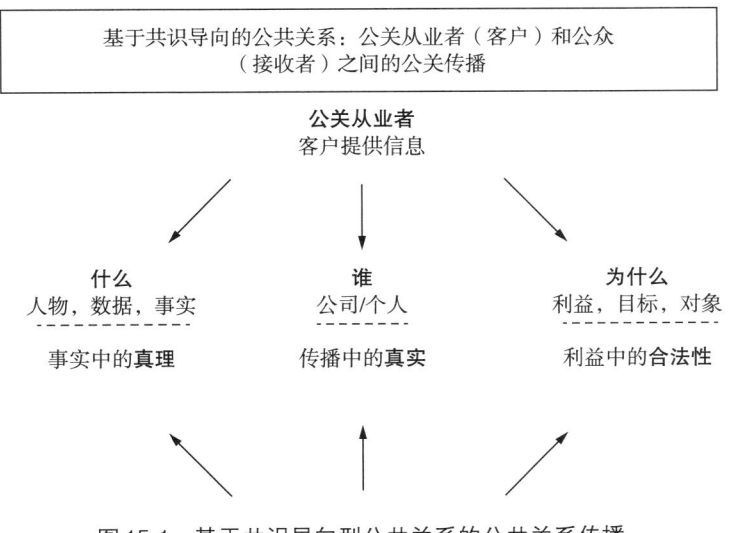

图 15.1 基于共识导向型公共关系的公共关系传播

公共关系的目标（1）：信息　想获得某个具体议题方面的知识的前提是能进行理性判断，因此公共关系从业者必须掌握相关事实，并使相关公众能获得这些事实。

从沟通者的角度来说，信息阶段的"成功"意味着所提供的信息的质量必须达到要求。共识导向型公共关系模式表明，信息质量由三个层次决定：

第一层次，垃圾存储的计划者应该收集并清楚展示事实。除了纯技术方面的相关信息（包括哪些类型的垃圾会被存储、储存容量、储存垃圾的安全性等），计划者还应详细说明下一步的规划（如果周围住户也在计划之内，还需要有鉴定证人或者专家评估）。

第二层次，相关机构（例如政府）或组织（垃圾存储公司）应该表明谁才是做决定的责任方，谁对该决定负责，以及将和谁一起处理（例如谁得跟进决策，以及如何与其取得联系等）。

第三层次，应该强调整个项目的合法性。包括通过讨论垃圾存储的多种选择（例如将储存代替燃烧）、储存地点选择以及活动规划顺序等来证明这一项目的正当性。

在这一信息阶段，成功的公共关系意味着将产生积极正面的新闻报道、相关公众能获得充足的信息（这是在沟通有效性声明的意义上来说）。只有这样才能提出核心问题，即如果企业被认为是值得信任的，那么接收者是否以及在哪个问题上仍然需要解释和理由。

对公共关系成功性的评估表明，需要考察不同的主题和获得信息的不同系统性方法。首先是对公共关系消息，包括相关信息的新闻报道、文字资料、海报、信息包以及公开声明和线上线下付费广告（ZerfaB & Pleil, 2015）等的评估。这一层次的"评估"是指：有必要审查公共关系传播者是否以及在多大程度上满足了公共关系委员会的要求，这里可以使用内容分析。

此外，还需要进行媒介反响分析，以确定媒体如何运用公共关系材料。最后，要考察关于该议题的知识掌握情况以及相关公众的一致程度，还要对相关公众进行调研。在采访中，一致程度能够通过沟通有效性要求估算出来。执行上述评估过程后，决策者才能决定是否开展共识导向型公共关系过程中的下一步。

公共关系的目标（2）：讨论　当议题存在争议时，就意味着有效性要求受到了严重质疑，此时需要进入"讨论阶段"。但并非简单开启公众与委托人代表之间的对话就可以了，而是要聚焦于针对已经获得了具体信息的记者的经典媒介信息方法上。在上述计划建造有害垃圾储存设施的例子中，调研结果显示，人们对这一设施选址的合法性存在严重质疑，记者应该提供赞成方与反对方的意见的充分信息。还有其他方面的担忧，例如应被储存处理的垃圾的类型，或者处理垃圾的公司在这一阶段中所扮演的角色。

此外，针对计划进行其他形式的讨论是明智的，包括专家听证会、晚间讨论、公民大会，或者是与项目计划人或公司决策者的咨询时间等。

讨论的成功指的是，当出现批评声音或者需要做出解释时，公共关系委托人不应该是"封闭的"，而是参与讨论与行动，以保持组织与相关公众之间的联系，这可以通过许多不同的方式来实现。当分析上述案例时，潜在的负责公司在网上成立咨询办公室，为相关公众提供可以具体讨论的平台。另外，对信息进行组织化管理，如专家已经开展过调研，人们能对可行性研究提出质疑，这些天将会开通一个提供互动与信息的网络平台。

沟通者采取所有这些自发行动都是为了在媒介上创造反响或者进行"虚拟讨论"。例如通过媒介呈现记者与项目计划人（或者专家）之间的讨论，公众能看到不同的观点。

对于讨论阶段的成功度也必须加以评估。在方法方面，还要进行媒介反响分析，分析媒介上是否有了对该议题的虚拟讨论及其讨论程度，以及公司在传播中的形象如何。除此之外，公共关系从业者可以考虑使用参与观察（在公民大会或者听证会上）、对网页的定性分析或定量分析，以及开展代表性的调研等多种方法。这里需要提出的关键问题是，沟通有效性要求受到质疑了吗？如果是的话，是在多大程度上受到了质疑？

公共关系的目标（3）：话语 原则上，讨论阶段可以促成公共关系委托人与相关受众之间在沟通上达成一致。然而，对于极具争议性的话题则不然。这表示公共关系从业者必须对处于争议中的有效性要求以及必不可少的话语进行评估。上述案例表明公共关系从业者必须关注如下要点：

- 对真理表述的有效性要求提出质疑，例如"某评估员的报告有误"；
- 对沟通者的真诚度提出质疑，例如"这些愚蠢的计划者隐瞒了一些真相"；
- 对项目的合法性提出质疑，例如"燃烧垃圾是个比掩埋垃圾更好的处理方式"。

从交往行为理论的意义上来说，沟通的有效性要求就是"真实性"与"合法性"，并能通过话语讨论的方式来获得。因此运用共识导向型公共关系模式的从业者应该思考哪些公共关系需要运用"理论性"和"实用性"的话语。

在理论性话语中，客体是客观评价真实性的证据。换言之，理论性话语关注的是具争议性的细节（数字、数据、事实等），证明客观性或者是以消除疑虑为目的而提出的真相。从规则上来说，目标评判基于报告中技术或科学支撑的事实，因为其多多少少是具有客观决定性的（比如数字和措施）。

在实用性话语中，客体是利益的正当性，因此客观性或者决策上的价值判断也要依靠讨论。这意味着决策依据必须是这样的：为什么，更准确地说，基于什么样的准则或价值观情境才能得到个体客观性。价值判断从传统科学意义上说不具有可证明性。它只在合适的社会规则情境中起作用，或者来源于道德准则或规范。

需要指出的是，正如上文所提到的那样，缓和公共关系委托人与相关公众之间面对面的争端并不是首要目标。公共关系从业者必须注意的是媒体报道（线上和线下）：在冲突局势中讨论或话语是必不可少的，而且也会为媒体带来更多利益。记者不仅关注具有新闻价值的话题，而且关注对能够为立场正当性提供解释和观点的采访对象。当公共关

282 系经理能向媒体提供这样的采访对象时，就会产生"虚拟话语"，即在不同的媒介报道形式（如报道、访谈、评论等）上相关专家对客观性进行思考以及价值判断。

话语阶段的成功，指的是从客观性判断（关于有效性要求中的真实性）与价值判断（关于证明有效性要求中合法性理由的恰当性）的层面都能达成一致，更现实点说，就是对客观性以及价值判断的质疑会减少。

从方法上来说，以前的媒介反省分析是有效的，可以检验这种话语争论是否以及在多大程度上被媒体报道使用。同样可以这样做的是对相关公众的调查，以了解公众对主体话题的理解程度以及同意程度。

公共关系的目标（4）：情景定义和公共关系评估　在共识导向型公共关系的最后一个阶段，要做的是呈现通过沟通已经达到的情形，并告知相关公众，这也再次表明了媒体报道和相关公众态度/立场的重要性。如果有效性要求仍受到质疑，那就提出如下问题：

- 被宣告事实的真实性（还有无处不在而又充满争议的客观性判断）；
- 相关组织与个人的诚实度；
- 相关公众利益的合法性以及能多大程度上达成一致。

上述三个层次的有效性要求达成完全一致并毫无阻碍地通过是不可能的，交往行为理论也未要求这一点。值得指出的是冲突社会学的视角，将"合理异议"（Miller, 1992, 2006）视为解决社会冲突的重要阶段：一个人知道哪些是自己并不认同的观点，然后将这些异议进行精确分类。这完全能运用到共识导向型公共关系模式中，并重点区分沟通的有效性要求。

分析完有害垃圾储存设施项目后，大多数人都已经相信了项目计划人的这些有效性要求（他们没有质疑这些有效性本身的真实性），并认为项目计划人是可信的。然而，选择该地点的合法性被认为是无效的，相反，大多数人出于宗教选择反对这一选址。

283　"情境定义"（situation definition）（出自交往行为理论）已经超出其在共识导向型公共关系模式中的含义。在这一阶段，组织必须做出决策。而当同意程度较高，项目目标认同度高时，做出决定会相对容易。以上就是有害垃圾储存设施建设计划研究案例的结果（i.e., Burkart, 1993, 2004, 2007）。

共识导向型公共关系的标准也用于分析项目策划人的程序方法以及分类信息缺陷，即公共关系出版物与媒体报道都很少涉及筹划设施的客观事实，对选址的合法性也没有加以评论。调研结果显示，这一计划并未得到大多数公众的同意。

在调查中，参与者被问到自己从多大程度上理解有害垃圾储存设施的这一标准，结果清楚地表明，对设施潜在的接受度往往源于对成功沟通标准的理解。"潜在"在这里指的是，接受该设施的问题从属于环境友好评估。同意选址的人并非了解更多，但几乎不怀疑项目计划人的真诚度，以及选址的合法性。总而言之，共识导向型公共关系模式已经证明其在诊断和评估公共关系沟通中的价值。

作为公共关系评估程序的共识导向型公共关系模型

共识导向型公共关系模型不仅可以作为一种规划工具，也可以作为一种评估工具。其作为公共关系质量或成功度的测量工具与判断手段，至少从20世纪90年代后就得到了广泛讨论（i.e., Baerns, 1995; GPRA, 1997; Besson, 2008）。在评估研究中（i.e., Fuhrberg, 1995; Lindenmann, 2003; Pavlik, 1987; Watson & Noble, 2005）有两种不同的测量视角：一是总结性研究，用于公共关系项目或活动尾声；二是过程性研究，它需要持续性的测量，也称为监测，"目的在于提高计划的绩效，并在计划运行（进行中）时进行"（Tench Yeomans, 2009, p.200）。

共识导向型公共关系模型中，最后的总结性分析处于情境定义阶段。表15.1显示共识导向型公共关系的前三个阶段，评估的形成性方法，即意味着对采用方法的持续控制，应该作为整项工作的基础。模型后面步骤中做出的决策则高度依赖从目标完成中得到的知识。

表15.1显示共识导向型公共关系的不同层次与阶段，其以模型的标准从三个沟通层面（客观性、主观性和社会世界）指出了评估中需要问到的问题。此外，每一阶段分析的客体都是特定的。

表15.1　共识导向型公共关系——计划与评估[1]

理解的层级		客观世界 什么 事实/图形/数据	主观世界 谁 企业/个人	社会世界 为什么 立场
信息	委托人	是否已经陈述了相关事实？	是否已经陈述了与企业相关的核心信息？	项目目标的正当性是否得到了证明？
	媒体	媒体报道了哪些事实和问题（以及媒体如何报道的）？	媒体中提到了哪些企业数据（以及媒体如何提及的）？	媒体报道了哪些项目目标和立场（以及媒体如何报道的）？
	相关公众	相关公众对事实的了解程度如何？	相关公众对企业的了解程度如何？	相关公众对于项目目标的了解程度如何？
	有效性主张	是否需要为相关公众或媒体做出解释？需要的话，为哪一话题做解释？	是否需要为相关公众或媒体提供进一步的信息？需要的话，提供哪一话题的信息？	是否需要向相关公众或媒体证明正当性？需要的话，以何种立场？

1　原书中本表格页数为284、285，但在翻译中为保留阅读连贯性，特省略页边码。——译者注

续表

理解的层级		客观世界 什么 事实/图形/数据	主观世界 谁 企业/个人	社会世界 为什么 立场
讨论	委托人	项目发起人在多大程度上可以进行与问题相关的讨论或引导问题？	——	项目发起人在多大程度上使项目目标相关讨论成为可能或引导讨论？
	媒体	媒体如何报道与事实相关的讨论	媒体报道塑造了怎样的企业形象	媒体是如何报道关于项目目标的讨论的？
	相关公众	相关公众如何参与或接受这些事实讨论？	相关公众对企业形成了何种类型的印象？	相关公众在多大程度上关注或参与并接受了合法性的讨论？
	有效性主张	相关公众或媒体对数据和事实的真实性存有疑问吗？	相关公众或媒体是否怀疑公司的真实性？	相关公众或媒体是否怀疑项目目标的合法性？
话语	委托人	是否有事实判断作为怀疑的依据？	——	是否为基于价值判断的合法性质疑提供了证据？
	媒体	媒体报道中是否提到了实际判断或事实证明，如果有，是如何提到的？	公司的沟通质量问题是否被媒体作为话题进行报道，如果有的话，是如何报道的？	基于价值的判断或对合法性的怀疑是否在媒体报道中被提出，如果是，如何提出的？
	相关公众	相关公众在多大程度上接受了这些事实判断或事实证据？	相关公众是否关注企业的沟通质量？	相关公众在多大程度上接受了基于价值的判断或合法性证明？
	有效性主张	相关公众或媒体对事实判断的真实性有怀疑吗？	相关公众或媒体对公司沟通的话语质量是否存在质疑？	相关公众或媒体关于价值判断和/或合法性证据的报道是否存在疑问？
情境定义	委托人	事实和基于事实的判断在多大程度上是一致的？	企业和客户沟通者的真实性在多大程度上达到了一致？	项目目标和基于判断的价值观在多大程度上达到了一致？
	媒体			
	相关公众			
	有效性主张	结果是否得到了充分沟通		

作为公共关系评估工具的共识导向型公共关系

首先，应该注意的是，自从笔者进行基础研究（Burkart, 1993, 1994, 2004, 2008）以来，没有进行过直接可比的复制研究。此时须分析公共关系运营商提供的信息、媒体影响以及相关利益相关者对这些内容的接收。在较小的研究范围内（通常以学术硕士论文和博士论文的形式），涉及公共关系传播中具体VOA指标存在的研究大多是孤立的零散的分析。

因此，例如在一个主题相似的案例研究中，研究人员对 Welser Abfallverwertungsanlage（WAV，一家位于上奥地利 Weis 的回收厂）的公共关系进行了研究，对公共关系传播和媒体报道的内容进行了分析（Leutgeb, 2001）。数据表明，WAV 的公共关系传播和媒体报道在很大程度上都符合 COPR 标准。这些结果与事实相符，即尽管最初有市民抗议，但在毁灭性的火灾之后，即使是在更大的地区，WAV 也被重建，也与相关的市民达成了一致。

在分析 1995 年 Shell 钻井平台的沉没计划的冲突（Brent Spar）时，共识导向型公共关系模型充当了评估工具（Hecker, 1997），它被用来分析媒体关于在维也纳建造水力发电厂的报道（Schreiber, 1995），以及关于塑料管生产对环境友好（因为二噁英排放）的法定标准的辩论（Kratky, 1997）。共识导向型公共关系模型还被认为是议会公共关系理论和实践的有用视角（Marschall, 1999），它作为公共关系评估工具被用于维也纳地区供热厂建设过程中公共关系的评估（Jager, 2000），移动电话塔位置冲突的公共关系评估（Hofferer, 2003）以及德国（Werni, 2012）和奥地利（Firgo, 2013）的两个常规火车站项目中公共关系的评估。在土耳其，共识导向型公共关系模型被用来评估 2011 年 12 月 Uludere 市的土耳其军队失火的公共争议（Ustakara, Mavnacioglu & Gorpe, 2012; Ustakara, 2015）。最后值得一提的是，几位德语学者从根本上详细讨论了共识导向型公共关系模型的观点（Homberg, Hahn & Schaffer, 2012）。

从过去几年的经验主义研究中可以总结出，公共关系研究作为一个理论概念已经成功地被用于公共关系分析，共识导向型公共关系模型也得到了进一步应用。一方面，所谓"话语新闻"的概念（Burkart, 1998, 2015; Burkart & RuBmann, 2010）已经形成。另一方面，研究者们从理解导向的角度对 40 多年来的竞选传播和相关媒体报道进行了分析（Burkart & RuBmann, 2012, 2016）。

结论

这一章展示了如何将一个非常普遍的传播理论用于规划和评估公共关系实践中的新理念，其目的是从哈贝马斯的有关理解的概念中获得新的公共关系的分析思路。笔者所创立的 COPR 模型的主要影响是区分沟通主张的可能性，以便更系统地分析这个质疑过程。

本章的一个基本观点是，在理解公共关系时不应忽视其沟通性。尤其是在可能出现冲突的情况下，公共关系从业人员必须考虑到关键的信息接收者可能会质疑他们的信息。从有效性的沟通主张来看，这种质疑可以被系统地区分和分析：公共关系从业人员可能受到公共关系活动中的公众的公开质疑，并且公共关系活动中主张的真实性、沟通者真诚的态度以及参与者想要实现的每个利益的合法性都会被仔细审视（这对于"可理解性"的主张也是有效的，但是它无法与之后其他的后果相比较，因此这方面被忽视了）。

尽管上文中提到的案例和引用的其他研究都提供了证据，但共识导向型公共关系模型并不适合获得这样的认可。一个项目的协议不能通过“按下正确的公共关系按钮”来生成，必须是由相关人员进行操作。“任何想要被接受的人一定不能是有意为之”这一观点是罗格林（Roglin）的，因为接受也是人们给予企业和组织的信任的一种功能（Szyszka, 2008）。其他研究应该在寻求有效性主张和被歪曲了的组织或个人的信任之间建立联系（Bentele & Seidenglanz, 2008）。

当组织和相关公众之间的沟通接受度比较高时，认可就产生了。当组织和公共关系从业人员认真地对待话语需求，特别是当受影响的公众感受到组织的行动或者利益受到威胁或限制时，这种认可会加强。在这里，COPR模型在规划和公共关系评估方面支持了公共关系从业者。

292 哈贝马斯的工作和介绍

尤尔根·哈贝马斯，居住于德国巴伐利亚州的斯坦伯格，是世界知名的公共知识分子。

尤尔根·哈贝马斯，1929年出生于德国杜塞尔多夫，曾先后在哥廷根、苏黎世和波恩学习哲学、历史、心理学和德国文学。1954年以一篇关于哲学家谢林（Schelling）的博士论文获得了博士学位。在1956年之前他是一名自由记者，从1956年到1959年，他担任法兰克福社会研究所西奥多·沃克·阿多诺的助手，1961年完成教授资格论文《公共领域的结构转型》，获大学教授资格，任教于海德堡大学。从1971年到1983年，他担任了斯塔恩堡（慕尼黑附近）麦克斯·普朗克研究所所长。在此期间，他出版了他的代表作《交往行为理论》。哈贝马斯后任法兰克福大学哲学系教授，1994年荣休。

哈贝马斯曾荣获多个奖项：1986年，他获得德国研究基金会（Deutsche Forschungsgemeinschaft）的戈特弗里德·威廉·莱布尼茨奖；2001年，他获得了德国图书贸易和平奖；2004年，他获得了京都艺术和哲学奖；2005年，他获得了霍尔贝格国际纪念奖。此外，哈贝马斯还是美国伊利诺伊州埃文斯顿西北大学的常任客座教授。

有关哈贝马斯的二手文献数量相当庞大，包括：Calhoun（1992）的《哈贝马斯和公共领域》；Outhwaite（1994）的《哈贝马斯：批判性介绍》；Finlayson（2004）的《哈贝马斯：非常简短的介绍》；Specter（2010）的《哈贝马斯：知识分子传记》；Muller-Doohm（2014）的《尤尔根·哈贝马斯：爱因斯坦传记》。

参考文献

[1] Austin, J. L. (1962). *How to do things with words*. Oxford, UK: Clarendon Press.
[2] Baerns, B. (Ed.) (1995). *PR-Erfolgskontrolle: Messen mid Bewerten in der Öffentlichkeitsarbeit:*

Verfahren, Strategien und Beispiele [PR-evaluation: Measuring and evaluating: Modes, strategies and examples]. Frankfurt, Germany: IMK.

[3] Bentele, G., & Seidenglanz, R. (2008). Trust and credibility - Prerequisites for commu¬nication management. In A. ZerfaB, B. Ruler & K. Sriramesh (Eds.), *Public relatiotis research: European and international perspectives and innovations* (pp. 49-62). Wiesbaden, Germany: Springer VS.

[4] Besson, N. (2008). *Strategische PR-Evaluation. Erfassung, Bewertung mid Kontrolk von Öffen-* **288** *tlichkeitsarbeit* [Strategic public relations-evaluation. Recording, evaluation and control of public relations]. (3rd Ed,), Wiesbaden, Germany: Springer VS.

[5] Burkart, R. (1993). *Public Relations als Konjiiktmanagement: Ein Konzept fUr verstcindigungsor-ientkrte Öffentlichkeitsarbeit. Untersucht am Beispiel der Phnung von Sonderabfalldeponien in Niederösterreich* [Public relations as conflict management: A model for consensus-oriented public relations. Based upon research about planning a hazardous waste facility in Lower Austria]. Wien, Austria: Brauniiiller.

[6] Burkart, R. (1994). Consensus oriented public relations as a solution to the landfill conflict. *Waste Management & Research*, 12(3), 223-232.

[7] Burkart, R. (1998). *Von verständigungsorientierter Öffentlichkeitsarbeit zum diskurswenjournalismus* [From consensus-oriented public relations to discursive journalism]. In W. Duchkowitsch, F. Hausjell, W. Hömberg, A. Kutsch & I. Neverla (Eds.), *Joumalismus als Kultur: Analysen und Essays* [Journalism culture: Analyzes and essays] (pp. 163-172). Opladen, Wiesbaden, Germany: Westdeutscher Verlag.

[8] Burkart, R. (2002). *Kommunikationswissenschqft: Grundlagen und Problemfelder. Utmisse einer interdisziplinaren Sozialwissenschqft* [Communications: Basics and fields of problems. A profile of an interdisciplinary science]. Vienna: Bohlau.

[9] Burkart, R. (2004). Consensus-oriented public relations (COPR) — A conception for planning and evaluation of public relations. In B. van Ruler & D. Verčič (Eds.), *Public relations in Europe: A nation-by-nation introduction to public relations theory and practice* (pp. 446-452). Berlin/New York: Mouton De Gruyter.

[10] Burkart, R. (2007). On Jürgen Habermas and public relations. *Public Relations Review*, 33(3), 249-254.

[11] Burkart, R. (2008). Consensus-oriented public relations. In W. Donsbach (Ed.), *The international encyclopedia of communication*. California: Wiley-Blackwell Publishing. Blackwell Reference Online. Retrieved 2016, December 11 from http://www.communicationencyclopedia. coni/subscriber/ tocnode.html?id=g9781405131995_cliunk,,g97814051319958_ssl25~l.

[12] Burkart, R. (2015). Verständigungsorientierte Öffentlichkeitsarbeit (VÖA): Das Konzept und seine Rezeption [Consensus-oriented public relations: The concept and its reception]. In R. Fröhlich, P. Szyszka & G. Bentele (Eds.), *Handbuch der Public Relations. Wissenschaftliche Grundlagen und berufliches Handeln* [Handbook for public relations: Academic basics for professional actors], Mit Lexikon [With Lexicon]. (3rd edition) (pp. 277-304). Wiesbaden, Germany: Springer VS.

[13] Burkart, R., & Rußmann, U. (2010). Journalism, democracy and the role of doubts: An analysis of political campaign communication in Austria. *Studies in Communication Sciences*, 10(1), 11-27.

[14] Burkart, R., & Rußmann, U. (2012). Zweifelhafte Authentizität: Eine Untersuchung der Österreichischen Wahjkampfkommimikation [Doubtful authenticity: An investigation of Austrian election campaign communication]. In P. Szyszka (Ed.), *Alles nur Theater. Authentizitat und*

Inszenierung in der Organisationskommunikation [All just theater. Authenticity and staging in organizational communication] (pp. 236-254). Köln, Germany: Herbert von Halem.

[15] Burkart, R., & Rußmann, U. (2016). Quality of undentanding in campaign communica¬tion of political parties and mass media in Austria between 1970 and 2008. *International Journal of Communication*, 10, 4141-4165.

[16] Calhoun, C. (Ed.) (1992). *Habermas and the public sphere*. Cambridge, MA: MIT Press.

[17] Crossley, N., & Roberts, J. (Eds.) (2004), *After Habermas: New perspectives on the public sphere*. Oxford, UK: Blackwell.

[18] Edgar, A, (2005). *The philosophy of Habermas*. Chesham, UK: Acumen.

[19] Finlayson, J. G. (2004). *Habermas: A very short introduction*. New York, NY: Oxford University Press.

[20] Firgo, N. (2013). Mehr als nur ein Bahnhof: Verständigungsorientierte ÖfFentlichkeitsarbeit am Beispiel des Projekts Hauptbahnhof Wien. Eine rezipientenorientierte Perspektive [More than just a railway station: COPR using the example of the Vienna Central Station project. A recipient-oriented perspective]. Univ. Vienna, Master Thesis.

[21] Fuhrberg, R. (1995). Teuer oder billig, Kopf oder Bauch - Versuch einer systematischen Darstellung von Evaluationsverfahren [Expensive or cheap - head or stomach - An attempt of a systematical description of evaluation models]. In B. Baems (Ed.), *PR - Erfolgskontrolle: Messen und Bewerten in der Öffentlichkeitsarbeit* [Control of PR success: Measuring and evaluating public relations] (pp. 47-69). Frankfurt am Main, Germany: IMK.

[22] GPRA/Gesellschaft Public Relations Agenturen. (Eds.) (1997). *Evaluation von Public Rela¬tions: Dokumentation einer Fachtagung* [Evaluation of public relations: Documentation of a symposium]. Frankfurt, Germany: IMK.

[23] Greve, J. (1999). Sprache, Kommunikation und Strategic in der Theorie von Jürgen Habermas [Language, communication and strategy within the theory of communicative action by Jurgen Habennas]. *Kölner Zeitschriffiir Soziologie und Sozialpsychologie*, 51(2), 232-259.

[24] Greve, J. (2003). *Kommunkation und Bedeutung: Giice-Programm, Sprechakttheorie und radikde Interpretation* [Communication and meaning; Grice program, speech act theory and radical interpretation]. Würzburg, Germany: Konigshausen & Neumann.

[25] Granig, J. & Grunig, L. A. (1992). Models of public relations and communication. In J. E. Grunig (Ed.), *Excellence in public relations and communication management* (pp. 285-325). Hillsdale, NJ: Lawrence Erlbaum.

[26] Grunig, J. E. & Hunt, T. (1984). *Managing public relations*. New York, NY: Holt, Rinehart, and Winston.

[27] Grunig, J. E. & White, J. (1992). The effect of woddviews on public relations theory and practice. In J. E. Grunig (Ed.), *Excellence in public relations and communication management* (pp. 31-64). Hillsdale, NJ: Lawrence Erlbaum.

[28] Habermas, J. (1962). *Struktunmndel der Öffentlichkeit: Untersudnmgen zu einer Kategorie der burgerlichen Gesellschaft* [The structural transformation of the public sphere: An inquiry into a category of bourgeois society, 1989]. Darmstadt und Neuwied, Germany: Luchterhand.

[29] Habermas, J. (1984). *Die Theorie des kommunikatwen Handdns: Handlungsrationalitat und gesellschqftliche Rationalisierung* [The theory of communicative action: Vol. 1. Reason and the

rationalization of society]. Boston, MA: Beacon Press.

[30] Habemnas, J. (1987). *Die Theorie des kommunikativen Handelns: Zur Kritik der funktionalis-tischen Vermmft* [The theory of communicative action: Vol. 2. Lifeworld and system: A critique of functionalist reason (1981)]. Boston, MA: Beacon Press. **290**

[31] Habemias, J. (1989). *The structural transformation of the public sphere: An inquiry into a category of bourgeois society*. Cambridge, MA: MIT Press.

[32] Habermas, J. (1990). Vorwort zur Neuauflage p>reface to new edition]. In J. Habennas (Ed.), *Struktunmndel der Öffentlichkeit: Untersuchungen zu einer Kategorie der bürgerlichen Gesellschaft* [The structural transformation of the public sphere: An inquiry into a category of bourgeois society] (pp. 11-50). Frankfurt am Main, Germany: Suhkamp,

[33] Habermas, J. (1995). *Vorstudien und Ergänzungen zur Theorie des kommunikdtiven Handelns*. Frankfurt, Germany: Suhrkamp.

[34] Hardy, B., & ScheufeleD. (2005). Examining differential gains from Internet use: Comparing the moderating role of talk and online interactions. *Joumal of Communication*, 55(1), 71-84.

[35] Hecker, S. (1997). *Kommunikation in okologischen Untemehmenskrisen. Der Fall Shell und Brent Spar* [Communication in ecological business crises. A case study of the Shell and Brent Spar-"affair"]. Wiesbaden, Germany: Westdeutscher Verlag.

[36] Höfferer, K. (2003). Verstandigungsorientierte Öffentlichkeitsarbeit als Analyseinstrument von Risikokommunikation. Standortakquisition einer Mobilfunkanlage analysiert nach den Kriterien des Modells der verstandigungsorientierten Öffentlichkeitsarbeit am Beispiel Lindabrunn [COPR as an evaluation tool for risk communication in the context of conflicts regarding the location for mobile phone cell tower in Lindabrunn]. Univ. Vienna, Master Thesis.

[37] Holmström, S. (1997). The inter-subjective and the social systemic public relations paradigms - Two basically differing roles for public relations in the corporate practice of social responsibility. *Journal of Communication Management*, 2(1), 24-39.

[38] Hömberg, W., Hahn, D., & Schaffer, T. (2012). *Kommunikation und Verstiindigung: Theorie - Empirie — Praxis. Festschriftfiir Roland Burkart* [Communication and understanding: Theory - empirical findings - practice] (2nd edition). Wiesbaden, Germany: Springer VS.

[39] Horkheimer, M. (1982). *Critical theory*. New York: Seabury Press.

[40] Horkheimer, M., dc Adomo, T. W. (1972). *Dialectic of enlightenment*. New York: Herder & Herder.

[41] Jäger, C. (2000). Öffentlichkeitsarbeit im umweltsensiblen Bereich. Die Anlehnung erfolgreicher Public Relations im umweltsensiblen Bereich an das Konzept der verstandigungsorientierten Öffentlichkeitsarbeit, untersucht am Beispiel der Öffentlichkeitsarbeit der Femwämie Wien Ges.m.b.H. bei der Planung und Genehmigung des Heizwerkes Wien Süd [Public relations in the environmentally sensitive area. Evaluation of pr-communication of the Vienna district heating company out of the COPR-perspective]. Univ. Vienna, Master Thesis.

[42] Jensen, I. (2001). Public relations and emerging functions of the public sphere: An analytical framework. *Journal of Communication Management*, 6(2), 133-147.

[43] Kellner, D. (1989). *Critical theory, Marxism, and modernity*. Cambridge, UK & Baltimore: Polity & John Hopkins University Press.

[44] Kellner, D. (1995). *Media culture: Cultural studies, identity, and politics between the modem and the postmodern*. London: Routledge.

[45] Kratky, M, C. (1997). Öffentlichkeitsarbeit unter Legitimationsdruck am Beispiel der Initiative Kunststoffrohre. Eine Untersuchung vor dem Hintergrund des Konzeptes der verständigungsorientierten Öffentlichkeitsarbeit [Public relations under the pressure of legitimation. An evaluation of the pr-communication of the plastics pipes initiative out of the view of COPR]. Univ. Vienna, Master Thesis.

[46] Leeper, R. V. (1996). Moral objectivity, Jürgen Habermas' discourse ethics, and public relations. *Public Relations Review*, 22(2), 133-150.

[47] Leutgeb, S. (2001), Verständigungsorientierte Öffentlichkeitsarbeit als Analyseinstrument am Beispiel der Welser Abfallverwertungs-GmbH (WAV) [COPR as an evaluation-tool on the example of a recycling plant near Weis in Upper Austria]. Univ. Vienna, Master Thesis.

[48] Lindenmann, W,, Barr, J., Ferguson, A., Grunig, J., Martin, T., Mazur, G., 8c Ward, K. (2003). Guidelines for measuring the effectiveness of PR programs and activities. The Institute for PR. Retrieved fromhttp://www.instituteforpr.org/wp-content/uploads/ 2002_MeasuringPrograms.pdf. Accessed 23 December 2017.

[49] Marschall, S. (1999). *Öffentlichkeit und Volksvertretung. llteorie und Praxis der Public Relations von Parlamenten* [Theory and practice of public relations of parliaments]. Opladen, Germany: Westdeutscher Verlag.

[50] Meisenbach, R. J. (2006). Habermas' discourse ethics and principle of universalization as a moral framework for organizational communication. *Management Communication Quarterly*, 20(1), 39-62.

[51] Miller, M. (1992). Rationaler Dissens: Zur gesellschaftlichen Funktion sozialer Konflikte [Rational dissent: Social functions of conflicts]. InH.-J. Giegel (Ed.), *Kommunikation und Konsens in modemen Gesellschaften* [Communication and consensus in modem societies] (pp. 31-58). Frankfurt am Main, Germany: Suhrkamp.

[52] Miller, M. (2006), *Discourse learning and social evolution*. London/New York: Routledge.

[53] Morris, C. W. (1938). *Foundations of the theory of signs*. Chicago, IL: University of Chicago Press.

[54] Müller-Doohm, S. (2014). *Jürgen Habermas. Eine Biogmphie*. Berlin: Suhrkamp.

[55] Outhwaite, W. (1994). *Habermas: A aided introduction*. Cambridge, UK: Polity.

[56] Pavlik, J. (1987). *Public relations: What research tells us*. Newbury Park, CA: SAGE.

[57] Pearson, R. (1989a). Business ethics as communication ethics: Public relations practice and the idea of dialogue. In C. H. Botan & V. Hazelton (Eds.), *Public relations theory* (pp. 111-131). Hillsdale, NJ: Erlbaum.

[58] Pearson, R. (1989b). Beyond ethical relativism in public relations: Coorientation, rules, and the idea of communication symmetry. *Journal of Public Relations Research*, 1(1-4), 67-86.

[59] Röglin, C. (1996). Die Öffentlichkeitsarbeit und das Konzept der kühnen Konzepte [Public relations and the concept of the venturous models]. In G. Bentele, H., Steinmann, & A. Zerfass (Eds.), *Dialogorientierte Untemehmenskommunikcition* [Dialogue-oriented corporate communication] (pp. 229-244). Leipzig, Germany: Vistas.

[60] Schreiber, G. (1995). Kraftwerk Freudenau. Die Berichterstattung osterreichischer Printmedien liber das Kraftwerk Freudenau vor dem Hintergrund des Modells der verstandigungsorientierten Öffentlichkeitsarbeit [Powerhouse Freudenau. Evaluation of the media coverage out of the perspective of COPR]. Univ. Vienna, Master Thesis.

[61] Schulz, D., & Newig, J. (2015). Assessing online consultation in participatory governance: Conceptual framework and a case study of a national sustainability-related consultation platform in Germany. *Environmental Policy and Governance*, 25(1), 55-69.

291

[62] Searle, J. R. (1969). *Speech acts*. Cambridge, UK: Cambridge Univenity Press.

[63] Skjei, E. (1985). I. A comment on performative, subject, and proposition in Habermas' theory of communication. *Inquiry: An Interdisciplinary Journal of Philosophy*, 28(2), 87-105.

[64] Specter, M. G. (2010). *Habermas: An intellectual biography*. Cambridge, England: Cambridge University Press.

[65] Szyszka, P. (2008). Organization and communication: An integrative approach to public relations and communication management. In A. Zerfaß, B. Ruler, & K. Sriramesh (Eds.), *Public rehtiom research: European and international perspectives and innovations* (pp. 97-109). Wiesbaden, Germany: Springer VS.

[66] Tench, R., & Yeomans, L. (2009). *Exploring public relations* (2nd edition). Essex, England: Peanon Education Limited.

[67] Tugendhat, E. (1992). Habermas on communicative action. In G. Seebass & R. Tuomela (Eds.), *Social action* (pp. 179-186). Dodrecht, Germany: Reidel.

[68] Ustakara, F. (2015). Oydaşmaya-Yönelik Halkla İlişkiler: Halkla İlişkilerde Rasyonel İletişim Bağlaitunda Miizakareye Kuramsal Bir Bakış. *Akademia*, 4(2), 142-150.

[69] Ustakara, F., Mavnacioglu, K,, & Görpe, S. (2012). The change in the perception of public relations in the public sector: From publicity to consensus building? Conference paper prepared for the Euprera Annual Congress (September 20-22) 2012 in Istanbul.

[70] Watson, T., & Noble, P. (2005). *Evaluating public relations*. London: Kogan Page.

[71] Wemi, K. (2012). Schlichtung von Konfiikten aus der veKtandigungsorientierten Per- spektive: Das Beispiel Stuttgart 21 [Conflict management out of the perspective of COPR. "Stuttgart 21" as a case study]. Univ. Vienna, Master Thesis.

[72] Wiggershaus, R. (2001). *Die Frankfurter Schule: Geschichte, Tlieoretische Entwicklung, Politische Bedeutung (1986)* [The Frankfurt School: History, theoretical development, political importance]. Munich, Germany: Hanser.

[73] Zerfaß, A., & Pleil, T. (2015). *Handbuch Online-PR: Strategische Kommunikation im Internet und Social Web* [Handbook online PR: Strategic communication on the internet and social web] (2nd edition). Konstanz und Mlinchen, Germany: UVK,

[74] Zimmermann, R. (1985). *Utopie-Rationalitdt - Politik* [Utopia - rationality - politics]. Freiburg/ Munich, Germany: Alber.

第四部分
权 力

第十六章
马克思：资本主义与公共关系

C. 凯·韦弗

卡尔·马克思的资本主义理论启发了批判性社会研究在众多社会科学中的发展（Carroll, 2004）。在传播学研究领域，他的政治经济学研究为媒体、传播和文化产业及其产品使用、所有权和社会影响等方面都提供了支撑（Fuchs, 2016; Hardt, 1992; Herman & Chomsky, 2008; Jhally, 1990; Wasko, Murdock & Sousa, 2011; Wilkie, 2011）。然而，对于马克思的作品如何将公共关系、公共关系的实践和过程理论化仍缺乏深入的探索。这可能是因为媒体和传播学者普遍认为，公共关系是一种离题的、不那么有趣的关系，是媒体基础设施中不那么合法的、也不那么有价值的部分。然而，公共关系在塑造社会、政治和经济文化方面的作用不容忽视。当传统媒体在21世纪的数字化环境中挣扎求生时，公共关系被视为"媒体传播环境中最强大的引擎"（Kaminer & Bonazzo, 2015）。

本章首先概述了马克思经常被世人遗忘的工作——他对19世纪新闻事业的深度参与，以及他利用新闻宣传自己的社会主义革命观点和行动主义（activism）。接着是对他的人性理论（human nature）和一系列与他作品相关的关键概念的解释，以及对资本主义、英美公共关系的兴起和跨国、全球化之间联系的思考。本章的后半部分即探讨了马克思的观点与公共关系之间的关系、当代批判公共关系理论和对公共关系进行批判性审视的机会。

马克思：哲学家、记者和政治革命家

马克思对政治和哲学的浓厚兴趣和广泛参与始于19世纪30年代末，当时他在柏林大学学习，他在那里加入了一个被称为"青年黑格尔学派"（Young Hegelians）的团体，这个团体是由一群有抱负的哲学家组成的（Berlin, 2013）。这个打破传统的团体遵循黑格尔的观点，即辩证推理——通过逻辑思考一个论题和它的反论题并综合调和两者来达到

"真理"的过程——将人类自我意识的"精神"从宗教、政治教条和压迫中解放出来。然而，马克思对黑格尔的抽象唯心主义和"思想革命"未能对"真实存在的世界"产生影响感到沮丧（Marx & Engels, 1968, p.30）。因此，他对费尔巴哈的研究产生了兴趣，人们生活的物质环境决定了他们的意识——"生活不是由意识决定的，而是意识被生活所决定"（Marx & Engels, 1968, p.38）。这一唯物主义立场认为，人的改造不能仅仅通过思想的辩论来实现，相反，它只能通过改变生存的物质条件来实现，即改变我们生产生活和生存所需要的东西的生产方式。

马克思担任过中产阶级自由报——《莱茵报》的编辑，1842年至1843年，《莱茵报》曾发表过反对普鲁士君主专制的文章（Heinrich, 2004, p.21），马克思在《莱茵报》上发表的许多文章都批评了普鲁士的审查制度，他谴责这种制度损害了言论、思想和表达的自由。他还发表了《对……地主阶级的猛烈抨击》（Berlin, 2013, p.68），并利用该文发起运动，呼吁改善作为工人阶级的农民的境况。

1843年，普鲁士政府通过审查法终止了《莱茵报》的出版，马克思移居法国，在那里，他与弗里德里希·恩格斯建立了终生的友谊和合作。此时，他被称为"不妥协的革命共产主义者，改革派的反对者，自由主义——具有国际影响的、颠覆政权运动的、臭名昭著的领导人"（Berlin, 2013, p.75）。1845年，他因政治煽动而被逐出法国，搬到比利时。在比利时他和恩格斯共同完成了《德意志意识形态》（首次出版于1932年）和《共产党宣言》（1848年出版）的手稿，后来在伦敦共产主义联盟的要求下两位作者经常见面。随着政治动荡和革命在欧洲蔓延，马克思于1849年被迫离开比利时。回到普鲁士后，他创办了激进的《新莱茵报》（*Neue Rheinische Zeitung*），该报纸也很快遭到政府压制。在普鲁士，马克思拒绝被归化，于是31岁的他开始了在伦敦的流亡生活。

19世纪中叶的伦敦是"卓越的资本家的中心"（Heinrich, 2004, p.22, italics in original）。

297 英国通过剥削劳动力的"血汗制度"成为"世界工厂"（Rule, 2013, p.4）。英国的城市化和工业化导致新的社会阶层的诞生——富裕的中产阶级拥有"生产资料"——工厂和工业劳动者——工人阶级。这种经济结构使资产阶级资本家受益，他们为了降低生产成本和增加利润，从工人那里以最低的工资追求最大的产出。这些雇主在经营设备上的投入也很低，他们提供肮脏、拥挤和通风不良的生产条件，恩格斯将其描述为"人间地狱"（Engels, 1999, p.65）。资产阶级所掌握的财产以及由此产生的政治力量，使得他们对政府的影响和统治工人阶级的能力迅速增长。工业资本主义的力量也已经通过"国际贸易、航海和通讯"的发展成为一股全球性的力量（Lamb, 2015, p.33）。

在下一节中，我们将概述马克思资本主义理论的核心观点。这些观点大多是在他的作品中发展起来的，并与他19世纪在欧洲的经历紧密相连，有些是由恩格斯撰写或整理的文本发展起来的，不过，它们一般都被称为"马克思主义"。

人性、资本主义、剩余价值与异化

马克思认为人类具有基本的原始需求，"生活首先包括衣食住行和许多其他东西"（Marx & Engels, 1968, p.39）。此外，他认为人类在运用有意识的想象力和劳动时需要有目的地生产。在这种尝试中，他说：

> 我们现在所面对的，并不是那些像动物一样的人类原始本能的劳动形式……在每一个劳动过程的最后，我们都会得到一个结果，这个结果在开始时就已经存在于劳动者的想象之中了。他不仅改变了他工作的材料的形式，还实现了自己的一个目的，即使他的工作方式符合法律，他必须服从他的意志。
>
> （Marx, 1998, p.256）

在这些表述中，马克思认为生产劳动是我们在精神上扩展自我、获得满足和自我实现的手段。对马克思来说，一个自我实现的人能够自由地塑造和创造他们的劳动成果，因此，他们的生活是有意义的（Eagleton, 2011）。马克思还认为，人类通过生产劳动实现自我价值需要共同对生产资料拥有所有权，因此就有了"共产主义"这个术语，这是他所提倡的政治经济制度。只有通过这样的产业共同体所有权，才能为制造业提供原材料和资源，才能防止一个阶级被另一个阶级剥削。马克思和恩格斯曾说，"只有在集体中，个人才有办法在各个方面培养自己的才能。因此，只有在集体中，个人自由才有可能实现"（Marx & Engels, 1968, p.93）。马克思对资本主义的观点是，资本主义以牺牲那些没有资本的人的利益为代价，从而使那些原本拥有资本的人获得更多资本。

资本主义是一种以私有财产为基础的政治经济制度，在这种制度下，贸易和工业是根据资产阶级的需要加以控制和管理的。私有制的所有权包括对生产力的所有权，生产力包括用于生产产品的工厂、原材料和资源。那些没有生产资料的人必须把他们的劳动卖给资本家来谋生。这就产生了两个截然不同的社会阶级——资产阶级和工人阶级。《马克思与恩格斯》（2008）一书中写道，迄今为止所有现存社会的历史就是阶级斗争的历史。他们不仅批评资本主义，还认为所有的社会都建立在一个阶级剥削和压迫另一个阶级的基础上。资本主义产生了一种特殊的阶级关系以维持资产阶级对工人阶级的依赖状态，并确保始终拥有一个具备充足劳动力的就业市场。这样，低工资和恶劣的工作条件就可以使工人在工作中相互竞争，并接受他们能得到的任何工作。因此，对于工人阶级来说，"把他们同生产力和他们自己的存在联系在一起的唯一纽带——劳动——已经完全失去了自主活动的外表，仅用于维持他们的生活"（Marx & Engels, 1968, p.84）。《马克思与恩格斯》一书进一步声称，通过提高有效产品产量的劳动分工，工作"失去了它的全部个性，因此工人的全部魅力也就失去了"。工人成了机器的附属物，而机器只是他所需要掌握的最简单、最单调、最容易的技巧。

资产阶级主要通过剥削工人和机器生产降低生产成本，以实现产品销售利润最大化的目标，这就要求其产品价值大于投入生产的成本。马克思的理论认为，劳动产品是通过社会关系与其他产品之间的关系而被赋予价值的。在任何社会中，劳动产品都具有双重价值：（1）使用价值，它代表其在满足人的某种需求或需要时的效用；（2）交换价值，是指其相对于其他商品的价值。在资本主义经济中，商品具有剩余价值，即商品生产成本（原材料、劳动力等）与其销售价格之间的差额。虽然资本家想从劳动力中获得最大的剩余价值，但工人的生产能力是有限的。绝对剩余价值代表了资本家在"人体的生理和心理极限"方面对劳动力的推动程度（Fuchs, 2015, p.104）。

299 资本家可以通过削减工人的工资或使生产过程机械化，或者将工厂转移到劳动力成本更低、就业法对工人权利和工作条件不那么严格的国家，来增加绝对剩余价值。

所有类型的工人都会受到资本主义的严重影响，而不仅仅是那些体力劳动者。马克思和恩格斯宣称，资产阶级已经剥削掉了迄今为止一切受尊重的职业的光环，并让被剥削者怀着敬畏之心仰望他们。他们把医生、律师、牧师、诗人、科学家都变成了带薪雇工（Marx & Engels, 2008, p.37）。由于没有生产资料，工人对他们生产的东西没有控制权，对生产过程也没有创造性的投入，也没有投资。在这些表述中，"劳动失去了它作为人类力量表达的特性；劳动及其产品与人、人的意志和人的计划是分离的。因此，资本主义将工人与他们的劳动产品隔绝开来，劳动仅仅成为赚取工资和生存的手段，从而使人类被奴役，无法实现人类本身的意愿"。

马克思和恩格斯在《共产党宣言》（2008年修订版）中预言了资本主义固有的阶级对立——"在现代社会中，或多或少地隐藏着内战，并逐步发展成公开的革命。在那里，暴力推翻资产阶级政府是建立无产阶级统治的基础"（Marx & Engels, 2008, p.50）。然而，工人阶级革命从未发生过，从而导致大众普遍认为马克思的理论是错误的（Engleton, 2011）。此外，20世纪表明，即使资本主义不完美，它也为许多人带来了更多的财富和更好的生活水平。事实证明，没有任何其他经济体系在满足人类需求方面如此强大和高效。然而，在这里，我们应该考虑公共关系在资本主义合法化和延续过程中所扮演的角色。

资本主义与公共关系的诞生

公共关系一直与资本主义对工人阶级的剥削密切相关，它的历史也与资本的力量密切相关（Miller & Dinan, 2003, p.193）。事实上，公共关系实践的演变不仅与资本主义在西方世界，还与其在全球大部分地区获得的控制有着直接的联系。

在19世纪晚期，进步的美国媒体就资产阶级的财富与工业化下工人阶级的人性残骸之间的巨大反差提出了问题（Ewan, 1996）。然而，到了20世纪，"在国内外激进的工人阶级运动方兴未艾的背景下，对来自下层反抗的恐惧开始掩盖企业贪婪的问题"（Ewan，1996，p.60）。因此，媒体成为一个重要的媒介；通过它，公众对劳工运动的意见得到了控制，美国的公共关系也得到了有效发展。

早在1914年，美国洛克菲勒科罗拉多燃料和钢铁公司（Rockefeller Colorado Fuel and Iron Company）就策划了一场公关运动，其中一个早期的臭名昭著的例子涉及该公司对勒德洛（Ludlow）大屠杀的处理。在科罗拉多州，矿工们越来越倾向于工会主义，并试图通过谈判改善不安全和不公平的工作条件。1913年，他们开始了长期的罢工。为了平息罢工，雇主雇用了非工会组织的工人到矿坑中工作。1914年，罢工紧张局势达到了顶点，国民警卫队卷入其中，他们与罢工者发生了枪战，2名妇女和11名儿童被困在燃烧的帐篷中死去。这进而引发了当地其他煤矿的暴力事件，导致另外53人死亡（Hallahan，2002）。公共关系的历史和历史学的相关研究对此是有争议的（L'Etang，2008；Pearson，1990），关于这场悲剧是如何被企业掌控的说法也各不相同。即使是一个世纪后，公共关系学者也在争论洛克菲勒随后发起的损害控制运动是否代表了蓄意欺骗和巧妙的企业公关的诞生（Ewan，1996；Miller & Dinan，2008），或者一个意欲努力为公众提供准确事实的企业宣传的诞生（Hallahan，2002）。当然，洛克菲勒为应对危机请来的前新闻记者、公关先驱艾维·李的言论表明，他敏锐地意识到，"事实"可以被管理起来，并创造出一个特定版本的"真相"（Ewan，1996）。艾维·李不仅通过公开谴责煽动暴乱的工会成员造成死亡的事件来控制公众对这场屠杀的看法，他还使用了虚假的目击者证词，声称帐篷起火是一场意外。洛克菲勒公司发表了一份官方声明对这些死亡的人表示遗憾，并认为法律和秩序的维护是罢工领导人的事情。从马克思主义的角度来看，这是一个典型的公司利用其财力和政治关系，诱导公众认为劳工行动威胁社区安全和幸福的公关事件。

第一次世界大战后，美国和英国的工人斗争和工会主义继续存在，煤矿工人、码头和铁路工人抗议工资低和工作条件差。在这两个国家，资产阶级对于这些抗议的反应是游说政府不出台保护工人的法律。他们还开展了一系列的公共关系活动，将罢工者描绘成一群"困惑的群体"（Miller & Dinan，2008，p.31），并认为他们威胁社会秩序、安全和民主。在英国，公关策略被用来"教育"公众，这些策略使公众认识到工业资产阶级对国家财富和福祉的重要性，资产阶级还制造公众对大企业需求和利益认同的假象（Miller & Dinan，2008）。美国和英国政府允许自己被企业主游说，这也印证了《马克思与恩格斯》一书中的论断，即"现代国家的执政者不过是管理整个资产阶级共同事务的委员会"（Marx & Engels，2008，p.36）。这些例子也证明了我们现在要转向的问题——马克思如何将存在的物质条件、思想和社会价值之间的关系理论化，以及这种关系如何对资本主义生产方式进行持续支持。

唯物主义、经济基础/上层建筑、商品拜物教和意识形态

马克思主义是一种唯物主义理论，在这种理论中，物质的自然世界以及人类如何协调自己与自然世界的关系决定了他们的意识。因为人类是物质世界的一部分，并与物质世界互动，"人类的外部世界以一种复杂的方式被感知并映射到他们的思维模式上"。考虑到人类本身就是物质的，是物质世界的一部分，因此人类的思想和思维也是物质的形式（Fuchs, 2016, p.16）。从这些方面来说，我们所思考的事物与我们生存的物质条件紧密地交织在一起，并受其影响。

马克思的唯物主义不是一种决定论。决定论认为，人是他们无法控制的力量的奴隶；但是，人们也没有完全的自由意志来决定他们如何从生活中获得意义和如何生活：他们能够改变自己的生活，但要在历史条件和社会关系的限制之内。要发生根本的变化，就必须存在发生这种变化的社会和物质条件。针对马克思关于工人革命的预言被证明是错误的说法，我们可以说，这些条件从未完全存在过。 同样，我们可以认为资本主义能够继续生存下来，是因为它成功捕获了公民对于社会的想象力，这种想象不可能被替代，除此之外，我们不断地默许它的规则。马克思将其定义为"整个巨大的上层建筑……司法的、政治的、宗教的、艺术的或哲学的，这些简称为意识形态"，并开始发挥作用（Marx, 1932, p.11）。

马克思认为，资本主义下的公民社会由经济基础和上层建筑构成。"经济基础是由劳动、技术和自然的相互作用构成的，生产出满足人类需求的经济产品"（Fuchs, 2011, p.50）。上层建筑包括"思想、概念、意识……真实生活中的语言、构思、思考……以政治、法律、道德、宗教等形而上学的语言来表达"（Marx & Engels, 1968, p.37）。然而，在资本主义社会中，并非所有人都能平等地促进其思想的发展、流通和被接受。《马克思与恩格斯》一书中有一句名言：

> 统治阶级的思想是每一个时代的统治思想，即阶级不仅统治社会中的物质，还控制人们的精神世界。有物质生产资料可供支配的阶级，同时也控制着精神生产资料。因此，一般说来，那些缺乏精神生产资料的人的思想是受精神生产资料支配的。统治思想不过是支配物质关系的理想表达，支配物质关系即支配思想关系。
>
> （Marx & Engels, 1968, p.61）

实际上，在资本主义制度下，富人不仅拥有生产资料即社会的经济基础，他们还支配上层建筑中所说的和所做的，上层建筑不仅使经济基础有意义，还使其合法化。教育、宗教、政府法律和政治制度以及一切形式的公共传播，包括公共关系，都是这一意

识形态进程的一部分。 批判公共关系的学者含蓄地承认，那些拥有最大财政资源的人有更大的权力通过公共关系、游说、营销和广告来影响在社会上占主导地位的意识形态，上面概述的勒德洛惨案就是这种力量的一个例证。

　　资本主义必须说服人们的关键意识形态——"事实"，事实具有私人所有权的神圣性，即人类可以私人拥有土地、财产、组织、物品等。为了保持货币的流通，资本主义上层建筑提倡这样一种观念，即劳动产品的社会关系的价值超过了其生产成本和使用价值。文化要想具有公信力，就必须将交换价值远远超过其制造材料价值的商品注入文化，并将其与生产的劳动条件相分离。因此，产品被宣传为商品和欲望的对象，或恋物。我们被鼓励相信，自我实现的最好方式是参与购买活动和消费活动。商品拜物教也起着"一种伪装的作用，市场上事物的出现掩盖了谁创造了产品，以及在什么条件下创造了产品"（Fhally, 1990, p.50）。另一个早期臭名昭著的公共关系运动，即向妇女推销香烟，也阐明了马克思主义的这一观点。

　　1929年，美国烟草公司的领导人乔治·W.希尔（George W. Hill）在女性中开辟了香烟市场。而那时，只有那些所谓的"声名狼藉的女人"才抽烟。希尔雇用了爱德华·伯奈斯（Edward Bernays）——后来被称为"公共关系之父"（Ewen, 1996）来打破这个禁忌。伯奈斯发起了一场运动，呼吁20世纪20年代的女性权利和性解放运动，并在纽约第五大道上举行了一场"火炬自由"游行，由初涉社会的女性和时髦的女权主义者领导，她们大肆点燃Lucky Strike香烟（Tye, 1998）。这一噱头引起了媒体的关注，随着Lucky Strike香烟成为妇女解放和优雅的象征，其交换价值和销量飙升（Miller & Dinan, 2008; Tye, 1998）。伯奈斯的公共关系运动既利用了性别上的观念，又促进了其改变，还改变了吸烟的象征意义。

　　意识形态在马克思政治经济学理论中的作用一直备受争议。由于他和恩格斯在著作中大量使用"意识形态"一词，有时甚至是相互冲突，因此要准确表述他所说的"意识形态"是很复杂的。他们声称，"人类的构思、思考、精神交流……"是他们物质行为的直接外溢（Marx & Engels, 1968, p.37），这有时也被解读为马克思主义是经济决定论理论的证据。也就是说，物质生产方式既是意识形态的原因，也是意识形态的结果，人类没有权力意志，只有被经济环境决定的权力意志。从纯粹马克思主义的视角看，资产阶级是社会权力的中心，只有转变生产方式才能抵制和推翻这种权力。马克思逝世很长一段时间，新的社会理论家采纳了这些观点，并发展了他们所谓的批判理论。在下一节中，我们将讨论这如何改变了马克思主义的理论，以及它对公共关系研究的贡献。

马克思之后的马克思主义：新马克思主义、批判理论与公共关系

　　20世纪30年代，法兰克福学派在批判文化产业的过程中，正式将马克思主义的概念引入传播学理论。法兰克福学派由西奥多·阿多诺（Theodor Adorno）、马克斯·霍

克海默（Max Horkheimer）、赫伯特·马尔库塞（Herbert Marcuse）和沃尔特·本杰明（Walter Benjamin）等颇具影响力的德国犹太思想家组成，他们在二战前逃离德国，逃离德国日益高涨的国家社会主义和反犹太主义，来到美国。这些理论家，通常被称为"新马克思主义者"，他们深受马克思的资本主义理论的影响，开发了一种独特的"现代资产阶级社会，包括社会科学实践"的哲学批判方法（Hardt, 1992, p.133）。他们将这种方法称为"批判理论"（Horkheimer, 1972）。

到了20世纪30年代，科技的发展意味着文化通过媒体、电影、书籍、广播和音乐在大众中传播，并为工人阶级提供娱乐，使他们逃避日常工作的辛苦。虽然这种"文化的民主化"（Stoddart, 2007）减少了悠闲的资产阶级和劳动阶级之间的一些明显区别，但它在意识形态上强化了资本主义在事物的自然秩序中的地位。批判理论家们的任务是揭露这些占主导地位的文化概念及其所支持的经济结构和不公正现象。他们和马克思一样，认为所有的思想都是其历史、社会政治文化背景的产物。

304

> 人类的未来取决于今天是否存在一种批判性的正确态度。思考者活动的特征标志，就是决定它自己要完成什么和服务什么，这不是片面的，而是全面的。因此，它本身的性质使它转向历史的变化和人类正义的确立。
>
> （Horkheimer, 1912, p.243）

因此，批判理论被定位为一个变革性的理论，通过对社会的分析，为被边缘化和被剥削的人们提供控制他们生活所需的知识（Hardt, 1992）。然而，"马克思主义的黑暗思想家"（Rehmann, 2013, p.86）霍克海默和阿多诺对工人阶级从占主导地位的资本主义意识形态的单一男性统治之外观察事物的能力持悲观态度（Rehmann, 2013）。文化产业和他们的商品拜物教被看作对工人阶级和中下阶级施加了巨大压力，以至于他们不仅成为这种意识形态的受害者，而且被框定为这种意识形态的狂热拥护者。例如，阿多诺认为，就流行音乐而言：

> 这是一种适合于商业目的的意识形态：大众的歧视越少，不加区别地销售商品的可能性就越大。
>
> （Adorno, 2002, p.458）

然而，对这一方法的批评是，它未能充分解释默认的资本主义意识形态：意识形态的主体被批判理论定位为被一种错误的意识所欺骗，他们相信消费主义只会在他们被消费主义利用时赋予他们力量（Stoddart, 2007）。

因此，法兰克福学派对权力的不充分解释导致了文化、交流和意识形态理论的多元化。许多人认为人类在思想和行动上具有能动性，能够抵制和对抗占主导地位的意识形态，他们采用后结构主义、社会建构主义和后现代主义观点，强调话语在建构、维持和挑战社会权力结构中的作用。阿尔都塞（Althusser）的质询理论、葛兰西（Gramsci）的文化霸权理论、霍尔（Hall）的编码/解码理论和福柯（Foucault）的话语理论，都是主要从资产阶级角度出发，为文化和交流的分析引入了种族、性别、性、残疾和交叉性的问题（Stoddart, 2007）。公共关系研究也同样遵循这一轨迹，例如，文化模式的循环（Motion & Leitch, 1996; Curtin & Gaither, 2007），将公共关系理论化为行动主义（Holtzhausen, 2012）和将行动主义理论化为公共关系（Weaver, 2014; Curtin, 2016）。在这部著作中，权力被理论化为一种可证伪的、处于紧张状态的权力，是无数社会关系的产物，而不仅仅是经济结构的产物。

事实上，当代批判公共关系理论的大部分都不是马克思主义的，也没有把马克思主义的概念应用到公共关系理论中。例如，《批判公共关系手册》（*The Handbook of Critical Public Relations*）（L'etang, McKie, Snow & Xifra, 2016）无疑是一部具有开创性的著作，其中32章，对马克思的理论概念或马克思主义观点的引用寥寥无几。这可能有两个原因：首先，"批判"一词已经脱离了它与马克思资本主义理论的联系，现在指的是研究社会文化权力的一系列方法；其次，从经济决定论的角度来看，马克思主义的方法仍然存在缺陷。

无论如何，我们都应该小心地谴责马克思的经济决定论。大卫·米勒（David Miller）是为数不多的以一贯明确的马克思主义方法研究公共关系的学者之一。"他们是……深刻的意识形态，是资本主义利己主义，以及反对资本主义的真正基础"（Miller, 2014, p.53）。米勒敦促我们将权力理论从"意识形态质询或表达的神秘而未被观察的过程"中拯救出来（Miller, 2014, p.54），并重新把意识形态和物质联系起来——虽然不是绝对的决定论。他呼吁进行研究，以帮助"理解思想和价值观的物质起源，以及这些思想和价值观如何在社会结构中激起涟漪，引发认同、欲望、谴责或反对"（Miller, 2014, p.55）。福克斯，一位多产的和有影响力的21世纪的传播学者，像米勒一样，他持续呼吁回归马克思主义理论，关注经济与社会如何相互作用。他认为，"批判性媒介理论或信息论只有在它是马克思主义理论的情况下才具有批判性，这意味着它是一种提供概念手段的理论，可以指导非具体化世界的潜在斗争"（Fuchs, 2011, p.134）。为了支持马克思主义的传播方式，福克斯鼓励使用达拉斯·斯迈思（Dallas Smythe）的理论，即"意识产业"（Smythe, 1977），即把受众本身作为产品或商品卖给广告商。斯迈思著作的一个特别价值在于，著作中斯迈思将意识形态理论视为"信仰、态度和思想体系"（Smythe, 1981, p.171）。在资本主义时代，这一体系将公众舆论导向支持个人主义、市场、利润和产权。斯迈思的意识形态理论允许对主流意识形态进行抵制、质疑和排斥，但也指出资本主义媒介是如何把观众培养成无薪劳动者的，他们通过参与内容，向自己推销产品，并消费推销给他们的产品。

306 我们已经看到，历史研究已经明确指出，企业资本主义与公共关系实践在舆论管理和促进商品消费方面的早期联系。除此之外，马克思主义对公共关系的批判是什么样的？它将受到怎样的审视？

马克思主义在21世纪公共关系研究中的机遇

2008年的全球金融危机（GFC）、欧元区危机和许多欧洲国家的紧缩政策重新引起了人们对马克思的兴趣（Eagleton, 2011; Mosco, 2012）。社会评论家、政治家和政治理论家们开始讨论，马克思到底对不对（Fuchs, 2015, 2016; Mason, 2015; Mosco, 2012）。当资本主义利用机会向消费者甚至国家提供他们永远无法偿还的信贷来满足他们无法负担的生活方式时，它最终会在自身的贪婪之下崩溃吗？在21世纪，社会对贫富之间巨大的经济不平等的关注也有所增加。例如，2011年的"占领华尔街"抗议活动，引起了人们对占美国人口1%的超级富豪的关注，他们被指控造成了全球金融危机，并给美国其他99%的人带来了经济痛苦（Gerbaudo, 2012）。福克斯提倡当代政治语境，呼吁"系统地重建马克思的媒介与传播研究价值体系"（Fuchs, 2010, p.16）。

然而，在21世纪，要想理解媒体和传播，就需要把公共关系定位在调查的核心，承认公共关系在社会文化中所发挥的核心作用。相对而言，媒介和传播学者很少这样做，这包括明确确定公共关系传播在扩大和捍卫全球资本主义和"私人权力回路"影响方面的作用（Miller & Dinan, 2003, p.194）。它还意味着研究公共关系如何支持权力循环，公共关系本身是一个创造财富的行业和劳动形式，以及在资本主义数字经济的背景下，公共关系如何篡夺其他形式的传播劳动。

米勒和迪南通过基于实证数据的政治经济学分析了20世纪后半叶英国公关公司的增长及其收入，为其中一些工作提供了一个模型（Miller & Dinan, 2000）。他们的研究表明，20世纪80年代玛格丽特·撒切尔担任首相期间，公共关系行业是如何以指数级速度增长的。此时，"政府民营化方案为公共关系行业提供了关键的财政支持，更重要的是帮助该行业在英国的金融公共关系和国外的民营化工作中开拓了新的市场"（Miller & Dinan, 2000, p.14）。公共关系在私有化和相关的放松管制计划中所扮演的角色，包括说服最初不情愿的公众，使其相信国有化行业是纳税人的负担，他们应该利用机会，成为新私有 **307** 化组织的股东。甚至传统上被视为代表工会工人权益的英国工党（Labour Party），也在20世纪90年代与商界建立了密切联系，并在公共关系方面投入巨资。他们将工党重新命名为"新工党"，并利用媒介管理在1997年和2001年两次大选中取得压倒性胜利，被形容为"有史以来最有效的公关活动"（Day, 2002）。米勒和迪南还批评了托尼·布莱尔（Tony Blair）领导下的工党政府如何利用公共关系使伊拉克战争合法化，并允许说客和智库而不是选民来决定政府的政策方向，从而削弱了政府和企业之间的差别（Miller &

Dinan, 2008）。

米勒和迪南通过调查公司合并、集中和集团合并的激增，用"跟着钱走"的方法来调查公共关系的影响，也说明了私人咨询公司向其他服务领域延伸的影响。大型全球公共关系公司现在提供关于会计、审计、声誉管理、投资者关系甚至竞争情报和监测方面的建议（Miller & Dinan, 2003）。因此，保护全球资本及其流动利益的公共关系行业本身就与这些利益紧密相连。从马克思主义的角度来看，这也是公共关系服务于新兴跨国资产阶级利益的证据。然而，公共关系在什么地方发挥作用并不总是显而易见的——从本质上讲，它常常被隐藏在视线之外。因此，米勒鼓励研究人员"在真实的人那里，在审查、宣传、游说中，在提供虚假信息和干扰的机构中寻求权力。他强调，在经济力量和资源的背景下，这些是资本主义得以再生产的关键手段，我们把它们仅仅看作意识形态的、真实的、隐藏的、本质的附加现象，这对我们是危险的"（Miller, 2014, p.54）。

米勒、迪南、杜塔和帕尔（Miller, Dinan, Dutta and Pal, 2011; Dutta, 2016）提倡研究跨国公司利用公共关系对非西方国家施加权力、控制和殖民的行为（见第20章）。他们以一种"创造变革政治的可能性"的方法将马克思主义政治经济学和后殖民主义理论结合起来（Dutta, 2009, p.282）。这种观点挑战了企业社会责任、对话、可持续发展和国家建设等漫谈式的修辞议程，并将这些议程与物质殖民压迫联系起来。借鉴后殖民理论家的工作，如巴巴（Bhabha）、斯皮瓦克（Spivak）和杜塔（Dutta）、帕尔（Pal, 2011）敦促我们倾听和考虑"其他"的声音，检查公关如何象征性地（重新）提出了"西方第三世界"的"原始"和"现代"。这样的工作旨在开辟新的空间，通过这些空间，可以考虑不同的政治阻力和物质阻力。这对公共关系从业者和学者都提出了挑战，他们必须认识到，西方观点是如何终结帝国主义资本主义的文化意识形态机制的。然而，这确实提出了一个问题：作为工薪族，在当代数字通信环境中，公共关系从业人员违反资本主义帝国主义工作职责的能力可能会受到限制。

公共关系作为数字经济中的雇佣劳动力

公共关系是社会上层建筑的一部分，其作用是使企业资本主义生产方式即经济基础合法化。这表明，与生产具有使用价值的物质产品（商品）的工厂工人相比，公共关系只能被定义为一种非生产性劳动形式。公共关系从业人员必须服从组织的要求，才能从他们的劳动中获得利润，以增加交换价值。因此，用马克思主义的术语，我们可以将公共关系工作者从事的工作类型归纳为"流通劳动"或"文化劳动"（Fuchs, 2015, 2016）。

流通劳动力有益于产品、服务或公司声誉的象征性交换价值。无论是石油、汽车、移动电话、公司或组织品牌，还是非政府组织和慈善团体等，这种流通劳动的成本（工人的时间）会被计算在公共关系工作者为之工作的服务或产品成本中。公关人员的作用是帮助维护组织、品牌或产品的交换价值，并围绕这些价值提升意识形态的"价值"意义。举例说明：苹果公司（Apple Inc.）是一个当代品牌，其交换价值超过了竞争对手。苹果公司不仅做广告、营销和销售手机、平板电脑和电脑，它还销售"革命性的变革"（Burgess, 2012, p.28），并声称通过技术为人们带来力量。它的品牌和公共关系具有象征意义，因此，虽然人权组织对其在中国的代工企业——富士康（Foxconn）在中国提供给工人血汗工厂条件持续指控，但对苹果公司的声誉和利润并没有重大影响。有研究发现，富士康自身对员工自杀事件的危机管理严重不足（Xu & Li, 2013）。流通劳动集中于促进社会的某些利益、观念和价值。"同等重要的是，宣传政治是限制公共信息和透明度的重要方式。许多宣传活动都是围绕着阻止记者进入、压制有问题的报道和保持秘密而组织起来的"（Davis, 2013, p.201）。然而，在数字媒体的背景下，很难防企业更愿意压制的信息的泄露、传播。

事实上，出现的数字经济，虽然在很大程度上是在资本主义社会关系的范围内运作的，但使"参与性生产实践脱离了资本—劳动关系，这是工业资本主义的特征"（Kologlugil, 2015, p.124）。这种物质变化促进了新的创造性思维、信息共享、组织、合作生产、抗议和行动主义的兴起（Gerbaudo, 2012）。它还使活动人士能够制定有关在线沟通利益相关者之间的关系的策略，从而影响大公司的组织行为（Coombs, 1998），并通过
Spinwatch（http://www.spinwatch.org）和PRWatch（http://www.prwatch.org）等在线组织，更广泛地揭露企业和政府公共关系的失败、偏见和欺骗。因此，许多人将数字经济理论化，认为它开创了一个网络资本主义民主化的新时代。"在这个时代，价值流向任何能够参与信息传播的人"（Wilkie, 2011, p.11）。然而，正如威尔基所警告的那样，这些数字技术之所以存在，只是因为它们能为资本主义股东带来潜在的利润集聚，物质条件的变化并没有消除阶级和资本集中在少数人手中的不平等现象。这在美国一点也不令人意外，例如，少数几家跨国公司——新闻集团、时代华纳、康卡斯特、迪士尼公司、福克斯广播公司、维亚康姆公司和哥伦比亚广播公司——控制着美国人民的大部分所见所闻。"媒体的逐渐公司化使它们成为资本主义生产循环的组成部分，成为创造和维持资本主义社会的主要参与者"（Shaw, 2012, p.618）。

公共关系学者先前认为，即使是在私营媒体机构的背景下，也存在着严重阻碍活跃的商业来源——记者关系的障碍（Davis, 2002, p.51）。然而，在数字经济中，权力已经从在新闻报道中扮演关键监督角色的记者手中，转移到在他们所代表的组织中拥有既得利益的公共关系工作者手中（Sissons, 2012; Weaver, 2016）。李维斯、威廉斯和富兰克林（Lewis, Williams & Franklin, 2008）认为，新闻现在主要是由在专业传播领域工作的前记者发起的，通过在"旧"新闻媒体上复制的公共关系新闻稿或通过新的数字传播渠道接触受众。因此，不仅新闻，几乎所有其他形式的媒体现在都受制于资本主义的逻辑，而且公共关系从业者拥护他们的薪酬主管的利益，从而使得新闻的内容更加充实。因此，公共关系越来越成为我们这个时代的新闻声音（Lewis, et al., 2008）。在此背景下，

米勒敦促我们"拓宽……关注媒体和文化研究，以研究符号和物质在整个社会的相互作用，并研究使权力运作成为可能的传播过程"（Miller, 2014, p.58）。从马克思主义的角度来看，这需要媒体、传播和公共关系研究人员认真地进行实证研究，仔细研究企业、政府、非营利组织和活动人士实际上是如何"追求权力战略的，以及媒体在这些战略中扮演（或不扮演）的角色"（Miller, 2014, p.58）。

结束语

公共关系是资本主义传播的一个不可分割的组成部分，它在以财富为基础的社会不平等的延续中发挥了重要作用，这种社会不平等的延续有利于维护资本主义资产阶级的利益，现在则有利于维护跨国集团的利益。虽然马克思没有在批判公共关系的学术研究中发挥多大作用，但他在著作中提出的关键概念，可以增进人们对公共关系在全球化过程中发挥的政治、经济、社会和文化功能的理解。尽管西方世界的许多人可能从未见过或经历过马克思在19世纪的欧洲所描述的工人阶级被迫害，但这是因为资本主义现在正在剥削其他大陆的廉价劳动力——这些劳动力没有发言权，因此公关行业没有理由与之交流或为之服务；相反，那些能够并且愿意为商品、服务和品牌的声誉支付金钱，并使资本主义投资有价值的公众才是关注的焦点。然而，马克思主义的观点是，批判公共关系研究应该识别和揭示公共关系在何处、如何将财富和不平等的结构维持、再现和合法化为正常的、自然的和必然的。

卡尔·马克思的生平和工作

卡尔·马克思于1818年出生于普鲁士特利尔，其祖辈都是犹太人，祖父母都是拉比。他的父亲海因里希是一名律师，他从犹太教改信路德教，以避免自己的法律行为受到1816年颁布的反犹太法的限制。马克思是家中九个孩子中的老三，在父亲的私立教育下长大，直到12岁上了特利尔高中（Trier High School），后成长为自由派新教徒（Berlin, 2013）。17岁时，他进入波恩大学学习法律。1836年，马克思因参加各种活动分心，在波恩只取得了平均成绩，因此，他的父亲把他送进了更为严肃的柏林大学，在那里他放弃了法律而选择了哲学。同年，他与珍妮·冯·威斯特华伦（Jenny von Westphalen）订婚，引起了争议。

1841年，马克思在耶拿大学（University of Jena）完成博士学位后，由于他对普鲁士和基督教的激进批评，他无法获得一个学术职位。结果，他转向新闻业谋生。他利用媒体来表达对国家、政府、经济政策激进的批评，以及他的颠覆性政治激进主义，这导致他被法国驱逐。1843年，他和珍妮结婚后搬到了德国和比利时。

从1849年到1883年他去世，马克思一直与妻子和孩子生活在英国，过着无国籍流亡和贫困的生活。这对夫妇有7个孩子，但只有3个活到了成年——主要是因为马克思夫妇在伦敦糟糕的生活条件。在伦敦，马克思主要依赖他的挚友——恩格斯的救济，他继续为激进的《纽约每日坛报》（*New York Daily Tribune*）撰写新闻、政治、经济和国际主题文章。他还深入参与工人阶级的政治活动，是一位多产的作家，写过许多小册子、信件、讲座稿和书，其中包括有影响力的著作《政治经济学批判》（1859年，1941年才出版）、《剩余价值理论》（1861年）和《资本论》（1867年，1885年，1894年）。1883年，马克思在伦敦去世，享年64岁。此后，恩格斯继续从事编辑工作，并出版了许多手稿。马克思被葬在伦敦的海格特公墓，那里有一个巨大的大理石墓碑，墓碑上有他的半身像，上面刻着他那句著名的话："全世界的工人联合起来。"

　　关于马克思的二手文献很多。近年来，福克斯（Fuchs, 2015, 2016）和米勒、迪南（Miller & Dinan, 2008）等学者将马克思的理论应用于媒体、传播和公共关系领域。

参考文献

[1] Adorno, T. W. (2002). *Essays on music*. Berkeley, CA: University of California Press.

[2] Berlin, I. (2013). *Karl Marx*. Princeton, MA: Princeton University Press.

[3] Burgess, J. (2012). The iPhone moment, the Apple brand, and the creative consumer: From "hackability and usability" to cultural generativity. In L. Hjorth, J. Burgess, & I. Richardson (Eds.), *Studying mobile media* (pp. 28-42). London Sc New York, NY: Routiedge.

[4] Carroll, W. K. (Ed.) (2004). *Critical strategies for social research*. Toronto, Canada: Canadian Scholars' Press.

[5] Coombs, T. W. (1998). The internet as potential equalizer: New leverage for confronting social responsibility. *Public Relations Review*, 24(3), 289-303.

[6] Coombs, T. W., & Holladay, S. J. (2007). *It's not just PR: Public relations in society*. Malden, MA: Blackwell Publishing.

[7] Curtin, P. A. (2016). Exploring articulation in internal activism and public relations theory: A case study. *Journal of Public Relations Research*, 28(1), 19-34.

[8] Curtin, P. A., & Gaither, T. K. (2007). *International public relations: Negotiating culture, identity, and power*. Thousand Oaks, CA: SAGE.

[9] Curtin, P. A., Gaither, T. K., & Ciszek, E. (2016). Articulating public relations practice and critical/ cultural theory through a cultural-economic lens. In J. L'Etang, D. McKie, N. Snow, 8c J. Xifra (Eds.), *Routiedge handbook of public relations* (pp. 41-53). London: Routiedge.

[10] Davis, A. (2002). *Public relations democracy: Public relations, politics and the mass media in Britain*, Manchester, England: Manchester University Press.

[11] Davis, A. (2013). *Promotional cultures: The rise and spread of advertising, public relations, marketing, and branding*. Malden, MA: Polity Press.

[12] Day, J. (2002, March 28). New Labour wins PR accolade. *The Guardian*. Retrieved from https://www.theguardian.com/inedia/2002/mar/28/niarketingandpr.poIitics. Accessed 21 May 2017.

[13] Dutta, M. j, (2009). On Spivak: Theorizing resistance - applying Gayatri Chakravorty in public relations. In O. Ihlen, B. van Ruler, & M. Fredrikson (Eds.), *Public relations and social theory: Key figures and concepts* (253-278). New York, NY: Routledge.

[14] Dutta, M. J. (2016). A postcolonial critique of public relations. In J. L'Etang, D. McKie, N. Snow, & J. Xifra (Eds.), *Routled£e handbook of public relations* (pp. 248-260). London: Routledge.

[15] Dutta, M. J., & Pal, M. (2011). Public relations and marginalization in a global context. In N. Bardhan, & C. K. Weaver (Eds.), *Public relations in global contexts: Multi-paradigmatic perspectives* (pp. 195-225). New York, NY: Routledge.

[16] Eagleton, T. (2011). *Why Marx was right*. Boston: Yale Press.

[17] Engels, F. (1999). *The condition of the working class in England*. New York, NY: Oxford Univenity Press.

[18] Ewan, S. (1996). *PR! A social history of spin*. New York, NY; Basic Books.

[19] Fromm, E. (1966). *Marx's concept of man*. New York, NY: Frederick Ungar Publishing Co.

[20] Fuchs, C. (2010). Grounding critical communications studies: An inquiry into the communication theory of Karl Marx. *Journal of Communication Inquiry*, 34(1), 15-41.

[21] Fuchs, C. (2011). *Foundations of critical media and information studies*. New York, NY: Routledge.

[22] Fuchs, C. (2015). *Culture and economy in the age of social media*. New York, NY; Routledge.

[23] Fuchs, C. (2016). *Reading Marx in the information age*. New York, NY: Routledge.

[24] Gerbaudo, P. (2012). *Tweets and streets; Social media and contemporary activism*. New York, NY: Pluto Books.

[25] Hallahan, K. (2002). Ivy Lee and the Rockerfellers' response to the 1913-1914 Colorado coal strike. *Journal of Public Relations Research*, 14(4), 265-315.

[26] Hardt, H. (1992). *Critical communication studies: Communication, history, and theory in America*. London: Routledge.

[27] Heinrich, M. (2004). *An introduction to the three volumes of Karl Marx's "Capital"*. London: Monthly Review Press.

[28] Herman, E, S., & Chomsky, N. (2008). *Manufacturing consent: Hie political economy of the mass media*. London: Bodley Head.

[29] Holtzhausen, D. R. (2012). *Public relations as activism: Postmodern approaches to theory and practice*. London: Routledge.

[30] Horkheimer, M. (1972). *Critical theory: Selected essays*. New York, NY: Continuum.

[31] Jhally, S. (1990). *The codes of advertising: Fetishism and the political economy of meaning in the consumer society*. London: Routledge.

[32] Kaminer, M., & Bonazzo, J. (2015, December 16), The Observer's 2015 PR power 50: PR is dead. Long live PR. *Observer News and Politics*. Retrieved from http://observer. com/2015/12/pr-power~50/. Accessed 21 May 2017.

[33] Kologlugil, S. (2015). Digitizing Karl Marx: The new political economy of general intellect and immaterial labour. *Rethinking Marxism: A Journal of Economics, Culture, and Society*, 27(1), 123-137.

[34] L'Etang, J. (2008). Writing PR history: Issues, methods, and politics, *Journal of Communication Management*, 12(4), 319-335.

[35] L'Etang, J' McKie, D., Snow, N., & Xifra, J. (Eds.) (2016), *Routledge handbook of public relations*. London & New York: Routledge.

[36] Lamb, P. (2015). *Marx and Engel's Communist manifesto*. London: Bloomsbury.

[37] Leitch, S., & Neilson, D, (2001). Bringing publics into public relations: New theoretical frameworks

for practice. In R. L. Heath (Ed.), *Handbook of public relations* (pp. 127-138). Thousand Oaks, CA: SAGE.

[38] Lewis, j., Williams, A., &c Franklin, B. (2008). A compromised fourth estate? UK news journalism, public relations, and news sources. *Journalism Studies*, 9(1), 1-20.

[39] Marx, K. (1932). *Capital and other writings of Karl Marx*. New York, NY: Carlton House.

[40] Marx, K. (1998). *Capital: A critique of political economy Volume 1* (S. Moore & E. Aveling, Trans.). London: Elecbook. Marx, K., & Engels, F. (1968). *The German ideology*. Moscow, Russia: Progress Publishers.

[41] Marx, K., & Engels, F. (2008). *The Communist manifesto*. London: Pluto Press.

[42] Mason, P. (2015, July 17). The end of capitalism has begun. *The Guardian*. Retrieved from: https://www.theguardian.com/books/2015/jul/17/postcapitalism~end-of-capitalism -begun. Accessed 21 May 2016.

[43] Mayhew, L. H. (1997). *The new public: Professional communication and the means of social influence*. Cambridge, UK & Melbourne: Cambridge University Press.

[44] Miller, D. (2014). Media power and class power: Overplaying ideology, in S. Coban (Ed.), *Media and left* (pp. 44-66). Boston, MA: Brill

[45] Miller, D., & Dinan, W. (2000). The rise of the PR industry in Britain, 1979-1998. *European Journal of Communication*, 15(1), 5-35.

[46] Miller, D., & Dinan, W. (2003). Global public relations and global capitalism. In D. Demers (Ed.), *Terrorism, globalization, and mass communication: Papers presented at the 2002 Centre for Global Media Studies Conference* (pp. 193-214). Phoenix, AZ: Marquette Books.

[47] Miller, D., & Dinan, W. (2008). *A century of spin: How public relations became the cutting edge of corporate power*. London: Pluto Press.

[48] Mosco, V. (2012). Marx is back, but which one? On knowledge labour and media practice. *TripleC* 10(2), 570-576.

[49] Motion, J., & Leitch, S. (1996). A discursive perspective from New Zealand: Another worldview. *Public Relations Review*, 22(3), 297-309.

[50] Motion, J., & Weaver, C. K. (2005). A discourse model for critical public relations research: The Life Sci Network and the battle for truth. *Journal of Public Relations Research*, 17(1), 49-67.

[51] Oakley, A. (2015). *The making of Marx's critical theory: A bibliographical analysis*. London & New York: Routledge.

[52] Pearson, R. (1990). Perspectives on public relations history. *Public Relations Review*, 16(3), 27-38.

[53] Rehmann, J. (2013). *Theories of ideology: The powers of alienation and subjection*. Malden, MA: Brill.

[54] Rule, J. (2013). *The labouring classes in early industrial England*, 1750-1850. New York, NY: Routledge.

[55] Shaw, P. (2012). Marx as journalist: Revisiting the free speech debate. *TripkC*, 10(2), 618-632.

[56] Sissons, H. (2012). Journalism and public relations: A tale of two discourses. *Discourse and Communication*, 6(1), 273-294.

[57] Smythe, D. W. (1977). Critique of the consciousness industry. *Journal of Communication*, 27(1), 198-202.

[58] Smythe, D. W. (1981). *Dependency road*. Norwood, NJ: Ablex.

[59] Stoddart, M. C. J. (2007). Ideology, hegemony, discourse: A critical review of theories of knowledge and power. *Social Thought and Research*, 28, 191-225.

[60] Tye, L. (1998). *The father of spin: Edward L. Bernays and the birth of public relations*. New York, NY: Crown Publishers.

[61] Wasko, J., Murdock, G., & Sousa, H. (Eds.) (2011). *The handbook of political economy of communications*. Malden, MA: Wiley-Blackwell,

[62] Weaver, C. K. (2014). Mothers, bodies, and breasts: Organising strategies and tactics in women's activism. In C. Daymon & K. Demetrious (Eds.), *Gender and public relations: Critical perspectives on voice, image, and identity* (pp. 108-131). New York, NY: Routledge.

[63] Weaver, C. IC (2016). Who's afraid of the big bad wolf? Critical public relations as a cure for media studies' fear of the dark. In J. L'Etang, D. McKie, N. Snow, & J. Xifra (Eds.), *Routledge handbook of public relations* (pp. 261-273). London & New York: Routledge.

[64] Wilkie, R. (2011). *The digital condition: Class and culture in the information network*. New York, NY: Fordham University Press.

[65] Xu, K., & Li, W. (2013). An ethical stakeholder approach to crisis communication: A case study of Foxconn's 2010 employee suicide cvisis. *Journal of Business Ethics*, 117(2), 371-386.

313

第十七章

杜威：公共关系与消失的公众

拉娜·F.拉科夫

在一个不以哲学见长的领域，一位哲学家因其过去一个世纪在美国背景下的积累，在公共关系文献中赢得了一席之地。约翰·杜威对美国主流范式的贡献，以功能主义社会理论和利益集团多元化为特征，这也可以说是该范式的决定性特征。许多人将杜威与"公众"的定义联系在一起，以解释各组织应如何对待积极性和支持性程度不同的群体。

可惜这个领域的大多数人都误解了他。杜威1927年的著作《公众及其问题》是为了证明组织与其公众的关系，实际上却被用来延续他所谴责的"公众的消失"（Dewey，1927）。相比之下，公共关系的其他研究，往往忽视了杜威理论是理解传播与社会的源泉，尤其是对公共领域理论而不是在美国占主导地位的"公众"理论感兴趣的学者。虽然学界在对于杜威理论运用及其疏忽上各执一词，但他的哲学及其潜力还远没有被充分挖掘和欣赏。

本章将论证我们有必要重新审视杜威的哲学，这样既可以纠正对公众概念的滥用，也可以有力补充公共关系和公共领域新的关键方向，杜威并不认同公共关系主导范式的前提，也不认同工业资本主义的社会和经济关系的传统自由主义。相反，他提倡参与式民主，批判大型组织滥用权力。因此，本章有两个任务：第一部分介绍杜威的哲学，重点是他关于传播与民主、社区与公众、舆论与宣传以及组织的思想；对杜威理论和传播领域的相关批评；第二部分探讨公共关系研究和实践，包括主流公众理论、其他理论和历史的范式。

新序

虽然约翰·杜威的名字已经不再家喻户晓，但他在学术界和公众中的声望却与日俱增。1952年他去世时，《纽约时报》指出他被认为是美国最重要的哲学家（*The New York Times*, 1952）。他是实用主义的奠基人，实用主义是一种认识论立场，根据这种立场，真理源自人类的经验，并取决于其结果，而不取决于它与先验存在的对象（如现实主义）或思想（如理想主义）的对应关系。到他去世的时候，实证主义在科学和分析哲学领域的兴起导致人们对杜威思想的兴趣下降，但在接下来的几十年里，随着教育学、心理学和政治学等学科的兴起，杜威重新受到人们的关注，颓势有所回转。继理查德·罗蒂（Rorty, 1982）等哲学家的关注之后，批判的种族和女性主义学者（e.g., Kadlec, 2007; Pratt, 2002; Seigfried, 2001; West, 1989）发现实用主义（特别是杜威的立场）对于后现代的身份、经验、文化和参与性民主等概念是认同的，这吸引着那些意图解构权力关系、为解放运动奠基的人。

传播与民主

传播是杜威哲学的核心，也是他主张包容性参与民主的基础。杜威哲学中传播的根源从他职业生涯的开始就显而易见，比他著名的作品《公众及其问题》早了40多年。在那段时间里，他为自己的社会自我概念奠定了基础，而不是为人类共享的意义建构活动的来源的语言的自主个体（the autonomous individual）（Dewey, 1887; Dewey, 1891）。杜威开始在传播中发现物质世界和理想世界之间的联系，这种二元论一直困扰着哲学辩论。认识建立在人类经验的基础上，人类在自己的意义之外没有诉诸于真理，如杜威所言，不管结果是好是坏，所有人都需要参与到知识建构中去以产生最好的结果，需要以科学和自由分布为基础，并进行反思性和系统性的社会调查，为讨论问题和行动方式提供坚实的基础。然而，由于杜威目睹了随后几十年工业资本主义造成的巨大变化，他对参与条件的恶化感到越来越不安，包括利己主义和大型组织的发展，能建构共同意义的社区与邻里间关系的丧失。媒体的失败和公共关系的兴起导致了一个畸形、被操纵舆论的社会。

杜威不只是一位哲学家，他把传播置于解释历史和人类状况的中心，而且他也倡导实践，他至少亲身参与了三个与传播有关的项目。在这些项目中，他试图找出民主的传播条件。第一个项目是制作一份报纸《思想新闻》（*Thought News*），原定于1892年出版，但从未执行过，它旨在为读者带来系统和智能的查询结果（Pinter, 2003）。第二个项目受到杜威的启发和支持，是第一次世界大战后的一次广泛运动，又在20世纪30年代通过美国各地的论坛（Keith, 2007）和开发广播的公民潜力（Goodman, 2011）促进更多公众参与。第三个项目是他成为人民大会（People's Lobby）的联合创始人和领导人，这是一个非营利组织，成立于1928年至1950年。在1944年巅峰时期约有4,280名成员，倡导了富兰克林·德拉诺·罗斯福（Franklin Delano Roosevel）总统新政之外的信息自由流通和政策选择，被称为左翼的声音（Lee, 2015, p.3）。例如，他敦促参议院通过一项向妇女提供计划生育方面医疗信息的法案（Dewey, 1932b），并在另一个案例中敦促读者作为社区领袖组织民众支持国会通过失业计划（Dewey, 1932c, p.387）。

这种实践证明了杜威认识论的政治含义，从他最早支持民主的论点中可以看出，他宣称这一概念应该被视为一种生活方式和政治制度，而不是不称职或虚构的无所不能的公民所持有的个人意见的集合，正如民主批评者所谴责的那样（Dewey, 1888; Dewey, 1892—1893）。对他而言，民主的基础并不是一个固有的对社会紧张的自主个体。相反，杜威认为个人始终是社会的，不是给予的或固定的，而是与他人相关的（e.g., Dewey, 1920）。在杜威的思想下，民主社会的最佳理由在于民主思想从社会个体到社会政治和经济组织的合理延伸，通过社区与公众之间的联系实现了。但民主并非就此结束，它"必然影响到人际交往、家庭、学校、工业和宗教的所有模式"（Dewey, 1927, p.325），并且每个人必须"根据形成和指导自己所属团体活动的能力承担起责任"（Dewey, 1927, p.327）。

318 传播与公众

在杜威的思想中，社会和政治之间的关键关系可以在社区和公众之间找到，而不是像人们通常理解的那样在私人和公众之间找到。在一个社区的日常事务中，产生共识是协调活动与分配任务和劳动的必要条件（Dewey, 1911; Dewey & Bentley, 1949）。他在关于传播的著名论断中总结道，"在'共同''社区'和'传播'这三个词之间，存在的不仅仅是字面上的联系。人们凭借共同拥有的东西而生活在一个社区里，并以他们拥有共同事物的方式进行传播"（Dewey, 1916, p.7）。然而，根据杜威的说法，这种社区生活有很多种模式。由于邻近而产生友谊与依恋、联合所产生的结果与孤立行为的结果不同，直接相关者以外的其他人也开始参与进来，作为公众来处理后果（Dewey, 1927）。公众不是整个社区，而社区是公众的来源，当后果超出直接相关者的预料时，就会组织成一个国家，并设立专门机构来处理或控制后果（Dewey, 1927, p.260）。正如杜威所说，"产生间接、广泛、持久且严重后果的联合和交互行为，警醒公众基于共同利益去控制这些后果"（Dewey, 1927, p.314）。作为社区生活的民主通过公众这一桥梁与作为政府的民主联系在一起。

杜威发现，随着工业化与国家通信运输系统所带来的变化压倒了当地的社区生活，并使跨越地理和理解的距离对如此多后果做出反应的能力黯然失色，这些后果已经成倍增加了。面对面的社区已经被如此复杂而广泛的遥远力量所入侵，而那些置身其中的人们对此一无所知（Dewey, 1927）。他推论，因为条件和结果过于分散和难以理解，社会调查和"充分的移动传播"对于提供解决影响关联的条件所需的社会智能至关重要（Dewey, 1927, p.350）。

舆论与宣传

公众行使民主应该通过杜威所说的"明智的舆论"来实现。他说舆论必须通过调查和讨论形成，但这不是少数人的事，"所有利益，无论多么卑微，都必须得到倾听；调查和会议必须收集所有可用的经验；必须基于共同协商决定"（Dewey, 1915, p.100）。同时，他也告诫那些认为公众是非理性的且需要被管理的人，非理性并不是公众的过错，而是通过宣传培养出来的（Dewey, 1918）。他认为，鉴于舆论形成的不充分状态，民主需要一种知识理论。这样的理论需要重新统一社会分裂、手段和目的。杜威解释说，传播的障碍"阻止一个人的经验被其他处境不同的人的经验影响"（Dewey, 1916, pp.354-355）。1919年和1920年，他在中国做演讲时，提出了一个跨越种姓和阶级界限的扩展案例，以警示分层社会的危险。无论是在家庭或工作场所，还是在受过教育和没受过教育的人之间，它都会导致异化（Clopton & On, 1973）。

杜威（1892—1893）早期就支持将宣传作为一种重要方法，让社会成员了解他们所处的整体，从而形成明智的公众舆论。这种宣传要求各机构调查情况并公布。道德层面上，杜威致力于公开信息，对大型组织的运作进行核算，倡导更准确和系统的信息，将宣传与科学调查和公众讨论联系起来。他警告说，经济动机影响了结果，宣传部门因其对发行量和广告的影响而向被选定的报纸提供材料（Dewey, 1908a, p.465）。在《公众及其问题》一书中，杜威（Dewey, 1927）指出，广告、宣传和新闻机构阻碍了社会调查，这使他倡导充分宣传，没有这些宣传就不会有公众（Dewey, 1927）。之后他说，"宣传经纪人可能是我们现在社会生活中最重要的象征"（Dewey, 1930, p.61），贬低公众如何被"公关顾问"手中的"组织资本"滥用（Dewey, 1931, p.178）。只有充分的宣传才能通过控制舆论来对抗宣传所带来的危险。

组织

在杜威的社会理论中，一个关键但通常被忽视的要素是他对大型组织在新工业经济中所具有的规模和权力增长影响的分析。杜威对其崛起的最早疑虑导致了对法人以及他所谓的美国生活的"团体性"（corporateness）和组织资本的特殊利益的批判。在对商业、工业公司问题的第一次扩展讨论中，杜威描述了经济关系的快速变化所带来的新经济秩序，这种经济秩序是通过财富的积累和集中以及个人向非个人或公司关系的转变而实现的。杜威援引公司作为法人加入以获得法律和个人权利的支持的优势，指出公司获得永生但"没有灵魂"（Dewey, 1908a, p.445）。所谓的公共服务公司——包括铁路、运输系统、电报和电话、供水和照明设施——尤其如此，杜威感到不安，因为他们对社区、其他公司和个人有着非凡的影响力。

在接下来的几年里，杜威警告说，这种新的经济联合形式已经成为对其他类型社团的压迫力量，并控制政治（Dewey, 1927）。在回应当时的辩护者时，他驳斥了关于公司是否具有无意义人格的争论（Dewey, 1926; 1927）。相反，他提醒注意这样一个事实，即个人主义的旧概念不足以理解非个人组织形成的关系。杜威解释说，人们总是彼此关联，不是作为个体而是作为群体的成员。然而，工业变革意味着人们不是自愿地联合在一起，而是通过一种潮流将他们聚集在一起的。作为"标准化可互换单元"（Dewey, 1927, p.301），公司拥有与其成员不同的权力、权利和义务，而作为公司成员，个人本身就是不同的，他们具有不同的权利和义务，而不是作为其他集体的成员，将权力从公众成员转移到法人（Dewey, 1927, p.355）。

需要做些什么？虽然社会主义者为公司提供的解决方案是将行业从私人手中夺走，但杜威回答说，"人们不禁要问，那些如此轻易说出这句话的人，是否扪心自问，工业会落入谁的手中？进入公众的视野吗？但除了个人以外，公众无法插手"（Dewey, 1927, p.286）。某种程度上，推手需要通过公共目的而不是使用集中经济力量的私人目的来激励。到1930年，当美国深陷大萧条时，杜威确实提倡社会主义，他称之为公共主义或资本主义（Dewey, 1930）。

尽管杜威接受了社会主义，但他早就拒绝了马克思主义的历史目的论、它坚信阶级斗争的必然性，以及建立社会主义革命的必要性（D'Uno, 1992）。杜威将马克思主义置于排除人为因素的绝对主义立场之中，而倾向于环境所提供的解释，如马克思主义的生产力（Dewey, 1939a）。最终，他主张建立第三个国家政党，因为现有的政党都是大企业的仆人，他说，其忽视了中产阶级和失业者的生活水平（Dewey, 1931）。他总结说，新政党需要采取被认为是社会主义的措施，包括将交通和通讯"交到公众手中"（Dewey, 1931, p.178）。

对杜威理论的批判

杜威在哲学和其他学术领域，以及公共关系之外的传播学领域，都不乏批评者。无

321 论是出于哲学还是出于政治原因都有反对意见，杜威的支持者回应说，这些批评通常是基于对杜威立场的误解或不完全了解。

基于哲学基础，有些人反对杜威的实用主义，尤其是在杜威的一生中，他的实用主义是一种新的认识论立场，这种立场既激怒了现实主义者，也激怒了理想主义者，导致了其与伯特兰·罗素（Bertrand Russell）和莱茵霍尔德·尼布尔（Reinhold Niebuhr）等形形色色的批评家之间的争论。一些观点认为实用主义是机会主义和功利主义，虽然杜威本人强烈驳斥了这些批评（e.g., Dewey, 1908b）。理想主义者对自然法或神圣秩序的信仰反对缺乏建立道德的理由，导致了人本主义的相对主义（e.g., Blewett, 1960）。

另一些观点则认为杜威对社区过于怀旧，对人性及其作恶的能力过于乐观，对悲剧的必然性过于盲目，这违背了理性的解决方案。例如，其前学生伦道夫·伯恩（Randolph

Bourne）批评杜威支持第一次世界大战是实用主义的失败，这种批评给人留下了持久的印象，并成为当代批评家的作品之一（Bourne, 1917）。西德尼·卡普兰（Sidney Kaplan, 1956）进一步否定了伯恩的观点，他宣称杜威没有可用的政治手段。

卡普兰的批评在传播学领域留下了自己的印记，批评学者们借鉴了卡普兰的观点，他们认为杜威的自由主义和进步主义忽视了权力和政治。例如，卡普兰的观点被丹尼尔·齐特罗姆（Daniel Czitrom, 1982）用来批评杜威在如何解决私有化媒体体系的问题上缺乏细节。约翰·达勒姆·佩顿（John Durham Peten）利用齐特罗姆和卡普兰等进步主义者对社会工程的浪漫主义解构，将杜威与其他自由主义者混为一谈，声称他是社会工程的一位快乐的倡导者（Peten, 1989, p.202）。罗纳德·格林（Ronald Greene，2003）谴责杜威持有着一个全能公民的概念，他肩负着传播的道德要求，既理性又雄辩。

杜威的马克思主义传播学批评家包括丹·席勒（Dan Schiller）和汉诺·哈特（Hanno Hardt），他们试图以实用主义、进步主义和自由主义为依据来否定杜威的哲学。他们反复对杜威对权力的不感兴趣或天真进行批评。根据鲁迪·希尔德雷思（Roudy Hildreth, 2009）的观点，这些主张有一种奇怪的持久力，尽管许多人来为杜威及其实用主义辩护，指出杜威在批评资本主义方面毫不留情。但是席勒（Schiller）借鉴了齐特罗姆和佩顿的观点，指责杜威把经验和组织的智慧作为行动的依据，而不是阶级意识，杜威的解决方案导致了"固有地渐进式传播功能"下的工业化资本主义问题的和解（Schiller, p.31）。哈特对杜威提出了类似的马克思主义批评，他认为，杜威对于民主社会的蓝图与资本主义的经济和政治现实是相对立的，与此同时，杜威依靠常识的力量而忽略了社会结构的变化，即社会、经济力量对公共领域文化的重新界定（Hardt, 1989, p.424）。他还声称实用主义者，尤其是杜威，认为"传播作为终生进程，最终无疑会导致民主实践"（Hardt, 1992, p.53）。

对公共关系的启示——"公众理论"

大多数公共关系领域既没有采纳杜威的哲学，也没有采纳对其的批评。杜威的名字被选择性地引用，而其立场最重要的方面却被忽略了。超过半个世纪以来他的观点一直被用来证明一个公众理论（Kim & Grunig, 2011），这一理论在美国背景下发展，旨在支持组织间的传播工作。它始于斯科特·卡特利普（Scott Cutlip）和艾伦·森特（Allen Center）的一本著名教科书，由詹姆斯·格鲁尼格（James Grunig）的信息处理模型重新具体化，并被一系列学者和教科书延续至今。

1952年，也就是杜威92岁去世的那一年。卡特利普和森特出版了他们的第一版公共关系教科书，将杜威的《公众及其问题》列为必读书目（Cutlip & Center, 1952）。考虑到杜威享有的广泛声誉，在他去世时将他列入《有效的公共关系》当然不是一个简单的巧合，根据格伦·布鲁姆（Glen Broom）和贝宁·撒（Bey-Ling Sha）的说法，卡特利普和森特所出版的这本书后来被称为"公共关系圣经"（Broom & Sha, 2013, p.98）。布鲁姆本人于1985年作为该书第六版的作者，加入卡特利普和森特的行列，在他们去世后，于2013年成为该书第十版的唯一作者，与撒合著了该书第十一版。

在第一版中，卡特利普和森特指出，他们向"每个对公共关系感兴趣的人"推荐了杜威的书，这本书最近于1946年重印，并且在近30年之后仍然具有相关性（Cutlip & Center, 1946, p.33）。他们用了好几页的篇幅来讲解杜威对非个人组织在一个城市化、机械化、集权化，并伴随着专业化兴起的社会中的成长的分析，他们认为公共关系是其中的一部分（Cutlip & Center, 1946, p.30）。这种变化造成了社区意识的丧失和间接后果的增加，这是跨距离的复杂联系的结果，个人和机构都有所感知。他们错误地，或者至少是不准确地宣称，杜威将这种传播的缺失描述为"消失的公众"，而忽视了杜威对于这种消失的解释，这种消失是由工业和金融关系制度取代了地理社区中发现的联系而引起的（Dewey, 1927）。相反，他们认为机构已经承担了重要的责任，公共关系需要发挥特殊功能，以改善和完善建立在有效沟通基础上的相互满意的关系。此外，他们建议那些处于公共关系中的人应该使他们的组织充满良知和温情，取代沟通感的缺失。引用杜威的话，就是为沟通的传播流通的物理机制注入活力，从而使民主到达每个人（Cutlip & Center, 1952）。

323 最终，卡特利普和森特帮助领域摆脱了迷失公众的气味，同时将注意力转向公众："公众不是以公众的形式组织起来的，而是个人以各种方式形成公众或群体"（Cutlip & Center, 1946, p.62）。在他们的第二版和第三版文本中，两人（Cutlip & Center, 1958, 1964）莫名其妙地放弃了杜威关于社区流失的讨论，但在第四版中又将他们的定义归功于杜威：组成群体的个体受特定行动或想法影响，因此，问题创造其自身的公众（Cutlip & Center, 1971, p.128）。他们解释了杜威的观点，却避开了其更大的观点，即问题如此成倍增加，组织的规模和权力增长如此之大，以至于由此产生的公众无法有效地组织起来，导致公众的消失。杜威曾总结道，需要"分裂的、陷入困境的公众团结"（Dewey, 1927, p.315）。

1994年，格伦·布鲁姆加入了第七版，在对公众以及如果管理不当会造成的组织问题的长篇讨论中，杜威被赋予了更重要的地位。他们首先着重指出，普通公众是一个对公共关系没有价值的概念，需要目标公众。他们注意到杜威的观点，公众是在认识到"恶果"后形成的。引用杜威的话说，传播是必要的，规则和惩罚是可以施加的，否则公众"将保持模糊地、无形式地、间歇性地寻求自我，但只能触到或抓住其影子，而不是实质"（Cutlip, Center & Broom, 1994, p.245）。他们进一步将杜威的定义与詹姆斯·格鲁尼格关于潜在和活跃公众的情境理论联系起来，为干预策略让路（Grunig & Repper, 1992 and Grunig, 1983, p.246）。杜威关于公众的问题——无法为民主目的有效地组织起来——被抛在脑后：公众没有问题，这正是问题所在。现今发行的《有效公共关系》，不再出版卡特利普和森特两人的版本，继续使用这一详尽的定义，并根据公众的积极性设计战略干预措施（Broom & Sha, 2013, p.268）。

杜威在这一领域的失实陈述被格鲁尼格（Grunig, 1966, 1968, 1976, 1983）的一系列出版物所巩固，也就是该主导范式的主要设计者（Pieczka, 2006; LJEtang, 2008）。根据杜威的四部作品（《我们如何思考》，1910；《人性和行为》，1922；《逻辑学：探究理论》，1938；《价值理论》，1939b），格鲁尼格致力于研究杜威在人们背离思维习惯、认识问题、寻求解决的条件下形成的实用主义认识论，寻求着对个人为什么使用信息做决定以及如何使用信息做决定的理解。格鲁尼格将杜威的问题识别和个人信息处理与杜威对公众的定义联系起来，他认为公众具有潜在的、有意识的以及活跃的特征（Grunig, 1978）。在《管理公共关系》中，他和托德·汉特（Todd Hunt）利用这种联系将公众归纳为信息处理系统（Hunt, 1984, p.144）。后来，格鲁尼格承认杜威也认识到了公众在民主中的关键作用，但这个关键作用从未被阐明过。他得出的结论是，组织需要公共关系，因为它们产生了创造公众的问题，这些问题始于不连贯的个人，但可以发展为有组织的、有力的群体，这一群体会"制造问题并威胁到组织自主性"（Grunig, 1997, p.9）。他的理论旨在提高公共关系预测对不同公众的认知、态度和行为的有效性，不是为了民主的利益，而是为了组织的利益（Grunig, 2005, p.778）。最终他将公众的情境理论扩展到问题解决的情境理论（Kim & Grurxig, 2011），回顾他对杜威理论的运用，他正是从中推导出了最初的理论。

格鲁尼格与卡特利普、森特和布鲁姆一起，在过去的几十年里成功地将杜威最初提出的公众消失的问题转化为公众为组织创造的问题。解决办法是在其组织起来之前将其解散，这与杜威的论点正好相反。重要的是，公众理论是从现实主义的认识论立场出发的，在这种认识论立场上，真理是不可建构和争辩的。因此，公众不必参与知识或决策的制定。他们只需要适当地接受和处理组织提供的"信息"，这些信息假定是中立的，不受先前选择和解释过程的影响。此外，该理论假定，一个组织的最大利益就是公众的最大利益，而公众的最大利益实际上可能是对立的或不可调和的，或至少会受到多种解释的影响。杜威批判地将公众舆论被操纵描述为对思想的入侵："对于任何希望控制公众行动以规范其形成的团体来说，这是非常有价值的。这最好在其源头——其形成过程中——来完成"（Dewey, 1932a, p.360）。

杜威与公众的一种特殊定义之间显然存在着不可分割的联系，这种联系一直延续到今天。例如，《公共关系百科全书》最新版本中关于"公众"的一篇文章认为杜威的观点是"当公众认识到问题并决定采取措施寻求补救时，他们会从利益相关者的队伍中组织起来"（Bowen & Rawlins, 2013, p.761）。与之相似地，最近的教科书将其对公众的定义归因于杜威，尽管其中加入了公众"与组织内相关者有共同利益"的内容（Smith, 2013, p.56）。

假设杜威确实以这种方式定义了公众，这是可以原谅的，但杜威的工作没有涉及利

325 益相关者，也没有涉及与组织相关的公众。即使杜威的书的标题是"公众及其问题"及其著名的章节题"消失的公众"，都并不足以让那些将公众本身视为解决公共关系问题的方案，即公众去政治化且远离决策的人停下来（Rakow, 1989）。由于缺乏对更大的民主理论问题以及主流范式下组织的社会地位的关注，安·豪格兰（Ann Haugland）认为，对杜威的仪式性引用扭曲了他在公共关系文学作品中的本质和目的（Haugland, 1996, p.19）。公共关系学者和主导范式下的从业者的问题仍然具有相关性。公共关系将起到什么作用？如果有的话，能恢复公众在民主中的作用吗？正如杜威试图通过自己的实践来证明的那样，它能代表公众而不是组织工作吗？公众的消失会被狂欢化吗？企业会被"驯服"于公众之手吗？——也就是说，更多地为公众利益而不是个人利益服务？

对公共关系的启示——其他公共理论

当然，主流范式并不是公共关系的唯一方法。与杜威理论相关的公众领域理论，受到欧洲对尤尔根·哈贝马斯（Jurgen Habermas）的兴趣的影响很大，而杜威大多是缺席的。英格尔·詹森（Inger Jensen, 2001）在21世纪初指出，关于公共关系与公共领域关系的公共关系文献很少，这要归因于格鲁尼格和汉特的"公众"方法（Jensen, 1984, p.133）。贝特克·贝·鲁勒（Betteke van Ruler）和德扬·韦尔奇（Dejan Vercic）在其关于欧洲公共关系方法的具有里程碑意义的文章中，指出了美国"公众"方法与欧洲公共领域方法在公共关系方面存在二分法（Ruler & Vercic, 2004, p.3）。除了公共领域理论，伴随着对于杜威理论的重新思考，近年来还出现了关于公众的其他反叙事和历史记录。

公共领域理论

哈贝马斯在一种公共关系方法的发展和杜威的另一种方法方面发挥了重要作用，因此，研究他们之间的关系并比较他们的理论是很有意义的。杰森·科斯诺斯基（Jason Kosnoski）提醒我们，很多学者都承认哈贝马斯对杜威的影响，包括哈贝马斯本人（Jason, 2010, p.7）。据爱丽丝·卡德莱克（Alice Kadlec, 2007, p.16）说，哈贝马斯曾研究过美国实用主义者查尔斯·桑德斯·皮尔斯（Charles Sanders Peirce）、乔治·赫伯特·米德（George Herbert Mead）和杜威，他发现了在实用主义中强调行动和"反怀疑主义的虚假主义"的诉求。虽然哈贝马斯的作品没有明确地大量借鉴杜威的作品，但他确实称赞了杜威的《寻求确定性》（*The Quest for Certainty*, Dewey, 1929），并认为这是杜威最有影响力的作品，对重建理论与实践的关系具有重要意义。最后，卡德莱克总结说，哈贝马斯在杜威的基础主义中划出了界限，提倡以普遍原则作为道德和政治判断的依据。此外，卡德莱克认为，哈贝马斯误读了杜威关于自我的概念，即自我是作为一个孤立的行动者有效地与世界打交道的，而不是作为主体间理性的参与者与他人打交道

326 的。即使抛开认识论的这些差异，哈贝马斯所提出的公共领域理论也为理性的公共讨论

提供了空间或舞台，与家庭、商业和社会劳动的私人领域形成了鲜明对比（see Hofmann, 2017）。而杜威关注的是使公众能够识别和处理跨社会和地理距离的重要问题的条件。

虽然公共领域理论在公共关系方面没有涉及杜威，哈贝马斯是通过詹森（Jensen, 2001）等人的研究而进入公共关系领域的，詹森主张将公共领域定义为涉及人、机构和组织网络的话语过程。她解释说，正因为如此，它并不局限于某个特定的空间，也不是个人意见的集合，通常不会导致共识，但会影响决策。公民和雇员的双重角色，提供了私人领域和公共领域之间的联系。朱丽娜·劳普（Juliana Raupp, 2004）将公共领域定义为一个传播的空间，采用了三个层次的概念化或活动场域：公众接触、公众集会和大众媒体。她认为必须理解公共领域和公众之间的关系，然后是公共关系。冈特·贝内特莱（Gunter Benetele）和霍华德·诺兹啥夫特（Howard Nothhaft）也借鉴哈贝马斯的理论，他们对比了公众与私人、秘密，并确定了公共领域随着时间的推移而变化（Benetele & Nothhaft, 2010）。对于一个已经开始主导社会活动的组织来说，它不再是一个聚集的场所，而是利益点网络，作为一个复杂的超环境发挥作用。活动的这两个层面——公众与私人/隐蔽——需要放在一起去理解。

因此，公共领域理论提出了关于公共与私人关系、公共话语形成与网络的复杂性、个人与组织之间的权力关系等问题。杜威关注社区和公众之间的关系，关注所有人对知识生产做出贡献的能力，关注明智的舆论所需的社会调查的收集和自由流动分布，这些都将丰富讨论的内容。这种舆论能否通过适当的调查条件以及充分、包容的参与形成，并与解决方案和结果有效地联系起来？

其他公众理论

虽然杜威没有参与公共领域理论，但其他一些反叙述和历史记录使他重新受到人们的关注。迪恩·克鲁克伯格（Dean Kruckeberg）和玛丽娜·武伊诺维奇（Marina Vujnovic）发现，杜威对公众的定义是"由公共关系学者进行选择、精炼，并至少在一定程度上重新定义"，因为该领域对组织的关注及其对公众的普遍排斥（Kruckeberg & Vujnovic, 2010, p.119）。尽管詹姆斯·凯里（James Carey）以推崇杜威而闻名（see Carey, 1989），但人们支持他对杜威公众概念的批评，因为凯里从私人行为的后果而不是公众关注的角度看待它（see Rakow, 2016）。最终，克鲁克伯格和武伊诺维奇得出结论，有必要重新定义公共关系模式，并重新考虑普遍意义上的公众。尼古拉·奈登（Nikolay Nayden）在这个方向上迈出了一步，他认为公共关系应该从限制使用公共关系的组织实践中提取出来，用来指代公共关系。他试图将公共领域中类似哈贝马斯的观点纳入公共关系的一般理论中，给予杜威一定程度的信任，以识别直接参与交易的人与间接参与交易的人在私人与公众之间的区别（Nayden, 2009, p.25）。但由于难以区分这两者，奈登觉得杜威的理论令人失望。奈登还援引了杜威的《公众及其问题》作为对沃尔特·李普曼

（Walter Lippmann）1922年出版的《公众舆论》的回应，但得出的结论是，杜威将公众与国家混为一谈，因此重复了而不是反对李普曼的公众观点。

杜威和李普曼的公众关系理论得到了凯文·斯托克（Kevin Stoker）的重新诠释，他将二者的理论置于公共关系理论和历史谱系中。他的结论是，杜威"委托公众进行意义创造，使群体行动与群体参与相一致，使社区与个人人性相联系，并将社会调查和社会调查的传播确定为舆论的来源"（Stoker, 2014, p.346）。斯托克表示，20世纪30年代末，李普曼的精英主义观点遭到了拒绝，从业者更多地转向杜威的方法，因为他们试图在大萧条之后重新得到公众的信任，在公共关系从业者爱德华·伯奈斯（Edward Bernays）和雷克斯·哈洛（Rex Harlow）身上可以看到这种鲜明对比。他总结道："李普曼和伯奈斯代表了创造和塑造公众舆论的精英主义观点，而杜威和哈洛代表了民粹主义观点，他们强调一个组织作为社区的一部分的地位，因而是宣传和社会调查的伙伴"（Stoker, 2014, p.350）。

近期的两次重新分析利用杜威的理论提出了一些可能的新方向，简·约翰斯顿（Jane Johnston）将杜威理论引入公共关系和公共利益的历史谱系中，认为对于杜威来说，工业资本主义的复杂性导致需要通过公众讨论和辩论来解决相互冲突的公众利益，以获得最广泛共享的公众利益（Johnston, 2016, pp.29-30）。查尔斯·瑟夫（Charles Self, 2015）根据他所看到的杜威关于公众分享经验、解决问题和评估结果的概念来探索战略传播的作用，他认为组织传播者应该通过连接网络中的参与者，促进他们在组织中的发言，从而促进这一过程。

这些思考表明，重新审视杜威在这一领域的历史地位、他与其他思想家的关系以及他对社会调查和参与式民主的强调是很有意义的。他的社会自我哲学、真理的偶然性以及知识的产生和传播，为检验公共关系合法性的舆论和公共利益提供了另一种概念化方法。谁为公众实践公共关系？如何产生和传播共同的意义？如何组织和发挥包容性公众的作用？

328

结语

约翰·杜威在他的一生中被公认为一位重要的哲学家，在最近的几十年里也再次被提起。他为了理解公共关系实践的历史性崛起，以及可能但无法保证通向更美好民主的道路，而留下了许多工作成果。令人遗憾的是，他对工业资本主义引发的经济和政治关系的激进批评，被他用来证明公共关系的必要性及其管理公众方法的观点提炼所掩盖，这种观点提炼是肤浅且有选择性的。通过卡特利普，森特，格鲁尼格以及汉特的教科书，以及格鲁尼格的情境公众理论，学术界形成了一种占主导地位的范式，这一范式的发展使人们对杜威的著作，尤其是对《公众及其问题》产生了误读，带来了有害的后果。

杜威并不主张"公众"是一个谬论，应该被置之一旁，而是认为公众已经消失了，需要为民主目的而组织起来。他没有将公众描述为组织生活的一个事实，而是将其描述为导致过多公众和过多需要补救的多重后果的症状。他不认为组织的选择性宣传会解决问责问题，而是认为需要解放和改进社会调查的进程。他认为，当公共关系和宣传人员效忠于具有私人利益而非公共利益的公司时，他们不能代表公众的利益。他不认为公司应该或能够为国家的机械传播手段注入生命，而是认为公司已经取代了社区生活的有机联系，而这种联系有着共同的意义和愿望。

这些与公共关系相关的杜威的观点反映了他在漫长而富有成效的职业生涯中发现的广泛的社会自我哲学、真理哲学和民主哲学。在他试图用现实主义和理想主义来解释"客观"现实或理想中的真理和知识来源时，他仔细地描述了个体如何通过具体化的经验对他们的环境做出反应、获得语言，并成为人类社会的一部分，其特征在于提供由面对面接触产生的共同意义的联合活动。这种相关联的生活是人类社会的基础，是民主的第一表现形式，也是参与性政治民主的潜在模式。在这种模式中，共同生活的关注得到确认和解决，并由作为国家代表的政府官员执行。为了让公众明智地这样做，其必须能够充分获得有关活动后果的信息，所有人参与讨论和辩论的手段以及实施手段。然而，这种民主观念因美国生活各个方面的公司化以及公共利益的私有化而脱轨。他认为，我们需要彻底重新思考社会、经济和政治关系，以重申个人作为社区成员的作用，以及公众对公司及其成员的潜在相互冲突的忠诚。虽然杜威认为公共关系和广告是问题的一部分，但他自己的传播项目为传播方法的设计提供了方向，为公众参与和明智的舆论创造了条件。

现在是时候纠正公共关系的历史和公共关系理论了，以解释杜威是如何被使用和滥用的。然而，如果他的作品被更广泛、更全面地阅读，那么他的哲学所提供的不止于此。从《公众及其问题》入手就是一个很好的开端，卡特利普和森特在65年前就曾建议，对于任何对公共关系感兴趣的人来说，这本书都是必读书目。

约翰·杜威的生活与工作

约翰·杜威（1859—1952）是一位哲学家，生于美国佛蒙特州伯灵顿，就读于佛蒙特大学（University of Vermont）和约翰·霍普金斯大学（Johns Hopkins University），并在约翰·霍普金斯大学获得博士学位。他于1884—1894年在密歇根大学（University of Michigan），1888—1889年在明尼苏达大学（University of Minnesota），1894—1904年在芝加哥大学（the University of Chicago），1904—1930年在哥伦比亚大学（Columbia University）任教。

1886年，杜威与哈莉特·爱丽丝·奇普曼（Harriet Alice Chipman）结婚。他们有六个亲生子女，并收养了一个。爱丽丝于1927年去世。1946年，杜威与罗伯塔·格兰特（Roberta Grant）结婚，他们收养了两个孩子。

329

333 　　杜威不仅是一位多产的学者，而且还是一位维护社会和经济正义的活动家。他是妇女、非裔美国人和工人权利的倡导者，也是NAACP的早期成员（1908），美国心理学协会（the American Psychological Association）主席（1899），美国哲学协会（the American Philosophical Association）主席（1905），美国大学校长协会创始人（the American Association of University Presidents）（1915），人民大会（the People's Lobby）（1928—1940）的共同创始人和主席。

　　杜威出版了40多本书并发表了750多篇文章，他的书信和一些课堂讲稿现在都可以通过电子订阅获得（Collected Works of John Dewey, 2008; Correspondence of John Dewey, 2008; and Class Lectures of John Dewey, 2016）。南伊利诺伊大学卡本代尔校区（Southern Illinois University, Carbondale）的杜威研究中心，一直是其一手和二手材料的主要来源。现今留存的最全面的他的传记出自罗伯特·韦斯特（Robert West, 1991）。尽管杜威在1887年就出版了他的第一本书，但他的主要相关著作是《伦理学》（1908a）、《民主与教育》《经验与自然》（1925）、《公众及其问题》（1927）、《个人主义》《旧与新》（1930）。这个出版物索引对于杜威的研究很有帮助（Boydston, 2008）。

参考文献

[1] Bentele, G., & Nothhaft, H. (2010). Strategic communication and the public sphere from a European penpective. *International Journal of Strategic Communication*, 4(2), 93-116.

[2] Blewett, J. (Ed) (1960). *John Dewey: His thought and influence*. Westport, CN: Greenwood Press.

[3] Bourne, R. (1917). Twilight of idols. *Seven Arts*, II(October), 688-702.

[4] Bowen, S. A., & Rawlins, B. L. (2013). Publics. In J. L. Heath (Ed.), *Encyclopedia of public relations* (2nd ed.) (pp, 760-762). Thousand Oaks, CA: SAGE.

[5] Boydston, J. A. (2008). *John Dewey: The collected works, 1882—1953*. Carbondale, IL: Southern Illinois University Press.

[6] Broom, G, M., & Sha, B-L. (2013). *Cudip and Centers effective public relations* (11th ed.), Boston: Pearson.

[7] Carey, J. W. (1989). A cultural approach to communication. In J. W. Carey (Ed.), *Communication as Culture: Essays on media and society* (pp. 13-36). New York, NY: Routledge.

[8] *Class lectures of John Dewey*. (2016). ID. F. Koch. (Ed.). Carbondale, IL: Southern Illinois University Center for Dewey Studies. (Electronic ed., 2nd release). Charlottesville, VA: InteLex.

[9] Clopton, R. W., Sc Ou, T-C. (Eds.) (1973). *John Dewey lectures in China*, 1919-1920. Honolulu, HI: University Press of Hawaii.

[10] *Collected works of John Dewey, 1882—1953* [Early Works (EW), 1882-1898; Middle Works (MW), 1899—1924; and Later Works (LW), 1925—1953]. (2008), J. Boydston (Ed.). Carbondale: Southern Illinois Univemty Press. L. Hickman (3rd electronic ed.). Char-lottesville, VA: InteLex.

[11] Correspondence of John Dewey, 1871—1952 (I-IV). (2008). L. Hickman (Ed.). Carbondale, IL: Southern Illinois Univenity. (Electronic Ed.). Charlottesville, VA: InteLex.

[12] Cudip, S. M., & Center, A. H. (1952). *Effective public relations: Pathways to public favor*. New York: Prentice-Hall.

[13] Cutlip, S. M., & Center, A. H. (1958). *Effective public relations* (2nd ed.). Englewood Cliffs, NJ: Prentice-Hall.

[14] Cutlip, S. M., & Center, A. H. (1964), *Effective public relations* (3rd ed.). Englewood Cliffs, NJ: **330** Prentice-Hall.

[15] Cutlip, S. M., & Center, A. H. (1971), *Effective public relations* (4th ed.). Englewood Cliffs, NJ: Prentice-Hall.

[16] Cutlip, S. M., Center, A.H., Sc Broom, G.M. (1994). *Effective public relations* (7th ed.). Englewood Cliffs, NJ: Prentice Hall.

[17] Czitrom, D, J. (1982). *Medici and the American mind*. Chapel Hill, NC: Univemty of North Carolina Press.

[18] Dewey, J. (1887). Psychology. In *Collected works*, EW: 2 (pp. 3-366).

[19] Dewey, J. (1888). Ethics of democracy. In *Collected works*, EW: 1 (pp. 227-240).

[20] Dewey,J. (1891). Outlines of a critical theory of ethics. In *Collected works*, EW: 3 (pp. 237-389).

[21] Dewey, J. (1892-93). Political philosophy. In *Class lectures*, Vol. 1 (pp. 100-221).

[22] Dewey, J. (1908a). Ethics. In *Collected works*, MW; 5 (pp. 3-546).

[23] Dewey, J. (1908b). What pragmatism means by practical. In *Collected works*, MW: 4 (pp. 98-115).

[24] Dewey, J. (1910), How we think. In *Collected works*, MW: 6 (pp. 178-357).

[25] Dewey, J. (1911). The problem of truth. In *Collected works*, MW: 6 (pp. 12-69).

[26] Dewey, J. (1915). Introductory address to the American Association of University Professors. In *Collected works*, MW: 8 (pp. 98-104).

[27] Dewey, J. (1916). Democracy and education. In *Collected works*, MW: 9 (pp. 3-375).

[28] Dewey, J. (1918). Cult of irrationality. In *Collected works*, MW: 11 (pp. 107-111).

[29] Dewey, J. (1920). Reconstruction in philosophy. In *Collected works*, MW: 12 (pp. 79-202).

[30] Dewey, J. (1922), Human nature and conduct. In *Collected works*, MW: 14 (pp. 3-227).

[31] Dewey, J. (1925). Experience and nature. In *Collected works*, LW: 1 (pp. 3-329).

[32] Dewey, J. (1926). Corporate personality. In *Collected works*, LW: 2 (pp. 22-44).

[33] Dewey, J. (1927). The public and its problems. In *Collected works*, LW: 2 (pp. 236-373).

[34] Dewey, J. (1929). The quest for certainty: A study of the relation of knowledge and action. In *Collected works*, LW: 4 (pp. 3-259).

[35] Dewey, J. (1930). Individualism, old and new. In *Collected works*, LW: 5 (pp. 43-124).

[36] Dewey, J. (1931). The need for a new party. In *Collected works*, LW: 6 (pp. 156-182).

[37] Dewey, J. (1932a). Ethics. In *Collected works*, LW: 7 (pp. 3-467).

[38] Dewey, J. (1932b). The Senate birth control bill. In *Collected works*, LW: 6 (pp. 388-390).

[39] Dewey, J, (1932c). You must act to get Congress to act. In *Collected works*, LW: 6 (pp. 386-388).

[40] Dewey, J. (1938). Logic: The theory of inquiry. In *Collected works*, LW: 12 (pp. 3-529),

[41] Dewey, J. (1939a). Freedom and culture. In *Collected works*, LW: 13 (pp. 65-189).

[42] Dewey, J. (1939b). Theory of valuation. In *Collected works*, LW: 13 (pp. 191-252).

[43] Dewey, J., & Bentley, A. F. (1949). Knowing and the known. In *Collected works*, LW: 16 (pp. 3-279).

[44] D'Urso, S. (1992). Can Dewey be Marx's educational-philosophical representative? In J. E. Tiles (Ed.), *John Dewey: Critical assessments* (Vol. II) (pp. 321-336). New York, NY: Roudedge.

[45] Goodman, D. (2011). *Radio's civic ambition: American broadcasting and democracy in the 1930s*. New York, NY: Oxford University Press.

[46] Greene, R. W. (2003). John Dewey's eloquent citizen: Communication, judgment, and postmodern

capitalism. *Argumentation and Advocacy*, 39(3), 189-200.

[47] Grunig, J. E. (1966). The role of information in economic decision making. *Journalism and Communication Monographs*, 3.

[48] Grunig, J. E. (1968). Information, entrepreneurship, and economic development: A study of the decision-making process of Colombian Latifundistas. (Unpublished doctoral dis¬sertation). Madison, WI: Univemty of Wisconsin.

[49] Grunig, J. E. (1976). Organizations and public relations: Testing a communication theory. *Journalism and Communication Monographs*, 46.

[50] Grunig, J. E. (1978). Defining publics in public relations: The case of a suburban hospital. *Journalism Quarterly*, 55(1), 109-118.

[51] Grunig, J. E. (1983). Communication behaviors and attitudes of environmental publics: Two studies. *Journalism and Communication Monographs*, 81.

[52] Gmnig, J. E. (1997). A situational theory of publics: Conceptual history, recent challenges, and new research. In D. Moss, T. MacManus, & D. Verčič (Eds.), *Public relations research: An international perspective* (pp. 3-46). London: International Thomson Business Press.

[53] Gmnig, J. E. (2005). Situational theory of publics. In R. L. Heath (Ed.), *Encyclopedia of public relations* (Vol. 2) (pp. 778-780). Thousand Oaks, CA; SAGE.

[54] Grunig, J. E., & Hunt, T. (1984). *Managing public relations*. New York, NY: Holt, Rinehart, & Winston.

[55] Grunig, J. E., & Repper, F. C. (1992). Strategic management, publics, and issues. In J. E. Grunig (Ed.), *Excellence in public relations and communication management* (pp. 117-158). Hillsdale, N.J.: Lawrence Erlbaum.

[56] Hardt, H. (1989). Between pragmatism and Marxism. *Critical Studies in Mass Communication*, 6(4), 421-426,

[57] Hardt, H. (1992), *Critical communication studies: Communication, history and theory in America*. New York, NY: Routledge.

[58] Haugland, A. (1996). Public relations and democratic theory, *Jamiost- The Public*, 3(4), 15-25.

[59] Hildreth, R. W, (2009). Reconstructing Dewey and power. *Political Theory*, 37(6), 780-807.

[60] Hofmann, M. (2017). *Habermas's public sphere: A critique*. Lanham, Maryland: Fairleigh Dickinson University.

[61] Jensen, I. (2001). Public relations and merging functions of the public sphere: An analytical framework. *Journal of Communication Management*, 6(2), 133-147.

[62] Johnston, J. (2016). *Public relations and the public interest*. New York, NY: Routledge.

[63] Kadlec, A. (2007). *Dewey's critical pragmatism. Lanham*, MD: Lexington Books.

[64] Kaplan, S. (1956). Social engineers as saviors: Effects of World War I on some American liberals. *Journal of the History of Ideas*, 17(3), 347-369,

[65] Keith, W. M. (2007). *Democracy as discussion: Civic education and the American Forum Movement*. Lanham, ME): Rowman & Littlefield.

[66] Kim, J. -N., & Grunig, J. E. (2011), Problem solving and commimicative action: A situational theory of problem solving. *Journal of Communication*, 61(1), 120-149.

[67] Kosnoski, J. (2010). *John Dewey and the habits of ethical life: The aesthetics of political organizing in a liquid world*. Lanham, MD: Lexington Books.

[68] Kruckebei, D., & Vujnovic, M. (2010). The death of the concept of publics (plural) in 21st century public relations. *International Journal of Strategic Communication*, 4(2), 117-125.

331

[69] L'Etang, J. (2008). *Public relations: Concepts, practices and critique.* Los Angeles, CA: SAGE.

[70] Lee, M. (2015). *The philosopher-lobbyist: John Dewey and the Peopled Lobby, 1928-1940.* Albany, NY: State University of New York.

[71] Lippmann, W. (1922). *Public opinion.* New York, NY: Harcourt, Brace and Company.

[72] Nayden, N, (2009). A public world without public relations? *Javnost—Hie Public*, 16(4), 3423-3440.

[73] *The New York Times* (1952, June 2). Dr. John Dewey Dead at 92. *The New York Times.* Retrieved from www.nytimes.coin/leaming/general/onthisday/bday/1020.htnil. Accessed 15 February 2017.

[74] Peten, J. D. (1989). Democracy and American mass communication theory: Dewey, Lippmann, Lazarsfeld. *Communication*, 11(3), 199-220.

[75] Pieczka, M. (2006). Paradigms, systems theory, and public relations. In J. L'Etang & M. Pieczka (Eds.), *Public relations: Critical debates and contemporary practice* (pp. 331-358). Mahwah, NJ: Lawrence Erlbaum.

[76] Pinter, A. (2003). Thought News: A quest for democratic communication technology. *Journal ef the European Institute for Oimmunication and Culture*, 10(2), 93-104.

[77] Pratt, S. L. (2002). *Native pragmatism: Rethinking the roots of America11 philosophy.* Bloomington, IN: Indiana University Press.

[78] Rakow, L. F. (1989). Information and power: Toward a critical theory of information campaigns. In C. T . Salmon (Ed.), *Injomwtion campaigns: Balanci11g social values and social change* (pp. 164-184). Newbury Park, CA: SAGE.

[79] Rakow, L. F. (2016). The metropolis and the hinterland: Community as the blind spot of James Carey's theory of communication. *Journal ef Communication Inquiry*, 40(1), 67-87.

[80] Raupp, J. (2004). The public sphere as central concept of public relations. In B. van Ruler & D. Verčič (Eds.), *Public relations and communication management in Europe: A nation-bynation introduction to public relations theory and practice* (pp. 309-316). Berlin, Germany: Walter de Gruyter.

[81] Rorty, R. (1982). *Consequences of pragmatism.* Minneapolis, MI: University of Minnesota Press.

[82] Schiller, D. (1996). *Theorizing communication: A history.* New York, NY: Oxford University Press.

[83] Seigfried, C. H. (Ed.) (2001). *Feminist interpretations ef John Dewey.* University Park, PE: The Pennsylvania State University.

[84] Self, C. C. (2015). Dewey, the public sphere, and strategic communication. In D. Holzhausen & A. Zerfass (Eds.), *The Routledge handbook ef strategic communication* (pp. 74-92). New York: Routledge.

[85] Smith, R . (2013). *Strategic planning for public relations* (4th ed.). New York: Routledge.

[86] Stoker, K. (2014). Defining public in public relations: How the 1920s debate over public opinion influenced early philosophies of public relations. In B. St. John III, M. O. Lamme, & J. L'Etang (Eds.), *Pathways to public relations: Histories ef practice and prefession* (pp. 340-351). New York, NY: Routledge.

[87] van Ruler, B., & Verčič, D. (2004). Overview of communication and public relations management in Europe. In B. van R uler & D. Verčič (Eds.), *Public relations and communication management in Europe: A natio11-by-nation introduction to public relations theory and practice* (pp. 1-11). Berlin, Germany: Walter de Gruyter.

[88] West, C. (1989). *The American evasion ef philosophy: A genealogy ef pragmatism.* Madison, WI: University of Wisconsin Press.

[89] West, R . (1991). *John Dewey and American democracy.* Ithaca, NY: Cornel University Press.

332

第十八章
福柯：福柯的批判理论和方法运用

朱迪·摩森 雪利·利奇

> 希望我的书成为别人可以在自己的研究领域使用的搜索（rummage）工具
> 箱……我为用户写作，而不是读者。
>
> （Foucault, 1974, pp.523-524）

334　　　福柯的著作为公共关系在建构和改变社会话语及实践中的作用事物理论化提供了
一个智能工具箱，这对那些只想赞扬或谴责公共关系实践的人构成了极大的挑战。相
反，运用福柯的著作，通过将意义生产、权力效应、真理性诉求（truth claims）和知
识体系置于我们思考和研究的中心，可以突出这个复杂的理论中的一些有深层次问题
的、矛盾的，甚至被质疑的方面。福柯的论述强调了意义生产、权力策略以及知识传播
（Foucault, 1978）在公共关系中的作用，并为公共关系批判理论的光明前景打下了良好的
基础。特别是通过增加我们对如下问题的理解推进了公共关系实践：新意义如何在社
会中创造和传播？为什么有些意义会占据并获得优势地位，而其他的则不会？

　　　在本章中，我们讨论了福柯著作的核心概念以及原则，反思了与公共关系学术相关
的和潜在的应用，并对一些从福柯对公共关系的思考中产生的冲突进行强调。本章聚焦
于福柯著作的几个重要主题：话语、权力/知识与主体，特别是福柯的著作在变化议题中
335 的可能应用方式。我们超越了对卓越的关注，将公共关系理解为一种具有权力效应的话
语实践，论证了福柯理论对公共关系实践和学术的诸多贡献。

福柯的著作

　　　米歇尔·福柯（1926—1984），法国哲学家，其思想深受政治激进主义和评论的影
响，着重强调挑战与批判的重要性。作为法兰西学院思想史系的主席，福柯对我们如何

思考和理解这个世界的思想知识体系产生了兴趣（Rabinow, 1997）。尽管他的研究属性一直饱受争议——比如他被认为是结构主义和后现代主义学者，但是他仍然声称他的著作属于康德的"批判性传统"之列（Foucault, 1994, p.459）。通过对制度、权力与个人之间关系的历史话语实践和社会效应的考察（Dreyfus & Rabinow, 1982），他的研究问题聚焦于客体化和主体化个体的意义给予和组织实践。

　　福柯因其对在社会层面理解话语构成、概念化权力，以及对自我主体性和伦理发展等方面的贡献而被人们认可。在下一节，我们将首先从他的研究方法开始，介绍福柯研究的关键术语和概念；接着我们会对他著作中的关键哲学概念进行回顾，并探讨每个方法和概念的具体贡献。

研究方法

　　虽然福柯更多地以其理论贡献著称，但他也为思想史的探索和真理假说的出现提出了许多激进的创新方法。福柯运用了考古学和谱系学两种研究方法，来质疑和研究制度和社会问题。福柯把制度概念化为正式的权力机构，其主要关注点为所谓的"纪律学院"，如监狱、学校、军营和医院等（Foucault, 1977）。

考古学和谱系学

　　此方法在福柯早期探索思想体系史的方法论著作《知识考古学》中就已经解释过。福柯没有用传统的思维关注连续性的历史研究方法，而是将长期的社会文化和政治趋势问题化，聚焦于特定概念、寻求转变和断点，而非连续性，从而确定概念的位移和转换（Foucault, 1972, p.4），包括政治、经济、体制和社会实践的非连续性时刻以及它们产生变化的时刻。考古学关注的是随着时间的流逝形成的差异，而不是变化的因果理论。

　　相比之下，谱系学的研究方法，或者说"书写当代历史法"，是一种对现状和实践进行识别、断定并追根溯源的模式（Dreyfus & Rabinow, 1982, p.119）。对福柯来说，忠于传统历史客观性是辨别和理解现状的一部分，因此他转而寻求以历史为导向的解释，并承认在这样的历史书写中存在着政治利益。

问题化

　　根据福柯的观点，批判不仅仅是说一个事情是错误的，而是指出"我们所接受的是什么样的假设，什么样的熟悉的、无挑战性的、无意识的思维方式"（Foucault, 1988, p.154）。像其他的批判社会学家一样，福柯用不同的方式思考问题、挑战学者，并将他用来质疑思想体系转变的方式称为问题化。问题化是一种提出问题的技巧，用来回顾和解释思想体系和实践是以何种特殊的方式被构想出来的，突出矛盾、困难和"人类对于他们是什么、做什么以及他们生活的世界的质疑"（Foucault, 1984, p.10）。问题化显然构

336

成了福柯对社会和思想政治制度研究的关键知识基础。

福柯运用问题化来巩固和整合他对话语、权力和主体研究的实例，这些在他的著作中随处可见。例如在他的文章《政治与话语研究》（Foucault, 1991a）中，福柯对三个核心要素的标准提出了质疑：话语构成、话语转换，以及话语之间的关系。具体来说，他对各种话语体系进行了分析，其中包括对基础语言系统的考察。福柯还通过提出一系列关于策略、权力关系和权力效应等相关问题，对权力的概念提出质疑。这些问题包括：这里发生了什么？这里能谈论利益吗（Foucault, 1980, p.204）？挣扎在此处意味着什么（Foucault, 1980, p.209）？在福柯的著作中，权力是另外一个重要的主题。为了理解福柯关于权力的概念，须查阅他收录于《权力/知识》（Foucault, 1980）、《规训与惩罚》（Foucault, 1977）等书里的论文集和采访，以及他刊登于《国家治理》（Foucault, 1991b）

337 上的文章。在《性史》中，福柯转向了他更深层次的第三大主题——主体性。正是在这部著作中，我们对问题化的研究方法可以有更多的洞察。

话语产生与转换

在这个部分，我们将从福柯的研究方法转向福柯的话语生产和转换研究。对福柯来说，话语体现在一组构成其所指涉的对象、概念、主题和策略的陈述中。在这里，福柯指出了话语的建构作用，即语言不仅反映了预先存在的对象、概念、主题和策略，服务于话语中的创新，还再现了这些对象、概念、主题和策略的积极功能。福柯解释说，话语"被可分析的规则和转换所支配"（Foucault, 1972, p.211），并且能根据话语中的对象、概念、主题和策略的构成规则来确立。这些规则构成了"思想体系"，它们决定了可以说什么，谁可以说，可以说的立场，可以提出的观点以及所代表的利益、利害关系和制度领域。因此，话语分析的首要任务是聚焦话语构成和转换，或者说思想是如何"融入语篇的"（Foucault, 1978, p.11）。

话语转化发生在一系列的历史情境中，通过"从那些有可能被接受的陈述中分离出来"，形成陈述和概念，并确定一组复杂的权力关系（Foucault, 1980, p.197）。福柯解释说，他的分析方法是寻找"话语生产""权力生产"和"知识传播"的实例（Foucault, 1984, p.12）。寻找话语生产实例的重点是意义的生成、修改和转换，以及决定该说什么的规则，其目的是解释一个话语被谈论以及谈论了什么的事实。对权力生产的探寻关注的是权力关系，特别是对利害关系、既得利益、抵抗行为和有争议的真理假说的考察。对知识传播的研究确立了一个建立规范化和合法化某些概念和理论，以及定义主体在话语多样性中可能占据的位置和功能（Foucault, 1972, p.200）的过程。学者们面临的固有挑战是将这三种分析方法进行整合，运用到话语转换时期或非连续时期的工作中对话语实践的连贯批判中去。

权力 / 知识和真理

权力，作为政治话语中的核心概念，往往带有支配的消极内涵。就像克莱格、库尔帕松和菲利普斯所言：

> 当操纵、暴力和支配等类似的词语经常和权力联系在一起时，权力被视为 **338**
> 坏的、卑鄙的事情也就不足为奇了。正如阿克顿勋爵所说，权力是腐败的东
> 西。然而权力不一定是约束的、消极的或对抗性的，权力也可以是创造性的、
> 自主的和积极的。
>
> （Clegg, Courpasson & Phillips, 2006, p.2）

福柯特别感兴趣的是对权力的第二种更加积极的理解（Foucault, 1980, p.119）：使得权力有效并被接受的原因是，它不仅以说不的形式压迫我们，而且反复研究和生产事物，诱发愉悦，形成知识并生产话语。

福柯认为，权力的行使不仅给个人和社会带来了积极的利益，还为人类生存的方方面面奠定了基础。福柯对现代权力、权力的形式和行使方式，以及权力和知识之间的相互关系很感兴趣。

福柯挑战了公认的知识就是权力的观点。该观点认为，知识是一种赋予被授予者权力的稀缺资源。与此相反，福柯认为权力和知识是不可分割的，"权力的行使不断地创造知识，反过来，知识又不断地产生权力效应"（Foucault, 1980, p.52）。

因此，知识既能创造权力，也是权力的产物。类似地，权力创造知识也是知识的创造物，二者不可分割。因此福柯提出了一个"权力/知识"联合概念。在上述引述中，福柯还关注权力在全社会的传播扩散，他关于医院、监狱、精神病院的研究都和权力/知识的运作密切相关（Foucault, 1972/1974）。

福柯将权力/知识定义为在关系集群背景下的有组织有层次的结构。

> 在我看来，认为"权力"存在于或源自某一特定点的观点是基于一种误导
> 性的分析。事实上，权力意味着关系，意味着一种或多或少的组织化、等级
> 化、协调在的关系集群。
>
> （Foucault, 1980, p.198）

通过添加策略要素，福柯阐明了权力/知识这一概念的关系属性，即他将个人和组织视为部署多样化的话语战略，从而实现对现有权力/知识关系的顺应、规避或抗争。从这 **339** 个角度来看，话语可以被看作权力/知识流通的媒介，以及创造、维持、抵制和转化权力/

知识关系的话语策略（Clegg, Courpassorx & Phillips, 2006; Davenport & Leitch, 2005）。

福柯还将权力的运作描述为"策略游戏"（Foucault, 1997, p.298），成功的游戏策略可能会获得霸权地位（Gramsci, 1971），因此游戏中的话语无处不在，以至于被认为是常识。霸权是一个宏观层面的概念，它适用于由特定的权力/知识关系社会结构产生的思想体系。从微观层面看，权力/知识关系可以通过生产和接受特定真理来运作。福柯将真理解释为一套有序的生产、管理、配置、流通和操作程序的话语体系。在循环关系中，真理和生产并维持它的权力体系相关联，与它所诱发扩展的权力效应也有所联系（Foucault, 1980, p.133）。

关于真理的"政权"，福柯认为，在真理的地位和它在政治经济中所扮演的角色之间存在一场较量。根据福柯的观点，每一个社会都有其自己视为常识的话语所组成的真理"政权"，因此这些话语作为真理发挥作用。福柯对区分真理和谬误的规则以及与真理相关的权力效应感兴趣，这个真理和权力的概念有着不可磨灭的关联。在之后的研究中，福柯将他的关注点从真理政权的宏观概念转向了微观的"真理游戏"，人们开始以特定的方式思考其本性，在特定的话语中形成作为主体的自我。

治理术

作为他对权力兴趣的一部分，福柯关注"治理术"这一术语。福柯用这个概念来代指一系列关于"安全、领土和人口"的讲座（Foucault, 1991b, p.102），探讨了政府在统治和管理生活中日益集中的作用。福柯将治理术描述为政府对人民管理权力的复杂制度化及特定政府机构和知识的构成。他认为，问题在于整合国家管理和政府用来管控人民的手段。福柯特别提到治理术的一个方面——生物权力，或者说通过建立公共卫生系统，国家对人口生物福利的干预程度越来越高。在下一节中，我们将把权力讨论扩展到福柯关于主体的理论以及主体在话语中的作用。

340　主体性

在福柯著作中关于能动性和主体之间对抗的紧张关系存在着相当大的争论。能动性理论强调个体和集体话语行动者处理效应变化上的能力。相反地，主体性理论则是基于个体是话语的主体并受话语支配的概念，因此强调约束和限制代理的话语的结构要素，这有助于强化现有的权力/知识关系（Ainsworth & Hardy, 2004）。最初，福柯认为个体或主体是通过制度话语被创造或构成的，但在后来的研究中，福柯（Foucault, 1988）开始考察个体作为主体建构和自我转化的技能。这种对主体建构的兴趣可以从他的《性史》系列文章追溯到他对《自我技术》一书的研究。借鉴福柯作品的学者往往过分强调能动性与主体性的辩证关系，他们主要关注话语如何制约能动性，限制话语主体如何建构和改造自身。然而，即使在他早期关于权力的著作中，也能看到福柯（Foucault, 1980）转向了对能动性的接受，特别是对权力存在于关系中的理念，以及有权力的地方总是有反抗的潜在可能的接受。因此，从福柯学派的观点来看，个体可以在话语提供的主体立场范围之外进行选择："每个人都在行动和思考。"（Foucault, 1988, p.14）

自我伦理

在他对主体性的探索中，有两条相互关联的研究线索是显而易见的：一个是自我伦理或自我关怀，另一个是自我艺术品的创造。福柯研究了自我修养或者说精神气质，即个人根据道德准则的实践把自己建构为道德主体的方式。他专注于"道德规范要素和禁欲主义要素之间的区别"（Foucault, 1984, p.31），其目的是"寻找自我关系中让个人以一个主体的身份来建构和认识自己的形式和方式"（Foucault, 1984, p.6）。福柯在一次题为"作为自由实践的关注自我的伦理"（Foucault, 1997）的采访中解释说，他的目的是澄清主体与真理之间的关系，聚焦于知识和权力体系作用于自我和创造自我知识的方式。自我阐述的形式（Foucault, 1984, p.32）包括关注自我和作为一个伦理主体的自我形成。

福柯还认为，建构和认识自我的目的并不是保持不变，而是对自我实施程式化。因此，福柯指出，"对生活和工作的主要兴趣是成为一个你一开始并不是的人"（Foucault, 1988, p.9）。他建议每个人的生活都可以成为一件艺术品，从字面上说就是自我可以被创造成一件艺术品。"从自我不是被给定的这一观点来看，我认为只有一个实际的结果：我们必须把自己创造成一件艺术品。"（Foucault, 1997, p.262）因此，我们可以看到福柯已经转向了对能动性的欣赏，并且认为主体确实有做出选择的自由。

自我技术

福柯关于自我技术（个人被改造和自我改造的实践）的著作融合了主体性和能动性的概念，明确了四种能让人们认识和改造自己的话语"技术"：生产技术、符号系统技术、权力技术和自我技术，每一种技术都包含了一套统治和政府治理的话语实践。生产技术"让我们得以生产、改造或操纵事物"，并有助于建立我们的自我和主体的公共身份。福柯将建构意义的话语策略和实践称为符号系统技术，它"让我们得以使用符号、含义、象征或者意义"（Foucault, 1988, p.18）。福柯的权力技术"决定了个人行为，并将其置于某些目的或支配之下"（Foucault, 1988, p.18）。例如，就身份而言，为了控制和规范身份，技术创造了一整套的规则和规范。自我技术"允许个人以自己的方式或在他人的帮助下进行一定量的操作来影响自己的灵魂、思想和存在方式，从而改造自己，以达到一个快乐、纯粹、智慧、完美或稳定的状态"（Foucault, 1988, p.18）。权力技术是强加的，而自我技术则是由主体选择去建构、修改或改造身份的。

福柯的独特贡献在于质疑话语和相关实践是如何被认为是真实的或合法的，又是如何成为思考的对象的；将权力重新定义为生产力，并对制度化规范和与主体性及自我道德发展相关的社会实践提出质疑。我们所概述的这些智能工具为对公共关系实践或学术方面的问题感兴趣的研究学者们提供了方法论和认识论的选择。

批判

福柯由于专注于不连续性的分析方法而饱受诟病，尤其是他的著作被批评为事实不准确和缺乏系统化的分析方法（Smart, 2002）。然而，我们要记住的是，因为福柯的目的是寻找变化的实例，所以他利用现有的历史资源中的不连续的实例以及哲学概念，来发展对思想体系的新的理解，这种方法需要一个折中的或者"粗线条"的方向。为保证他对不连续性的强调，福柯解释道："我拒绝了时间统一模型，从而描述每个话语实践的积累、排斥、再激活规则，它们自身的派生形式，以及它们在各种连续层面上的特定联结模式。"（Foucault, 1988, p.200）事实上，从社会趋势而不是语言的微观层面上看，这种创新的方法为话语分析提供了一个范例。福柯（Foucault, 1988）认为，政治和社会的进程作为特定的历史变化的一部分并不是显而易见的，因此他对于不连续性的强调正好揭示了这些政治和社会的进程。

除了对方法的批判，福柯面对的还有对哲学本质的批判。福柯并没有提出一个明确的理论，而是审视复杂的问题，转变他的关注点从而为当下提供一个本体论历史研究（McHoul & Grace, 1993）。此外，福柯对于自己研究焦点的重新确定是随着兴趣而转变的，因此很难确定他贡献的确切性质。不过，福柯在自我技术中，对他试图在他的研究中实现的目标做了最后阐述。其中一个如下：

> 我所研究的是三个传统的问题：（1）我们与通过科学知识获得的真理，与在文明中如此重要的和我们既是主体又是客体的"真理游戏"之间是什么关系？（2）通过这些奇怪的策略和权力关系，我们和他人的关系是什么样的？（3）真理、权力和自我之间又存在什么关系？
>
> （McHoul & Grace, 1993, p.15）

话语、权力和主体的主题依然是显而易见的，但是它们被作为一个整体的而不是离散的、单独的项目去研究，并且他的著作中逐渐融入了真理的概念。事实上，福柯的著作提供了一个工具箱，用来以多种方式处理复杂的社会和政治问题。学者们也可以像福柯那样修改和调整他的方法，为社会功能研究提供新视角。

与公共关系的关联

福柯的著作为探索公共关系的复杂目的提供了许多工具。运用福柯学派的视角能引导我们对公共关系做出多样化的概念界定：一个知识体系、一个话语技术、一个权力效

应以及一个主体实践。对这些知识路径的探索可能会引发我们对于公共关系新的思考方 **343**
式，对公共关系的认知将从主要是制度实践，扩展到将其作为变革的社会工具。现在，
我们将深入讨论福柯的著作如何有助于解决公共关系的目的问题，并概述其著作在一些
公共关系中的应用。

福柯式公共关系观点

对于公共关系学者来说，问题化为他们质疑和审视公共关系在社会中所扮演的角色
提供了技巧。从福柯学派的观点来看，理解公共关系起源和发展的一个关键问题是："我
们为什么以这种方式来思考公共关系问题？"这种性质的工作已经开始（Ewen, 1996;
L'Etang, 2004, 2006; Motion & Leitch, 2001; Toledano, 2005）。这些历史视角促进了我们对
于公共关系的政治、经济、社会文化发展方面的认识。然而，福柯关于公共关系演变的
问题化将凸显知识生产中的话语作用，批判公共关系策略中的权力关系和权力效应，并
把真理概念置于公共关系历史背景的中心。在公共关系实践和学术领域中的历史趋势和
断裂是可以确定的，例如，公共关系演化的批判史可能关注特定民族、组织或个人的话
语实践；支撑公共关系战略或策略的权力技术通过对比它们各自发挥作用的利害关系、
利益和价值来确定；真理、权力、组织和自我探索之间的关系。此外，可以勾画出权力
网和权力效应，并考察公共关系中固有的真理制度和真理游戏的概念。问题化的一个优
点是它不试图规定研究内容或将如何研究，而是扩大研究调查领域。例如，一个可能被
研究的矛盾问题：为什么积极的公共关系成果被排除在公共关系的一般概念化之外，而
消极的概念化却盛行？我们是如何以这样一种论辩的方式思考公共关系的呢？这种质疑
有可能将我们的注意力转移到公共关系的许多积极的属性上，并将公共关系重新定位为
社会理想和实践之间的联结（McKie, Motion & Munshi, 2004, pp.7-8）。

福柯的著作也可以应用于解释学科是如何在范式和定义上发展的。例如伊伦和范
霍文（Ihlen & Verhoeven, 2012）将公共关系当作一种社会活动来关注，并追踪新的
问题、概念和问题的价值，以理解公共关系中的身份和学术范式之间的分歧。爱德华
（Edwards, 2012）提供了一个"流向"（flow）的概念作为界定公共关系对象的新起点。爱 **344**
德华、伊伦和范霍文（Edwards, Ihlen & Verhoeven, 2012）通过质疑公共关系是什么和它
是如何在社会中起作用的这两个问题，从而使许多被认为理所当然的、对公共关系的目
的和社会政治角色的理解受到了质疑。

福柯理论的潜在应用

福柯的理论应用在公共关系实践和调查的三个关键方面尤为突出：意义生产和社会
变革、关系管理、身份认同。从福柯的观点来看，公共关系可以被理解为一个影响和塑
造我们如何思考和理解世界的概念和思想体系的讨论过程。福柯著作的相关方法在公共

关系中的应用强调话语行动者和"利益相关者"之间的权力/知识关系。公共关系专业人员所做的身份认同研究可以用福柯的一些理论来分析，这些理论与话语参与者可获得的主体位置的创造和转换有关。因此，福柯学派理论视角增加了对公共关系的话语、关系和身份认同方面的学术和实践理解。我们提出福柯理论的潜在应用的最初出发点是探索公共关系作为一个话语意义创造过程的概念化。赫勒（Heller, 2016）的论文《福柯，话语与英国公共关系的诞生》或许提供了一个有用的出发点，因为她将福柯视角转向了公共关系产业自身的创造。

转换话语与映射社会变迁

话语可能被参与者争论、抵制或转换（Hardy, palmer & Phillips, 2000; Hardy & Phillips, 1999），但是这些工作往往落到公共关系从业者的身上。其目的是通过创造新的意义和规则，改变人们理解社会文化和政治现象的方式，这些意义和规则是"从所有可能被接受的陈述中分离出来"的（Foucault, 1972, p.197）。虽然之前语篇的片段可能会被遗留下来，但是潜在的意义、思想体系和话语规则都已经发生改变。福柯认为，话语的改变可以由规划话语边界的转移、话语主体在话语中的新位置和新角色、新的语言模式和新的话语传播形式来决定。例如，公共关系从业者可能试图通过引入关于增长和就业保障的经济话语来改变环境话语边界，将反对者定位为"绿色"激进分子或生态恐怖分子，关注商业、金融和就业保障的语言，并试图影响工会。或者相反地，公共关系从业者可能会试图通过重申可持续的经济价值来推翻这些努力，将反对者定位为不负责任的企业，并关注气候变化。因此，运用这种方法来描绘变化，既提供了一个潜在的研究议程，也为探究与意义生产相关的公共关系实践提供了系统的步骤。福柯理论在公共关系中的另一个潜在应用来自弗尔克劳（Fairclough, 1992）对话语转换的分析，该分析借鉴了福柯的著作，旨在分析话语转换以推动社会文化变革的有意尝试。弗尔克劳将这种尝试称为由"在话语实践中研究、设计和提供培训的技术专家"所实现的"话语技术化"（Fairclough, p.8）。这种洞见对我们公共关系的研究是无价的。在我们的学术研究中，我们一直受到福柯问题化概念的指导。最初，我们致力于理解以组织为导向的对称模式的局限性，并寻找用来解释更为复杂和差异化实践的其他方法（Motion & Leitch, 1996）。福柯的研究方法使我们将话语和权力置于学术和研究的中心。在后来的研究中，我们关注的是真相、公众利益和公众参与的问题。我们的议程一直在扩展实践和学术，以新的方式思考公共关系在社会中作用。例如，摩森和利奇整合了福柯和弗尔克劳在话语技术化方面的工作，将公共关系从业者在转变话语从而改变社会文化实践的斗争中所起的作用和所做的实践进行理论化（Motion & Leitch, 1996）。研究结果认为，公共关系专家通过话语的转换促进社会文化目标的实现，从而改变社会文化实践。摩森（Motion, 2005）运用了福柯的视角来批判政府试图改变国家经济话语和公共关系实践的做法，即让利益相关者参与到具有预定结果的过程中。霍尔兹豪森和沃托（Holtzhausen & Voto, 2002）的著作也符合福柯式质疑霸权主义行为的传统。例如，霍尔兹豪森和沃托对现代主义企业的公共关系定位提出了质疑，并得出结论，即后现代活动主义视角允许批判性赋权，并为公共关系研究提供了后现代议程（Holtzhausen & Voto, 2002）。因此，公共关系学的新兴团体也认为，后殖民主义和种族是公共关系运作的社会和文化领域的一部分，因此需要认真考虑和采取行动（Munshi & Edwards, 2011）。

德米特里厄斯从公民社会的角度，运用福柯方法批判公共关系与草根激进主义的相互作用（Demetrious, 2013）。在她的作品中，她强调社区驱动的激进主义的生成性和创造性，并在公民框架内理论化激进主义。运用话语理解复杂的环境问题，她为以促进积极的社会政治变革和优先考虑环境问题的方式重新概念化和实践公共关系开辟了可能性。

福柯的话语研究被组织学者广泛应用于分析组织问题。《Sage 组织话语手册》（*The Sage Handbook of Organizational Discourse*）（Grant, Hardy, Oswick & Putnam, 2004）对这一领域当时的研究进行了全面的概述。同样，批评组织学者利弗西（Livesey, 2002a, 2002b）的著作也对组织话语实践提出了一种福柯式的批评，侧重于公共关系为维护组织合法性和影响社会变革所做出的努力，因此，作为一个服务于学者和从业者有用的资源，他希望能够理解或改变公共关系实践。最近，《Routledge 批判公共关系手册》（*the Routledge Handbook of Critical Public Relations*）（L'etang, McKie & Snow, 2016）里也有许多福柯式的观点和参考。我们认为，通过对意义生产和社会变革进程的探索，福柯的话语研究有潜力对不断成长的批判公共关系学领域做出更深远的贡献。比如，一个潜在的目标是超越宣传模式，去批判精心设计的话语技术，从而达到政治和社会的变革。根据这一建议，关于战略话语定位的研究已经探索了话语斗争，以及可以用来描绘话语如何应用于话语转换策略的理论方法，尤其是在环境与气候变化问题上（James, 2012, 2014; Roper, 2012; Wise & James, 2013）。

管理权力 / 知识以及关系的真理层面

公共关系学者曾经忽视了权力的概念，对其造成了损害（Leitch & Neilson, 2001），直到最近，权力的重要性才逐渐得到承认和研究（e.g., Berger, 2005; Edwards, 2006; L'Etang, McKie and Snow, 2016; Weaver, Motion & Roper, 2006）。柯延（Curtin）和盖瑟（Gaither）提出的整合文化圈模型（the integrated circuit of culture model）是一个重大的发展，由于权力在塑造话语实践中的作用，该模型将权力定位为公共关系的核心关注点（Curtin & Gaither, 2005）。显然，公关从业者因其话语技术专家的角色，成为权力 / 知识进程中的核心参与者（Fairclough, 1992; Motion & Leitch, 1996）。例如，公共关系在 20 世纪最后几十年，西方社会从凯恩斯主义向新自由主义经济霸权的转变以及随之而来的意识形态转变中发挥了重要作用（Hall & Jacques, 1989）。促进话语生产和转换的权力网络，以及由此产生的意识形态变化的权力效应是一个重要的研究领域。由普莱斯（Place）和瓦特曼·温特（Vardeman-Winter）（Place & Winter, 2013）所做的一个研究运用了福柯的"生物权力"概念去确定在公共关系领域内，权力是如何作为一种特殊霸权知识和约束力量的特权实践而发挥作用的。对权力/知识和真理的研究可以借鉴他俩的著作，研究公共关系是如何通过努力调节和控制人口的生物权力技术来推进国家权力的。

福柯的《真理的问题化》对公共关系工作有着耐人寻味的启示：

> 事实上，真理无疑是一种权力形式。说到这里，当西方哲学提出这些问题的时候，我只回答了其中一个基本问题：事实上我们为什么依附于真理？为什么是真理而不是谎言？为什么是事实而不是神话？为什么是事实而不是幻觉？我认为，与其去找出与错误对立的真理是什么，去探索尼采提出的问题应该会更有趣：在我们的社会中，"真理"是如何被赋予这种价值，进而把我们置于其支配之中的？
>
> （Foucault, 1988, p.107）

公共关系从业者常常被指责不坚持真理（Stauber & Rampton, 1995; Toth & Heath, 1992）。在上面的引述中，福柯提出了一个更深层次的问题，我们为什么要坚持真理。从福柯的观点来看，对真理的坚持是权力/知识关系的核心，特定的知识利用其同权力的关系获得真理地位。事实上，作为一个特定话语体制下的偶然的、情境化的加工品或资源，真理本身就是一个需要被质疑的概念/实践。真理作为维护或反对特定权力政权和支配联盟的战略资源的概念，强调了权力、知识和真理之间的相互关系和不可分割的联系。例如，通过权力赋予其权威，媒体可以对社会事件进行评论，进而建立关于事件的知识和真理。在接受特定的媒体观点作为真理的过程中，社会强化了媒介体系的权力，背后则是各个话语主体的既得利益，其观点得到了公共关系专家的推崇。因此我们认为，公共关系不应该脱离真理，而应该与建立和加强真理有着核心关联。建立特定真理领域的公共关系实践、这些变化中的既得利益和利益，以及正在发挥作用的权力/知识斗争，都是应用福柯批判理论的重要潜在机会。

公共关系从业者通过运用话语策略，在塑造权力/知识关系方面发挥着核心作用，这就提出了一个根本问题——公共关系在社会中的角色和责任是什么？我们可以使用批判的福柯话语视角来探讨这个问题，它质疑了公共关系从业者在试图建立特定真理和改变权力/知识关系时所扮演的角色。公共关系作为一个相对无害的商业管理体系的概念，在运用福柯方法时发生了改变，它将权力和影响置于对社会公共关系角色、责任的批判和实践问题的中心。因此福柯的著作可以运用到反思权力在公共关系实践中的本质、作用和影响中去。在摩森、希思和利奇所做的社交媒体与公共关系研究中，福柯的方法被用于质疑真实性和虚假性、强大的和无力的、有意义和无意义的概念如何在社交媒体中发挥作用（Motion, Heath & Leitch, 2016, p.207）。

身份认同研究

对福柯来说，身份既不意味着一个现代主义者固有的本质自我，也不意味着后现代主义的永续发展。相反，福柯对于这一主题的研究强调源自实践的人，不是一种状态或者优越地位，而是一条"轨迹"（Rabinow, 1997, p.xix）。福柯关于重塑自我的研究可以理论化，亦可批判公共关系从业者在个人或组织的身份认同或品牌塑造中所发挥的作用。与本质或统一自我的概念相反，福柯主张自我建构和转换。公共关系专家试图创造和促进身份认同的特定方面。但是，商品化和身份提升的实践，特别是就个人而言，引发了自我提升的伦理问题，以及是否存在一个本质的或真实的自我的问题。这些问题导致了对身份认同的研究，或有时被视为对形象或印象管理中公共关系介入的批判。福柯关于行为理想和自我伦理的研究，促成了个人伦理和价值观在所采用的话语定位策略中的核心地位的构成（Foucault, 1984）。由此，福柯的研究为伦理人格同一性的研究提供了一个潜在的议程和正当理由。比如，福柯关于将自我建构为艺术品的理念，与个人或品牌代言人的公共关系理念非常契合。公共关系从业者可以通过扮演形成性或咨询性的角色，协助个人进行身份认同的建构工作（Motion, 1999/2000），比如个人公共关系或者自我品牌塑造。摩森（Motion, 1999）借鉴福柯的方法，确定了两种个人公共关系或身份认同的模式。在形成性模式中工作的从业者被认为是积极地建构公共身份的；而在咨询性模式中，实践者仅仅就如何以话语方式定位自我提供建议，并探讨潜在的伦理影响，但身份认同工作是由个人承担的。福柯关于将自我建构成艺术品的理论的进一步应用，可以研究身份轨迹如何通过话语被技术化、被定位、被提升的问题，研究将自我建构成艺术品意味着什么，以及这种方法的局限性。

福柯的话语技术框架关注生产技术、符号系统、权力和自我，对企业的身份认同产生了影响（Foucault, 1988）。例如，它已经被应用于批判企业传统的身份认同方法，并发展出了一个新的符号学模型（Motion & Leitch, 2002），用于将企业身份认同理解为一个组织表达各个方面的话语结构，并评估这些表达的一致性。此外，该框架还可以更广泛地应用于公共关系学，以了解如何制定及实施战略和变革实践。

研究和实践的结论和启示

福柯将他的著作描述为供其他学者使用的工具箱，在本章，我们对于这个工具箱中的财富只是匆匆一瞥。从这个意义上我们认为，福柯的全部作品与其说是一个工具箱，不如说是一个藏宝箱。无论是公共关系学者还是从业者都可以从理解理论家的视角中平等地获益，他要求我们"知道如何以及在多大程度上可以以不同的方式思考，而不是使已知的东西合法化"（Foucault, 1984, p.9）。

与其他的许多批判理论家不同，福柯的研究不仅限于简单地将他人提出的观点分解开来，而是提供了新的见解、新的认识和理解世界的方法。通过将福柯的观点融入我们的学者与从业者的工作中，我们超越了对卓越的关注，转而思考公共关系是如何运作，以及为什么运作的。福柯的著作让我们去思考公共关系从业者在民主社会中，尤其是他们作为话语技术专家所扮演的角色问题。在实践的过程中，我们把权力/知识放在了我们思考的中心。从权力/知识的角度进行概念界定，公共关系从被视为商业实践的商业话语领域，转而被当作生产和传播某些真理的权力效应的政治话语领域。

福柯的生活与工作

米歇尔·福柯（1926—1984）出生于法国普瓦捷。1950年，他进入巴黎高等师范学院（Ecole Normaie Superieure）攻读哲学和心理学学位。福柯曾在西共体师范学院（Ecoie Normaie）和里尔大学（University of Lille）短暂授课。1954年他离开法国，先后在乌普萨拉大学（University of Uppsala）、华沙大学（Warsaw University）和汉堡大学（University of Hamburg）任教。1960年，他回到法国，在克莱蒙特-费朗德大学（University of Clermont-Ferrand）攻读哲学学位，并于1961年完成了疯狂史博士学位（Fofie et deraison：Histoire de lo folie a rage classique）。1963年，他和雷蒙德·鲁塞尔（Raymond Roussel）出版了《诊所的诞生》（de la clinique）。1965年，福柯在突尼斯大学任职，1966年出版了《万物的秩序》（Les mots et les choses），广受好评。1968年5月学生起义后，福柯回到了法国，1969年出版了《知识考古学》（L'archeologie du savoir）。1970年，他被选为著名的法兰西学院（College de France）思想史系主席。作为一名政治积极分子，他的研究是政治化的，这在他1975年出版的《纪律与惩罚》——对纪律权力、控制和知识的审查中表现得很明显。《性史》系列著作关注主体性话语和自我关怀。此外，他在法兰西学院发表的批判知识和真理的意志、权力的技术和自我的主体化的演讲和研讨内容也已被翻译出版。

有关福柯著作的参考文献包括伯诺尔和拉斯穆森（Bernauer & Rasmussen, 1994）、迪安（Dean, 1994年）、古廷（Gutting, 1994）、麦克霍尔和格蕾丝（McHoul & Grace, 1993）以及雷比诺（Rabinow, 1984）的作品。

参考文献

[1] Ainsworth, S., & Hardy, C. (2004). Discourse and identities. In D. Grant, C. Hardy, C. Oswick, & L. Putnam (Eds.), *The SAGE handbook of organizational discourse* (pp. 153-173). London: SAGE.

[2] Berger, B. K. (2005). Power over, power with, and power to relations: Critical reflections on public relations, the dominant coalition, and activism. *Journal of Public Relation Research*, 17(1), 5-28.

[3] Bemauer, J., & Rasmussen, D. (Eds.). (1994). *The final Foucault*. Cambridge, MA: MIT Press.

[4] Clegg, S., Courpasson, D., & Phillips, N. (2006). *Power and organizations*. London: SAGE.

[5] Curtin, P. A., & Gaither, T. K. (2005). Privileging identity, difference, and power: The circuit of culture as a basis for public relations theory. *Journal of Public Relations*, 17(2), 91-115.

[6] Davenport, S., & Leitch, S. (2005). Circuits of power in practice: Strategic ambiguity as delegation of authority. *Organization Studies*, 26(11), 1603-1623.

[7] Dean, M. (1994). *Critical and effective histories: Foucaultss methods and historical sociology*. London: Routledge.

[8] Demetrious, K. (2013). *Public relations, activism, and social change: Speaking up*. New York, NY: Routledge.

[9] Dreyfus, H. L., & Rabinow, P. (1982). *Michel Foucault: Beyond structuralism and hermeneutics*. Chicago, IL: University of Chicago.

[10] Edwards, L. (2006). Rethinking power in public relations. *Public Relations Review*, 32(3), 229-231. **350**

[11] Edwards, L. (2012). Defining the "object" of public relations research: A new starting point. *Public Relations Inquiry*, 1(1), 7-30.

[12] Ewen, S. (1996). *PR! A history qf spin*. New York, NY: Basic Books.

[13] Fairclough, N. (1992). *Discourse and social change*. Cambridge, UK: Polity Press.

[14] Foucault, M. (1972). *The archaeology of knowledge* (A, M. Sheridan Smith, Trans.). London: Roudedge.

[15] Foucault, M. (1974). Prisons et asiles dans le mecanisme du pouvoir prisons and refuges in the mechanism of power]. In M. Focault, D. Defert, F, Ewald, & j. Lagrange (Eds.), *Dits et Ecrits* (Vol. 2) (pp. 523-524). Paris: Gallimard.

[16] Foucault, M. (1977). *Discipline and punish: The birth of the prison* (A. Sheridan, Trans.). London: Penguin.

[17] Foucault, M. (1978). *The history of sexuality: An introduction* (R. Hurley, Trans.). London: Penguin.

[18] Foucault, M. (1980). *Power/knowledge: Selected interviews and other writings 1972-1977* (C. Gordon & L. Marshall, Trans.). New York, NY: Pantheon.

[19] Foucault, M. (1982), On the genealogy of ethics: An overview of work in progress. In H. L. Dreyfus& P. Rabinow (Eds.), *Michel Foucault: Beyond structuralism and hermeneutics* (pp. 229-252). Chicago, IL: University of Chicago.

[20] Foucault, M. (1984). *The use of pleasure: The history of sexuality* (R. Hurley, Trans.). London: Penguin.

[21] Foucault, M. (1988). Technologies of the self. In L. Martin, H. Gutman, & P. Hutton (Eds.), *Technologies of the self: A seminar with Michel Foucault* (pp. 16-48). Amhent, MA: University of Massachusetts Press.

[22] Foucault, M. (1991a), Politics and the study of discourse. In G. Burchell, C. Gordon, Sc P. Miller (Eds.), *The Foucault effect: Studies in govermmntality with two lectures and an interview with Michel Foucault* (pp. 53-72). Chicago, IL: University of Chicago.

[23] Foucault, M. (1991b). Govemmentality. In G. Burchell, C. Gordon, & P. Miller (Eds.), *The Foucault effect: Studies in govemmentality with two lectures and an interview with Michel Foucault* (pp. 87-104). Chicago, IL: University of Chicago.

[24] Foucault, M. (1994). *Aesthetics: Essential works of Foucault 1954-1984* (J. D. Faubion, Ed.; R. Hurley et al., Trans.). London: Penguin.

[25] Foucault, M. (1997). The ethics of the concern for the self as a practice of freedom. In P. Rabinow (Ed.),

Michel Foucault: Ethics, subjectivity and truth (pp. 281-301). New York: New York University Press.

[26] Granisci, A. (1971). *Selections from the prison notebooks* (Q. Hoare & G. Nowell Smith, Eds. & Trans.). London; Lawrence & Wishart.

[27] Grant, D., Hardy, C., Oswick, C., 8c Putnam, L. (Eds.). (2004). *The SAGE handbook of organizational discourse*. London: SAGE.

[28] Gutting, G. (Ed.). (1994). *The Cambridge companion to Foucault*. Cambridge, UK: Cambridge Univeixity Press.

[29] Hall, S., &c Jacques, M. (Eds.). (1989). *New times: The changing face of politics in the 1990s*. London: Lawrence & Wishart.

[30] Hardy, C., & Phillips, N. (1999). No joking matter: Discursive struggle in the Canadian refugee system. *Organization Studies*, 20(1), 1-24.

[31] Hardy, C., Palmer, I., & Phillips, N. (2000). Discoune as a strategic resource. *Human Relations*, 53(9), 1227-1248.

[32] Heller, M. (2016). Foucault, discourse, and the birth of British public relations. *Enterprise & Society*, 17(3), 651-677.

[33] Holtzhausen, D. (2002). Towards a postmodern research agenda for public relations. *Public Relations Review*, 28(3), 251-264.

[34] Holtzhausen, D., & Voto, R. (2002), Resistance from the margins: The postmodern public relations practitioner as organizational activist. *Public Relations Review*, 14(1), 57-84.

[35] Ihlen, Ø., & Verhoeven, P. (2012). A public relations identity for the 2010s. *Public Relations Inquiry*, 1(2), 159-176.

[36] James, M. (2012). Autoethnography: The story of applying a conceptual framework for inten-tional positioning to public relations practice. *Public Relations Review*, 38(4), 555-564.

[37] James, M. (2014). *Positioning theory and strategic communication: A new approach to public relatiom research mid practice*. New York, NY: Routledge.

[38] L'Etang, J. (2004). *Public relations: A history of professional practice in the twentieth century*. Mahwah, NJ: Erlbaum.

[39] L'Etang, J. (2006). Public relations as theatre: Key players in the evolution of British public relations. In J. L'Etang & M. Pieczka (Eds.), *Public relations: Critical debates and contemporary practice* (pp. 143-166). Mahwah, NJ: Erlbaum.

[40] L'Etang, J., McKie, D., & Snow, N. (2016). *The Routledge handbook of critical public relatiom*. Oxon, England: Routledge,

[41] Leitch, S., & Neilson, D. (2001). Bringing publics into public relations: New theoretical frameworks for practice. In R. Heath (Ed.), *Handbook of public relations* (pp. 127-139). Thousand Oaks, CA: SAGE.

[42] Livesey, S. M. (2002a). Global warming wars: Rhetorical and discourse analytic approaches to ExxonMobil's corporate public discourse. *The Journal of Business Communication*, 39(1), 117-148.

[43] Livesey, S, M. (2002b). The discourse of the middle ground: Citizen Shell commits to sustainable development. *Management Communication Quarterly*, 15(3), 319-349.

[44] McHoul, A., & Grace, W. (1993). *A Foucault primer: Discourse, power, and the subject*. Melbourne, Australia: Melbourne University Press.

[45] McKie, D., Motion, J., & Munshi, D. (2004). Envisioning communication from the edge. *Australian*

Journal of Communication, 31(3), 1-11.

[46] Motion, J. (1999). Personal public relations: Identity as a public relations commodity. *Public Relations Review*, 25(4), 465-479.

[47] Motion, J. (2000). Personal public relations: The interdisciplinary pitfalls and innovative possibilities of identity work. *Journal of Management Communication*, 5(1), 31-40.

[48] Motion, J. (2005). Participative public relations: Power to the people or legitimacy for government discourse? *Public Relations Review*, 31(4), 505-512.

[49] Motion, J., & Leitch, S. (1996). A discursive perspective from New Zealand: Another world view. *Public Relations Review*, 22(3), 297-309.

[50] Motion, J., & Leitch, S. (2001). New Zealand perspectives on public relations. In R. L. Heath (Ed), *Handbook of public relations* (pp. 659-663). Thousand Oaks, CA: SAGE.

[51] Motion, J., & Leitch, S. (2002). The technologies of corporate identity. *International Studies of Management & Organization*, 32(3), 45-64.

[52] Motion, J., Heath, R. L., & Leitch, S. (2016), *Social media and public relations: Fake friends and powerful publics*. London: Routledge.

[53] Munshi, D., & Edwards, L. (2011). Understanding "race" in/and public relations: Where do we start and where should we go? *Journal of Public Relations Research*, 23(4), 349-367.

[54] Place, K. R., & Vardeman-Winter, J. (2013). Hegemonic discourse and self-discipline: Exploring Foucault's concept of bio-power among public relations professionals. *Public Relations Inquiry*, 2(3), 305-325.

[55] Rabinow, P. (Ed.). (1984). *The Foucault reader*. London: Penguin.

[56] Rabinow, P. (Ed.). (1997). Introduction. In M. Foucault, *Michel Foucault: Ethics, subjectivity and truth. Hie essential works of Michel Foucault 1954-1984* (R. Hurley et al., Trans.) (pp. xi-xlii). New York; New Press.

[57] Roper, J. (2012). Environmental risk, sustainability discourees, and public relations. *Public Relations Inquiry*, 1(1), 69-87.

[58] Smart, B. (2002), *Michel Foucault*. London: Routledge.

[59] Stauber, J., & Rampton, S. (1995). *Toxic sludge is good for you: Lies, damn lies, and the public relations industry*. Monroe, ME: Common Courage Press.

[60] Toledano, M. (2005). Challenging accounts: Public relations and a tale of two revolutions. *Public Relations Review*, 31(4), 463-470.

[61] Toth, E., & Heath, R. L. (Eds.). (1992). *Rhetorical and critical approaches to public relations*. Hillsdale, NJ: Erlbaum.

[62] Weaver, C. K., Motion, J., & Roper, J, (2006). From propaganda to discourse (and back again): Truth, power, the public interest, and public relations. In J. L'Etang & M. Pieczka (Eds.), *Public relations: Critical debates and contemporary practice* (pp. 7-21). Mahwah, NJ: Erlbaum.

[63] Wise, D., & James, M. (2013). Positioning a price on carbon: Applying a proposed hybrid method of positioning discourse analysis for public relations. *Public Relations Inquiry*, 2(3), 327-353.

第十九章

多萝西·史密斯：公共关系与十字路口的女性主义理论

拉娜·F.拉科夫　　狄安娜·露利亚·纳斯塔斯西亚

354　　女性和所有边缘群体的公共关系理论及研究会是什么样子？我们还没有答案，尽管近30年来的学术争论支持公共关系中的女性主义理论。女性主义研究者一直关注女性在公共关系职业实践中的地位。他们主张女性进入工作场所，女性主义价值观进入公共关系战略中。然而，女性主义理论为公共关系实践提供实质性批判的能力存在欺骗性，这在很大程度上是因为大多数努力都是在发展女性主义的而不是公共关系的理论。

　　女性主义并未成功地介入职业问题中，尽管甚至是因为所谓的公共关系女性化，但职业问题仍然存在（Fitch & Third, 2010; Fitch, James & Motion, 2016）。如今仍存在对女性和女性主义的阻碍，许多工作中也依然存在深层性别结构。最近，女性主义学者们已经开始认识到改变的必要性，达蒙（Daymon）和德米特里厄斯（Demetrious）提出了新的问题，包括"性别身份如何通过话语、文本产品和实体物得到霸权推动及本质化"（Daymon & Demetrious, 2010, p.6）。如今出现了对批判的女性主义公共关系的呼声

355（Daymon & Demetrious, 2014; Fitch, 2015; Golombisky, 2015），这表明女性主义公共关系理论可能步入一个可以导向新方向的十字路口，让理论去造福女性和领域外的更多人。

　　加拿大社会学家多萝西·史密斯（Dorothy E. Smith）的研究对引领女性主义公共关系走向这一十字路口有重要意义。她认为社会学的目标是"为了人类的社会学"而不是"人类的社会学"（Smith, 2001, p.161），这促使我们从少数群体的立场出发。史密斯自身正处于女性主义理论的十字路口，在这里，物质与符号、经验与话语相遇。她将社会的特点问题化，通过"男性圈"说"父语"的知识生产、基于女性角度的"分裂的意识"体验、文本体现的"统治关系"，以及作为社会研究方法的"制度民族志"来提高批判意识。

　　史密斯的职业生涯始于20世纪60年代，目前她已经退休。她的批判社会理论和女性主义者的实用主义正受到学界关注。1992年，两名女性主义者组织了关于她在主流期刊上的作品的研讨会，称她20年来的工作在当时被忽视了，人们应该早就关注到她（Laslett & Thome, 1992）。许多其他学科如哲学、政治学、商学、法学、教育学、社会工作、护理、男女同性恋研究、规划和地理学都开始关注史密斯的研究（Billo & Mountz, 2016; DeVault, 2006; Smythe, 2009）。然而公共关系并没有关注她的研究。

　　本章首先试图通过介绍史密斯与社会学理论的关系来补充这一疏漏。她的立场的特点是批判传统的知识与权力的假说，这源于她早期受到的个人女性主义影响，以及她在马克思主义和芝加哥学派实用主义方面的学术经历。她拒绝接受绝对和客观知识的假设，认为社会学就是女性压迫的具体化。本章接着论述她与女性主义理论的关系。她的研究并不完全符合传统意义上的自由主义、激进主义、社会主义、后现代主义、多元文化与交叉性、后殖民主义与跨国女性主义的理论立场。相反，她处于激进主义、社会主义和后现代立场的交汇处，暗示着女性主义的交叉化与跨国性，预示着最近通过回归物质和经验来颠覆和更新这些类别的趋势。和每个流派所关注的一样，她的研究涉及性别、女性、权力、不公正和变革等关键理论问题。她对这些问题的研究可以作为批判性女性主义公共关系理论的可能元素。史密斯在十字路口的研究使我们能够看到，迄今对女性和公共关系的大多数关注都是对公共关系中女性生活的关注，而不是对女性生活中公共关系的关注。史密斯的社会学和女性主义观念可以改变这一立场，"为人类"创造理论而不是创造"人类的"理论。

史密斯和社会学理论

　　史密斯的社会理论始于她对知识的理解，她认为知识是一种社会产物，连接着经验与话语，是统治压迫关系的体现。她是如何发展这一批判性的社会学立场的呢？史密斯（Smith, 2005）指出，她的生活经历对知识方法的形成起了重要作用。她生于英格兰北部的一个中上层阶级家庭中，她在家庭中耳濡目染了女性主义并将其延续到她的知识和职业生涯中，包括代表她母亲和祖母参加争取选举权的运动，沉浸于贵格会对女性平等的理想追求（Smythe, 2009）。从某种意义上说，她的"分裂的意识"是在这些经历和她的学术训练共同影响下产生的。她在伦敦经济学院学习了马克思主义，在加州大学伯克利分校学习了芝加哥学派的实用主义和社会互动主义，并在欧文·戈夫曼的指导下完成了一篇论文。她发现自己作为妻子和母亲的经历与作为学者的经历形成了鲜明的对比，这使她更加认同女性主义（Campbell, 2003, p.13）。在她职业生涯的早期（1968—1977），她活跃于加拿大温哥华的女性运动，并开始写女性主义社会学著作（Smythe, 2009, p.27）。她起初自称是马克思主义女性主义者，但很快因左派对女性主义不感兴趣而感到沮丧（Smith, 1977）。这些经历及其矛盾之处使她对权力和知识的制度化形式对女性的压迫有独到的批判。

这一分析的核心是史密斯对真理的立场。她反对绝对主义的真理，这种真理可能存在于外部现实中，也可能只存在于思想或精神活动中。因此，她也反对远观现实也可以准确描述现实的客观性。史密斯的研究一直处于经验主义和社会建构主义之间，这是埃米尔·迪尔凯母（Emilie Durkheim）提出的社会学的基本认识论问题（Hart & McKinnon, 2010, p.1039）。她的解决方案借鉴了马克思和实用主义者乔治·赫伯特·米德（George Herbert Mead）的观点，得出了真理是相互主观的结论。真理和知识是通过语言和共同的感官经验而产生的，这些感官经验协调着意识（Hart & McKinnon, 2010, p.1051）。鉴于她在物质和符号之间的立场，瓦尼尼（Vannini, 2008）认为史密斯是一个批判的实用主义者。

与其他社会学前辈相反，史密斯主张认识到知识是社会建构的，是压迫关系的根源，这就需要从女性立场出发，"改变认识的基础，改变探究的起点"来补救社会学。她从女性立场出发，因为这些女性已经被她们的身体所定义，所以她的研究"始于忘记身体"（Smith, 1992, p.91）。一位女性主义社会学家注意到，史密斯通过保留肉身主体的意义，改善了社会学中的语言学转向。但是，认知者的经验并非完全不涉及社会关系。史密斯认为，认知主体和肉身主体的日常生活世界是由无处不在但又不可见的社会关系构成的，这些关系应成为探究的主体。她说，描绘这些关系并将其用于变革的目的不是宣称"一个统一的、绝对的或最终的真理"，而是揭示了制度的知识主张（包括社会学的知识主张）（DeVault, 2013, p.94）。正如坎贝尔所描述的，史密斯指出了"客观知识如何抵消了认知者的主体性"（Campbell, 2003, p.8），要求研究经验和依赖文本的话语之间的错误界限（Campbell, 2003, p.17）。

史密斯（Smith, 2008）将客体化的制度话语过程（即把焦点从了解"地面"转移到上层视野）描述为"14层效应"，以回应凯·艾利克森对社会学的隐喻。艾利克森认为社会学家站在14层而不是人行道的有利位置上，在这个位置上可以看到人行道上的运动是如何被设计和编排的，但在人行道上没有人能说出它是如何完成的。社会受制于社会力量，社会力量塑造了社会的形式和模式（Kai Erickson, 2008, p.7）。然而，史密斯指出，在这一过程中主体能动性的作用被未知的、实际上只是社会学概念的"某些事物"所取代（Smith, 2008, p.418）。相反，她认为，这种协调是通过制度文本实现的本地和跨地域社会关系的结果。

虽然史密斯被认为是最早阐明女性立场在女性主义理论中意义的人之一（Smith, 1974），但她并没有把女性立场发展为理论，而是坚持认为这只是理解经验、权力和知识的一个起点。她指出，社会科学总是从一个立场出发，无论是话语的立场还是制度的立场（Smith, 1992），历史上一直是男性的立场，关注彼此的写作和谈话。她认为，男性创造知识和使用"父语"的圈子通过将知识客体化和普遍化，已经将对女性的排斥扩展到制度层面（Smith, 1987）。她发现了一种分裂的意识，这种意识产生于经验知识和制度知识的交叉处。文本或文档不仅仅是组织信息的来源，而且它们通过在时间和空间上积累相同的文字和意象，规范、调节和协调人的活动及其身份，使制度客观存在（Smith, 2001）。她的制度民族志方法（Smith, 2005）意在将我们带回女性的具身体验，在描绘支配个人的统治关系时，发现日常世界中的问题。

史密斯和女性主义理论

史密斯虽然是活跃的女性主义者，也是女性主义学术理论形成时期的女性主义学者，但她与女性主义理论有着复杂的关系，其原因是：首先，她的立场并不完全符合传统的理论范畴，她的研究事实上包含了其中几个关键方面，这使得她的理论很难描述，也容易受到批评。然而，随着最近对超越和跨越这些范畴的关注，女性主义者开始重新评价史密斯的研究及贡献。其次，她的研究一直存在争议（见后面关于批评的部分）。为理解史密斯的理论处于女性主义理论的十字路口（正是在这里，批判的女性主义公共关系理论出现），我们总结了一系列女性主义立场的特点，包括女性主义的公共关系理论使用过或未使用过的方式。

女性主义立场

值得注意的是，女性主义理论立场来自女性主义及其政治运动，主要是19世纪晚期和20世纪早期美国和西欧的妇女解放运动。19世纪50年代到20世纪50年代掀起了第一次浪潮（或称女性选举权的运动），20世纪60年代和20世纪80年代掀起了第二次浪潮（或称女性权利运动），20世纪90年代后出现第三次浪潮（或称微观政治运动）（Bailey, 1997; Rosen, 2001）。然而，女性主义不仅是一种政治运动，还是一系列的理论立场（Butler & Scott, 1992; Garry & Pearsall, 1996; Rakow & Wackwitz, 2004）。因此，对女性主义的分类并不是关注运动的时间段，而是关注性别和社会理论假设的差异（Grant, 1993），我们在这里采用的划分承认了自由女性主义（liberal feminism）、激进女性主义（radical feminism）、社会主义女性主义（socialist feminism）、后现代女性主义（postmodernist feminism）、多元文化女性主义（multicultural feminism）和交叉女性主义（intersectional feminism）、后殖民主义女性主义（postcolonial feminism）和跨国女性主义（transnational feminism）之间的差异（Donovan, 1985; Tong, 1989），每一种流派都解释了女性主义关于性别、女性、权力、不公正和变革的重要概念（Carby, 1987; Firestone, 1970）。

自由女性主义是西方世界女性主义理论的主要范式，它反对性别不平等，同时主张在当前的社会和经济结构内进行改革（Abbey, 2011; Coole, 2000; Jaggar, 1983）。自由女性主义认为：（1）通过扩大女性角色的作用减少男女性之间的性别差异；（2）女性身份是理性的和个体主义的，就和男性一样；（3）权力是男性个体以性别歧视的形式对女性行使的，需要加以监督和完善；（4）社会不公正包含贯穿历史的对女性的歧视；（5）社会

359　变革应该包含对已有社会和经济结构的改革。公共关系研究中的自由女性主义理论者拒绝在该行业中区别对待男性和女性，并提倡确保女性有能力与男性竞争，具有同男性差不多的工作、薪酬及奖金（Aldoory & Toth, 2002; O'Neil, 2003; Toth & Grunig, 1993）。

激进女性主义反对男权制下男性对女性的压迫，主张重视而不是缩小男女差异，同时在女性共同遭受压迫的基础上寻找共性（Daly, 1973; Firestone, 1970; Frye, 1983; MacKay, 2015; Thompson, 2001）。

激进女性主义者认为：（1）父权制是一种普遍存在的性别制度，它贬低了女性及其相关的价值；（2）女性的身份（identity）由集体经验构成，这与男性不同；（3）需要通过改变男性而不是女性来对抗男性压迫女性的权力关系；（4）对女性的持续暴力行为和压制女性言论是社会不公正的表现；（5）社会变革应以改造现有的社会和文化制度为目标。公共关系中的激进女性主义理论者尝试从将女性融入父权结构（如公共关系），转为批判围绕男性价值的职业，并且力求展望围绕女性价值（如直觉和合作）开展公共关系的可能性（Hon, 1995; Grunig, Toth & Hon, 2000）。

社会主义女性主义反对对女性和男性的劳动剥削，倡导改变资本主义和父权社会中的生产和生殖关系（Brenner, 2014; Fraser, 1989; Shelton & Agger, 1993）。社会主义女性主义认为：（1）性别和阶级系统都是支配关系的表现，应该同时审视这两者；（2）女性身份主要源于无酬劳的工作，不像男性大多数都是有酬劳动；（3）权力是跨性别和阶级的物质资源和生产资料的不公平分配，需要重新分配；（4）社会不公正体现为贯穿历史的上层社会对下层社会中男性和女性的剥削，并在资本主义时期达到顶峰；（5）社会变革应该包含社会经济结构的变革。尽管公共关系在维护社会主义女性主义者所批判的剥削性的社会经济关系方面发挥着重要作用，但社会主义与女性主义的交叉并未引起女性主义公共关系学界的关注。

后现代女性主义反对本质化和二分化的性别体系，反对以绝对真理为基础的宏大人类叙事，而是把现实看作话语中意义的功能（Benhabib, 1995; Butler, 1990; Creed, 1987; Di Stefano, 1990; Hekman, 2014）。后现代女性主义认为：（1）需要揭秘"性别"这种宏大叙事；（2）"女性"是一种意义，而不是本质的生理或心理特征；（3）需要反复地重新解释权力关系，因为没有什么是固定不变的；（4）社会不公正指的是通过语言和知识结构的剥削，这在现代西方社会到达顶峰；（5）应该通过变革意义生产来实现社会变革。

360　公共关系理论者越来越多地使用后现代主义，将其作为讨论权力和中心性/边缘性的框架（Duffy, 2000; Mickey, 2003; Holtzhausen, 2012）。然而，女性主义公共关系学者还未使用后现代主义来讨论该行业内的性别和权力。

多元文化和交叉女性主义理论家批判这种女性主义：假定女性是一个普遍的类别，女性之间存在没有问题的姐妹情谊，认为白人是理所当然的，却没有认识到压迫制度的相互联系（Crenshaw, 1991; hooks, 1984; Yuval-Davis, 2009）。这一视角认为：（1）性别和种族是相互关联的，不能单独分析，也不能将其作为累积压迫来分析；（2）女性身份存在人种、文化和经历的多元性，而不是单一的、没有问题的类别；（3）需要根除白人至上和白人不经反思立场的权力关系；（4）社会不公正是性别歧视、种族主义的系统和制度表现；（5）社会变革应该通过文化、经济、政治和法律手段来修正当前状况。尽管有人批判公共关系行业的种族主义的做法（Kem-Foxworth, 1989; Kem-Foxworth, Gandy, Hines & Miller, 1994; Pompper, 2014），但就业领域外的交叉女性主义批评直到最近才全面展开（Vardeman-Winter, Tindall & Jiang, 2013）。

后殖民女性主义者反对帝国主义势力对第三世界妇女的殖民和剥削，跨国女性主义者指出，全球化的文化和经济不平等始终与性别有关（Alexander & Mohanty, 2010; Said 1978; Shome, 2006; Spivak, 1988）。总体来说，这些女性主义者认为：（1）必须承认和解释性别化殖民系统是霸权的一种形式；（2）女性身份是通过当地和全球的性别关系塑造的；（3）需要解决地区间（北方和南方，东方和西方）不对称的物质和符号关系；（4）社会不公正包括物质和象征经济的全球系统对边缘人的使用；（5）社会变革应该来自底层对政治机构及其代表性的挑战。后殖民主义已经被引入公共关系（Munshi, 2013），但后殖民及跨国女性主义直到最近都不存在（Golombisky, 2015）。

以上每种女性主义立场都能用来理解和评价公共关系，但这种划分系统已经受到将其作为第二次浪潮产物的人的质疑，他们认为最好用制图学的概念来挖掘关系而不是对立（van der Tuin, 2009），并提倡如女性主义实用主义（Hamington & Bardwell-Jones, 2012）、唯物主义女性主义（Harris, 2016）、女性酷儿理论（fagose, 2009）和网络女性主义（Consalvo, 2003）这类立场。有人试图通过扩大自由主义女性主义的范围来弥补其不足，让其逐渐包括伦理自由主义女性主义、社会保守自由主义和社会主义自由主义女权主义（Baehr, 2017）。一些女性主义者关注的是女性主义理论不连续的、颠覆性的目的及方法，这些目的及方法混淆了正常的理论方案，而没有厘清其根本差异，例如凡·德·图音（van der Tuin）的衍射方法论（diffraction methodology, 2014）和哈里斯（Harris）的两难理论（dilemmatic theorizing, 2016）。

在公共关系方面，戈隆比斯基（Golombisky, 2015）研究了女性主义公共关系研究中呈现的五个类别：天鹅绒贫民窟（Velvet Ghetto）、女性主义/女性主义者价值观、种族和民族特异性、次系统和交叉性。她建议通过回归性别操演论（perfomiativity）、立场理论、社会正义来更新类别，并建议转向跨国女性主义、第三空间女性主义（third space feminism）和女性主义（womanism），使公共关系中的女性主义理论超越当前关注公平的第二次浪潮。弗奇、詹姆斯和摩森（Fitch, James & Motion, 2016）呼吁考虑想象一种批判女性主义公共关系研究议程会带来的挑衅、过失和反抗。约曼斯和马里乌蒂（Yeomans & Mariutti, 2016）在公共关系领域对后女性主义给予了肯定，因为它具有能让多种女性主义表达的潜力，至少在职业实践中能让女性发声。这些旨在更新和挑战女性

361

主义理论的举措为重新审视多萝西·史密斯对女性主义理论的贡献打开了大门。

史密斯对女性主义理论立场交叉路口的见解

史密斯没有把自己局限在任何与她的职业生涯平行发展的理论立场上。她虽然在20世纪70年代和20世纪80年代挑战了男性中心学科，并在建立了北美女性研究的第二次学术女性主义浪潮中发挥了重要作用，但她的理论并不总为其他女性主义理论家所接受。重新思考这些范畴的尝试使史密斯的立场与女性主义理论更紧密相关（而不是更疏远），因为其立场回归到了身体、经验、行为和物质。

据阿尔科夫和波特所述，史密斯和其他女性立场的理论家认为自由主义女性主义来自18世纪和19世纪西方中产阶级女性的生活，社会主义女性主义来自19世纪和20世纪西方工人阶级女性的生活，后殖民女性主义来自当前非西方国家中上层阶级女性的生活。女性主义立场的观点承认"每一种女性群体的生活都是一个好的起点"，并用以解释社会秩序的某些方面（AlcofF & Potter, 1993, p.60）。史密斯的研究与激进女性主义联系松散，因为她重视男权制社会背景下女性的经历，也因为她认识到女性主义意识提高的重要性，这是一种挑战对个人经历的想当然解释的手段（Grant, 1993）。她与社会主义女性主义分享了对资本主义经济的分析，以理解那些受统治关系支配的人的物质条件和阶级地位（Smith, 1989）。尽管面对后现代女性主义者对声音真实性的怀疑（Smith, 1999），史密斯提出了意义生产政治的后现代主义概念。实际上曼恩和凯丽（Mann & Kelly, 1997）认为，史密斯之所以处于现代主义与后现代主义之间的十字路口，是因为她的马克思主义唯物主义假设及她对知识的社会建构给予的基础信任。虽然与交叉性或后殖民主义没有直接联系，但史密斯经常批判性地评价她的白人身份和第一世界的地位，并对性别、种族和阶级的共同作用以及国内的统治关系与全球殖民主义之间的相似性进行交叉分析（Smith, 1989）。她经常借鉴爱德华·萨义德（Edward Said）的后殖民主义理论，称赞他的《东方主义》（Said, 1978）是女性主义者的宝贵读物（Smith, 1987）。

对史密斯研究的批判

此外，史密斯对男权制社会中女性经历的关注也饱受诟病，一些人批评其对性别和经验的理解是激进的女性主义理解（Clough, 1993; Grant, 1993; Longino, 1999），另一些人则批判其对差异和阻力的掩盖（Collins, 1992）。她与马克思主义的关系可能也是受到某些批判的原因，因为女性主义者放弃了马克思主义（Smythe, 2009），同时桑德拉·哈丁（Sandra Harding, 1991）将女性主义立场理论和史密斯及马克思主义联系起来。赫克曼宣称"马克思主义这一女性主义立场理论的灵感已经在理论和实践上受到质疑"（Hekman, 1997, p.341），但即便如此，人们也反对放弃立场理论。

史密斯与立场理论的联系（尽管史密斯认为将她与立场理论联系起来是错误的）将

她与女性主义理论中最具争议的问题之一联系在了一起，这个问题在这些年里不断出现（Wylie, 2003; van der Tuin, 2009）。史密斯的回应是，批判她的人创造了"虚假的史密斯"来争论（Smith, 1992, p.91）。她会澄清她所支持的是女性立场，而不是女性主义的立场理论（Smith, 2005, p.10）。

其他人则批评史密斯对经验这一概念的使用，这一概念在女性主义理论家中引发了许多争论。正如朱迪思·格兰特认为的，史密斯"想要包括所有的东西，并认为它们在认识论上是重要的，"而没有将"无意义的与有意义的"区分开来，也没有在涉及经验时提供一种层次体系（Judith Grant, 1993, p.105）。格兰特承认史密斯"想让'经验'的概念更为直接、更真实"，然而她质疑史密斯的这种主张：在必须解释和排序经验时，认为经验是知识的基础（Judith Grant, 1993, p.105）。然而，史密斯并没有假定经验以某种方式存在于社会之外。她认为社会秩序是通过社会成员完成的，社会现象是人们行为和解释的产物（Smith, 1987）。经验及其解释不能脱离社会关系，而是社会关系的产物。这就是为什么在她看来女性主义活动家在第二次女性主义运动中使用的增强意识的技巧是重要的，这能为女性提供对其经历的新的解释（Smith, 1989）。

其他学者（Heckmann, 1997; Longino, 1999）认为史密斯在没有认识到种族、民族、阶级或教育差异的情况下，将女性的立场同质化，从而使性别和女性本质化。这些批判史密斯的人认为她通过试图构建首要的主体间性或互文性，将其作为对经验的集体描绘，史密斯未能认识到在这些过程中，一些话语和经验要么被沉默，要么保持沉默。对于这种指责，史密斯的回应是，证实女性的立场不是基于对特定女性群体的敏感性，而是由不同经济、社会、教育、政治、种族和民族背景的男性和女性的主观共同建构的（Smith, 2005）。

史密斯与女性主义公共关系理论

我们已经看到，史密斯的思想涉及了多种女性主义理论立场。这些立场提出了概念化、批判和变革性别、女性、权力、不公正的具体方法。我们现在关注它们在为女性和其他群体发展关键的公共关系方面的作用，这些群体不在主导权力结构之内，但由主导权力结构构成。

性别的问题化

史密斯反对性别仍然被边缘化的理论和行动主义，支持寻求"性别批判意识"的理论家和活动家（Kang, 2005, p.80）。性别是理性主导的统治关系中无形的潜台词，性别及性别分工正是从这种统治关系中产生的。站在一种后现代的立场上，史密斯认为"性别是在关系中被社会精确地建构的"，西蒙娜·德·波伏娃（Simone de Beauvoir）首次发现了这一点。她提出了著名的论断"一个人不是生而为女人，而是成为女人"（One is not born, but rather becomes, a woman）（Beauvoir, 1961, p.249）。通过这一系统实现：其中男人不仅是男性而且是中性的，但女性是主观的（Beauvoir, 1961, p.xv）。史密斯对性别的理解使我们通过她的理论"理解女性的生活，男性的生活，及两者之间的关系"（Harding, 1995, p.342），同时认识到，她的理论是由男性和女性因为"男人也可以开始想象女性的生活"（Harding, 1995, p.343）。史密斯写道：由于"女性被排除在统治机构与文本话语和组织的过程之外"，因此一种发源于认为女性"处于统治机构的某种关系——其工作是**364** 必要的但被忽视"（Smith, 1987, p.153）的女性立场的社会学出现。然而，这种社会学不只为了女性，也为了"全人类"，旨在成为"能转化为人们日常工作知识的资源"（Smith, 2005, p.1）。

相较于公共关系中现有的女性主义理论，史密斯对性别的洞察可能提供一种对男性和女性关系更批判的理解。迄今为止，女性主义公共关系理论将男性/女性二分视为理所当然的，认为女性在公共关系中的地位和价值较低，而男性在该行业中的地位和价值普遍更高。通过效仿史密斯的案例，女性主义公共关系学术研究将有机会意识到如果性别是社会建构的，那么我们就应该追溯统治关系，包括构建了这种统治关系的公共关系。这意味着存在乐于或不乐于为父权制、资本主义、西方种族主义和殖民主义做贡献的女性和男性，也存在不支持或不接受这些的女性和男性。女性主义公共关系理论者可以尝试对比权力圈中的女性和男性与权力圈之外的人，以质疑公共/私人二分法，并提倡从聚焦权力话语效力转为质疑其在构成性别和种族身份中的角色、它们的含义及后果。

女性的问题化

史密斯引用了盖尔·斯科特（Gail Scott）的这段话："女性有两种说话（speaking）的方式。第一种从母亲那里习得，第二种是父权制下的父语。"（Scott, 1989, p.3）她将其作为她的书《权力的概念实践》（*The Conceptual Practices of Power*）的开头：其他理论者将"女性"理解为身体、敏感性（sensibility）或存在的范围，但是史密斯将"女性"理解为"男性世界"之外的未培养的话语的经验（Smith, 1990, p.3），这指的是女性身上具有挑战性的东西，而不是被认为理所当然的东西，她仍在阐述女性之间一些共同并能共享的东西。史密斯赞成斯科特表述的问题化，但是不像斯科特或克里斯多娃去寻找"父语"（p.3）之前的语言，她发现女性的"分裂的意识"（bifurcated consciousness）（p.19）能使她们"远离统治制度，并发现在文本中说'母语'的模式"（p.6）。

大多数女性主义公共关系学术研究都关注从事公共关系实践的女性，聚焦于女性对"父语"的使用及其熟练度，而不是关注女性朝着"母语"转变的方式，"母语"产生于意识到其经验与权威知识的差距的分裂的意识。女性主义公共关系理论家不再询问女性如何在公共关系中产生有效的制度话语，而更愿意探讨包括公共关系的制度话语是如何**365** 从"14层"被假定中立和客观地产生信息。这种制度化的话语方式及其知识生产的逻辑能被来自底层的、被压抑的、说着不同语言的人用"接地气"的口语和书写经验打破了吗？达蒙和德米特里厄斯关于女性组织与反抗的合集（Daymon & Demetrious, 2014）为我们指出了方向。

权力的问题化

史密斯（Smith）反复阐释了社会生活和主流社会学中的权力关系。史密斯认为现有的社会结构基于"统治关系"这样一个提供方向与规则的实践和话语的复合体（Smith, 1987, p.3）。统治关系是"客观化的、缺乏人情味的，并声称具有普遍性"（p.4）。正如史密斯所证实的（Smith, 1987, 1990, 2004, 2005），传统社会学、男性和资本主义、白种人和西方人是强化了而不是改变了这些权力关系。正如史密斯所说，"社会学家工作的时候进入其正在研究的、由概念构成的社会中"，"观察、分析、解释并检验"那个世界，"就好像这个世界在如何对他们可见上没有任何问题"（p.16）。这种组织是通过"客观化的、协调着人们跨多区域活动的超局部关系的巨大复杂性"来实现的（Smith, 2001, p.161）。

对史密斯而言，这些都不是一种自然或永久的状态，而是19世纪和20世纪历史转变的结果，这一历史进程使资本主义飞速扩展，加剧了启蒙运动对公领域（男性世界、政治、商业）和私领域（女性世界、家庭）的分离。文化产业的发展取代了新闻和故事的当地生产。我们不是被认识的人统治，而是被在公司、政府和专业机构工作的人所统治（Smith, 2001, p.18）。组织的短暂活动转换为文本中的物质存在，将人们的活动连接到跨越时空的社会关系中。

这些对权力关系的见解有可能成为批判女性主义公共关系理论的另一种资源。公共关系作为许多这类文本的生产者，必须被视为制度统治关系制定的主要手段之一，因此需要揭露。这些文本组织着性别化个体在参与其范围外的物质和符号系统时的身份和活动。迄今为止，女性主义公共关系理论化发生时似乎假定制度、公众和公共关系已经存在，并且是可观察的、最终是有益的，而不是有问题的、值得怀疑的。公共关系职业中男性和女性的工作一直是大量女性主义公共关系理论者的一个议题，然而在父权制和资本主义、多种形式的种族主义和殖民主义的交集中，女性为获得男性语言和文化而付出的劳动却未得到女性主义公共关系学者的关注。批判语境中的女性主义公共关系学术研究的对象是公共关系实践的结果，而不是其效力。

366

不公正的问题化

在《观念中的女性》（*Women of Ideas*）以及《男人对她们的所作所为》（*What Men Have Done to Them*）中，D.斯彭德（Dale Spender, 1982）引用了史密斯对少数人（如政策制定者，他们对世界的观念被人们广泛接受）的"男性圈"的表述。正如斯彭德的确切观察，这种将父权的资本主义不公正视为"男性圈"的理解是史密斯对女性主义理论最巧妙的贡献之一。史密斯认为对那些有所贡献却被排除在外的女性而言，"男性圈"是一种秩序（Smith, 1987, 1987, 2005）。

根据史密斯的观点，我们认为大多数公共关系学术研究（甚至大多数女性主义公共关系学术研究）描写的是"男性圈"的内部而不是外部，是父权制和资本主义权力及影响、话语和实践的内部而不是外部。通过将不公正重新概念化为一种排除，理论者能发现这些问题：为什么分配给女性照顾身体、清洁家庭和工作场所的工作，哪种系统将身体和支援工作分配给一些人，将重要的和领导工作分配给其他人（Altcoff & Potter, 1993, p.55）。理论者可以为知识生产过程创造一种包含（而不是排斥）的新模型，这一新模型吸取的是人们的（而不是制度的）经验、需要和愿望。

变革的问题化

史密斯不仅试图动摇社会和社会理论，还试图为变革提出一种方法论。在史密斯提出的策略中，最有用的是将日常世界视作存在问题的而不是天生的（given）（Smith, 1987），将文本实践视为相关的（relational）、与特定立场相联系的，而不是普遍的、与所有可能的立场一样的（Smith, 1990）。制度民族志是一种工具，用来颠覆对日常生活和通过文本塑造它的组织之间的理所当然的相互联系。

一个使用制度民族志方法的案例为我们如何审视公共关系提供了蓝图。根据来自加拿大政策《安大略安全街道法案》实践的案例研究，一位学者（Gingrich, 2002）解构了立法及相关新闻的文本，揭露了意识形态框架如何塑造话语和赋予身份。这些文本使用了道德规定的话语（定义不可接受的行为如挑衅性请求）、社会排斥的话语（因某些成员对社区有威胁而将其隔离）和道德恐慌的话语（加强对犯罪的恐惧）把身份分为两类——守法公民和罪犯。金里奇（Gingrich）断言，赋予社会政治身份是一种权力和社会控制的实践。这一研究表明制度民族志可以揭示文本如何将特定身份变为真实存在（包括种族和性别）、如何重新诠释符合制度的经验并调节当地生活的时间和空间。

史密斯这一变革的方法论有可能为批判女性主义公共关系理论提供一种模式。迄今为止，女性主义公共关系理论化提出的方法是为了维护而不是改变统治机构。达蒙和德米特里厄斯（Dymon & Dementrious, 2010）提出了将研究重点转移到涉及参与者在提出问题和得出结论中使用的批判方法。通过转向制度民族志，女性主义公共关系学术研究能够思考理论和研究如何发现"意识形态的裂缝"（ideological seams）（Rasway, 1986），以及揭露和选择权力语言的任意性的意义系统的断裂，例如提供一种女性主义分析。

总而言之，一种吸收了史密斯理念的批判女性主义公共关系理论将女性的日常生活体验视为对政治、经济和社会变革的需求的知识来源。与现在的关于女性的公共关系学术研究相反，其焦点不是作为公共关系实践者的女性，而是作为公共关系话语的客体的女性，这些女性和其他人处于"男性圈"之外，她们的知识是有效的（validated），且会被公共关系项目和活动所复制。社会世界的官方话语（"父语"）与每日生活的体验（"母语"）之间的差异造成的"分裂的意识"（bifurcated consciousness），有助于洞察为何话语必须改变以将男女从压迫性的制度意义和社会关系中解放出来，并给予那些通常被排除在知识生产之外的人以权力。在发展这个新立场的过程中，女性主义公共关系学者必须小心，不要诉诸于一种本质主义，这种本质主义假定了性别的普遍生物学二分法，或一种超越其他形式的特权和压迫的女性经验，或所有男性对女性的普遍伤害。

总结

我们以"女性和所有边缘群体的公共关系理论及研究会是什么样子？"这个问题为起点，认为答案在为公共关系创造一种女性主义理论到创造一种公共关系的女性主义理论的转变中。我们对主流女性主义理论立场及其对性别系统、女性身份、权力关系、社会不公正和社会改变的分析的回顾揭示了女性主义公共关系理论化的缺口。现有的女性主义公共关系文献主要运用自由女性主义立场——通常接受当前社会秩序，但是拒绝社会秩序中的性别歧视；也关注激进女性主义立场——拒绝以男性标准评判女性，反而批判认为男性权力大于女性的父权制的社会理论。迄今为止，女性主义公共关系理论将对多元文化的考虑与自由主义立场相整合，忽视源于社会主义、后现代主义、后殖民主义和跨国主义立场的洞察。

我们将史密斯的研究作为女性主义理论的案例，并通过为人类构想一种社会学来问题化性别，通过讨论产生于女性经验立场的"分裂的意识"来问题化女性，通过处理"统治关系"来问题化权力，通过批判"男性圈"来问题化不公正，通过发展"制度民族志"来问题化变革。在史密斯的帮助下，我们能在女性主义理论立场的语境和女性主义的大量假设中看见批判女性主义公共关系理论的轮廓。它与女性生活中的公共关系有关，而不是与公共关系中的女性生活有关；它聚焦于包括公共关系在内的所有制度话语的结果，聚焦于女性和其他外部人群，而不是他们使用制度话语的熟练度。它能看见权力既不简单也不仅存在于组织内女性和男性个体之间的关系中，还存在于社会结构中，在这些社会结构中，权力制度产生并强化关于社会秩序和群体地位的意义。史密斯将女性的日常经验作为出发点并不断折返，批判的女性主义公共关系理论也将从中受益。

史密斯的生活和工作

多萝西·史密斯于1926年出生于英国。她年轻的时候在图书出版社当秘书。1955年，她在伦敦政治经济学院（The London School of Economics and Political Sciere）的社会学系获得文学学士学位。1963年，她在伯克利（Berkeley）的加利福尼亚大学（University of California）获得社会学的博士学位。她在伯克利成为一名社会学的讲师（1964—1966），后来返回英国在埃塞克斯大学（University of Essex）任教（1966—1968）。之后

373 在加拿大英属哥伦比亚大学（University of British Columbia）担任教授（1968），是加拿大女性研究的首批教师之一。她加入了多伦多大学安省教育研究学院（Ontario Institute for Studies in Education）（1976），现在是那里的荣誉教授。

史密斯的主要研究包括《女权主义和马克思主义：一个起点，一条前路》（*Feminism and Marxism: A Place to Begin, A Way to Go*）（1977）、《有问题的日常世界：女权主义社会学》（*The Everyday World as Problematic: A Feminist Sociology*）（1987）、《文本、事实与女性气质：探索统治关系》（*Text, Facts, and Femininity: Exploring the Relations of Ruling*）（1990）、《权力的概念实践：女性主义知识社会学》（*The Conceptual Practices of Power: A Feminist Sociology of Knowledge*）（1990）、《社会写作：批判、理论和调查》（*Writing the Social: Critique, Theory, and Investigations*）（1999）、《制度民族志：人类的社会学》（*Institutional Ethnography: A Sociology for People*）（2005）。史密斯的主要理论贡献包括：女性乃至人类的社会学，母语和分裂的意识（bifurcated consciousness），对统治关系的批判，对将女性排除在"男性圈"之外的批判，质疑日常世界是存在问题的，质疑文本真实是意识形态的实践，制度民族志（institutional ethnography）是变革的方法论。

史密斯的研究获得许多奖项，包括美国社会学学会（American Sociology Association）的终身杰出学术贡献奖（Career of Distinguished Scholarship Award）（1999），为女性主义社会学颁发的杰西伯纳德奖（Jessie Bernard Award）（1993），和来自加拿大社会学与人类学协会（Canadian Sociology and Anthropology Association）的两个奖：1990年的杰出贡献奖（the Outstanding Contribution Award）和1990年为《有问题的日常世界：女权主义社会学》颁发的约翰·波特奖（John Porter Award）。2013年其获得美国社会学协会马克思主义社会学分会终身成就奖。

参考文献

[1] Abbey, R. (2011). *The return of feminist liberalism*. Montreal, Canada: McGill-Queens University Press.

[2] Alcoff, L., & Potter, E. (1993). *Feminist epistemologies*. New York, NY: Routledge.

[3] Aldoory, L., & Toth, E. L. (2002). Gender discrepancies in a gendered profession: A developing theory for public relations. *Journal of Public Relatiotis Research*, 14(2), 103-126.

[4] Alexander, J. M., & Mohanty, C. T. (2010). Cartographies of knowledge and power: Transnational feminism as radical praxis. In R. Nagar & A. L. Swarr (Eds.), *Critical trammtional feminist praxis* (pp. 23-45). Albany, NY: State University of New York,

[5] Baehr, A. R. (2017). A capacious account of liberal feminism. *Feminist Philosophy Quarterly*, 3(1). Article 4. Retrieved from http://ir.lib.uwo.ca/fpq/vol/issl/4- Accessed June 21, 2017.

[6] Bailey, C. (1997). Making waves and drawing lines: The politics of defining the vicissitudes of feminism. *Hypatia*, 12(3), 17-28.

[7] Beauvoir, S. de (1961). *The second sex*. (H. M. Parshley, Trans, and Ed.). New York, NY: Bantam Books.

[8] Benhabib, S. (1995). Feminism and postmodernism: An uneasy alliance. In S. Benhabib, J. Butler, D. Cornell, & N. Fraser (Eds.), *Feminist contentions: A philosophical exchange* (pp. 17-35). New York: Routledge.

[9] Billo, E., & Mountz, A. (2016). For institutional ethnography. *Progress in Human Geography*, 40(2), **370** 199-220.

[10] Brenner, J. (2014), The promise of socialist feminism. Jacobin. Retrieved from https://www. jacobinmag.com/2014/09/the-promise-of~socialist~feminism/, Accessed June 21, 2017.

[11] Butler, J. (1990). *Gender trouble. Feminism and the subversion of identity*. New York: Roudedge.

[12] Butler, J. & Scott, J. W. (Eds.) (1992). *Feminists theorize the political.* New York: Routledge.

[13] Campbell, M. (2003). Dorothy Smith and knowing the world we live in. *The Journal of Sociology & Social Welfare*, 30(1), Article 2. Retrieved from http://scholarworks.wrmich. edu/jssw/vo!30/issl/2. Accessed 13 January 2017.

[14] Carby, H. V. (1987). *Reconstructing womanhood: The emergence of the Afro-American woman novelist*. Oxford, England: Oxford University Press.

[15] Clough, P. T. (1993). On the brink of deconstructing sociology: Critical reading of Dorothy Smith's standpoint epistemology. *Sodobgical Quarterly*, 34(1), 169-182.

[16] Collins, P. H. (1992). Transforming the inner circle: Dorothy Smith's challenge to sociological theory. *Sociological Theory*, 10(1), 73-80.

[17] Consalvo, M. (2003). Cyberfeminism. In S. Jones (Ed.), *Encyclopedia of new media: An essential reference to communication and technology* (pp. 108-109). Thousand Oaks, CA; SAGE,

[18] Coole, D. (2000). Threads and plaids or an unfinished project? Feminism(s) through the twentieth century. *Journal of Political Ideologies*, 5(1), 35-54.

[19] Creed, B. (1987). From here to modernity: Feminism and postmodernism. *Screen*, 28(2), 47-67.

[20] Crenshaw, K. (1991). Mapping the margins: Intersectionality, identity politics, and violence against women of color. *Stanford Law Review*, 43(6), 1241-1299.

[21] Daly, M. (1973). *Beyond god the father: Toward a philosophy of women's liberation*. Boston: Beacon Press.

[22] Daymon, C., & Demetrious, K. (2010). Gender and public relations: Perspectives, appli¬cations, and questions. Prism, 7(4). Retrieved from http://www.prismjoumal.org. Accessed 12 January 2017.

[23] Daymon, C., & Demetrious, K. (2014). Introduction: Gender and public relations. In C. Daymon & K. Demetrious (Eds.), *Gender and public relations: Critical perspectives on voice, image, and identity* (pp. 1-19). London: Routledge.

[24] Daymon, C., &c Demetrious, K. (Eds.) (2014). *Gender and public relations: Critical perspectives on voice, image, and identity*. London: Routledge.

[25] DeVault, M, L. (2006). What is institutional ethnography? *Social Problems*, 53(3), 294-298.

[26] DeVaiilt, M. (2013). Review: Institutional ethnography: A feminist sociology of institutional power. *Contemporary Sociology*, 42(3), 332-340.

[27] Di Stefano, C. (1990). Dilemmas of difference: Feminism, modernity, and postmodernism. In Linda Nicholson (Ed.), *Feminism/Postmodemism* (pp. 63-83). New York: Routledge.

[28] Donovan, J. (1985). *Feminist theory*. New York, NY: Unger.

[29] Duffy, M. (2000). There's no two-way symmetric about it: A postmodern examination of public relations handbooks. *Critical Studies in Mass Communication*, 17(3), 294-315.

[30] Erickson, K. (2008). *On sociological writing. Sociological Inquiry*, 78(3), 399-411.

[31] Firestone, S. (1970). *The dialectic of sex: The case for feminist revolution*. New York, NY: Morrow.

[32] Fitch, K. (2015). Feminism and public relations. In J. L'Etang, D. McKie, H. Snow, & J. Xifra (Eds.), *The Routledge handbook of critical public relations* (pp. 54-64). New York, NY: Routledge.

[33] Fitch, K., & Third, A. (2010). Working girls: Revisiting the gendering of public relations. *PRism*, 7(4). Retrieved from http://www.prismjoumal.org. Accessed 15 June 2017,

[34] Fitch, K., James, M., & Motion, J. (2016). Talking back: Reflecting on public relations and research. Public Relations Review, 42(2), 279-297.

[35] Fraser, N. (1989). *Unruly practices: Gender, discourse, and power in social theory*. Minneapolis, MN: University of Minnesota Press.

[36] Frye, M. (1983). *The politics of reality: Essays in feminist theoty*. New York, NY: The Crossing Press.

[37] Garry, A., & Peanall, M. (1996). *Women, knowledge, and reality: Explorations in feminist philosophy*. New York, NY: Routledge.

[38] Gingrich, L. G. (2002). Constructing identity and drawing lines: The textual work of Ontario's Safe Streets Act. *Journal of Canadian Studies*, 37(4), 151-170.

[39] Golombisky, K. (2015). Renewing the commitments of feminist public relations theory: From velvet ghetto to social justice. *Journal of Public Relations Research*, 27(5), 389-415.

[40] Grant, J. (1993). *Fundamental feminism: Contesting the core concepts of feminist theory*. New York: Routledge.

[41] Grunig, L. A., Toth, E. L., & Hon, L. C. (2000). Feminist values in public relations. *Journal of Public Relations Research*, 12(1), 49-68.

[42] Hamington, M., & Bardwell-Jones, C. (Eds.) (2012). *Contemporary feminist pragmatism*. New York: Routledge.

[43] Harding, S. (1991). *Whose science? Whose knowledge? Hiking from women's lives*. Ithaca, NY: Cornell University Press.

[44] Harding, S. (1995). Strong objectivity: A response to the new objectivity question. *Synthese*, 104(3), 331-349.

[45] Harris, K. L. (2016). Feminist dilemmatic theorizing: New materialism in communication studies. *Communication Theory*, 26(2), 150-170.

[46] Hart, R. J., & McKinnon, A, (2010). Sociological epistemology: Durkheim's paradox and Dorothy E, Smith's actuality. *Sociology*, 44(6), 1038-1054.

[47] Hekman, S. (1997). Truth and method: Feminist standpoint theory revisited. Signs, 22(2), 341-366.

[48] Hekman, S. (2014). *The feminine subject*. Malden, MA: Polity Press.

[49] Holtzhausen, D. R. (2012). *Public relations as activism: Postmodern approaches to theory & practice*. New York, NY: Routledge.

[50] Hon, L. C. (1995). Toward a feminist theory of public relations. *Journal of Public Relations Research*, 7(1), 27-88.

[51] hooks, b. (1984). *Feminist theory: Prom margin to center*. New York, NY: South End Press.

[52] Jaggar, A. (1983). *Feminist politics and human nature*. Totowa, NJ; Rowman & Allanheld.

[53] Jagose, A. (2009). Feminism's queer theory. *Feminism & Psychology*, 19(2), 157-174.

[54] Kang, L. H. Y. (2005). Epistemologies. In P. Essed, D, T. Goldberg, & A. Kobayashi (Eds.), *A companion to gender studies* (pp. 73-86). New York, NY: Blackwell.

[55] Kern-Foxworth, M. (1989). The assessment of minority female role and status in public relations:

Trying to unlock the acrylic vault and assimilate into the velvet ghetto. In E. L. Toth & C. G. Cline (Eds.), *Beyond the velvet ghetto* (pp. 287-298). San Francisco, CA: International Association of Business Communicators.

[56] Kern-Foxworth, M., Gandy, O., Hines, B,, & Miller, D.A' (1994). Assessing the managerial roles of black female public relations practitioners using individual and organi¬zational discriminants. *Journal of Black Studies*, 24(4), 416-434.

[57] Laslett, B., & Thorne, B. (1992). Considering Dorothy Smith's social theory: Introduction. *Sociological Theory*, 10(1), 60-62.

[58] Longino, H. (1999). Feminist epistemology. In J. Greco & E. Sosa (Eds.), *The Blackwell guide to epistemology* (pp. 327-353). Malden, MA: Blackwell.

[59] MacKay, F. (2015). *Radical feminism: Feminist activism in movement*. New York, NY: Palgrave Macmillan.

[60] Mann, S. A., &c Kelley, L. K. (1997). Standing at the crossroads of modernist thought: Collins, Smith, and the new feminist epistemologies. *Gender and Society*, 11(1), 31-408.

[61] Mickey, T. J. (2003). *Deconstructing public relations: Public relatiom criticism*. New York: Routledge.

[62] Munshi, D. (2013). Postcolonial theory and public relations. In R. L. Heath (Ed.), *Encyclopedia of public relations* (2nd ed.) (pp. 664-665). Los Angeles, CA: SAGE.

[63] O'Neil, J. (2003). An analysis of the relationships among structure, influence, and gender: Helping to build a feminist theory of public relations. *Journal of Public Relations Research*, 15(2), 151-195.

[64] Pompper, D, (2014). Interrogating inequalities perpetuated in a feminized field: Using critical race theory and the intenectionality lens to render visible that which should not be disaggregated. In D. Daymon & K. Demetrious (Eds.), *Gender and public relations: Critical perspectives on voice, image, and identity* (pp. 67-86). London, England: Routledge.

[65] Radway, J. (1986). Identifying ideological seams: Mass culture, analytical method, and political practice. *Communication*, 9(1), 93-124.

[66] Rakow, L. F., & Wackwitz, L., (Eds.) (2004). *Feminist communication theory: Selections in context*. Thousand Oaks, CA: SAGE.

[67] Rosen, R. (2001). *The world split open: How the modern women's movement changed America*. New York, NY; Viking Press.

[68] Said, E. (1978). *Orientalism*. New York, NY: Vintage Press.

[69] Scott, G. (1989). *Spaces like stairs*. Toronto, Canada: The Women's Press.

[70] Shelton, B. A., & Agger, B. (1993). Shotgun wedding, unhappy marriage, no fault divorce? Rethinking the feminism-Marxism relationship. In P. England (Ed.), *Theory on gender/ feminism on theory* (pp. 25-42). New York, NY: Aldine de Gruyter.

[71] Shome, K. (2006). Transnational feminism and communication studies. *The Communication Review*, 9(4), 255-267.

[72] Smith, D. E. (n.d.). Dorothy Smith. Retrieved from http://faculty.niaxwelLsyr.edu/nideva ult/dorothy_ sniith.htm. Accessed 21 June 2017.

[73] Smith, D. E. (1974). Women's perspective as a radical critique of sociology. *Sociological Inquiry*, 44(1), 7-13.

[74] Smith, D. E. (1977). *Feminism and Marxism: A place to begin, a way to go*. Vancouver, Canada: New Star Books.

372

[75] Smith, D. E. (1978). A peculiar eclipsing: Women's exclusion from man's culture. *Womens Studies International Quarterly*, 1(4), 281-296.

[76] Smith, D. E. (1987). *The everyday world as problematic: A feminist sociology*. Boston, MA: Northeastern University Press.

[77] Smith, D. E. (1989). Feminist reflections on political economy. *Studies in Political Economy*, 30(1), 37-59.

[78] Smith, D. E. (1990). *The conceptual practices of power: A feminist sociology of knowdedge*. Boston, MA: Northeastern University Press.

[79] Smith, D. E. (1992). Sociology from women's experience: A reaffirmation. *Sociological Theory*, 10(1), 88-98.

[80] Smith, D. E. (1999). *Writing the social: Critique, theory, and investigations*. Toronto, Canada: University of Toronto Press.

[81] Smith, D. E. (2001). Texts and the ontology of organizations and institutions. *Studies in Cultures, Organizations, and Societies*, 7(2), 159-198.

[82] Smith, D, E. (2005). *Institutional ethnography: A sociology for people*. New York, NY: Altamira.

[83] Smith, D. E. (2008). From the 14th floor to the sidewalk: Writing sociology at ground level. *Sociological Inquiry*, 78(3), 417-422.

[84] Srnythe, D. (2009). A few laced genes: Women's standpoint in the feminist ancestry of Dorothy E. Smith. *History of the Human Sciences*, 22(2), 22-57.

[85] Spender, D. (1982). *Women of ideas (and what men have done to them)*. Boston, MA: Ark,

[86] Spivak, G, C. (1988). Can the subaltern speak? In C. Nelson & L. Grossberg (Eds.), *Marxism and the interpretation of culture* (pp, 271-313). New York, NY: Routledge.

[87] Thompson, D. (2001). *Radical feminism today*. Thousand Oaks, CA: SAGE.

[88] Tong, R. (1989). *Feminist thought: A comprehensive introduction*. Boulder, CO: Westview.

[89] Toth, E. L., & Grunig, L. (1993). The missing story of women in public relations. *Journal of Public Relations Research*, 5(3), 153-175.

[90] van der Tuin, I. (2009). "Jumping generations": On second-and third-wave feminist epistemology. *Australian Feminist Studies*, 24(59), 17-31.

[91] van der Tuin, I. (2014). Diffraction as a methodology for feminist onto-epistemology: On encountering Chantal Chawaf and posthuman interpellation. *Parallax*, 20(3), 231-244.

[92] Varmini, P. (2008). Critical pragmatism. In L. M. Given (Ed.), *The SAGE encyclopedia of qualitative research methods* (Vol. 1) (pp. 160-162). Thousand Oaks, CA: SAGE.

[93] Vardeman-Winter, J., Tindall, N., & Jiang, H. (2013). Intersectionality and publics: How exploring publics' multiple identities questions basic public relations concepts. *Public Relations Inquiry*, 2(3), 279-304.

[94] Wylie, A. (2003). Why standpoint matters. In R. Figueroa & S. Harding (Eds.), *Science and other cultures: Issues in philosophies of science and technology* (pp. 26-48). New York, NY: Routledge.

[95] Yeomans, L., & Mariutti, F. G. (2016). Different lenses: Women's feminist and postfeminist penpectives in public relations. *Revista Internacional de Rehdones Públicm*, 6(12), 85-106. Retrieved June 21, 2017 from http://revistarelacionespublicas.uma.es/index. php/revrrpp/article/view/430.

[96] Yuval-Davis, N. (2009). Intenectionality and feminist politics. In M. T. Berger & K. Guidroz (Eds.), *The intersectional approach: Transforming the academy through race, class, & gender* (pp, 44-60). Chapel Hill, NC: The University of North Carolina Press.

第二十章
斯皮瓦克：公共关系中抵抗的理论化

莫汉·J.杜塔

加亚特里·查克拉沃蒂·斯皮瓦克（Gayatri Chakravorty Spivak）将公共关系理论锚
定在后殖民研究中，审视主流公共关系的（新）/殖民角色效应，并将公共关系实践重新
定义为来自底层的抵抗性沟通（Dutta, 2009）。后殖民理论考察了在国际劳动分工中再现
不平等现象的（新）/殖民主义的象征过程，其中，占统治地位的传播过程通过描述和传
播特定的知识主张，使索取、剥削和占领的殖民关系合法化。后殖民研究对殖民主义在
过去的殖民社会中所产生的影响进行了理论化探索，考察了代表（representation）与构
成殖民关系的经济、政治、文化和社会进程之间的相互作用。它试图解析殖民进程的话
语工具，将身份和意义之间的转移视为殖民化的结果，致力于消除殖民化进程及其影响
的解放政治。殖民知识结构抹去了全球殖民格局中固有的暴力谎言，后殖民理论的变革
性恰恰在于它试图改变这种知识结构，审视基于启蒙运动的民主、公民社会、公共领域
和自由主张。

在本章中，我认为公共关系活动服务于当代资本/殖民主义议程。斯皮瓦克的理论明
确表达了抵抗性公共关系是倾听全球庶民的声音——下层群体正在被消除——的基础框
架。后殖民主义研究将殖民主义历史、地域与现代性、现代知识结构等课题联系起来，
试图通过对抗性、超越性、底层性的著书立说再现那些从未进入知识的历史长河的声音
（Shome & Hegde, 2002, p.250）。

爱德华·萨义德（Edward Said）、霍米·K.巴巴（Homi K. Bhabha）和斯皮瓦克都
为后殖民研究提供了主要锚点，而我借鉴斯皮瓦克主要是因为她的理论直接涉及代表、
物质和殖民主义之间的联系。从这个意义上说，斯皮瓦克对构成英欧学派学科结构和制
度知识的殖民历史和殖民地域的审视，反映了殖民研究的变革性推动。那么，公共关系
中的知识建构与传播实践如何为全球化进程的新殖民主义政治服务？芒什和库里安定

义了规范性公共关系理论／实践的这种新殖民主义语境，"占统治地位的联盟不仅仅是一群在组织中具有决策权的人；它代表了西方市场游说团体的新殖民主义议程"（Munshi & Kurian, 2016, p.406）。

此外，公共关系的想象是什么？作为传播的公共关系以边缘对话为基础，概念化出一种新的世界秩序，并积极寻求改变跨国资本驱动的全球化进程的可能性，尤其是通过企业社会责任（CSR）、社区关系、多元文化交流和社区参与等公共关系实践，将边缘地带作为跨国公司牟取暴利的场所（Dutta, 2015; Dutta & Dutta, 2013; Munshi & Kurian, 2007, 2009）。斯皮瓦克的研究对抵抗性公共关系实践具有指导意义，抵抗性公共关系实践消除了国际劳动分工和跨国资本主义的新自由主义所带来的根本性不平等现象，而跨国资本主义的新自由主义则由服务于新自由主义组织的主流公共关系实践所推动。斯皮瓦克欢迎公共关系学者在后殖民政治中定位传播过程，并参与诸如减轻贫困、多元文化主义、民主促进、社区建设、慈善事业等知识主张的生产，这些主张在服务于跨国资本主义扩张时被合法化。

斯皮瓦克和后殖民主义理论

斯皮瓦克为代表性与物质性之间的关系，殖民扩张中的知识生产、政治和对话，以及知识分子的作用提供了重要见解。

代表性（representation）、物质性与政治性

全球地缘政治进程维持并强化新的世界秩序，其中动员代表是话语传播的核心。斯皮瓦克认为，代表性本质上是政治性的，因为它是新殖民主义下跨国公司施加的权力政治和控制政治的基础，也是针对解放性政治的抵抗性政治行动的基础。占统治地位的公共关系实践以传播的方式，以中立的、无价值判断的和普遍知识的形式，在统治结构中构造了特定形式的代表，这种实践同时也混淆了代表性政治。代表性在某种程度上依赖于它所存在的结构的物质性，当我们在占统治地位的话语空间中讨论这些结构时，这些结构本身也与它们的形象相联系，并在全球世界秩序中传播，统一成为特定形式的权力和控制。因此，对于新殖民结构的物质转移而言，构成、传播和具体化这些结构的代表的转变至关重要。新自由主义政治的现代主义话语中的破裂为这种转变打开了机会。

根据斯皮瓦克的观点，代表及其政治既反映了不可能站在自己所代表的人的立场上，也反映了代表性始终是代表的人的某种本质的写照这一概念。从这个意义上讲，代表性总是对于其代表事物的某些本质的描绘。斯皮瓦克在对莎拉·哈萨姆（Sara Harasym）的采访中谈到代表性时指出：

踩着你的鞋子，或者说穿着你的鞋子，这是再现（Vertretung）。从这

个意义上来讲，代表性（representation）指政治学语境中的"代表"。再现
（darstellung），"在那里"（there），是同根词。坎坷，是"放置于"，即"置于那
里"。代表，"代理人"和"形象"……在政治代表行为中，你代表着你自己以
及你的选民形象。你不再是"简单地"代表某个人，不仅仅是在议会这种政治
形式中，更是在议会之外的政治实践中……两种代表的关系带来了本质主义的
运用，因为任何一种代表——无论是"vertretung"还是"representation"——
都无法脱离本质主义。值得注意的是，被代表的"本质"是另一种形式的代
表——再现（darstellung）。

（Spivak, 1996, p.108）

政治意义上的代表性不可能在公民社会背景下打破公共关系的基本原则，即通过社
区参与和全球公共关系将自己投射为庶民的代表（例如在"国际生存"运动中争取部落
对森林的权利）。当传播者利用某个边缘化群体的本质来代表/描述话语空间中的这一群
体时，斯皮瓦克认为这种本质的代表是一种再现：

解构意识坚定地认为这些话都是误用……并没有字面意义上的指称对象，
也没有真实的案例能够说明存在"真正的工人""真正的女人""真正的无产阶
级"支持你所鼓动的理想。

（Spivak, 1996, p.104）

这种对代表性两种含义的认识，有助于理解和学习寻求解放但最终陷入压迫的原教
旨主义的政治运动，并且避免了国际激进行动主义的错误，否则这些错误可能会最终导
致以为选民不足的社区服务为名，实现社会变革的自由市场原教旨主义。因此，即使有
人试图从代表某些选区和利益相关者群体的过程中汲取本质，但传播作为代表被嵌入同
时发生的集中取代之中。因此，作为公共传播的公共关系实践需要被重新构想为共同创
造庶民民主参与的空间，而不是像统治联盟那样将公共关系定义为代表（在信息传播、
说服或宣传方面）。

知识与经验主义

斯皮瓦克（1999）认为，知识结构在试图代表时会消失。此外，这些代表们通过描
绘被殖民的主体、消除下等阶层的声音而成为新殖民主义的工具。因此，被殖民的主体
因代表着殖民者所渴望的对象而成为被动的客体，并在话语空间内构成殖民运动的标
志；被代表者在全球慈善巡回演讲、企业社会责任言论和公民社会演讲中被消除。通过
建构被殖民的主体，知识得以清晰表达，这些知识为殖民主义实践提供了基础。从这个

意义上讲，知识结构通过它们的代表得以形成，同时这些代表构成了殖民企业的基础。

斯皮瓦克的作品所产生的后殖民解构主义不仅根植于殖民历史性，而且与发展宏大叙事所反映的新殖民主义时代息息相关：

> 对于发展的宏大叙事尚未结束。诸如《全球村落》《后现代状况》等书中的文化政治，以及我们经常听到的关于全球电子未来的饶舌说唱，为发展全球化—民主化（美国使命）的叙事提供了不在场的证据……今天，你可以损害贫穷国家的利益，提供一些虚幻的机会……"可持续发展"一词已进入所有全球化管理主体的论述之中。可持续发展要持续些什么？全球化发展的一般意识形态是种族主义的家长式统治（可惜的是，越来越多的是互助主义）。在全球化发展中，一般经济学的资本密集型投资、广泛的政治活动压制了抵抗性力量和庶民群体，不断地侵吞抗议示威的言论。
>
> （Spivak, 1999, pp.371-373）

378

斯皮瓦克的著作对"可持续发展""企业社会责任""减贫""民主推进"等非常具有修辞特征的词提出了疑问，因为这些词已经成为阐述跨国政治的帝国主义逻辑的流行语和口号，而跨国政治试图为自由市场经济在发展中国家创造空间，以服务于跨国霸权的利益（Dutta, 2016; Munshi & Kurian, 2005, 2007, 2016）。以发展为诱因来篡夺社区土地的采掘业在企业社会责任这一标签下开展社会团体参与项目，作为发展主体的庶民代表则形成了其基础（Dutta, 2016）。因此，发展和全球化成为一种修辞武器，证实了对庶民空间的暴力和对庶民抵抗的笼络。斯皮瓦克的研究使我们直面学术机构和学者们通过支持统治联盟议程、阻挠庶民抵抗所形成的同化性政治。

对话的政治化

对于斯皮瓦克而言，不存在构成自由对话的中立的传播情境。传播始终是政治性的，始终嵌入在构成传播领域和内容的权力关系中。她批判哈贝马斯的对话理念中没有提及政治：

> 从来没有出现过这种情况。中立和对话的意愿，即使不被压抑，也总是失败的。要了解意愿是如何自我表达，就必须阅读表达意愿的文本。中立对话的思想是否认历史、否认结构、否认主体定位的。我将尝试考察对话需求到底是如何被明确表达的。
>
> （Spivak, 1990a, p.72）

从不可能出现中立对话情境的观念开始，斯皮瓦克认为对话意愿与其失败相互联系。她指出，探索和理解个人特权的基础（其排除了对话的可能性）具有相关性，并呼吁在历史和社会结构领域内进行有关沟通领域的讨论，并相对于这些结构对主体进行定位。斯皮瓦克进一步审视了表达对话意愿的潜在结构，并提出了这种中立需求的政治基础。 **379**

斯皮瓦克认为，定位和理解对话意愿的潜在动机，以及这些动机如何藏匿于中立的对话需求之中，这一点至关重要。她认为，传播中立的概念掩盖了传播构成的结构和历史背景，并与帝国主义和资本主义议程联系在一起。中立对话的可能性在现代主义空间中得以构想、实践和评估，但它忽略了构成现代主义空间的资本主义和殖民主义的物质结构和联系。公共议题在主流公共领域的对话空间内得以明确表达、辩论以及重构，对话的中立性则假设进入这一所谓对话空间的机会是平等的。在新的世界秩序背景下，要求对话和参与的呼声往往是关闭"真实"对话机会的操控手段，它服务于新世界秩序的新殖民主义/新自由主义议程。那么，通过什么具体策略来动员所谓的中立对话以消除暴力和压迫谎言呢？对话的政治化强调了传播所服务的政治目的，并将传播实践置于现代主义政治形态领域中。对于占主导地位的公共关系实践和无价值理论的战略描述混淆了这种政治。

如上文所述，斯皮瓦克思想的重点不仅在于由中立对话带来的话语冲击，还包括通过提供机会聆听庶民声音使其不再弱势，从而对抗这些冲击的可能性。在变革政治领域，对话的渠道是什么？学者可能会以何种方式参与建立在对话基础上的非强制性政治，这种对话试图打破隐藏在参与、组织倾听和企业社会责任等中立对话表象下的殖民主义议程的既定结构。换句话说，对话的可能性伴随着迄今为止被消除的历史和声音，对话的不可能性在非政治的中立对话领域中隐藏了新世界秩序的现代主义、殖民主义和资本主义，这种可能与不可能是并置的。换句话说，对话的可能性伴随着迄今为止被消除的历史和声音，对话的不可能性在非政治的中立对话领域中隐藏了新世界秩序的现代主义、殖民主义和资本主义，这种可能与不可能是并置的。

对斯皮瓦克而言，从事解放政治的可能性始于忘掉个人特权，即基于我们习得特权的策略来部署相似的反策略。通过以调查主体的身份展开研究，对话作为与他人的一种伦理关系，和忘掉个人特权紧密相连。忘掉为想象和构筑变革性政治创造了具有创造性机会（Spivak, 1990b）。忘掉个人特权意味着挑战和批判曾经封闭了知识、选择、机会的历史，因此忘掉特权就是面对个人曾经所失。 **380**

忘掉作为学者和从业者的特权，对于创造传播空间至关重要。传播空间允许与边缘化声音进行对话，否则这些声音就会被消除。从这个意义上讲，正是对地位权力的反思意识创造了对话的机会。斯皮瓦克提倡的解构主义运动才是变革性政治领域的持续反思。我们对现有结构的批判被嵌入并构成了我们所处的结构，同时解放的可能性在我们所处的结构中得以想象、建构，庶民才有机会在激进的民主空间中参与传播实践。

有机知识分子

知识分子在后殖民研究的解放政治领域中起什么作用？斯皮瓦克认为，"文化与经济价值体系之间的勾连在我们所做的每一个决定中上演"（Spivak, 1990b, p.166），这将我们吸引到学术特性中的经济价值上来。她指出：

> 我要说的是，学者在某种程度上从事着意识形态生产……当然，我们所处的机构有责任对我们所教授的知识的生产结构进行负责任的批判，即使我们正在教授这些知识。此外，我们必须尽可能地对此公开，特别是当我们在该行业获得了一些永久性的东西时。
>
> （Spivak, 1990b, p.103）

斯皮瓦克注意到知识生产的制度性嵌入以及知识结构的政治和经济基础，学术界正是在这一结构中从事知识的教学、生产和传播。鉴于此，她提议学术界在参与构成这些结构的过程和机制中扮演一个负责任的角色，以对这些结构进行负责任的批判。从这个意义上讲，持续的反身性创造了一个使主要的新殖民主义结构破裂的开口，在这些开口中知识被清楚地表达、传播和使用。

学术研究在反思之余还被带往一系列的结构性批评之中，对斯皮瓦克而言，学术走向公众具有重要性。在走向公众的时候，学术界本能地与庶民运动联系起来，将自己的身体/工作借给散乱的人群，以实现庶民霸权。斯皮瓦克探讨了保持解构警惕性的开放性实践政治（Spivak, 1996）。

381　　在公开的实践政治中，反思的机会被嵌入寻求实现解放的运动中。即使学者基于自己的政治参与的背景来想象解放，他们也应该越来越意识到合作的机会和他们寻求抵抗的时机已经来临。

斯皮瓦克的学术研究直接指向物质和代表的问题，但有批判声音指出，斯皮瓦克在理解殖民进程的组织过程中没有考虑阶级的形成，也没有提供消除当代殖民/资本主义进程的必要工具。我们已经讨论了加亚特里·斯皮瓦克研究的一些关键贡献，下一节我们将讨论这些贡献如何为理论化后殖民公共关系研究提供切入点。

公共关系研究中的后殖民主义

后殖民理论阐明了公共关系学术在现代殖民政治交汇处的定位。它的理想和价值嵌入在基于启蒙运动的欧洲中心逻辑中，该逻辑构成了公共关系所进行的大部分实践、理论和实证观察。后殖民主义在公共关系中的应用，正是对这种公共关系实践的启蒙政治进行了质问和"底层借鉴"。

权力、物质和代表

公共关系是代表的战略工具，斯皮瓦克对理解公共关系这一本质具有洞察力。谁在话语空间中被人代表？谁从这些空间中被抹杀？话语传播的动力是什么？话语空间的底层物质结构是什么？甚至公共关系活动为被呈现（重新呈现）、被交换的商品及组织分配和协商交换价值，这些空间中的价值又如何表达？代表在全球政治中的作用是什么？全球组织的公共关系实践对代表边界的限制是什么？跨国霸权通过图像的话语操纵以什么方式运作？在国际分工的背景下，反击此类代表并为变革性政治创造机会的可能性是什么？当启蒙思想占据了主导性的公共关系联盟，有什么传播策略可供底层庶民政治借鉴？

斯皮瓦克关于代表的著作使大家注意到公共关系活动建构新殖民主义利益的方式。在玛哈斯韦塔·德维（Mahasweta Devi）的书《德拉帕迪》英译版的序言中，斯皮瓦克指出了第一世界的学术界与俘虏并贬低德拉帕迪的陆军军官塞纳纳亚克之间的相似之处。"不管愿意与否，第一世界的多元主义美学家们，都是剥削社会的产物"（Spivak, 1998, p.246）。后殖民公共关系学者感兴趣的是，隐藏在跨国公司/公民社会看似仁慈的"善行"活动背后的新殖民主义推动力。在用原始性来描绘第三世界空间这一背景下，现代性的话语结构以发展为由头来扩展自由市场，为新殖民主义干预提供动力和理由。公共关系试图将现代主义解决方案视为渗透第三世界空间的原因；毕竟，需要通过跨国霸权的解放信息来减轻心灵的负担。换句话说，代表性是新殖民主义实践物质性的核心。对这些表述的质疑，为审视新殖民主义结构提供了可能。**382**

例如，杜塔·伯格曼（Dutta-Bergman, 2005）在对美国公民社会在第三世界的所作所为的后殖民批评中，审视了以民主促进和国家建设为中心的看似仁慈的公共关系活动。根据伯格曼对美国国际开发署（USAID）所发文件的分析，这种表面上在发展中国家创造参与性空间的民主促进活动实际上是在创造和滋长霸权主义，旨在支持美国议程、发展跨国霸权。美国在智利、海地、菲律宾和尼加拉瓜的案例表明，所谓的民主促进活动实际上是在破坏民众参与运动，反过来更有利于国家精英的利益和自由的市场政策，从而为西方发达国家的跨国公司创造开放空间。同样，旨在建立自由媒介的媒体关系活动通常是为支持跨国霸权议程的亲美媒体创造空间（Dutta-Bergman, 2005）。

帝国主义倾向隐藏于看似仁慈的国家建设活动之中，用"原始"来描述殖民地，因此它需要施行干预举措。帝国主义的干预和随后的国家建设活动被视为必需品，也是利他主义针对殖民地采取的行动。以下关于国家建设的摘录阐明了这种逻辑：

> 对30年不善执政（善政的对立面）的指控导致了萨达姆政府及共和国卫队、复兴社会党和萨达姆敢死队等主要支持者的下台。由此产生的政治真空和对重建的迫切需要与之前的马歇尔计划相呼应。在撰写本文时，以美国为首的 **383**

国际社会正在为稳定和重建阿富汗和伊拉克的计划和项目提供资金——也许规模与马歇尔计划相当。

（Pratt, 2006, p.253）

需要指出的是，在帝国主义扩张中，代理是实现有效治理的必要手段。在这个假设中隐含着殖民者作为原始社会中的现代主义救世主的优越性。作为对殖民地普通市民困境的必要回应（Pratt, 2006），作为针对"因受到数十载暴政摧残或是独裁统治忽视而导致的经济和基础设施建设问题，以及政治制度混乱、公民被剥夺生存权"的必要解决方案，帝国主义得到正名（Pratt, 2006, p.253）。帝国主义的经济逻辑建立在为稳定和重建殖民地而提供支持这一逻辑基础上，例如石油利润和参与重组活动的全球公司的利润。进入这种新帝国主义的国家建设逻辑，各公司成为人权保护的催化剂、当地经济的贡献者和可持续发展的先驱者，即使他们从合同、资金支持、不受管制的原材料开采、劳动力以及帝国主义干预为其打开的新市场中获利。斯皮瓦克的研究在当代公共关系政治的背景下尤为重要，因为全球化和发展的言论掩盖了看似仁慈的公共关系活动的剥削性和合法性，这些公共关系活动常以企业社会责任、民主促进和国家建设的形式出现。

在对近年来大热的公共关系社区功能建设的理论与经验研究中，公共关系主导性知识结构的同化倾向显而易见，这表明公共关系从业人员在社区建设、社区与企业的连接方面具有重要的作用。泰勒指出"公共关系在社会中的作用是创造（并再造）公民社会的条件"（Taylor, 2010, p.7），她不加鉴别地认为，公共关系就是文明和现代的主导性结构霸权地笼络庶民声音的场所。作为促进公司利益的渠道，公共关系实践在问责制的表象中服务于企业利益（Kruckeberg & Starck, 1988）。看似仁慈的社区促进工作旨在控制地方社群为组织利益服务。同样，芒什和库里安（Munshi & Kurian, 2005）引用了边缘社区中有毒物质倾倒和石油钻探等例子，指出"'可持续发展'一词"是一种公关话术，不仅仅是为了阻止反抗（Spivak, 1999, p.373），同时也是通过宣传可持续发展和绿色形象的修辞来剥夺庶民声音，通过各种企业行为来威胁无法进入政治探讨空间的边缘群体的健康和福祉。因此他们认为这些行为应当归入新殖民主义行动范围（Munshi & Kurian, 2005）。

近年来，学者们注意到了公共外交作为国际公共关系活动的本质。纵观历史，西方的公共外交活动显示出与殖民者类似的殖民议程，被殖民者是在公共外交中存在争议的空间中得以建构（Dutta-Bergman, 2006）。对公共外交的后殖民主义分析揭示了掩藏在公共外交面纱下的殖民主义议题。例如，美国在中东实行的公共外交举措利用"聆听"与"开放沟通"等修辞来推动美国议程。仁慈的民主空间建构框架被用来支持那些以并不仁慈的手段实施的殖民主义干预。再例如，在实现和平、建立民主和解放被压迫民族的框架下，阿富汗和伊拉克等地区的渗透已成定局。在上述例子中，制造业和市场的仁慈形象就是为跨国企业的全球扩张服务的。

在表述领域，公共关系实践和知识生产形式始终为霸权结构站台。斯皮瓦克的研究更进一步指导我们对代表的不断取代现象进行研究。话语结构中的西方国家以及第三世界，因其所代表和叙述的参照点的不断变化而不断被取代。代表性的这一动态属性表明，代表性始终是在与他者的关系之中形成的，这赋予了代表性存在的意义。因此，诸如"民主""现代性""文明社会"等词都与"集权主义""原始""未开化社会"等对立面名词相伴而生。比如说，文明社会存在依赖的是对未开化社会的代表，后殖民主义视角引导我们关注新殖民主义形态内，构成新殖民主义结构中代表新殖民主义议程的动态领域的各种关系。

此处值得强调的是，这种批判势头将国际社会的代表性与全球分工、全球权力分布中代表的物质特性联系起来。斯皮瓦克的研究不仅引导我们研究代表的不断取代现象，还引导我们关注代表性政治、代表性的物质结果以及代表所产生的殖民主义全球格局。即使后殖民主义批判质问和破坏了第三世界、空间及人民的建构，这一质问还是让我们意识到了在殖民主义逻辑操控下，西方国家与第三世界国家之间、北营国家与南营国家之间、发达国家与欠发达国家之间的国际政治是怎样的。代表通过物质结构下的公共关系活动实现了统治联盟的目标。物质结构正是在结构领域中构成、争辩和传播，也正是通过代表，结构被创造、挑战和变形。

文化-结构-主体性（agency）

后殖民分析将知识定位于文化、结构和主体性的交汇，因为知识创造与占主导地位的权力结构议程紧密相关（Dutta, 2007）。知识是在社会结构领域中形成的，并通过各种规训行动和代表来为占主导地位的权力结构服务。对公共关系研究的后殖民分析表明，公共关系实践已经建立了资本主义的主导逻辑。即使是在公共关系中采取批判立场的学者，也在资本主义的这种逻辑下运作，并在资本主义框架内作出批判。既然推动公共关系的公认假设是亲资本主义的，并且从根本上受到服务于占主导地位的权力机构的固有管理偏见所驱动，那么超越统治联盟利益的对公共关系的想象和对公共关系活动概念化的机会又在何处？

此外，公共关系中的知识网络传播了某些反映这些主导结构倾向的文化假设，同时我们也看到了公共关系研究中文化与结构的交叉点。大量公共关系研究将文化视为一个静态实体。用于衡量、系统化和评估文化的分类方法起源于欧陆学术传统，并持续传播知识网络的主导结构。大量对全球公共关系的学术研究使用了将欧洲中心二元论具化为一般概念的静态范畴，如权力差距、不确定性规避、个人主义与集体主义、男性化与女性化等，并提供了将文化视为静态实体的分类视角（Sriramesh & Vercic, 2003）。文化就这样被框进一个"盒子"里，并为民族国家、民族文化和国家行为的分类提供了基模；成为其他领域中能够用分类视角进行衡量的研究对象，为基于主导性欧洲中心论的公共关系理解提供规范性实践的比较点。

同理，基于媒介系统对民族国家进行分类的框架反映出，在以某些媒介系统为特权

386 的情况下，存在着欧洲中心论的偏见，并对诸如自由媒介系统等现代主义分类模式的内在价值做出了隐含假设（Sriramesh & Vercic, 2003）。然后动用自由媒介等概念来证明新殖民主义干预的合理性（Dutta-Bergman, 2005）。另外，决定公共关系众多知识结构的规范模型主要来自欧陆学术传统。如本节前面所述，这些模型为跨文化比较提供了基础。换句话说，基于文化的公共关系研究的参照点源自以西方为中心的公共关系模型，并使用西方的规范性价值观对其他领域的公共关系实践进行分类。

加亚特里·斯皮瓦克的研究建议我们质疑对话的中立性，这种中立性在很多公共关系文献中被推崇，并为公共关系中的一些主流模式提供了基础（Kent & Taylor, 2002）。对话的中立性掩盖了对话所处的政治，并以此为占主导地位的权力结构服务，这些权力结构试图利用表面上的对话平台来推动主导议程（Dutta-Bergman, 2005），对看似促进了对话但实质上却掩盖了对话机会的公民社会努力进行后殖民批评。因此，中立对话需求掩盖了主导性公共关系活动的新殖民主义推动力。质疑对话的中立性使我们正视对话的政治。芒什（Munshi, 1999）批评了公共关系中的对称模型，并指出该模型掩盖了组织与利益相关者进行沟通时的权力关系，这就使我们关注到了对话的中立性。相似地，泰勒有关对话和公共关系的呼吁掩盖了能够决定创造或是限制对话可能性的权力关系。在质疑这种公共关系政治时，杜塔·伯格曼（Dutta, 2005）提倡采用以文化为中心的路径来研究公共关系，即应当关注对话领域中的权力不平等，他认为有必要采取一种抵抗性姿态来寻求开放话语空间，以听取庶民群体的声音。

公共关系中的抵抗

公共关系后殖民研究的前景在于将公共关系想象成一种阻力，即通过"滥用"构成主流公共关系实践基础的启蒙概念，推翻公共关系的主导理论，为国家市场—公民社会霸权的扩张议程服务（Pal & Dutta, 2008a, 2008b）。换句话说，即由于斯皮瓦克关于"向底层人民、向庶民学习"的叙述，后殖民公共关系通过从庶民空间影响民主、人权、公民社会、社区、多元文化主义、知识参与的含义，阐明了作为激进民主的变革性传播

387 政治（Basu & Dutta, 2008; Dutta, 2008）。斯皮瓦克将后殖民主义研究勾勒为从庶民中学习"民主行为的习惯""民主行为的仪式"或"公共领域的直觉"（Spivak, 2016, p.439）。因此，传播研究就是为倾听建立基础设施，提供"政府所有权，通过审美教育进行持续补给"（Spivak, 2016, p.441）。对后殖民学者芒什和库里安来说（Munshi & Kurian, 2016, p.405），"公共关系建立在抵抗主流叙事和培育跨国公共抵抗领域的平台基础上，后殖民理论为公共关系提供了可持续公民身份的框架"。后殖民主义的抵抗框架试图改变当代资本主义所反映的剥削和压迫的殖民关系。

后殖民研究质疑通过主导性公共关系实践而生产和构筑知识的权力结构（Dutta & Pal, 2011），质疑新殖民主义对知识结构的推动力，从而抵制了占主导地位的结构，并呼吁在全球范围内共同创造庶民参与的民主空间，以此获得转变跨国霸权的机遇。更具体地说，公共关系学领域不再将公共关系活动的资本主义基础视为规范，而是对其进行质疑和明确化（Berger, 2005; Dutta-Bergman, 2005）。这本身就是一种抵抗行为，因为它基于聆听庶民声音的传播想象，与抵抗主导性公共关系的边缘群体团结一致，从而为共同创造替代性知识主张提供了可能性。

沿着这些思路，杜塔·伯格曼（Dutta-Bergman, 2005）对公共关系学者所倡导的看似无私的公民社会建设努力提出了质疑（Taylor, 2000），并考察了这些努力所服务的、以民主促进为框架的、潜在的资本主义亲自由市场和亲帝国主义议程。通过自上而下的市场改革，从赞助反民主的精英民间社会组织和媒介结构到赞助政变的反民主实践，以及在民主促进背景下由帝国主义赞助的谋杀和种族灭绝行动，将公民社会带到南营—发展中国家的言辞中所体现的现代主义仁慈遭到了帝国主义谋取叙事的审视（Dutta-Bergman, 2005, 2006）。同样，芒什和库里安（Munshi & Kurian, 2016）描绘了公共关系在抵抗美国支持的犹太复国主义帝国叙事转变中的作用，该叙事将巴勒斯坦土地上的以色列殖民正常化，在破坏主流叙事中展现抵制、撤资和制裁（BDS）运动的抵抗性角色，并引起人们对占领的非法性和残酷性的关注。约翰斯顿描述了"难以置信的串根（rhizomic）社区回应"（Johnston, 2015, p.139），在澳大利亚，种族主义公共关系将寻求避难者视为对国家安全的威胁，而以社区为基础的激进公共关系研究打断了这种由国家传播的种族公共关系。激进主义实践通过从根本上指出统治联盟干预行为的虚伪，而对统治联盟的权力和控制进行抵抗，而后殖民主义立场为公共关系实践重新概念化及激进主义实践提供了基础。

388

归根结底，后殖民主义立场与主流知识部署所导致的消除相关：公共关系中占主导地位的欧洲中心论叙事到底抹去了什么？主导性叙事发挥了什么作用？它又是如何抹灭非主流声音的？我们如何才能为聆听这些非主流声音开放空间？公共关系研究的目的在于充当一种战略管理工具，而消除就是质疑公共关系这种统治逻辑的基础。正是通过质疑这些公认行为才打开了其他可能性。

如前所述，对激进主义在主流公共关系文献中建构方式的质疑，使后殖民主义学者重新概念化这一领域。"公共关系文献中激进主义的声音何在？"这一问题使我们关注主流公共关系研究所服务的统治利益，以及这些利益抹杀庶民的方式。与其将激进主义群体概念化为一个由公共关系从业者进行管理、服务于组织议程的涉众工作组（a stakeholder group）（Dozier & Lauzen, 2000），不如将其概念化为，在为知识生产开放机遇的必争之地中，致力于代表形象与议题的公共关系活动的实践者。在激进主义运动中寻找主体性，为聆听那些挑战主流结构并为非主流发声的声音提供了可能性。例如，尽管在主流文献中有关印度博帕尔（Bhopal）联盟碳化中毒的文章很多，但公共关系研究已系统地抹杀了参加变革运动、寻求正义的博帕尔人民的声音。后殖民立场为声援博帕尔人民的征程打开了话语空间，同时也为与庶民阶级——通常被分类为灾难的受害者而脱离话语空间——进行对话（Pal & Dutta, 2008a, 2008b）。这种抵抗态度在重现被消除的声音的同时打破了主流文献中的沉默，并通过与庶民群体的对话所展现的非主流声音、意义建构和传播过程打破统治霸权。

与致力于服务管理偏见的中立对话的同化立场相反，后殖民意义上的对话试图通过团结庶民阶级、抵抗主导结构进而消除主导结构。因此，通过消除和纯化殖民对话的通用分类，后殖民对话直接寻求建立倾听庶民声音的基础设施。即使庶民在话语空间中不断地被取代，后殖民意义上的对话仍在与这种不可能进行搏斗，渴望倾听庶民声音，这

389 就是其对抗性所在。从这个意义上说，尽管对话渴求表达，却也在取代和消除，基于这一认识，对话前进的每一步都在根本上面对着不可能。后殖民意义上的对话始于以调查主体的身份展开研究从而忘掉个人特权。将特权视为非主流可能与想象的损失与话语终结，从而忘掉特权，后殖民学者才能找到通往对话的入口。

当后殖民研究将我们指向建构于主流话语之外的庶民群体的主体性时，激进主义在主流公共关系研究中的主体地位受到争议。公共关系研究中的激进主义立场，使我们不再将激进主义视为挑战跨国霸权新殖民议程这一团结征程的主体。那么，从这个意义上来说，后殖民学者既是一位学者，又是一位激进主义者，这种激进体现在通过各种表达途径将其主体性与其所表现的抵抗政治联系起来。公共关系中施事（performative）的立场探索美学与政治的交汇，探索美学表征与政治表征相交叉的方式（Conquergood, 1991）。正是在这种美学与政治表征意义上，后殖民学者有望绘制出与共事社区有机互动的愿景。激进主义立场敏锐地意识到构成学术界的社会和经济结构，虽身处结构之内，但仍试图从其中作出批判。与当地社会团体建立的关系反映了主导性知识结构中对固有特权的根本性质疑这一激进姿态，也反映出知识政治是如何破坏知识得以建构的结构。例如，针对主导性知识结构为发展计划开展公共关系活动的审视，为激进主义政治创造了远景，这些激进主义政治除了公认的现代主义发展逻辑，还具有其他可能性。在危机传播文献中，对生产关于有效维护管理和危机管理知识的主导性知识结构的批判性审视，为思考如何处理危机提供了其他可能性（see for instance Kim & Dutta, 2009; Ortiz Juarez-Paz, 2017）。

后殖民研究给公共关系的主导框架带来的挑战也使我们能够想象其他可能性。这种可能性是激进主义政治的核心。因此，后殖民研究需要探索非主流的认识论、本体论、价值论和行为主义框架，以探索激进主义及其在变革性政治中的作用。即使我们看到了这种可能性，斯皮瓦克也让我们关注到了不断被取代的表征、美学表征和政治表征的相

390 互作用以及表征固有的脆弱性，并暗示了解构主义警惕的重要性。这种解构主义警惕保

留了后殖民主义学者—激进主义者的批判立场，并使其意识到变革性政治参与中的代表性的陷阱。指出这种持续的警惕，也许是斯皮瓦克对公共关系研究最深刻的贡献之一。

警惕解构主义

最后，针对致力于参与抵抗性政治，即对居支配地位的权力结构提出质疑的公共关系实践者和理论家，斯皮瓦克指出了解构主义立场下不断保持警惕的重要性。后殖民实践中的反身性凸显了代表的脆弱性，并阐述了政治表征始终与美学表征相交织的理念。因此，政治意义上的代表性是基于这样一种知识，即它始终是一种代表性，并且位于备受争议的权力和控制领域内。对于公共关系学者而言，其在努力抵抗，这种持续批判的立场使其意识到如何参与到传播主导性社会结构的权力和控制之中。这种持续的意识将反身性植入学术结构，并将后殖民研究的批判性推动力与面对新自由主义政治的社会变革政治联系起来。

这样一来，作为有机知识分子的公共关系学者被代表性所产生的取代现象所充斥。任何形式的代表性都与其他形式的代表性息息相关，并且从代表的话语链中获得意义。这些代表的话语链处于不断变化的权力和控制关系之中。反思解放政治中权力与固定时刻的控制之间的关系，这样一种批判性立场为重新探讨运动及其解放政治的目标创造了机会，并为"开放式实践政治"提供了途径。这种开放式实践政治总是可以接受的。

公共关系学者—激进主义者正是通过这种批判性立场来意识到他的特权，并以此特权将目光转向传播者/知识生产者的主体地位。在声援庶民边缘群体的政治参与所带来的解放的可能性想象中，公共关系学者—激进主义者应当不断意识到解放政治中的同化瞬间/修辞/趋向，即解放政治运动可能有变成他们所抵抗的对象的风险。从这个意义上说，抵抗的推动力会注入规范机制中，而批判的推动力则使公共关系学者—激进主义者对控制时刻保持警惕。后殖民主义学者与激进主义运动合作，通过不断地反思和批判为解放创造了机会。解构立场对激进主义运动的贡献来自对解放政治修辞和实践的不断评估，以及在激进主义运动的修辞背景下所做的实践并置。

391

结论

总之，斯皮瓦克的研究为整个世代的公共关系学术研究提供了沃土，尤其是在当前公共关系研究和实践所处的全球跨国政治语境下。斯皮瓦克的研究与如何定位有关跨国资本主义的新帝国主义议程的公共关系实践相联系，与公共关系努力的修辞与实践之间的一致性及差异性相联系。通过透视不断地反思处理公共关系，斯皮瓦克的研究为探索代表如何服务于支配性新殖民议程，如何持续地再传播支配性新殖民结构，如何通过参与形式的笼络手段最小化庶民边缘群体的抵抗机会提供了途径。同时，斯皮瓦克的研究为向抵抗主导性公共关系研究与实践的新自由主义议程提供机会的激进主义政治开辟了领域。另外，斯皮瓦克的研究还创造了一个额外的研究空间，即在我们设想有机知识分子在新殖民主义与新帝国主义政治中的作用时探索理论研究与实践之间的交集。由于斯皮瓦克研究了激进主义政治，研究了解放政治与不断威胁着激进主义政治解放目标的、具有同化本质特点的政治之间的紧张关系，因此这也是进一步探讨公共关系学者反身性角色的出发点。

393 ## 斯皮瓦克的生平及研究

斯皮瓦克是哥伦比亚大学的一名教授，研究领域包括后殖民理论、马克思主义批评、解构主义和女权主义理论。1942年2月24日出生于西孟加拉邦的加尔各答，获得了加尔各答大学英语学士学位、康奈尔大学英语硕士学位、艾奥瓦大学博士学位。斯皮瓦克翻译了德里达的《论文字学》，为序言的自反性设定了新的标准，之后集中于历史研究、后结构主义文学批评、马克思主义解构、帝国主义文学批评和国际文学批评，并翻译了孟加拉语作家马哈斯韦塔·德维的作品。斯皮瓦克自1991年在哥伦比亚大学任教，并于2007年被任命为该学院大学教授（最高教职人员）。斯皮瓦克的主要著作包括《在他者的世界：文化政治论文集》《庶民研究》《后殖民批评：采访，策略，对话》《教育机器之外》《后殖民理性批判：通向行将消失的当下历史》《学科之死》。

参考文献

[1] Basu, A., & Dutta, M. J. (2007). Centralizing context and culture in the co-construction of health: Localizing and vocalizing health meanings in rural India. *Health Communication*, 21(2), 187-196.

[2] Basu, A., & Dutta, M. J. (2008). Participatory change in a campaign led by sex workers: Connecting resistance to action-oriented agency. *Qualitative Health Research*, 18(1), 106-119.

[3] Berger, B. K. (2005). Power over, power with, and power to relations: Critical reflections of public relations, the dominant coalition, and activism. *Journal of Public Relations Research*, 17(1), 5-28.

[4] Conquergood, D. (1991). Rethinking ethnography: Towards a critical cultural politics. *Communication Monograph*, 58(2), 179-194.

[5] Dozier, D. M., Sc Lauzen, M. M. (2000). Liberating the intellectual domain from the practice: Public relations, activism, and the role of the scholar. *Journal of Public Relations Research*, 12(1), 3-22.

[6] Dutta, M. J. (2008). *Communicating health: A culture-centered approach*. Malden, MA: Polity.

[7] Dutta, M. J. (2009). On Spivak: theorizing resistance-applying Gayatri Chakravorty Spivak in public relations. In Ø. Ihlen, B. van Ruler & M, Fredriksson (Eds.), *Public relations and social theory: Key figures and concepts* (pp, 278-299). New York, NY: Routledge.

[8] Dutta, M. J. (2015). A postcolonial critique of public relations. In D. McKie, J. L'Etang, N. Snow & J. Xiffra (Eds.), *The Routledge handbook of critical public relations* (p. 248). New York, NY: Routledge.

[9] Dutta, M. J. (2016). *Neoliberal health organizing: Communiccition, meaning, and politics*. Abingdon, Oxon: Routledge.

[10] Dutta, M. J., & Dutta, D. (2013). Multinational going cultural: A postcolonial deconstruction of cultural intelligence. *Journal of International and Intercultural Communication*, 6(3), 241-258.

[11] Dutta, M. J., & Pal, M. (2011). Public relations and marginalization in a global context: A postcolonial critique. In N. Bardhan & C. K. Weaver (Eds.), *Public relations in global cultural contexts: Multiparadigmatic perspectives* (pp. 195-225). New York, NY: Routledge.

[12] Dutta-Bergman, M. (2005). Civil society and public relations: Not so civil after all. *Journal of Public Relations Research*, 17(3), 267-289.

[13] Dutta-Bergman, M. J. (2006). US public diplomacy in the Middle East: A critical cultural zpprozch. *Journal of Communication Inquiry*, 30(2), 102-124.

[14] Johnston, J. (201.5). Public relations, the postcolonial other and the issue of asylum seekers. In D. McKie, J. UEtang, N. Snow & J. Xiffra (Eds.), *The Routledge handbook of critical public relations* (pp. 130-141). New York, NY: Routledge.

[15] Kent, M. L., & Taylor, M. (2002). Toward a dialogic theory of public relations. *Public Relations Review*, 28(1), 21-37.

[16] Kim, I., & Dutta, M. J. (2009). Studying crisis communication from the subaltern studies framework: Grassroots activism in the wake of Hurricane Katrina. *Journal of Public Relations Research*, 21(2), 142-164.

[17] Kruckeberg, D., & Starck, K. (1988). *Public relations and community: A reconstructed stoty*. New York, NY: Praeger.

[18] Munshi, D. (1999). Requisitioning variety: Photographic metaphors, ethnocentric lenses, and the divided colours of public relations. *Asia Pacific Public Relations Journal*, 1(1), 39-51. **392**

[19] Munshi, D., &c Kurian, P. (2005). Imperializing spin cycles: A postcolonial look at public rela-tions, greenwashing and the separation of publics. *Public Relations Review*, 31(4), 513-520.

[20] Munshi, D., & Kurian, P. (2007). The case of the subaltern public: A postcolonial investigation of CSR's (o) missions. In S. May, G. Cheney & J. Roper (Eds.), *The debate ouer corporate social responsibility* (pp. 438-447). New York, NY: Oxford Univemty Press.

[21] Munshi, D., & Kurian, P. (2009). Migrants, genes, and socio-scientific phobias: Charting the fear of the 'Third World5 tag in discourses of development. *In On the edges of development: Cultural intermitions* (pp. 94-109). New York, NY: Routledge.

[22] Munshi, D., & Kurian, P. (2016). Imagining organizational communication as sustainable citizenship. *Management Communication Quarterly*, 29(1), 153-159.

[23] Ortiz Juarez-Paz, A. V. (2017). Undocumented identity storytelling: (Re) framing public relations. *International Journal of Media & Cultural Politics*, 13(1-2), 165-178.

[24] Pal, M., & Dutta, M, J. (2008a). Public relations in a global context: The relevance of critical modernism as a theoretical lens. *Journal of Public Relations Research*, 20(2), 159-179.

[25] Pal, M., & Dutta, M J. (2008b). Theorizing resistance in a global context processes, strategies, and tactics in communication scholarship. *Annals of the International Communication Association*, 32(1), 41-87.

[26] Pratt, C. (2006). Reformulating the emerging theory of corporate social responsibility as good governance. In C. Botan & V. Hazleton (Eds.), *Public Relations Theoty* (pp. 249-277). Mahwah, NJ: Lawrence Erlbaum.

[27] Shome, R., & Hegde, S. R. (2002). Postcolonial approaches to communication: Charting the terrain, engaging the intersections. *Communication Theory*, 12(3), 249-270.

[28] Spivak, G. C. (1990a). The post-colonial critic. In S, Harasym (Ed.), *The postcolonial critic:*

Interviews, strategies, dialogues (pp. 67-74). New York, NY: Routledge.

[29] Spivak, G. C. (1990b). Questions of multi-culturalism. In S. Harasym (Ed.), *The postcolonial critic: Intemews, strategies, dialogues* (pp. 59-66). New York, NY: Routledge.

[30] Spivak, G. C. (1996). Bonding in difference: Interview with Alfred Arteaga. In D. Landry & G. MacLean (Eds.), *The Spivak render: Selected works of Gayatri Chakrawrty Spivak* (pp. 15-28). New York, NY: Routledge.

[31] Spivak, G. C, (1998). *In other worlds: Essays in cultural politics*. New York, NY: Routledge.

[32] Spivak, G. C. (1999). *A critique of postcolonial reason: Toward a history of the vanishing present*. Cambridge, MA: Harvard University Press.

[33] Spivak, G. C. (2012). *An aesthetic education in the era of globalization* (pp. 335-350). Cambridge, MA: Harvard University Press.

[34] Sriramesh, K., & Verčič, D. (2003). A theoretical framework for global public relations research and practice. In K. Sriramesh & D. Verčič (Eds.), *The global public relations handbook*. Mahwah, NJ: Lawrence Erlbaum.

[35] Taylor, M. (2000). Toward a public relations approach to nation building. *Journal of Public Relations Research*, 12(2), 179-210.

[36] Taylor, M. (2010). Public relations in the enactment of civil society. In R. L. Heath (Ed.), *The SAGE handbook of public relations* (pp. 5-16). Thousand Oaks, CA: SAGE.

第二十一章
墨菲：激进多元主义与公共关系

斯科特·戴维森　朱迪·摩森

比利时政治理论家尚塔尔·墨菲，因提出对抗性理论（the theory of agonistics）而闻名政治理论界。她承认对抗性冲突的不可避免，并提倡建立一种激进的、多元的民主形式。墨菲学术成果的应用拓宽了公共关系概念化的范畴，"政治性"（the political）社会力量关系的引入，往往会影响甚至决定公共关系如何运行。通过质疑协商和政治共识的价值，她的理论观点为我们理解民主社会中公共关系角色和价值的方式提出了极大的挑战。墨菲主张"一个健康的民主程序需要的是不同政治立场鲜明碰撞，和不同利益团体的公开冲突"，而不单单是文化和政治上的多元主义（Mouffe, 1993, p.6）。相比于妥协与和解，观念的多元化与敌对性（antagonistic）力量的传播更是激进民主想要达成的目标。而大多数专业公共关系的操作主要在于维持现状、管理并中和冲突（Davidson, 2016）。那么，我们应该如何调和近年来公共关系理论的"协商转向"和墨菲对这种学术主张的回避？将墨菲应用于公关领域的一个风险在于，其理论很可能被理解成对希思（Heath）"市场争论"（wrangle in the marketplace）的回溯，而非容纳冲突的对抗性模式（Mouffe, 1992, p.17）。"市场争论"这一概念指在市场竞争中寻求主导，而公共关系的目标是运用理性以获得话语权（discursive power），而不是接受多元的价值和立场，并且共识本身就是一种权力的表达（Motion & Leitch, 2015; Ihlen, 2017）。冲突被认为是需要被解决的问题，或是为了达成特定目标所使用的手段，并非与对手竞争时有意采取的模式。而实际上，公共关系这种通过忽略冲突来达成共识的努力也存在弊端——这很大程度上会排除或边缘化少数群体的意见。

通过墨菲的理论成果的应用，公共关系或许能被重塑为一种开放的、审慎的、提倡多元价值并传播对抗性力量的实践活动。公共关系对墨菲所倡导"价值观多元化"（Mouffe, 1993, p.152）向来关注甚少。相反，我们一直经历着"自由和个体权利"与

"平等和参与"的二元斗争。墨菲认为，这种自由与参与之间的张力应当被尊重与保护，因为这是多元民主的基本构成要素（Mouffe, 1993, p.150）。从这个角度来看，建立对价值多元主义的认同，定义"可协商与不可协商"的边界，也应当作为公共关系的学科任务。这也就是说，在行业实践过程中，公共关系必须直面冲突、与其共存，而不是一味地解决它。

墨菲的理论指出公共关系的核心作用是要"代表所有立场"（representing all sides），她同时也为现代社会公共关系行业被污名化的原因提供了新的视角——大多数情况下，公共关系操纵着两党间的党翼游戏，总是试图普及特定的精英机构、组织与个人的观点，而不是社会大众的利益。

在本章节，我们会探讨墨菲理论的核心概念，反思政治理论与公共关系学术研究的相关性和在研究中施以应用的可能性。并细数将墨菲的理论成果运用到公关领域时，我们可能会面对的挑战。

论墨菲

霸权主义

墨菲是对抗民主模型发展过程中起到关键作用的一位学者。她最初从传统马克思主义和女性主义流派中汲取了理论框架的灵感，并着眼于如何通过社会运动以抵抗主导群体的权力。而墨菲否认马克思主义理论中经济基础决定上层建筑的基本假设，也将她与传统的马克思主义者区别开来。

学术界和社群行动主义者之间本就较为疏远，墨菲的学术成果也被认为是激发两者交流和辩论的功臣（Tormey, 2010）。她观点的另一显著特征也将她与进步主义或激进民主理论家区别开来：墨菲坚持将竞争性的冲突作为基本的民主价值观之一（Martin, 2013）。

墨菲对于霸权的理解在她早期作品中就已有体现（Mouffe, 1979）。同时，在她多年来对民主社会权力运行方式的思考中，霸权一直被当作一个核心概念。在国家层面，当一个阶级能够将其他社会群体的利益解释为阶级自己的利益时，就能够实现霸权。若权力仅在于追求狭隘的局部利益形式，那它就不会被认为是合法的。为了巩固权力，统治集团必须"切实地关心其意图行使霸权的社会团体的利益"（Mouffe, 1979）。从概念上讲，这个假设认为，一种定位的均衡可以通过霸权团体象征性地承认某些经济和政治目标来实现。若一个团体或阶级希望扩大其权力范围和影响力，他们则需要与其从属团体的基本利益相协调。这个过程有着很强的偶然性，并且随着维持权力主导群体的变化而不断变化，但始终对其自治权有限制。在国家层面，霸权的概念解释了国家职能在历史维度上的不断扩展，因为这是巩固公民社会的必要条件。

在霸权主义的这种广义概念化之下，墨菲还在葛兰西（Gramsci）研究成果的基础上，丰富和发展了他的理论。作为一名著名的知识分子，葛兰西的理论和行动主义深刻地影响了西欧激进左翼思想的演变进程。葛兰西认为，霸权即领导权。霸权不需要武力征服，而是建立在对领导团体的认同之上。而普及统治集团的价值观和思想能够保障这种认同（Bates, 1975）。葛兰西研究中特别重要的一点，在于他确立了当权者使用霸权的两种不同策略（Mouffe, 1979）。第一种是中和式霸权（hegemony by neutralization），有时也被称为变换主义。这种策略旨在中和乃至抵消弱势团体的利益，以防止其随意地发展和活动。第二种是广泛式霸权（expansive hegemony），权力被用来与弱势团体合作，以帮助其利益的发展。

变换主义策略性地寻求通过吸收竞争或敌对群体的行动主义能量来中和这些群体，从而阻止其有效地反对现存的权力关系。相反，墨菲主张的广泛式霸权，拒绝了变换主义框架下典型的被动共识（passive consensus），转而支持真正试图聚焦处弱势团体的利益并将其打造为民意的主动共识（active consensus）。但墨菲也同时警告，将自由和平等扩张到更大的社会关系范围内的过程中，会不可避免地揭露掌权者和无权者之间的矛盾。这些张力的存在让葛兰西认为，只有霸权秩序围绕着工人阶级的核心利益，广泛式霸权才能长久地进行下去。

墨菲此后的学术研究不断地从葛兰西的作品中吸收灵感，但她同时也对传统的马克思主义理论化阶级、经济和权力的方式做了大胆而重要的突破。她和拉克劳（Laclau）的合著运用了福柯对于权力和话语关系的理解，探讨了社会身份的内在不稳定性，这种不稳定在人际交互中无限地相互作用，并创造了新的意义。墨菲与拉克劳主张建立没有特权的、所有社会身份在各个层面上平等的广泛式霸权。这超越了仅仅将非阶级的身份与经济斗争联系起来的尝试，为突破传统马克思主义研究方法奠定了基础（Martin, 2013）。

对协商和对话转向的批评

墨菲对于作为中和社会变革运动的策略的被动共识的关注，是理解为什么这么多学术领域对话转向的传播模式的重要概念框架。这同时明确地推动了传播的宣传形式，且创造了一系列威胁到充分实现民主潜力的全新伦理问题。通过墨菲对社会群体敌对的水平和本质的假设，以及她对于霸权的本质的假设，我们才能最充分地理解她的研究方法。

敌对性（antagonism）是墨菲思想的核心，她认为这揭露了社会和政治冲突的存在，而我们永远无法完全解决这些冲突。墨菲的理论成果不仅是对传统马克思主义的突破，还是对坚信在面对社会问题时，群体通过对话能够达成长期的、和谐的共识的自由主义与社群主义的突破。

墨菲将这种对话的转向描述为对政治的冲突性本质的一种"时髦的"否认。因为现代民主政治普遍从接受深层次的多元化开始，而往往又会在执行过程中寻找消弭多元化的机制，使差异消失于无形（Mouffe, 2000）。尽管意识到达成普遍共识的困难性，自由主义或社群主义思想家仍在理论化的过程中保留了共识的存在，而这正是墨菲所坚决否认的。

为了阐明对协商民主的一种替代方案，墨菲构建并区分了"政治性"（the political）和"政治"（politics）这两个概念。墨菲将政治性定义为"构成了人类社会的敌对性的维度之一"，政治性来自日常的社会互动；而政治则是"一系列创建秩序的机构及机构的实践活动"，其中，话语和机构是为了建立秩序和保证人类共存而构建的。墨菲认为，政治性中内含的永久性的敌对水平相当频繁地被政治实践中的对话和协商模式所忽视。对话模式强调的是，如何在不排除所有利益相关者的前提下建立共识。而墨菲指出，这是建立在错误假设上的目标，因为这样的共识是允许在"他们"（them）缺席的情况下构建"我们"（us）的。墨菲认为这是错误的假设，因为根据德里达（Derrida）"建构出的外部"（the constitutive outside）的概念，个人或群体身份认同的构建总是意味着建立差异。这些差异本不一定是敌对性的，但基于"我们/他们"存在的二元关系总是存在着转化成"我方/敌方"二元对立关系的可能（Mouffe, 1993）。

墨菲的另一个假设重新将战略关系建设的挑战重点放在了如何以与多元主义相融的方式重塑"我们/他们"的关系。为了达成这个目标，最关键的原则在于我们不应该将他者当成亟待消灭的敌人，而要将其构建成合法的对手，同时其修辞立场必须遭到反驳。

398 墨菲认为相较于与敌人斗争的敌对性（antagonism），民主的目标在于建立与对手斗争的对抗性（agonism）。敌对性的身份区分往往通过为一个具有威胁性的"他者"划界来为社会身份认同奠定基础。他者常被认为是非理性的、充满敌意的、不可理喻的存在（如自私自利的资本家、眼红善妒的外国人、铁石心肠的政府机构等）。这种敌对性的身份区分同时保证：一旦战胜了敌人，就会获得一种身份的满足。对话模式过度关注共识的危险在于引发民众对民主参与的不满和冷漠。更危险的是，出于理性的霸权概念而被排除在外的激愤民意，很可能导致暴力敌对的爆发。墨菲警告，强调非冲突对话模式而引发的意外后果会十分严重。而传播和沟通的目标需要一个不同的方向：

> "民主政治的首要任务并不是消除民众的激情，或是将其引入私人领域进行安置，以便在公共领域建立理性共识。相反，首要任务应该是围绕着民主目标，建立身份认同的集体形式，将激情引入民主框架设计中'升华'"。
>
> （Mouffe, 2013, p.9）

墨菲所呈现的在民主社会中永远无法消除敌对关系的悲观主义，并不意味着她对于社会进步的可能性也抱持悲观的假设。每一个共识、每一种社会或政治秩序，都是具有偶然性的表达，而非依赖逻辑产生。不论多么合乎理性，多么广受支持，共识仍然需要政治权力来为其制定要求。每一种秩序或共识都建立在排除其他可能性的基础上。这些假设使得墨菲对于社会变化和被排除的群体挑战并转变自己的环境的能力更加乐观。如果所有秩序都是偶然的并且依赖于社会群体之间权力关系的临时配置，则存在有可能挑战和改变这种关系的替代方案。

当然我们要意识到，如果一种霸权关系被改变，那么一种新的霸权秩序就会被重新建立，这同时会是个同样基于偶然性并对未来的挑战保持开放态度的秩序。

对抗性

对墨菲而言，寻求共识是民主社会的一大重要威胁。她认为支持包容性政治的论证都不承认敌对性之棘手，也不承认冲突最终是不能被解决的。而激进民主由差异、冲突、分歧和多元声音产生，也使得多元化的冲突浮出水面，繁衍生长。墨菲解释道，激进多元民主必须与政治性内部冲突和对抗的维度达成一致，并且必须接受不可减少的多元化价值观的后果（Mouffe, 1993）。

"对抗性"（agonism）这一名词本身源于希腊语，意为斗争（struggle），经常与"敌对性"（antagonism）这一概念混淆。然而，墨菲运用了更为建构性的方式使用对抗性这一术语，用以强调民主进程中多元观点的重要性，并把社会冲突作为术语的概念核心。她理论成果的核心原则是，民主社会需要就可能的替代方案进行充分辩论——因此，虽然必须达成共识，但同时也必须充分伴随异见。压制冲突的问题在于，寻求共同点的尝试很可能实际上阻碍了真诚，因为主流文化拥有定义什么是合法、什么是符合常规的力量。对抗性视角聚焦在颠覆共识内部的权力关系、前景力量以及利益冲突的潜在可能性。在民主社会中，异见和冲突被认为是社会变革的关键元素。

对墨菲来说，对抗性的努力可能是对话性的，因为它们触发了话语的开放性，从而建构并呈现出了透明的替代性的政治立场。

对手

作为墨菲对抗性民主社会概念框架的一部分，她设置了考虑反对者（opponents）的另一种思维方式。相较于敌人，墨菲更喜欢"对手"这个概念，同时她提及了从道德层面考虑反对者的危害。墨菲认为，如果反对者被定位为"敌人"或是"邪恶"的化身，就没有必要去理解他们存在和成功的原因。相反，"对手"（adversary）描述的是"对人人自由平等的民主原则同样忠诚，但对原则的解释存在分歧"的反对者。虽然对手之间都不愿彼此对民主的解释成为霸权，但他们也不会质疑彼此维护自己立场的权利（Mouffe, 2013）。这种方法将极化思维转化成一种更合理的思考方式，目标在于接受多元价值和优先化民主进程，强调始终将重心放置于不同政权间的对抗上，而不是自由主义民主政治内部对于反对者的打压。

近来的理论发展：艺术批评和民粹主义的考量

墨菲对于艺术行动主义以及艺术实践动摇公共空间主导霸权的可能性很感兴趣。她专注于文化作品用于支持资本主义生产力的方式，以及艺术抗议如何积极参与到回收被

400 政治和商业入侵的公共空间中。墨菲这种关注的转变并不是研究方向的改变，而是研究她的理论成果如何在特定的话语领域中发挥作用——在这个例子中，指视觉文化和空间领域。墨菲认为，通过批判性的艺术实践，我们才能理解"作为对抗的政治性"——艺术的作用并不是要创造共识，而是要通过展现被主流共识刻意模糊和抹杀的内容来引出"分歧"（dissensus）。批判性艺术，被赋予激化和加剧争议、破坏霸权叙事和将问题政治化的任务。对墨菲来说，这些霸权性的斗争依赖于撤销"普遍共识"这一自由主义承诺。而终结"作为共识的政治性"的问题在于，它需要一个否定敌对性的承诺。关于这点，墨菲认为因为霸权实践是不稳定的、可协商的并且具有竞争性的，（Mouffe, 2008, p.12）所以敌对性本身至关重要。当墨菲提到"作为霸权的政治"（Mouffe, 2008, p.8）时，她指的是对于权力关系的构建与重构，以及许多霸权实践和特殊案例的偶然性本质。通过区分现有的政治秩序和相关的权力关系，可以对霸权实践提出挑战，这种关系又构成了特定语境下霸权主导的一个实例。届时，一种替代性的霸权形式就完成了。这意味着绝不存在一种民主的解决方案，绝不存在着共识——共识本身就是一种霸权的形式。通过塑造或挑战一种特定的符号秩序，艺术实践本身在"对抗性斗争"中扮演了极为重要的角色。那么对抗性就是支持多元化的一种机制——因为冲突和抗衡是民主的本质特征。霸权的干预以相互构成的方式，将艺术和政治紧密联系在一起。通过为在现有霸权框架下被沉默的势力发声，批判性艺术为质疑主导性的霸权做出了自己的贡献（Mouffe, 2008, p.12）。这样，公共空间就成了话语建构和被解构的场所，也是艺术批判性鼓励着去实现身份认同，和新自由主义霸权实践被破坏的场所。墨菲对于批判性艺术做了四种分类：与政治现实接触的艺术；探索被边缘化、被压抑或受害者的身份认同现状的艺术；探索政治语境、艺术生产和流通形态的艺术；作为"乌托邦式实验"，想象其他的生活方式和反资本主义价值观的优先次序的艺术。以上每一种批判性艺术的实践都是对公共领域的"对抗性干预"，并指明了文化在霸权中的重要性，提供了瓦解企业资本主义达成的共识的可能性，也提供了新的主观性的可能性（Mouffe, 2008, p.13）。因此，批判性艺术实践是激进民主的一个极为重要的特征。

墨菲也十分赞赏那些去挑战社会关系塑造城市空间的艺术项目，她提到了由艺术团体"0100101110101101.org"发起的将维也纳卡尔斯广场命名为"耐克广场"的艺术实践（Mouffe, 2007）。该项目以激发市民的情绪反应为目的，声称维也纳著名的历史文化空

401 间——卡尔斯广场将被卖给企业赞助商，在改名为"耐克广场"的同时，广场中心会建

立起耐克品牌标识的塑像。这个公共空间的对抗性概念的功能在于揭露反对意见，并不是为了扼杀异见与分歧，而是为了用异议激发公民政治参与的情感体验。这在打造公共服务的精神特质时，实际上为公共关系提供了发挥创造力和表达情感的机会。然而，根据欧金尼的观察，耐克的公关部门不但没能回应这种对抗性挑战的精神，还发出了将对侵权行为采取法律制裁的警告（Mouffe, 2010）。

墨菲在最近的研究中还批评了她定义为处于中心偏左和中心偏右党派之间的"中心共识"问题（Mouffe, 2016）。左右党派都代表着一种新自由主义霸权。墨菲认为，对抗性辩论的缺失减少了公民选举的选择，减少了对全球化新自由主义替代方案的探索。她认为一种主张代表被排斥者的有利的氛围已经为左派和右派的民粹主义政党建立了起来。然而，这种形式的民粹主义本质上是右翼的，是通过排外主义建立起来的统一，尤其是对移民的敌视。墨菲想要为左翼政治重新建立一种多元化的、对抗式的民粹主义。她认为对直接民主参与的呼吁并不是问题的答案；需要被质疑和挑战的是公民缺乏政治选择的现状，而不是代议制民主本身。墨菲有一个十分关键的观察：右派的大部分成功可能要归功于激情的展示，所以她提议左派也要拥抱激情。

墨菲被证明是有先见性的，也为公关专业人士理解英国公投脱欧和美国总统唐纳德·特朗普的竞选成功提供了极为有用的洞察。她的学术成果提醒了人们多元主义观点的重要性，以及为了达成共识而去消除区别的风险。明确主体立场性、提示大众消费者和公民身份的区别很可能是公共关系可以对民主项目作出的重要贡献。她呼吁寻求一种新自由主义的替代方案，要求公共关系摈弃其自身存在的理由——或者至少是当前的商业模式。

公共关系对于新自由主义理想、权势精英的贡献实际上很好地服务了这个行业，并且通常被理解为本身存在的驱动理由。然而，当这种服务用民粹主义取代了代议制民主、忽视少数群体意见或强加错位的企业价值观而破坏了社会利益时，公共关系的合法性和行业社会许可就会受到质疑。未能考虑到多元主义价值观、社会和环境价值观的公共关系，将少数群体的权益归属于多数人意志之下的公共关系，将对手排除在外或试图抹杀冲突的公共关系，都是对民主进程根本上的破坏。戴维森（Davidson, 2016, p.157）则提出，公共关系可以"通过支持与公众建立联盟的霸权来支持民主，特别是那些可能正进行着社会和经济斗争的公众，并动员这些链条进入民主的方向"。

402

对墨菲的批评

对墨菲的批评代表了相当对立的视角——捍卫协商民主的批评者和认为她不够激进的批评者。马丁认为，对墨菲来说，冲突是思考民主问题的核心，"冲突不仅是她论述民主政治的条件，是她对社会理解的一个不可或缺的维度，也是她作为批评家本身自己的风格特征"（Martin, 2013）。虽然冲突是不可避免的、长久存在的，但它也被自由平等的一般原则、对替代信仰的尊重以及捍卫这些信仰的权利所减轻（Knops, 2007）。

墨菲对于她所提倡的多元价值观阐释得不够具体，以及她对于不可能达成共识的坚持也令其饱受争议。因为如果要使多元激进民主真正生效、左派政治获得成功，就必须要以获得共识为前提。墨菲认为协商民主是天真的设想，与她相反，诺普斯（Knops）认为，对抗性多元主义是可以在协商民主框架内构思的。虽然协商民主以批判理论为基础，而激进民主则从后现代理论中产生，诺普斯认为它们其实是相互依赖的两个方面，本质是为了解决同一个问题。墨菲理论的症结在于，虽然她反对共识，但事实上她主张的是一种与协商民主相容的左派的共识。为了达成政治目标而进行的集体认同创造就意味着，某种形式的共识必须作为前提并被采纳。实质上，墨菲认为的根深蒂固的冲突和对抗性多元主义都被看作是民主进程的一部分，而非一种更为激进的替代方案。

克劳德指出：

> 墨菲的激进多元主义并不如它字面意义上形容得那么激进。第一，它本质上是穿着后结构主义外衣的正统利益集团的政治；第二，理论论证过程中本身不够连贯，其人文主义和相对主义的部分充满着相互矛盾的地方；第三，理论的支撑很大程度上取决于对其涉及的自由主义和协商民主观点的误导性叙述；第四，它最终落脚价值多元主义这一表面的概念上，即在价值判断时暗示一种非理性主义决策。
>
> （Crowder, 2006, p.3）

尽管提出了这些尖锐的批评，克劳德仍然承认，墨菲认为的价值多元化确实意味着永恒的政治冲突，但和诺普斯的论证一致，价值多元主义实际上是支持自由主义和协商的。克劳德同时指出，墨菲认为价值冲突永远无法解决是一个谬误。因为她对于价值多元主义的基本理解本身就能支撑自由主义和协商民主，而不是推翻它们（Crowder, 2006）。

从公共关系的角度来看，墨菲反对协商民主的案例可能会被误读为有特权的宣传机关逃避协商、逃避建立共识的论据，从而加强了对于公关行业的批评。在接下来的内容中，我们会继续解释，墨菲的价值多元主义和对抗性理论是如何考虑民主社会中的公众角色的。

与公共关系的相关性

墨菲通过批评协商民主来建立其理论的方式，与公共关系理论中的对话转向高度相关。批判理论和功能主义公共关系学者都认为对话形式的传播对公关实践改革至关重要，以便公共关系对公民生活做出积极贡献。这种对话转向已经成为公共关系理论化的核心，它将理性的、去政治化的对话作为一种长期的道德规范（Pieczka, 2010; Theunissen & Wan Noordin, 2012）。公共关系研究对于哈贝马斯理论的接受，使得学术研究往往侧重于特权化的理性，和超越异见和党派分歧的共识（e.g., Meisenbach, 2006; Burkart, 2007）。成功的公共关系要通过遵守一系列规则来评估，其中就包括让利益相关者参与政策和价值观的公开对话，尤其要注意包含各方声音，并将所达成的共识水平作为主要指标。

正如本章先前所提到的，如果墨菲的假设被公共关系领域所接受，那么完成哈贝马斯式的对话对于公关实践者来说则是不可能完成的任务。不加批判地坚持寻求以规则为基础的共识，甚至可能会损害将这种方法应用于公共传播的组织的合法性。尽管全球范围内各种组织都对对话式公关进行了广泛的应用，公众仍对此类举措存在严重的反感，参与率也很低。正如沃克（Walker, 2015）等学者提醒我们的那样，越来越重视公众参与对话的时期，恰逢社会经济不平等和政治两极分化迅速扩大。这意味着公共关系理论和学者研究应该从更广泛的角度上来理解这个问题，并且某些情况下，也要思考行业对话转向会产生的意外后果。

通过假设不存在任何形式的所有问题和权力冲突之间进行公正裁决的理性思维，墨菲极大地挑战了公共关系理论。她现实主义倾向的假设认为，所有组织或机构都会不可避免地偏向某种价值观或某些群体。这就需要转变另一套不同的标准，以评判公共关系的公民贡献。摆脱共识作为保护公众，尤其是被社会边缘化公众能力的道德指标，可以用来支持决策，或抵制任何合理化与有害的社会关系（Davidson, 2016）。对公共关系而言，墨菲利用维特根斯坦（Wittgenstein）的观点来支持自己假设的做法相当有用。在维特根斯坦看来，共识协议（consensual agreement）并不是因为自由意见汇集一起形成，而是共同活动、共享关系或是生活方式汇集在一起形成的。因为语言本身并不完全反映现实，共同理解也需要通过日常生活的社会互动培养。墨菲认为这意味着，对话的参与者并不能"看见"真相，而是将真相视作语言游戏的一部分。只有在人与人之间不断演变的社会互动中形成的一系列规则的语境下，修辞互动才是有意义的。协议并不是理性的产物，而是声音的融合，一种通过定位不同的生活方式中的共性才有可能形成的融合。

我们不应参考公共关系的修辞模型假设，将共识理解为最佳论点和最佳论据的结合（Heath, 1992, 2009），而应将共识理解为本质上不稳定的人际关系中暂时的平衡点（Wenman, 2013）。如果公共关系从业者能够塑造一种公共空间以声明共识，那墨菲则会警告不要将这种公共空间视为制定道德和理性的场所，而应看作某种政治利益或价值观的特权需要被决定的时刻，以及一种对他人的排斥。坚信建立在普遍理性基础上共识的风险在于，这会导致民主争议的消失、掩盖反对意见的存在，导致因"非理智的"和"不可理喻的"的理由将对手非法化。这也很可能产生将边缘化群体推离出民主参与进程和政治极端主义的后果（Mouffe, 2005）。

为了支持普遍的理性共识是逻辑谬误这一观点，墨菲还补充说明，自由平等的民主价值观与实现"完全的"自由平等之间的张力永远存在，因为后者是不可能达到的状态。自由与平等价值观之间的平衡始终存在着冲突，相比于"共识"，这些价值观之间总是存在暂时的、务实的、不稳定的且危险的和解地带（Wenman, 2013）。在公共关系研究中，这种自由和平等的张力几乎不可见。因为公共关系修辞性的、功能主义的以及对话的范式很大程度上使用策略性传播的话术，以便产生互利共赢的成果。公共关系的语言库对于墨菲的指责保持开放的态度：低估了现代民主制度中，人口多样性和价值多元化的真实水平，创造了使利益相关者公共参与和问题管理等实践领域的去政治化话语。

墨菲对理性和寻求共识的批评同样适用于希思建立的公共关系修辞模型。希思还使用了互利型关系的语言，将公共关系放置于思想和价值观竞争市场的语境中。希思的竞争团体之间的修辞互动可以揭示潜在真相的观点，也使他与墨菲更偏后结构主义的假设发生了冲突（Heath, 2001, 2009）。虽然希思并不假设普遍一致的共识是可以达成的，他对于理性的强调暗示了共识可以被构建，因为共识拥有超越其他替代方案的内在价值和真相。我们通过墨菲对希思的理论进行反思，并发现其模型的问题在于忘了公共关系的修辞是由社会关系、而非揭露真相的愿望所打造。这种修辞策略很大程度上受霸权框架下组织本身定位的影响。传播策略并不是事实调查的训练，而是维持或挑战霸权地位的需求。墨菲的作品还表明，将共识视为辩证理性的表达是有问题的，她对权力和霸权的研究提供了另一种可能性——共识通过较为狭隘的意识形态，或群体既得利益成功地表达了更为广泛的共同利益。从希思所提出的、公关修辞目标之一的"同意"（concurrence）的概念中，我们会发现足够的认同水平足以鼓励各种团体继续其竞争式对话（Heath, 2001）。这在一定程度上，确实与墨菲的"冲突式共识"的概念有所重合。也就是说，如果能够防止团体关系陷入"敌我对抗"式的局面，公关修辞将在社会上扮演十分有用的角色，同时也能帮助建立公民政治参与的效能感，特别是在那些弱势群体当中（Mouffe, 2005）。将希思的对话模型和墨菲的理论成果合二为一则意味着，相较于共识，我们对于公共关系影响力的评估应将重点放在公民参与空间打造的质量上。与希思所做的假设类似，肯特和泰勒（Kent & Tyler, 2002）也认为，最佳答案确实存在，并且可以通过对话式的交流发现。他们认同对话形式的传播总是包含着说服，以及寻求参与者转变态度，并认为这是一种合法的公共关系的职能。但在应用墨菲的理论的过程中，他们认为对传播者来说，寻求共识仍是更具道德性的一个目标：这要求所有参与者都必须无条件考虑他方，与寻求权力相比更想要共同理解。他们认为对于大型组织机构来说这种做法风险极大。尽管从对抗性民主的角度来看，只有在真正的权力转移时才会出现这种情况。但如果坚持认为，被剥夺权利的人必须超越他们的反霸权目标，去理解那些对他们行使惩罚力量的人，那么公共关系就没有完成对抗的目标。墨菲告诉我们，所有进入对话的群体都是平等的假设是错误的，因为这会是一次使群体之间的权力关系去政治化的尝试。

墨菲对于理性共识的批评同样适用于在公共关系研究中占主导地位的功能主义理 **406**
论方法。格鲁尼格等学者的卓越公共关系理论提出了一种规范模型，其将"对称"
（symmerty）概念提升为公关实践最高的道德规范，"对称意味着各种组织机构都拥有同
样的世界观：公共关系从业者会为了双方的利益服务"。而若应用墨菲的观点进行评价，
公关的对称性原则就显得过于天真，且没有包含权力和霸权如何构成社会关系的内涵。
与应用哈贝马斯以规则为基础的对话方法一样，一个决定霸权实施与安排的时刻将会存
在。在那个时刻到来时，服务所有公众或完全平衡自由平等的价值观是不可能的。对称
性原则同时也没能包含政治性中天然存在的敌对性本质。墨菲坚信，任何形式的共识或
对称性，都是霸权解释的一种，并且总是存在着阻碍其完全实现的外部因素（Laclau &
Mouffe, 2001）。

当然，也不一定完全排除可以在不改变任何社会条件或解决问题的前提下实现双向
对称的情况。这更应该被理解为战术性对话的过程，这个对话假设组织将利用公共关系
活动，向利益相关者提出相应的让步，并期望这种让步将减少阻碍高级管理目标实现的
公民活动。此外，卓越公共关系理论明确指出，公众参与应该发生在公众有权限制组织
以达成目标的"策略性选区"中，以调解管理层和策略性公众之间发生冲突的可能性
（Grunig et al., 2002）。卓越公关理论将经济效益置于民主需求和解决社会不平等之前。如
果特定的公众被认为阻碍了组织追求目标自由，那么对称性原则会将这个特定公众的贡
献优先化，而不是将所有参与对话的主体当成概念上理性平等的主体。卓越公共关系理
论建立在商业经济学的假设之上，这种假设将民主竞争或活跃的公众视为负面的货币成
本。公关的相应战略则是使精英管理层规避任何妨碍组织自治的限制，这种限制很可能
是潜在的民主意志的制定。其中一个明确的动机，就是要打压任何反霸权活动繁荣生长
的能力。确实，格鲁尼格等学者（Grunig et al., 2002）也曾提出，如果在一段与组织的关
系中公众的利益起主导地位，那么这种情况就会破坏公共关系的对称性原则。因此需要
特别强调的是，卓越公共关系理论与墨菲的对抗性精神是如此截然相反，特别是卓越公
关理论的对称性原则可以完全被引用为中和式霸权的战略模版。墨菲的理论成果代表了
对现存公共关系学术研究与实践的规范和假设的极大挑战。若要将墨菲的对抗性理论引
入公共关系研究中，我们需要就双方对于重要社会和经济问题的道德规范与信念进行批
判性的再评估。一旦公民被理解为实现中和式霸权的策略，公共关系被当作浇灭公民的 **407**
参与热情或消灭困难的存在，就为这种重新评估提供了迫切的道德要求。墨菲理论的利
用能够使公共关系在既得利益群体／组织价值观与公众利益之间进行调解时运用更成熟
的话语模式。作出双赢的妥协不应被理解成那些对公众声音置之不理的组织的渐进式改
进，而应理解成维持霸权关系的重要组成部分。根据墨菲的理论，有权力的组织机构应
该解释更广泛的相关者的利益以建立并维护其霸权地位。作为概念的对称性原则、共识
与互利共赢的关系应当被重新政治化。

　　墨菲对于公共关系的替代方案实际上提出了一个问题：如何使用传播的力量来制定广泛式霸权。这要求策略性传播理解自己在民主社会中的公众职责是要促进动员相关者的利益——尤其是那些被剥夺权利的利益相关群体。广泛式策略接受这个假设：个体可以通过法律制定、个人身份认同和热情来进行公众参与（Mouffe, 2013）。认同我们或他们这一动态身份认同的显著性，需要积极容纳反对意见和挑战现存权力关系的公共关系模型。墨菲的对抗性理论挑战了公共关系原有的范式，要求公关不仅要容忍，还要拥抱冲突和竞争，并把它们视作民主的益处。公共关系对称性双赢模式、互利共赢模式的一个明显问题在于，为权势企业效命的公关从业者一定会保证公关参与的结果有利于他们的雇主。也就是说，当权者会一直是赢家。

　　在更广泛的宣传文化中，公共关系的定位已经使一种呼吁根深蒂固：呼吁积极的公众参与，并积极邀请公众分享自己的体验与想法。墨菲的对抗性观念则意味着，对公众反对意见和负面情绪的恐惧是错误的。墨菲指出，通常来说信任危机、意见分歧与失望情绪更能激发公民的政治参与。以建立广泛式霸权为目的的组织沟通者，将支持非暴力但意见交锋激烈的公众对话，同时注意不设计超出过程本身的争议或激情。

　　将墨菲对抗性理论应用于公共关系项目的评估中还会激发对传统思维方式的挑战。如果公共关系对原有的民主进程有所强化或破坏，那一个健康的公民社会指标的建立就会成为重中之重。公共关系的批判性反思需要能够识别被剥夺权力的弱势群体，并与他们建立联系。对抗式民主政治的指标会寻求证据证明公共关系的各项活动激励了公众，并鼓励了公民参与。评估共识与协议达成仍将是问题，因为墨菲接受了制定霸权协议以促进行动方案实施的必要性。但因为平息辩论的能力并不是公共关系的道德规范，主要的指标并不会是协议本身，而是公共关系倡议的参与者们仍相信公众参与的效能感，并寻求证据证明公共关系已经培养了和其他公民共享公共空间、交换意见的热情，同时那些边缘化群体的发声障碍正在被移除。

　　墨菲的研究成果在传播学和公共关系研究领域的应用主要聚焦在与行动主义的相关性上。尤其是她关于冲突、多元化对抗理论的著作，为以往未能进入系统理论的公关和行动主义关系的研究打通了新的研究大道。霍尔兹豪森（Holtzhausen, 2002）应用了后现代主义与霸权的概念批评了现代公共关系的行业作用，并指出公关存在的目的是通过尤其是组织性的媒体机构的联合行动、合法化特定的知识和权力的话语制度。作为替代，她指出应该重塑一种建立在反思之上的后现代公共关系研究议程。同样地，霍尔兹豪森和沃托（Holtzhausen & Voto, 2002）在一项关于公关从业者如何担任内部行动主义分子的实证研究中，主张一种公共关系的解放观点。霍尔兹豪森在近期的一本探索公共关系如何作为行为主义实践的专著中延伸了这些主张（Holtzhausen, 2014）。把公共关系作为企业内部行动主义形式之一的这个概念有其优点，也有因过度理想化而被驳回的风险。公关活动更通常地还是代表精英阶层促进企业利益，"强化本就强大的势力的力量基础"（Ihlen, 2017, p.3）。另一种将公共关系理解为行动主义的方式，是将公共关系的范围拓展到专业公司的实践之外，将行动主义作为公共关系的理论化研究已经成为公关研究的重要分支，并将墨菲的主张置于社会冲突和权力关系分析的核心。2005年，亨德森（Henderson）分析了身份认同和权力关系如何在危机公关运动中发挥作用，以及环境保护组织是如何影响公共政策的。在墨菲的基础上，亨德森指出集体身份认同形成对于多元化政治及政策改变至关重要。同年，摩森（Motion, 2005）应用了墨菲的理论，对公关实践活动在利益相关者的参与进程中预先操控结果的行为作出了批评。其目的在于质疑合理化公共关系中和冲突的方法，而主张这种努力实际上是权力的表现，为了使权力主导联盟的话语、权力和地位合法化。加内什和左勒（Ganesh & Zoller, 2012）吸收了墨菲对抗性理论的概念，理论化了行动主义、对话和社会变革的影响。他们旨在突出权力关系和冲突的多种角色，并质疑共识和协作这一天真的假设。他们主张一种多元主义的、对抗性的对话的视角，同时也主张在行动主义的框架内解决权力和冲突的问题，以达成社会变革。相似地，摩森（Motion, 2005）等学者应用墨菲的学术成果来理论化公民社会普及反对意见、升级争议以完成社会变革的路径。摩森等核心观点在于，这些努力是民主政治最重要的特征，并且也可以理解为公共关系与民主协商过程十分有意义的形式。墨菲理论对于批判性公共关系研究最显著的贡献在拉姆齐（Ramsey, 2016）2016年的著作《批判性公共关系研究手册》（*Routledge Handbook of critical Public Relations*）的章节中能够体现。该书关于协商民主和对抗性多元主义的一章认为对于公共关系的批判性思考，会根据公共领域或对抗性观点是否被采纳，以及是否适应共识或冲突而不同。在透明度、对话和社交媒体的"双重解构"下，拉兹和韦迈尔（Raaz & Wehmeier, 2016）认为尽管公共关系的透明度和对话无法完全达成，但对于透明度和对话的追求一定是社交媒体未来的发展方向。聚焦于墨菲的对抗性理论，戴维森（Davison, 2016）对已被应用于公共关系研究中的协商的方法提出了质疑。对抗式民主关于永久性的抗争、异见的学术方法，对于暴露并测试精英权力阶层的合法性是有效果的。戴维森对公共关系的对称性视角、协商视角和对抗性民主视角进行了梳理，并指出研究视角的区别在于公众角色的定位，与冲突/共识的概念话定义。对抗运动的一大贡献在于，它提醒了公关从业者们：不断转变的社会价值观意味着，公关运动是存在争论的，是有偶然性的。也有人认为，公共关系可以通过有利于社会弱势群体需求的方式，怀疑霸权权力关系以支持民主。

与试图重塑或恢复公共关系的研究方法相比，伊伦（Ihlen, 2017）将自利本质作为考虑一种更激进的公共关系形式的起点。他的方法以冲突作为理论的核心，并将研究重点放在接触并容纳冲突的道德方式上。虽然他的方法代表了公共关系学术研究的一个重要进步，但它并没有从根本上改变专业实践——而是挑战公共关系学者，让他们承认公共关系工作的对抗本质。然而，伊伦本人也承认，公共关系仍面临的挑战是，即使拥抱了一种对抗性民主的思维模式，对于可以实现的目标也仍存在一些系统性限制。因此当我们研究墨菲的观点如何应用于公共关系时，我们看到的是一种分裂，一种可以被描述为企业与行动主义式公共关系的分裂，也是一种自由市场的竞争，其间经济、社会和环境利益都得到推进和争夺。墨菲的理论促进了对冲突的接受，但当涉及实际谈判与驾驭这种冲突的内在权力关系时，却显得没那么有用。

410　　最令人吃惊的可能是，墨菲的理论成果还没有被公共关系文化流派的学术研究所广泛接受。她关于霸权、价值多元主义和激进主义民主的思考可以给社会和环境公正问题的相关调查打开崭新的、有用的新视角。在这个过程中，其也许还能帮助我们注意已经构建的文化发展模式，同时质疑在企业和社会空间之中歧视是如何发挥作用的。理解公共关系如何解除并处理冲突，并与冲突的情境性和偶然性相协调，是制定有效策略以消除霸权话语和霸权实践的必要步骤。

结论

墨菲是发展传播权力在现代民主国家中作用的概念模型的重要理论家。她关于霸权本质的著作持有这样的假设：权势群体总是试图将弱势群体的利益解释为与自己拥有共同的终点。她对于中和式霸权下的被动共识与广泛式霸权下的主动共识的区分，为理解公共关系道德规范理论化中可能出现的缺陷提供了理论框架。墨菲批评民众政治中的协商与对话转向以发展理论的方式对公共关系领域有着明显的效用，因为公关领域本身就经历了自己的对话转向。墨菲的理论为批评把对话作为道德规范的转向提供了强有力的框架。这个框架同时拥有综合对抗性民主和协商民主模式的潜力，可用于建立扎根在更深层次的民主精神上的公共关系研究新范式。如果我们接受墨菲的观点，即通过对话永远只能达成排除其他替代方案的部分共识，在对抗民主理论下公共关系的道德规范就变成了新的焦点，变成了将公众激情调动到公众参与方向的催化剂。而反过来，这也意味着应用热情的修辞说服和公众动员的公关实践形式，可以被整合到批判性公共关系的学术研究中。这在许多批评学者的政治经济学家假设下，也提出了公共关系某些实践的合法化途径。

墨菲的观点还展现了公共关系如何与批判性艺术实践、更广泛的创意行为以及公众参与进行协同的可能性。其理论还提供了质疑公共关系功能主义流派下的劝服性传播不可见性的另一种逻辑依据。同时，墨菲的对抗式民主观点为公共关系提出了新的研究问题，使继续探索感性情绪、身份认同、传播关系、在敌对模式为常态的分裂社群中传播的可能性、发展利于制定广泛式霸权的实践模型等问题在之后的公关学术研究中成为常态。

412　　**墨菲的生平与学术作品**

尚塔尔·墨菲，1943 年 6 月 17 日出生于比利时沙勒罗瓦。她先后在比利时天主教鲁

第二十一章
墨菲：激进多元主义与公共关系 **343**

汶大学、法国巴黎高等师范学校、英国艾塞克斯大学、英国伦敦大学等学校学习，并在欧洲、北美洲和拉丁美洲等众多大学里担任过职务，目前是英国威斯敏斯特大学民主研究中心的主任。墨菲早期与厄尼斯特·拉克劳的合著最为出名，他们提供了一种后马克思主义的话语分析方法，并且以激进民主的形式重新定义了左派政治。墨菲以新自由主义的危机、政治身份认同和民主社会主义为主题展开了广泛的写作。其研究的核心主题之一，是动员集体意志以抗衡霸权政体的需要与具体实践。

墨菲之后的研究重点放在对协商民主的批评上，她提出对抗性多元主义作为民主的替代方案的观点获得了学界的强烈关注。墨菲的主要著作包括《政治的回归》《民主的悖论》《论政治的本性》《霸权激进主义和政治》《对抗性：用政治的视角看视角》等。她的《协商民主和对抗性多元主义》是其对抗性理论一个很好的总结。

参考文献

[1] Bates, T. (1975). Gramsci and the theory of hegemony. *Journal of the History of Ideas*, 36(2), 351-366.

[2] Burkart, R. (2007). On Jurgen Habermas and public relations. *Public Relations Review*, 33(3), 249-254.

[3] Crowder, G. (2006). Chantal Mouffe's agonistic democracy. Paper presented to the Australian Political Studies association conference. University of Newcastle. Available from: http://blog, ub.ac.id/irfanl1/files/2013/02/Chantal-MoufFes-Agonistic-Democracy-oleh-George- Crowder.pdf. Accessed 23 June 2017.

[4] Davidson, S. (2016). Public relations theory: An agonistic critique of the turns to dialogue and symmetry. *Public Relations Inquiry*, 5(2), 145-167.

[5] Eugeni, R. (2010). Nikeplatz. The urban space as a new medium. Paper presented at NECS 4th annual conference. Istanbul (Turkey) Kadir Has University. 26 June, 2010.

[6] Ganesh, S., & Zoller, H. M. (2012). Dialogue, activism, and democratic social change. *Communication Theory*, 22(1), 66-91.

[7] Grunig, L. A., Grunig, J. E,, Sc Dozier, D. M. (2002). *Excellent public relations and effective organizations: A study of communication management in three countries*. Hillsdale, NJ: Lawrence Erlbaum.

[8] Heath, R. L. (1992). The wrangle in the marketplace: A rhetorical perspective of public relations. In E. L. Toth &c R. L. Heath (Eds.), *Rhetorical and critical approaches to public relations*, pp. 17-36. Hillsdale, NJ: Lawrence Erlbaum.

[9] Heath, R. L. (2009). The rhetorical tradition: Wrangle in the market place. In R. Heath, E. Toth & D. Waymer (Eds.), *Rhetorical and critical approaches to public relatiom II* (pp. 17-47). London: Routledge.

[10] Henderson, A. (2005). Activism in "paradise": Identity management in a public relations campaign against genetic engineering. *Jourml of Public Relations Research*, 17(2), 117-137.

[11] Holtzhausen, D. R. (2002). Towards a postmodern research agenda for public relations. *Public Relations Review*, 28(3), 251-264.

[12] Holtzhausen, D. R. (2014). *Public relations as activism: Postmodern approaches to theory and practice*. New York, NY: Routledge.

[13] Holtzhausen, D. R., & Voto, R. (2002). Resistance from the margins: The postmodern public relations practitioner as organizational activist. *Journal of Public Relations Research*, 14(1), 57-84.

[14] Ihlen, Ø. (2017). Fanning the flames of discontent: Public relations as a radical activity. In E. Bridgen & D. Verčič (Eds.), *Experiencing public relations: International perspectives*. London: Routledge.

[15] Kent, M. L., & Taylor, M. (2002). Toward a dialogic theory of public relations. *Public Relations Review*, 28(1), 21-37.

[16] Knops, A. (2007). Debate; Agonism as deliberation - On Mouffe's theory of democracy. *The Journal of Political Philosophy*, 15(1), 115-126.

[17] Laclau, E., & Mouffe, C. (2001). *Hegemony and socialist strategy: Towards a radical democratic politics*. New York, NY: Verso.

[18] Martin, J. (Ed.). (2013). *Chantal Mouffe: Hegemony, radical democracy, and the political*. New York, NY: Routledge.

[19] Meisenbach, R. J. (2006). Habermas' discourse ethics and principle of universalization as a moral framework for organizational communication. *Management Communication Quarterly*, 20(1), 39-62.

[20] Motion, J. (2005). Participative public relations: Power to the people or legitimacy for government discourse? *Public Relations Review*, 31(4), 505-512.

[21] Motion, J., & Leitch, S. (2015). Critical discourse analysis: A search for meaning and power. In J. L'Etang, D. McKie, N. Snow & J, Xifra (Eds.), *The Routledge handbook of critical public relations* (pp, 142-150). Oxon, UK: Routledge.

[22] Motion, J., Leitch, S., & Weaver, C. K. (2015). Popularizing dissent: A civil society perspective. *Public Understanding of Science*, 24(4), 496-510.

[23] Mouffe, C. (1979). Hegemony and ideology in Gramsci. In C, Mouffe (Ed.), *Gramsd and Marxist theory*. London: Routledge.

[24] Mouffe, C. (1993/2005). *The return of the political*, London: Verso.

[25] Mouffe, C. (1996). Democracy, power and the "political". In S, Benhabib (Ed.), *Democracy and difference: Contesting the boundaries of the political* (pp. 245-256). Princeton, NJ: Princeton University Press.

[26] Mouffe, C. (1999). Deliberative democracy or agonistic pluralism? *Social Research*, 66(4), 745-758.

[27] Mouffe, C. (2000). *The democratic paradox*. London: Verso.

[28] MoufFe, C. (2005). *On the political*. New York, NY: Psychology Press.

[29] Mouffe, C. (2007). Artistic activism and agonistic spaces. *Art and Research: A Journal of Ideas, Contexts and Methods*, 1(2), 1-5.

[30] Mouffe, C. (2008), Art and democracy: Art as an agonistic intervention in public space. *Open*, 14, 6-15.

[31] Mouffe, C. (2013). *Agonistics: Thinking the world politically*. London: Verso.

[32] Mouffe, C. (2016. April 29). In defence of left-wing populism. *The Conversation* [online]. Available from: https://theconversation.com/in~defence-of-left-wing-populism-55869. Accessed 22 June 2017.

[33] Pieczka, M. (2010) Public relations as dialogic expertise? *Journal of Communication Management*, 15(2), 108-124.

[34] Ramsey, P. (2016). The public sphere and PR: Deliberative democracy and agonistic pluralism. In J. L'Etang, D. Mckie, N. Snow & J. Xifra (Eds.), *The Routledge handbook of critical public relations* (pp. 65-75). London: Routledge.

[35] Raaz, O., & Wehmeier, S. (2016). Double deconstruction: Transparency, dialogue, and social media

411

from a critical post-structuralist perspective. In J. L'JEtang, D. Mckie, N. Snow and J. Xifra (Eds.), *The Routledge handbook of critical public relations* (pp. 65-75). London: Routledge.

[36] Theunissen, P., & Wan Noordin, W. N. (2012). Revisiting the concept "dialogue" in public relations. *Public Relations Review*, 38(1), 5-13.

[37] Tomiey, S. (2010). Ernesto Laclau (1934—) and Chantal Mouffe (1943—). In J. Simons (Ed.), *From Agamben to Zizek: Contemporary critical theorists* (pp. 144-160). Edinburgh: Edinburgh University Press.

[38] Walker, E., McQuanie, M., & Lees, C. (2015). Rising participation and declining democracy. In C. W. Lee, M. McQuarrie & E. Walker (Eds.), *Democratizing inequalities: Dilemmas of the new public participation* (pp. 3-26). New York, NY: New York University Press.

[39] Wenman, M. (2013). *Agonistic democracy: Constituent power in the era of globalisation*. Cambridge, England: Cambridge University Press.

第二十二章

结论：公共关系的范畴、背景、概念、关注焦点和未来经验研究的方向

欧文·伊伦　皮埃特·范霍文　马格努斯·弗德雷里克松

414　　读者从本书中可以学到些什么呢？试图将这些如此广泛的理论方向的研究聚拢在一起确实显得很傻气，因此我们只是纯粹地分享理论家们宽广的心智。需要格外谨慎的是，归纳比较很难公平对待不同研究取向背后复杂的哲学系统。我们不能期望这22章的作者们同意我们的观点，但是我们还是就关于公共关系的社会理论家的作品提出5个结论。这些结论包括：（1）使用社会理论的学者们被什么范畴或者说知识兴趣点所指引；（2）将公共关系置于其社会背景的重要性；（3）公共关系的核心概念是什么；（4）将社会理论运用于公共关系活动的社会关注焦点是什么；（5）所提出的研究取向对于提出公共关系的经验有哪些。

范畴：扩展公共关系研究的知识兴趣点

作为一个研究领域，公共关系将组织作为出发点有一段很长的历史。研究的导图由试图解释和预测人类行为（如经理人、公共关系从业者、利益相关者或公众）的概念、模型和理论组成，以此理解公共关系如何运作，它能提供何种结果以及如何改善这些

415　结果。

在这个背景下，研究起了一个规范性的作用：为经理们提供日常活动的普遍模型，帮助他们在其工作的组织里获得更强势的职业地位，令社会更理解公共关系的运作。这个观点有多种表达，但都不如詹姆士·E.格鲁尼格（James E. Grunig）在《卓越的公共关系和传播管理》一书的绪言部分所说的那样清晰：

　　像公共关系这样一个科学或学术研究的领域，是由对于使用理论的领域里需要解决的问题的共识而非对于理论的共识而聚合在一起的。公共关系学者和从业者希望解决这样一些问题：确定传播对组织的贡献是什么、细分和选择目标公众、区分传播项目的效果、获得上级管理人员对传播功能的支持、理解公共关系从业者的角色和行为、确认和管理议题、运用传播增加雇员满意度、学习公共关系如何与市场营销互动或者确定组织如何应对政府系统中的公共事务。

（Grunig, 1992, p.7）

　　不仅格鲁尼格持这样的观点，这个领域里工具性的研究主导已久。这些主流文献都倾向于将公共关系描述为从多少有些不合伦理的宣传活动演化为如今的合伦理的传播管理（Duffy, 2000; Moloney, 2000）。有些文献将公共关系的规范性理想与观察到的日常实践合并起来，或至少表达这样一种乐观主义：宣称公共关系"致力于真相和理解"和"对话是一种与公共关系的现实更相符合的模型"（Taylor & Kent, 2014, p.389），而不是一种宣传或单向传播的模型。这样的表述忽视了这样一个显而易见的事实：公共关系多半在寻求强势组织、商家或非营利组织的利益。

　　这使一些观察者将所有形式的公共关系描述为对抗公共利益的邪恶活动（i.e., Beder, 1998; Stauber & Rampton, 1995），却没有考虑到公共关系也可以被用于像司法公正、环境和健康类的事务和议题。这使得对公共关系不加思索的批评类似于对修辞的攻击。那些谴责者似乎忘记了他们的批评本身也是一种修辞，正如那些攻击公共关系的人也是运用公共关系技巧来引起媒体关注他们的观点。批评者的问题在于：一个组织能不能使用公共关系？能不能与公众沟通？来自本书社会理论的答案显然是"不能"：正如个体不能传播（Watzlawick, 1976），组织和社会系统也不能传播，因为他们的基本要素之一就是少诉诸传播（见第3章）。

416

　　我们认为，转向社会理论可以克服将公共关系视为本质是好或坏的两极化取向。对于公共关系是什么，这本书很少提出什么可操作的观点。其提供工具来分析在不同的背景下它是如何实践及有何后果，而不带关于其动机的规范性的假设。其提供了一个新的研究方向和本领域不常用的广泛的取向、工具和研究方法。

　　为了理解这一点，我们须超越研究客体——公共关系，而聚焦于学者们的科研路径。在公共关系领域大多数学者都采纳哈贝马斯（Habermas, 1978）所说的"技术兴趣"的研究取向。这意味着，对自然和社会这个客体采取一种原子化的立场分别考察，并产生关于其特征和功能的知识。这是一种基于研究对象被观察和控制的经验研究和实验研究的知识生产，并试图对社会和自然如何运作得出可验证的普遍解释和法则式的解释。本书中介绍的理论家很少持这种科学观点，即便有些学者，像罗伯特·普特南，他在研究中有着这种规范性的雄心。绝大部分都有其他兴趣点，少量的研究出发点是对技术一管理取向的批判，如鲍曼的批判社会学作品（见第4章）。

为了描述本书理论家的研究议程，我们需要介绍哈贝马斯为了更好理解和解决科学、国家和经济系统世界的技术理性问题，以及常人生活世界的传播理性问题而提出来的另外两个研究兴趣："文化诠释兴趣"和"解放兴趣"。哈贝马斯认为这两种理性的对话是拯救基于自由民主背景下的科学理性的现代性的必然路径。这三种知识兴趣（技术的、文化诠释的和解放的）以某种科学模式的类型呈现出来。

文化诠释兴趣聚集了关心人类如何展开生活以及如何赋予自己及他人的活动以意义的学者。这是关于互相理解、理解自我、生活的文化样式，以及它们三者如何互相影响并与环境互相影响。不是为了解释，而是为了站在被研究者的角度来理解特定历史、社会、文化、经济和政治背景中的文本、实践、决策。这意味着不是为了说明事情怎么样，而是为了说明怎样理解，对被研究者来说不同的理解意味着什么及可做些什么。诠释学的知识兴趣将科学的严谨带到生活小事之中。

在本书中，这种知识兴趣在伯格、博尔坦斯基、杜威、戈夫曼和韦伯的作品中尤为明显。他们提供的是一种理论框架，有助于我们理解为什么公共关系是这样实践的，公共关系在不同背景下不同的推动力量是什么，公共关系在什么条件下运作，公共关系从业者、经理和其他组织成员在公共关系活动中遵循什么原则，规则、规范和观点如何形塑公共关系的状态。

哈贝马斯的第三个知识兴趣是解放性研究。它带来诸如权利、公平和社会公正议题，终极目标是克服教条主义、强迫和支配，推动社会变革以更平等地分享现代化社会的收益。解放性研究令那些常常被排斥或阻滞于公共生活之外的人们可以被听见，给他们用自己的语言表达其经历的可能性。研究因此成为为边缘化行动者赋权的方法。这使权力既是研究者研究的主题，也是研究本身的中心主题。如吉登斯（Giddens, 1985）指出，权力和资源接近权是各种各类关系的一个面向。

在本书中，好几位学者提供了此类研究的框架，包括哈贝马斯、马克思、墨菲、史密斯和斯皮瓦克。他们所提供的理论是一种以社会理想来审视公共关系实践的规范视角，目的是批判性地检视运用公共关系是否对透明、平等、参与和其他社会价值有贡献和推动作用，或有抵消和阻碍作用。但它也给从业者和学者在建立研究的优先地位时被遗漏的群体发声的机会。哈贝马斯对知识兴趣概念化的贡献在于他指出了研究不仅是研究，诠释学和解放性来指导研究是合法的。

这一本编著的文集及其前身旨在对作为一种社会活动的公共关系研究作出毫无保留的进一步贡献。我们希望读者接受对于研究和理解作为一种社会活动的公共关系所必需的观点、工具和视角。公共关系，不论它的本质是好是坏，都是构成社会的核心和社会传播的基石。拉科夫（Rakow）和纳斯塔斯西亚（Nastasia）（第19章）写道，研究的首要对象应该是公共关系实践的后果。不同社会理论视角的协商和研究令我们更好地理解公共关系实践及其社会后果。

背景：社会描述

一般说来，社会理论会帮助我们通过质疑我们所见的价值和意义而建立生活的意义。本书的大多数理论家诊断当代社会，使用不同的标签来描述社会变迁。最早的分析当属卡尔·马克思，他认为社会由两类人构成：拥有生产资料的人和被迫向他们出卖劳动力的人。公民社会由经济基础和资本家支配的上层建筑（或意识形态）构成。在马克思的分析中，公共关系是典型的维护现有秩序的帮手。

另一个早期分析来自马克斯·韦伯，他预测社会将由现代化过程产生的理性秩序所主导。如瓦塞拉斯（Wseraas）所写的，"人类动机从过去社会的传统、价值观或情感转向了目标导向的理性"。神话和信仰被理性取代，个体、组织、社会基于理性来做决策。这种理性决策过程是现代叙事的中心，并且在所有的由法律体系守护的现代社会空间居于中心。瓦塞拉斯和许多其他作者一样，认为韦伯的"理性的铁笼"与情感和价值导向的秩序共存。这种二元性是利奥塔（Lyotard, 1979）所说的后现代性状态的一部分，以多元主义（伯格、福柯）、多元背景（卢曼）和情境化知识（福柯、史密斯、斯皮瓦克）为标志。许多理论家同意冲突和异见是当代社会的核心特征，伴随着各种激进行动主义（马克思、墨菲、斯皮瓦克）。如怀特（见第8章）所言，控制和对话与更普遍性的社会生活动态互相交织和镶嵌。这种后现代情境又被作为克服本地和全球霸权和控制的方式而受到欢迎。同时，其他学者指向过去数十年爆发的各种危机。本书涉及好几种这类危机：知识和专家危机（福柯、史密斯、斯皮瓦克、贝克）、意义危机（伯格）和社会整合危机（普特南）。这些危机的中心议题是今天独自打保龄球的原子化个体是否能对基于情境知识的环境产生意义感？

指出这些不同情境的理论家一般不将现代社会贴上后现代的标签，而是将之作为现代社会的一个新的阶段。他们用"晚期现代"（吉登斯）、"反身现代性"（贝克）、"超级现代性"（Lipovetsky, 2005）或"后世俗"社会（哈贝马斯）。不同的方法用于解决不同的问题：将接受异见作为规范，用系统观点反思性学习它们（卢曼），到通过沟通（哈贝马斯），或通过社会工具的"第三条路"（吉登斯）如公共关系，来包容和解决冲突。也有学者表示我们从未现代化（拉图尔），我们应该学习当下非现代状态是各种行动者和行动者如何从头构建的（见第6章）。 419

（社会）建构主义视角位居社会理论家描述晚期现代社会发展过程的主流。如，在伯格的作品中，现代社会被视为由个体感知和与社会结构互动塑造的主观概念。语言是其社会建构理论的核心。布尔迪厄关注社会世界如何通过个体和集体争斗而被结构、组成和再生产，尤其是涉及现实是如何被合法界定的（Bourdieu, 1990）。这里关系是主导因素，他用惯习、场域和资本构造了一个社会学类型，这使主观主义和客观主义过时了。

在人类存在的中心，冲突和关系的差异生产依然继续。在福柯的批判性分析中，社会制度、权力、知识和话语（被理解为语言和制度的合体）互相紧密交织。他认为某些话语联盟生产了现代知识，这些话语表达了个体和社会层面的权力。这在史密斯所说的宏观性别和父权结构中，和贝克的关于风险和以风险分配为核心的知识生产的风险社会概念中体现得淋漓尽致。

在建构主义视角中，传播在所有层面（微观、中观和宏观）获得了中心地位。传播被视为个体生活、群体、组织、社会体系和社会的中心。戈夫曼使用拟剧视角探讨面对面互动和人际关系，及赋予社会生活以意义和结构的方式。通过印象管理、框架和前台后台行为这些概念，戈夫曼揭示了我们在不同的背景下采取不同的行为，揭示了社会并非静态和同质的。从这个角度看，面对面互动和人际传播是社会传播的基础。人际传播也是公共空间的核心，如哈贝马斯在英法德的空间发展与转化的历史中构想的一样。公民参与对政治事务的批判性和理性的讨论，通过面对面或借助媒介，构成公共空间。这个公共空间首先是社会和国家之间的中介，有助于平等、公平和人权理想的实现。然而随时间的流逝，它开始朝着服务于政客和商人的私人利益的方向发展（见第15章）。

有中介和无中介的传播或隐或明地成为关于当代社会的社会理论的特点。民主背景下的传播议题是所有理论的关键：从对话和交往行为到话语联盟、叙事、社会系统层面的传播过程的形成。

本书许多章引发了对社会的批判视角和公共关系、职业传播在社会中的地位等方面进行进一步追问。如，斯皮瓦克从马克思—女性主义—解构视角，认为社会根本不公正："国际劳动分工和跨国资本主义的新自由主义项目带来根本上的不平等"（Dutta, this volume, p.375）。这些不平等不仅体现在全球层面，也体现在国家层面和组织与其公众的传播层面。哈姆林克（Hamelink, 2006, July）也指出类似的问题：在对话过程的结果和对话中最有权力的一方的位置之间有一种惊人的一致。质疑不平等和权力与对社会和当今传播的地位广泛质疑有关。此时，墨菲关于政治（politics）和政治性（political）的区分变得重要了，冲突正是构成政治性与社会的要素。

对于公共关系学者，这些对社会和公共关系广泛的质疑可以被归结为四种主要的社会科学主题，它们与戈尔丁（2006，June）为大众传播学者所指明的主题相同：权力和权力在社会中的分布问题、传播中平等和不平等问题、通过传播建构身份的问题、社会变迁及传播在其中的作用问题。这四个主题也可从本书的社会理论中得出。对社会、社会秩序、社会变迁的不同理解创造出公共关系及相关研究背景。这些分析影响到哪些可以作为公共关系的关键概念，以及哪种社会议题可以成为各个不同层面公共关系研究的重点。以下部分讨论这些概念和议题。

概念：信任、合法性、理解、反思

信任和合法性是好几章的关键词，就像社会变迁的方式总是引起人们质疑权威一样。现在组织需要不断地合法化其决策。这些议题长久以来都是公共关系的焦点，如亚瑟·佩奇在1939年说："民主国家所有的事情都始于公众许可并因公众赞同才存在"（Griswold Jr 1967, p.13; Wseraas）。即使早期公共关系先驱像艾维·李（Ivy Lee）也有类似的说法：为了巩固你的持续生存，你不得不考虑公众怎么看你（i.e., Hiebert, 1966）。自从这个领域建立以来，不同的公共关系学者都或直接或间接地接触过这个概念。如所谓的卓越理论或对称理论，认为如果是建立在对称的原则和对话的基础之上，公共关系就是合法的实践。组织和公众应该互相适应对方，而非试图控制对方的所想和行为（Grunig, 2006）。希思（Heath, 2000, 2001）所倡导的公共关系的修辞取向认为在公开市场上经过检验的观点就获得了合法性，因为自私自利的观点经不起公众的审视。

在本书中，我们探究合法性概念的起源，即原创的思想者，来看他们怎样说，我们能否将他们的思想调整到公共关系中。批评家挑剔公共关系没有本体论（e.g., Cheney & Christensen, 2001），我们相信运用社会理论有助于解决这个问题。尽管在本书前章对理论棱镜的使用并不必然意味着范式转换，但我们还是想强调本书提供了基于社会理论的有价值的新的理论洞察。对其中有些理论观点，本书作者在其他作品中有讨论，但他在本文集中的阐释强化了其理论价值。而且，恳请读者仔细审视这些细微差别，这种差别使有些理论很难合并或归入当下的公共关系理论。本书提供了好几个合法性的定义，从经典的韦伯的"存在的合法权利"，到卢曼的"在某种容忍的边界内的接受决定普遍准备状态，即那些还没有被当作内容的相关决定"（Luhmann, 1969/1993, p.28）。韦伯所说的合法性，与哈贝马斯所说的合法性并非同一个概念。哈贝马斯将合法性与真理联系在一起，韦伯则聚焦于受众的认知和信念。就如亚里士多德在《修辞学》里所说的修辞学家的伦理（trans, 1991），受众认为修辞学家拥有某种像忠诚和诚实这样的品质就够了。这当然无法补足真诚或真理的缺失，但足以成为一个有说服力的分析视角。瓦塞拉斯指出，组织是以环境的容忍度为界限的。霍姆斯通则认为合法性界定了决策在特定时期里被社会所接受的边界。

伯卡特用哈贝马斯的作品建立了一个模型，可被从业者用于理解组织与公众之间的关系，这可能是合法性的基础。他呼吁研究者关注可信性（trustworthiness）是怎样被创建出来的，不同的有效性宣称是如何被组织所提出来的。

伯卡特也关注理解的达成，并将公共关系从业者置于这个理解过程的中心。在博尔坦斯基那一章，李·爱德华提出，正当性辩护和批判在社会达成共识的辩论过程中起着重要作用。福克海默也给公共关系以核心地位。他根据吉登斯的理论，提出公共关系是组织在一个快速变化的社会里试图发展所运用的主要策略之一。公共关系是反思性的社会专家系统。

霍姆斯通也有类似观点，但居于反思性系统（一个自我反思而非问题化的视角）和反思之间的位置。她根据卢曼的理论总结：公共关系是一个转变成为反思性实践的功能性系统，帮助组织变得更敏感，并意识到其视角只是诸多视角中的一个。这个反思性的转向由组织日益紧迫的合法化其存在和行为的需求所推动。霍姆斯通将反思作为组织合法化的核心要求，是组织出于开明的自我利益而行动的后果。公共关系的关键任务是增加反思性（传感器功能）、整合反思（领导功能）、传播反思（传播功能）（Holmström, 2004a, 2004b, 2005）。有些评论家质疑反身性（refiexiveness）和反思性（reflection）的二元性，认为二者之间有一个灰色地带（Bentele & Wehmeier, 2007）。尽管坚持信任是公共关系的核心，但公众对公共关系行业的信任水平的研究却有着糟糕的结果（Larsson, 2007）。对公共关系的负面认知，对日常实践的描述性视角，使评论家否定信任和公共关系之间有密切关系。公共关系"应该被重新定义为在多元状态下相互竞争的组织的传播表达"（Moloney, 2005, p.554）。

伊伦在对布尔迪厄的介绍中也提出了类似观点，斗争是社会的中心。伊伦认为公共关系是帮助组织行动者追求利益的一种实践。被信任和被当作一个合法企业，得有符号资本，在这个意义上，它既是手段也是目的。社会资本的发展也可以被认为是公共关系的手段和目的。组织的主要目标还是在布尔迪厄所说的"场域"中定位。

准确地说，社会资本的发展是罗马-阿霍关于普特南那一章的主题。她认为公共关系对创造社会资本有着积极作用。实际上，她将公共关系重新定义为"创造组织社会资本的实践"。她将普特南的社会资本概念操作化为（过去历史的）声誉和（未来的）信任。

综上所述，本书许多作者都同意公共关系的目的是建立信任和合法性，或者是组织为生存和发展的手段。值得注意的是，理论的本体论视角意味着传播、合法化和信息并不必然是可以管理的。许多学者更倾向于认为公共关系是一个管理学科，因此将公共关系重新定义为传播管理或关系管理。如韦迈尔认为合法化是不同公众授予一个组织的，不能被管理的（Wehmeier, 2006）。引入当代社会理论意味着景象更复杂，有时令人沮丧，但仍然是一个更真实的理解。公共关系得与知识、意义和行为协商，所以它涉及权力的议题，如下个部分的内容。

关注焦点：权力、行为和语言

本书的好几章都涉及权力和语言的议题。公共关系必须协商。公共关系显然是影响一个组织行为的方式，而不仅是解释这些行为。但很难把这些领域区分开，"符号和行为关系'互相交织就像一股绳'"（Grunig, 1993, p.121）。一个人的行为怎样才不会被解释为这样或那样？公众怎样才能在管理决策中有发言权而不是被无中生有地被代表？怎样才能建立与公众之间的对话，而不用交流为什么这对公众或组织是有益的？呼吁意义建构的研究并不是呼吁公共关系研究放弃其他组织行为类型的研究，或为了影响这些行为。所谓的行为取向和解释取向并非互斥，尽管有时被当作互斥的。事实上，本书的好几个理论都直接或间接地论及话语行为。

约翰逊按戈夫曼的面对面互动和印象管理，讨论公共关系从业者和经理人在不同的组织背景下有意无意地创造和传播印象。这些印象管理在前台和后台是怎样被管理的？什么样的印象被不同的受众或公众理解和感知？运用人际方法，约翰逊发现公共关系的核心是与个体的关系，个体构成公众。她揭示出在一个会议中人际间的关系是权力的表现，权力可以通过框架、面子和立场等概念来分析。 **424**

对伯格和卢曼理论（Luckmann, 1966）的回应性的洞察指出，真实是一种社会建构。真理与话语不可分割，与我们使用的语言和彼此互动的方式不可分割。这种观点与认为客观知识是可以获得的现实主义完全相反。审视环境社会学领域，因为许多学者承认其他人的立场的元素，弱现实主义和弱建构主义或可描述其立场（Nørbech, 1997）。总有例外，但公共关系似乎很少关注方法论问题。如，环境信息是公共关系从业者站在组织的立场上收集的。似乎有一个客观的世界等待着被发现，从业者信息收集的信息越多，关于世界的图像就越清晰。人类的存在和意义建构的过程都被过于简化了（Pieczka, 1996, 2006）。

正如海德讨论的，伯格要求把公共关系作为一种制度来理解，我们回顾、追问公共关系如何作为社会中某种主导现实的建构者来运作？这些建构的现实也有一个认知维度，就像公共空间一样。公共关系在知识建构和在数据变成社会的既定知识或事实之前的"理性的法庭上"也有一席之地（Latour, 1987）。公共关系是制造，而不是揭示关于组织提供的产品和服务，或其正在处理的议题的知识。公共关系对现实建构的这一认知维度很容易被研究的是风险和危机传播。贝克的风险社会所指的风险和安全，基本变成了一种传播建构。风险被产业所决定，被产业所制造，也被产业所估测。有些风险变得可以预测，也较为安全，而有的则风险太大且难以估测。风险变成了一个知识问题，传播在知识的建构中至关重要。以风险传播的次级学科为例，海德揭示了社会建构主义视角的重要性。他质疑将风险和危机传播割裂，关注个体的意义建构。他批评危机传播文献将危机当作一个组织遇到的"客观"现象。在现实中，危机是一个复杂得多的现象，从社会建构主义的视角研究它们更能洞察其产生、发展和衰退的过程。

范霍文认为研究公共关系从业者建构现实的方式可以借鉴拉图尔的行动者网络理论，比如考察他们形成的联结。公共关系在处理周围群体、行动、客体、事实的本质不确定性和文本生产中相当重要。怀特（见第8章）认为处理不确定性使传播成为必须。迈耶（见第9章）提出组织的文化嵌入有助于我们理解实践和摒弃理性选择的原则。 **425**

创造意义的方式和意义的类型对于理解权力议题至关重要。借助福柯的理论，摩森和利奇使我们认识到公共关系并不单单在商业领域的话语中，也在政治领域的话语中。公共关系被当作话语意义创建的过程。它建立或强化特定的真相，故与权力相联系。为什么此事情被当作真相？如伯格（Berger, 1999）所指出的，公共关系可以被看作"一个旨在建构意识形态世界观的过程"。

福柯的作品提醒我们话语的重要性，伊伦在这个意义上引用布尔迪厄的话："语言关系总是符号权力的关系"（Bourdieu & Wacquant, 1992, p.142）。语言结构是我们对世界的看法，是传播我们对世界的理解的媒介。语言是符号权力的形式；它是武器，同时也是一个战场。

公共关系研究经常站在企业的角度，如"管理激进行动主义：应对激进行动主义者和压力群体指南"这样的标题（Deegan, 2001）。伊伦认为显然激进主义行动者群体也使用公共关系，他愿此类实践也能成为公共关系中自然而然的一部分。

拉科夫和纳斯塔斯西亚（Rakow and Nastasia）指出一种公共关系所排斥的类型，它是基于性别的，他们认为这种排斥与权力有关。运用史密斯的思想，他们分析公共关系大多"基于人们回应制度需求的模型"，有必要发展一种将权力位置上女性和男性与权力圈之外的人们进行比较的理论。权力主要被"男人圈"持有，如史密斯所言，"女性从未参与社会科学的知识建构，女性建构社会世界知识的方式有别于社会学家的描述"（Rakow & Nastasia, 2009, p.264）。这也是呼吁对个体关系中权力，以及强力制度生产意义和层级的宏观结构的研究。

杜塔关注另一种排斥形式。他运用斯皮瓦克的后殖民主义理论，指出公共关系总是通过再生产支配结构和压制抵抗机会助力强化新帝国主义的全球化政治议程（Dutta, 2009），人们开始关注到代表性（representations），例如第三世界被描述为需要被打开的原始空间以容纳市场经济和民主。根据斯皮瓦克的观点，杜塔使我们看到：对话并不一定是一个中性工具，反而它模糊了政治边界进而维护现状或支配利益群体。

在前面我们对领域、背景、概念和公共关系议题的讨论中，我们建立了一个公共关系经验研究的基本框架。以下部分我们将阐述这个框架。

经验研究的方向：一个公共关系研究计划

我们对公共关系的范畴、背景、概念和关注焦点的逐步探讨，为公共关系的经验研究的基本框架夯实了基础。本书中关于社会理论和公共关系的文章给公共关系提供了一些崭新的理论视角，提出了对公共关系、个体、组织和广阔社会的分析层面的广泛洞察。这些分析清楚地表明我们需要社会理论来理解在公共关系专业领域正在发生什么，以及如何影响其他社会领域，这也为在社会理论的框架内提出经验研究问题和研究假设提供了可能性。这样的经验研究能引发进一步的公共关系理论建构。

基于社会理论来分析公共关系带来巨大的形成经验研究问题和研究假设可能性，描述、理解和解释公共关系领域及其后果需要用到社会理论（Ihlen & Verhoeven, 2009）。公共关系最为基础和共享的前提是一种经验研究计划从所谓传播的、语言的或话语的转向中获得洞察。建构主义的出发点使个体行动的微观研究和系统理论的宏观视角成为必须（Holmström, 2010; van Ruler & Vercic, 2005）。从这个角度来说，社会理论视角能弥合管理范式的描述性研究和规范研究，与行为范式的个体心理研究之间的鸿沟。公共关系可被视为不同的传播形态，从符号传播、人际传播和社会传播到系统理论的非人际传播功能。在中介的和非中介的传播在微观、中观和宏观层面的区分是可能的。

为了克服学术领域和公共关系实践中的相对主义视角，需要恢复建构主义和现实主义之间的关联。建构主义和社会建构主义经常被贴上反现实主义或理想主义的后现代形态的标签；这是一个世纪前的老观点了：没有什么现实独立于人类头脑的观察。现实主义者辩护说现实的存在是独立于人类观察的。意大利哲学家法拉利（Ferraris, 2014）在他的《新现实主义宣言》（*Manifesto of Netp Realism*）一书中对此呼吁一种后现代立场。他认为自然世界不是由人类头脑建构的，而是真的独立于我们的观察。社会世界也可被看作由人类建构，但它通过种种记录形式变成了真的（也独立于我们的观察）（Ferraris, 2013, 2016）。许多意识形态、政策和信息是通过公共关系而建构的，但最后这些建构被真实存在的现实所抵抗却无法拒绝。基于这个经验研究我们将视线转向公共关系领域正在发生什么以及如何发生、被谁标志为好或坏。

一些根据社会理论提出的问题源自前面部分与公共关系效果有关的讨论：对不同公众的认知、态度和行为效果分别是什么？这类研究可借鉴的理论视角包括：框架理论（Entman, 1993; Hallahan, 1999）、议程设置和铺垫理论（Scheufele, 2000）、使用和满足理论（Ketelaar & van der Laan; 2009; Ruggiero, 2000）、舆论机制和形成（van Giimeken, 2003）、文化指征（Gerbner, Gross, Morgan, & Signorelli, 1994）、犬儒的螺旋（Cappella & Jamieson, 1997）、接受的鸿沟（Zaller, 1996）或计算机中介传播的新媒体理论。第一步可以进行一项近25年来关于不同研究效果的元分析。

在公共关系中运用社会理论有助于理解这样一个位置是如何合法化的，这样的研究超越了许多传播期刊中的管理范式。对此（Ihlen & Verhoeven, 2009）我们提出了一个批判性的现实主义的框架（Contxi & Willmott, 2005; Reed, 2005）。这视角正如新现实主义，能提供一种超越实证主义（或现实主义）和社会建构主义死结的社会科学解决方案。这是一个现实主义的哲学，对现代和后现代进行选择分析，因为它既认可现实的社会建构，也认可现实的存在独立于我们的诠释。批判现实主义提出从决定结构和机制的真实层面或深层来解释社会现象（see e.g., Bhaskar, 1978, 1979, 1986）。在批判现实主义的框架内，本章提出的所有元素都可以被综合起来解释作为社会现象的战略传播。批判现实主义的公共关系研究议程并无意强加任何方法论或建立某个公共关系的一般理论，只是在不同的分析层面提出问题：从对这个领域的印象、知觉和感觉、事件和事情陈述，到真实/深层结构和机制。这可以解释文化的作用。

批判现实主义理念给予这个领域机会：在文化—诠释和解放传统中发展诠释研究，在技术实证传统中发展更客观化的研究。综合这两种研究视角可确保克服本领域的相对主义和主观主义，质化研究和量化研究互为必要补充。社会理论的广阔天地为研究公共关系的原因、内容和后果提供了无限可能。

最后的陈词

综上所述，我们认为：（1）公共关系对社会有着深刻的影响，它可能同时被用于好的和坏的、公共的和私人的目标。尽管这并不是一个伦理问题，但我们相信它还是应该像任何其他社会行为一样被研究。换言之，公共关系学科不应局限于技术知识兴趣或应用的本质。（2）本书的作者建议，考虑到社会越来越复杂，且充满大规模的社会变迁，公共关系实践应被置于社会背景下来理解。（3）对于什么是公共关系的关键概念，本书特别强调信任、合法化和反思。（4）实践的社会视角将权力、行为和语言置于核心地位，并希望研究公共关系是如何构建意义的。（5）在公共关系实践中，运用社会理论打开了宏观层面经验研究问题的大门。一个共同的出发点指向涉及传播理论、行动者和结构的新的现实主义建构主义视角。

我们的结论是：公共关系研究的核心问题是公共关系是如何运作的，公共关系为组织、公众、公共领域（或社会整体）做了什么。重申：我们并不寻求一个公共关系的一般理论，我们欢迎广义上的多元方法论。我们一再重复，尽管本书作者彻底挖掘了"他们的"社会理论家，但值得挖掘的必定更多，还有许多尚未被纳入此书。社会理论确实为研究公共关系在社会中的后果提供了丰富的材料资源。

参考文献

[1] Aristotle, (trans. 1991). *On rhetoric: A theory of civic discourse* (G, A. Kennedy, Trans.). New York, NY: Oxford University Press.

[2] Beder, S. (1998). *Global spin: The corporate cjssault on environmentalism*. London: Chelsea Green Publishing Company.

[3] Bentele, G., & Wehmeier, S. (2007). Applying sociology to public relations: A commentary. *Public Relations Review*, 33(3), 294-300.

[4] Berger, B. K. (1999). The Halicon affair: Public relations and the construction of ideological world view. *Journal of Public Relations Research*, 11(3), 187-203.

[5] Berger, P., & Luckmann, T. (1966). *The social construction of reality: A treatise in the sociology of knowledge*. London: Penguin Books.

[6] Bhaskar, R. (1978). *A realist theory of science*. London: Verso.

[7] Bhaskar, R. (1979). *The possibility of naturalism: A philosophical critique of the contemporary human sciences*. New York, NY: Routledge.

[8] Bhaskar, R. (1986). *Scientific realism and human emancipation*. London: Verso.

[9] Bourdieu, P. (1990). *The logic of practice*. Cambridge, England: Polity Press.

[10] Bourdieu, P., & Wacquant, L. J. D. (1992). *An invitation to reflexive sociology*. Cambridge, England: Polity Press.

[11] Cappella, J. N., & Jamieson, K, H. (1997). *Spiral of cynicism: The press and the public good*. New York: Oxford University Press.

[12] Cheney, G., &c Christensen, L. T. (2001). Public relations as contested terrain: A critical response. In R. L. Heath (Ed.), *Handbook of public relations* (pp. 167-182). Thousand Oaks, CA: SAGE.

[13] Contu, A., & WiUmott, H. (2005). You spin me round: The realist turn in organization and management studies. *Journal of Management Studies*, 42(8), 1645-1662. doi:10.1111/ j.l467-6486.2005.00560.x

[14] Deegan, D. (2001). *Managing activism: A guide to dealing with activists and pressure groups*. London: Kogan Page.

[15] Duffy, M. E. (2000). There's no two-way symmetrical about it: A postmodern examination of public relations textbooks. *Critical Studies in Mass Communication*, 17(3), 294-315.

[16] Dutta, M. J. (2009). On Spivak: Theorizing resistance: Applying Gayatri Chakravorty Spivak in public relations. In Ø. Ihlen, B. van Ruler, & M. Fredriksson (Eds.), *Public relations and social theory: Key figures and concepts* (pp. 278-300). New York: Routledge.

[17] Entman, R. M. (1993). Framing: Toward clarification of a fractured paradigm. *Journal of Communication*, 43(4), 51-58.

[18] Ferraris, M. (2013). *Goodbye, Kant! What still stands of the critique of pure reason*. New York, NY: SUNY Press.

[19] Ferraris, M. (2014). *Manifesto of new realism*. New York, NY: SUNY Press,

[20] Ferraris, M. (2016). *Introduction to new realism*. New York, NY: Bloomsbury.

[21] Gerbner, G., Gross, L., Morgan, M., & Signorelli, M. (1994). Growing up with television: The cultivation process. In J. Bryant & D. Zilmann (Eds.), *Media effects. Advances in theory and research* (pp. 17-41). Mahwah, NJ: Lawrence Erlbaum.

[22] Giddens, A. (1985). *The nation state and violence*. Cambridge, England: Polity Press.

[23] Golding, P. (2006, June). Mass communication theory: Do we need it? Paper presented at the 56th annual ICA conference, Dresden, Germany.

[24] Grunig, J. E. (1992). Communication, public relations, and effective organizations: An overview of the book. In J. E. Grunig (Ed.), *Excellence in public relations and communication management* (pp. 1-28). Hillsdale, NJ: Lawrence Erlbaum.

[25] Gmnig, J. E. (1993). Image and substance: From symbolic to behavioral relationships. *Public Relations Review*, 19(2), 121-139. doi:10.1016/0363-8111(93)90003-U

[26] Grunig, J. E. (2006). Furnishing the edifice: Ongoing research on public relations as a strategic management function. *Journal of Public Relations Research*, 18, 151-176.

[27] Habermas, J. (1978). *Knowledge and human interests*. London: Heinemann.

[28] Hallahan, K. (1999). Seven models of framing: Implications for public relations. *Journal of Public Relations Research*, 11(3), 205-242.

[29] Hamelink, C. (2006, July). Communicating about Europe. Paper presented at the BledCom, Lake Bled, Slovenia.

[30] Heath, R. L. (2000). A rhetorical perspective on the values of public relations: Crossroads and

429

pathways toward concurrence. *Journal of Public Relations Research*, 12(1), 69-92.

[31] Heath, R. L. (2001). A rhetorical enactment rationale for public relations: The good organization communicating well. In R. L. Heath (Ed.), *Handbook of public relations* (pp. 31-50). Thousand Oaks, CA: SAGE.

[32] Hiebert, R. E. (1966). *Courtier to the crowd: The story of Ivy Lee and the development of public relations*. Ames, IO: Iowa State Univemty Press.

[33] Holmström, S. (2010). Reflective management: Seeing the organization as if from outside. In R. L. Heath (Ed.), *The SAGE handbook of public relations* (pp. 261-276). Thousand Oaks, CA; SAGE.

[34] Ihlen, Ø., & Verhoeven, P. (2009). Conclusions on the domain, context, concepts, issues, and empirical avenues of public relations. In Ø. Ihlen, B. van Ruler, & M. Fredriksson (Eds.), *Public relations and social theory: Key figures and concepts* (pp. 332-349). New York, NY: Routledge.

[35] Ketelaar, P. E., & van der Laan, M. P. (2009). A uses and gratifications approach to marketing communications: How to serve the interests of all stakeholder groups. In R. P. Konig, P. W. M. Nelissen, & F. J. M. Huismans (Eds.), *Meaningful media: On the social cotistruction of reality* (pp. 145-163). Nijmegen, the Netherlands: Tandem Felix.

[36] Larsson, L. (2007). Public trust in the PR industry and its actors. *Journal of Communication Management*, 11(3), 222-234.

[37] Latour, B. (1987). *Science in action: How to follow scientists and engineers through society*. Cambridge, MA: Harvard University Press.

[38] Luhmann, N. (1969/1993). *Legitimation durch Verfahren*. Frankfurt am Main, Germany: Suhrkamp.

[39] Lyotard, J. F. (1979). *La condition postmodeme [Hie postmodern condition]*. Paris: Editions de Minuit.

[40] Moloney, K. (2000). *Rethinking public relations: The spin and the substance*. London: Routledge.

[41] Moloney, K. (2005). Trust and public relations: Center and edge. *Public Relations Review*, 31(4), 550-555.

[42] Neuman, W. R., & Guggenheim, L. (2011). The evolution of media effects theory: A six- stage model of cumulative research. *Communication Theory*, 21(2), 169-196. doi:10.1111/j.1468-2885.2011.01381.x

[43] Nørbech, T. (1997). Et nytt sosiologisk paradigme? [A new sociological paradigm?]. In A. Nilsen (Ed.), *Miljøsosiologi: Samjunn, miljø og natar [Environmental sociology: Society, environment and nature* (pp. 212-227). Oslo, Norway: Pax Forlag.

[44] Pieczka, M. (1996). Paradigms, systems theory, and public relations. In J. L'Etang & M. Pieczka (Eds.), *Critical perspectives in public relations* (pp. 124-156). London: International Thomson Business Press.

[45] Pieczka, M, (2006). Paradigms, systems theory, and public relations. In J. L'Etang & M. Pieczka (Eds.), *Public relations: Critical debates and contemporary practice* (pp. 333-357). Mahwah, NJ: Lawrence Erlbaum.

[46] Rakow, L. F., & Nastasia, D. (2009). On feminist theory of public relations: An example from Dorothy E. Smith. In Ø. Ihlen, B. van Ruler, & M. Fredriksson (Eds.), *Public relations and social theory: Key figures and concepts* (pp. 252-277). New York: Routledge.

[47] Reed, M. (2005). Reflections on the "realist turn" in organization and management studies. *Journal of Management Studies*, 42(8), 1621-1644. doi:10.1111/j.l467-6486.2005.00559.x

[48] Ruggiero, T. E. (2000). Uses and gratifications theory in the 21st century. *Mass Communication and*

430

Society, 3(1), 3-37.

[49] Scheufele, D. A. (2000). Agenda-setting, priming, and framing revisited: Another look at cognitive effects of political communication. *Mass Communication and Society*, 3(2), 297-316. **431**

[50] Stauber, J., & Rampton, S. (1995). *Toxic sludge is good for you! Lies, damn lies, and the public relations industry*. Monroe, ME: Common Courage.

[51] Taylor, M" & Kent, M. L. (2014). Dialogic engagement: Clarifying foundational concepts. *Journal of Public Relations Research*, 26(5), 384-398. doi:10.1080/1062726X.2014.956106

[52] van Ginneken, J. (2003). *Collective behavior and public opinion: Rapid shifts in opinion and communication*. Mahwah, NJ: Lawrence Erlbaum.

[53] van Ruler, B., & Verčič, D. (2005). Reflective communication management: Future ways for public relations research. In P. j. Kalbefleisch (Ed.), *Communication yearbook* (Vol. 29, pp. 239-274). Mahwah, NJ: Lawrence Erlbaum.

[53] Watzlawick, P. (1976). *How real is "reed"? Confusion, disinformation, communication*. New York: Random House.

[54] Wehmeier, S. (2006). Dancer in the dark: The myth of rationality in public relations. *Public Relations Review*, 32(3), 213-220. doi:10.1016/j.pubrev.2006.05.018

[55] Zaller, J. (1996). The myth of massive media impact revived: New support for a discredited idea. In D. C. Mutz, P, M. Snidemian, & R. M. Brody (Eds.), *Political persuasion and attitude change* (pp. 17-60). Ann Arbor, MI: Michigan University Press.

附录

一、图表清单

二、索引

图书在版编目（CIP）数据

公共关系与社会理论：关键人物、概念与发展：第二版 /（挪）欧文·伊伦（Øyvind Ihlen），（瑞典）马格努斯·弗德雷里克松（Magnus Fredriksson）编著；李贞芳译 . –– 北京：中国传媒大学出版社，2022.3
（欧美公共关系经典丛书 / 陈先红主编）

ISBN 978-7-5657-2851-8

Ⅰ . ①公… Ⅱ . ①欧… ②马… ③李… Ⅲ . ①公共关系 – 关系 – 社会学 – 研究　Ⅳ . ① C912.31 ② C91

中国版本图书馆 CIP 数据核字（2020）第 234564 号

Public Relations and Social Theory: Key Figures, Concepts and Developments (2nd Edition) / Edited by Øyvind Ihlen, Magnus Fredriksson / ISBN:978-1-138-28129-5

公共关系与社会理论：关键人物、概念与发展（第二版）

GONGGONG GUANXI YU SHEHUI LILUN: GUANJIAN RENWU、GAINIAN YU FAZHAN（DI-ER BAN）

编　　著	[挪威]欧文·伊伦（Øyvind Ihlen）　　　[瑞典]马格努斯·弗德雷里克松（Magnus Fredriksson）	
译　　者	李贞芳	
责任编辑	曾婧娴　张莉莉　裴向敏　沈刘红	
封面设计	闰江文化	
责任印制	李志鹏	

出版发行	中国传媒大学出版社			
社　　址	北京市朝阳区定福庄东街 1 号		邮　　编	100024
电　　话	86-10-65450528　65450532		传　　真	65779405
网　　址	http://cucp.cuc.edu.cn			
经　　销	全国新华书店			
印　　刷	北京中科印刷有限公司			
开　　本	787mm×1092mm　　　1/16			
印　　张	23.5			
字　　数	486 千字			
版　　次	2022 年 3 月第 1 版			
印　　次	2022 年 3 月第 1 次印刷			
书　　号	ISBN 978-7-5657-2851-8/C · 2851		定　　价	126.00 元